当代中国人文大系

# 中国当代先锋文学思潮论

（修订版）

张清华 著

中国人民大学出版社
·北京·

**图书在版编目（CIP）数据**

中国当代先锋文学思潮论/张清华著．—修订版．—北京：中国人民大学出版社，2013.9
（当代中国人文大系）
ISBN 978-7-300-18035-9

Ⅰ．①中…　Ⅱ．①张…　Ⅲ．①先锋文学-文学评论-中国　Ⅳ．①I209.7

中国版本图书馆 CIP 数据核字（2013）第 214851 号

当代中国人文大系
**中国当代先锋文学思潮论（修订版）**
张清华　著
Zhongguo Dangdai Xianfengwenxue Sichaolun

| | | | |
|---|---|---|---|
| **出版发行** | 中国人民大学出版社 | | |
| **社　　址** | 北京中关村大街 31 号 | **邮政编码** | 100080 |
| **电　　话** | 010－62511242（总编室） | | 010－62511770（质管部） |
| | 010－82501766（邮购部） | | 010－62514148（门市部） |
| | 010－62515195（发行公司） | | 010－62515275（盗版举报） |
| **网　　址** | http://www.crup.com.cn | | |
| | http://www.ttrnet.com(人大教研网) | | |
| **经　　销** | 新华书店 | | |
| **印　　刷** | 北京东君印刷有限公司 | | |
| **规　　格** | 155mm×235mm　16 开本 | **版　　次** | 2014 年 1 月第 1 版 |
| **印　　张** | 22.5 插页 2 | **印　　次** | 2018 年 7 月第 2 次印刷 |
| **字　　数** | 348 000 | **定　　价** | 75.00 元 |

# “当代中国人文大系”
# 出版说明

改革开放以来，中国社会的变革波澜壮阔，学术研究的发展自成一景。对当代学术成就加以梳理，对已出版的学术著作做一番披沙拣金、择优再版的工作，出版界责无旁贷。很多著作或因出版时日已久，学界无从寻觅；或在今天看来也许在主题、范式或研究方法上略显陈旧，但在学术发展史上不可或缺；或历时既久，在学界赢得口碑，渐显经典之相。它们至今都闪烁着智慧的光芒，有再版的价值。因此，把有价值的学术著作作为一个大的学术系列集中再版，让几代学者凝聚心血的研究成果得以再现，无论对于学术、学者还是学生，都是很有意义的事。

披沙拣金，说起来容易做起来难。俗话说，“文无第一，武无第二”。人文学科的学术著作没有绝对的评价标准，我们只能根据专家推荐意见、引用率等因素综合考量。我们不敢说，入选的著作都堪称经典，未入选的著作就价值不大。因为，不仅书目的推荐者见仁见智，更主要的是，为数不少公认一流的学术著作因无法获得版权而无缘纳入本系列。

“当代中国人文大系”分文学、史学、哲学等子系列。每个系列所选著作不求数量上相等，在体例上则尽可能一致。由于所选著作都是“旧作”，为全面呈现作者的研究成果和思想变化，我们一般要求作者提供若干篇后来发表过的相关论文作为附录，或提供一篇概述学术历程的“学术自述”，以便读者比较全面地了解作者的相关研究成果。至于有的作者希望出版修订后的作品，自然为我们所期盼。

“当代中国人文大系”是一套开放性的丛书，殷切期望新出现的或可获得版权的佳作加入。弘扬学术是一项崇高而艰辛的事业。中国人民大学出版社在学术出版园地上辛勤耕耘，收获颇丰，不仅得到读者的认可和褒扬，也得到作者的肯定和信任。我们将坚守自己的文化理念和出版使命，为中国的学术进展和文明传承继续做出贡献。

“当代中国人文大系”的策划和出版，得到了来自中国社会科学院、北京大学、清华大学、中国人民大学、北京师范大学、复旦大学、南京大学、南开大学等学术机构的学人的热情支持和帮助，谨此致谢！我们同样热切期待得到广大读者的支持与厚爱！

**中国人民大学出版社**

世界说需要燃烧
他燃烧着
像导火的绒绳
生命属于人只有一次
当然不会有
凤凰的再生……

在春天到来的时候
他就是长空下
最后一场雪……
明日里
就有那大树常青
母亲般夏日的雨声

我们一定要安详地
对心爱的谈起爱
我们一定要从容地
向光荣者说到光荣

——骆一禾：《先锋》

# 自序　个人记忆与历史遗产

大约是在1984年冬，还在鲁北小城工作的我，偶然得到了一套丹麦文学史家勃兰兑斯所著的《十九世纪文学主流》，在那些寒冷而常有大雪封门的记忆的冬夜，这部书给我一种从未有过的兴奋和激动。我从未想到，世界上居然还有如此让人喜悦的学术著述，有如同文学作品一样带给人生命感奋和精神愉悦的文学史叙事。它所描述的青年德意志的文学群像，法国浪漫派激荡人心的文学故事，巴尔扎克式充满挫折又从未退缩过的传奇人生，雨果那样一往无前摧枯拉朽的浪漫风姿，尤其是他的悲剧《欧那尼》上演时，在巴黎剧院中发生的一幕反对者与支持者两派间令人啼笑皆非又惊悚不已的对骂与斗殴……总之，那时在我的脑海里出现了一种超出历史本身的“文学想象”：仿佛历史上出现的那么多伟大作家和作品，他们彼此间是早有契约，互相为对方而出世和出生的，仿佛他们在时间的长河和历史的烟云中是彼此呼应，为了共同构成这些荡人心魄的叙事而走到一起的。

事实上，那时候中国文学自身也正经历着一场“可想象的”类似的波澜壮阔的运动。这场运动早已在历史久远的深处发育成长，在这个年代则正渐渐蔓延成为一场巨大的洪水，或是火灾，并正酝酿和膨胀着从未有过的新的形式和思想，新的美学和灵魂。如同我在前面所引的诗人骆一禾的这首《先锋》一样，它已经在为遥远的后来者而前仆后继，用青春和生命去书写先行者的壮丽足迹。而这时还在懵懂中热爱着文学、特别是正日新月异的“文学现场”的我，虽然不曾对于那时文学的“总体状况”有任何的判断，甚至也不曾有稍许宏观和全面一点的认知了解，然而却因为这样一种“叙事的感应和照耀”，而先验地生成了这样一种想象，一种对于类似的“历史叙述”的欢喜与痴迷。

某种程度上，这正是本书诞生的原始理由和基础。没有那时的阅读经历和这种“勃兰兑斯式叙事”的诱惑，就没有后来我关于

“先锋文学运动”与“先锋文学思潮”的基本想象，也不会产生我自己关于这个“波澜壮阔的时代”的基本记忆。我相信这与勃氏的处境是相似的——虽然著述之间会有天壤之别，书写者之间也会有天才与庸匠的差异。但就这种“文学化的历史想象”的生成原因而言，却无疑是相近的，没有19世纪那些风云激荡的历史和人生，就不会有《十九世纪文学主流》这样一部书；同样的，没有我所记忆和怀念的20世纪80年代的青春成长，也就没有我对于中国当代先锋文学运动的个人化的叙述与想象。

显然，黑格尔所构造的“历史理性”，他所创造的进步论和必然论的神话，深深地影响了勃兰兑斯式的历史观。没有黑格尔所想象的“时代精神”一类乌托邦概念，也就不会有“文学主流”这样的价值理念与叙述构造。这种影响通过更为直观生动的叙事，将其巨大的魅惑力延伸并沉浸到了我的观念和思想之中。在阅读了更多关于历史哲学的著作之后，我渐渐意识到了这些想象的根基与渊源，从黑格尔、克罗齐、科林伍德、到米歇尔·福柯和海登·怀特，关于历史的观念已经越过了巨大的壕堑与代沟，来到了令人沮丧和茫然的今天。“历史死了”，观念和认知的整体性消失了，甚至语言本身，它的逻各斯中心、一切先验的“关于存在的形而上学”，也如同德里达所说，都化为了充满误读和“延异”性质的游移不定之物。历史的主体与客体，它的任何整体性想象在今天都不复有合法性。因此，所谓“文学主流”、“先锋文学运动”这样修辞意味十分浓厚的“整体性的历史想象”，也就变得十分模糊和可疑。

然而，“历史如何记忆”？新历史主义者颠覆传统的历史观念与认识论哲学，在给我们以巨大启示的同时，却也陷入了历史与存在的迷津。如何建立“有效的历史表述”，如何在不可能中实现对于历史的有效构造，假如没有虚构和修辞，没有某种勃兰兑斯式的“整体性想象”，历史也就陷入了不可知论的泥潭。显然，历史主义者表面上的唯物主义倾向，并不能解决历史叙述的基本困境：“究竟发生了什么”？这是海登·怀特的著名追问。谁能够回答并且再现历史的全部复杂性？谁能够复制和复活历史的全部生动如初、鲜活如初的场景？除了依靠部分事件和场景所构成的隐喻式修辞，来实现对于历史的复杂性与丰富性的一个比拟，以构成一个“扩展了的隐喻”（海登·怀特语），别无其他的途径。因为“复制历史”的成本，是谁也付不起的。

所以，在一种先在式的历史局限下，我以为黑格尔或勃兰兑斯式的历史观念与叙事仍然是最有效的，我仍然要向他们伟大的历史建构，以及他们的魄力与意志、才华与功绩表示敬意，尤其是在当我们知晓了任何历史叙事本身的局限性、并对此保持了足够警惕的前提下。因此，我仍然信任并且希望通过类似的叙述，来实现对于一个近乎“伟大的时代”的整体性描述，实现对于一个值得纪念的时代的纪念——如同诗人骆一禾所预言的：“我们一定要安详地/对心爱的谈起爱/我们一定要从容地/向光荣者说到光荣。”这就是“中国当代先锋文学思潮”这一概念诞生的来源。我以为，它会是一个比较全面和生动的、鲜活而有机的记忆方式，能够对这个年代各种“孤立”的文学事件做出彼此联系的、相对合理的解释。

从大的历史逻辑上看，作为一个运动或者思潮，中国当代先锋文学是对于“五四”文学的现代性价值的一个重新确认，也是一个更为迫切的当代性实践。因为从 20 世纪 40 年代开始，中国文学经历了一个“民粹主义加民族主义”的收缩与偏离期，这两者固然不能简单地当作是文学发展的阻遏因素，但在半个多世纪的世界格局大变迁之后，中国文学在 20 世纪 70 年代末终于彻底走出了封闭的绝境，并再次面对了一个与“五四”文学近似的处境。只不过这种重新确认中包含了某种更可悲的下降——从鲁迅《狂人日记》中的“救救孩子”，到刘心武的《班主任》中“救救被‘四人帮’坑害的孩子”，其认知差异和思考高度的落差可见一斑，从“人的文学”到“政治的文学”之坠落的轨迹是如此明显。由于同样的原因，无论是“伤痕”、“反思”还是“改革”文学，都没有真正开启中国当代文学的变革步伐，没有为当代文学全面的精神重建与价值恢复提供有效的通道和动力。

所以，“先锋文学”的意义就在这样一个历史契机中显现出来了。我所理解和阐释的“先锋文学”不是单指 80 年代初期的“朦胧诗”，也不只是 1985 或 1987 年前后两个波次的“新潮小说”与“试验小说”的现象，而是从中国当代文学和整个新文学的历史大逻辑出发所梳理出的一个流脉，一个以启蒙主义思想为内核，以现代性的价值标尺为指向，以现代主义（或接近现代主义）的表现方法与文本追求为基本载体，以一个不断幻形和递变的系列文学现象为存在形式的文学与文化的变革潮流。这样一个潮流当然不是横空出世的，而是有着深远的精神踪迹与思想根基的，有着其“地火”或

"冰山"的前史，有着可发掘的历史源头的。它的真正发端和力量来源不是主流文学的变化，而是历史的内部和先行者的思想本身。

另一方面，"先锋文学思潮"同"先锋文学"本身在概念上是略有差异的。"先锋文学"在当代历史的言说语境中有某些特定的含义——有人把 1987 年前后出现的一个小说现象与流派叫做"先锋小说"，大致包含了余华、苏童、格非等小说家；有人则将这一概念前伸至 1985 年前后出现的文学现象，包括了马原、洪峰等人的试验小说，扎西达娃等人的魔幻现实主义小说，残雪的意识流小说，莫言的融合寻根与魔幻、感觉与变形写法的小说，还有徐星与刘索拉的现代派小说等；在诗歌界这种说法还更早，在 1981 年至 1983 年，徐敬亚就已将"朦胧诗"派的主要人物称为"先锋诗人"了；在戏剧界，有人则将从 1982 年至 80 年代后期的实验运动统称为"先锋戏剧"。但在本书中，我将这些现象统一地纳入到了一场彼此互相呼应和关联的"文学运动"的格局与叙述中，将其统称为"中国当代先锋文学思潮"，以图在纷纭众多的历史现象中找出内在一致的精神线索，并且给予更"本质化"的解释。请注意，这里我并没有避讳"本质化"一词，虽然今天的研究者对于本质化的历史观是如此地疑虑与警惕，但假如没有对于中国当代"大历史"或"历史的大逻辑"的整体思考与认知，那么也就很难获得最终有效的历史建构与文学史叙事。

而我所理解的"中国当代先锋文学思潮"，便是这样的一种思想与艺术运动：在思想精神的层面，它是一场持续的变革，在其早期，是以人文主义与人道主义为基本内涵的启蒙思想运动，在其后期，则是一场以个体本位价值与现代性认知为基本内涵的存在主义思想运动；在艺术上，它的早期是混合了前现代的和现代主义的艺术运动，在它的后期则是混合了现代主义与后现代的诸种艺术冲动，并且派生出了"新历史主义"、"女性主义"等文学思潮与运动。

先锋文学思潮的历史轨迹，主要涵盖了 80 年代中后期到 90 年代前期的艺术变革进程，但如果从更长的历史逻辑看，则更延伸到了六七十年代"历史黑夜"的深处，这是本书对当代文学历史的描述中超出了既往叙述逻辑的地方。我将发生于六七十年代的"地下写作"——在有的学者和批评家那里被称作"潜流"或者"潜在写作"——也纳入了中国当代先锋文学运动的整体之中来予以考察，由此扩展了它的精神边界与运行轨迹，也给整个 20 世纪中国文学和整个“汉语新文学”的历史叙述增添了整体性与“黏合力”，使之更便于构建一个大的现代性叙事。因为很显然，中国当代先锋文学运动是前承了“五四”文学运动的另一场变革，是中国汉语新文学的“现代性未完成”状态下的继续，这场持续的现代性文学运动在某些时期会受到压抑，但总的内外历史线索应该是未曾完全断裂的。

这一叙述有助于解释中国当代文学的现代性变革的历史源流与内在资源，也有助于找寻散落在历史中的孤立个案的文学史意义，也有助于正确解读某些作家和作品的价值与意义。比如，当我们认真面对六七十年代“历史黑夜”中的那些奇特的“前朦胧诗”文本的时候，就会重新对出现于 80 年代初期的朦胧诗予以客观评价，原来给出的那些过高估计就会失效；相反，假如我们将其认真地纳入到一个整体性的“先锋文学思潮”之中时，就会对“前朦胧诗”给出更高的评价，也能够给这场波澜壮阔的文学运动找到更为准确的源头。确实如此，在本书完成了这一描述之后，对于不少研究者后来的研究视点产生了影响。关于前朦胧诗或者潜流文学的研究在世纪之交以后，确实取得了长足的进展。

但在本书的写作过程之中，我也深切地感受到了当代中国先锋文学本身的局限。原本我的计划是要写一部多卷本的《中国当代先锋文学运动》，以在想象中与《十九世纪文学主流》相媲比，但是这一愿望最终却并未实现，一方面是因为自己才力不殆，所掌握的资料十分有限，无法完成如此宏富的历史叙述与修辞；另一方面，当然也是因为这场文学运动本身的功绩成就所限，它远没有达到 19 世纪上半叶欧洲文学那样的伟大成就，没有那样庞杂壮丽的精神景观，更没有生成那样丰厚与非凡的生命人格和不朽文本……因此，说到底，关于这场运动的想象某种意义上只是一个虚构的妄想，一个文学的白日梦而已。

但是，这仍然是中国新文学诞生以来最值得纪念的且为数不多的时代之一，这一判断或许在十几年前我们还无法真正理直气壮，但在 90 年代中期它式微之后，在将近 20 年过去，在更长的时间逻辑渐愈彰显之后，我们才意识到，这样的时代在历史上并不是经常能够遇到的。在历经数十年的压抑之后，在历史的巨大弯曲之中所积聚的能量，终于在瞬间爆发出来，因了欧风美雨的吹拂，因了历史所给予的转折机缘，它释放出了常态下不可能有的激情与创造力，由此构成了汉语新文学历史中最珍贵的历史场景之一。某种意义上，说它是一个不大不小的“文艺复兴运动”也并无不可，如今，这样一个运动早已因为商业时代的消费文化，因为传媒时代的资讯爆炸，而被冲击得烟消云散。或许我们还间或还有值得珍视的文本个案出现，但是作为一个时代的风云际会，作为一场波澜壮阔的文学运动，它却已经彻底走入了历史的帷幕。

有时我想，或许当代中国的作家们是值得赞美的，虽然这个时代并没有最终称为一个“需要巨人并且产生了巨人的时代”，我们也没有类似俄罗斯白银时代群星璀璨的众多的伟大作家，没有像别尔嘉耶夫在他的《俄罗斯思想》中所赞美的，有着那众多有着“令人喜悦的才华”的，同时还有着对于俄罗斯国家和人民的“无原则的爱”的知识分子，甚至也没有出现鲁迅那样具有非凡的人格力量的现代作家——我们当代的作家与诗人中，单就人格形象来说，确乎有着种种的不足与缺陷，但是从他们的文本出发，我还是每每读出了至为可贵的东西——这就是他们对人文主义的普世价值的苦苦寻觅，对传统文化与现代历史的理性思考与痛切反思，对一切非人的文化与政治的尖锐揭示，甚至是对当代历史与现实的秉笔直书……尤其是在2012年莫言获得诺贝尔文学奖之后，这种感觉更加强烈地得到了印证。我以为，单面地和简单地看待当代文学，先入为主地“人格化”地理解当代作家的思维习惯可以休矣。由于特殊的历史原因，当代作家确乎缺乏完善的知识系统，缺少历史上类似鲁迅那样有过海外留学经历、有着不容置疑的精英身份的背景，但在文学写作的实绩上，在其文本构造的复杂性上，在艺术形式的探索和建构上，都有着独步的东西，其“中国经验”的生动敏感的程度，其复杂丰富的含量，等等，都有可圈可点之处。“从鲁迅到莫言”，我以为应该是一个完整的谱系。而莫言这样的作家，正是中国当代先锋文学运动所结出的正果之一。

基于这样的一个判断，我认为无论怎样，中国当代文学，中国当代的先锋文学运动是值得我们纪念和书写的，它不止是改变中国文学自身的轨迹，接续了“五四”文学的光荣传统，同时也创造出了一个属于它自己的黄金时代，创造了属于当代中国的一个文学神话——在思想与艺术上，或许中国当代文学一直在伺机前进，但是真正的飞跃与飞行的体验，还是属于这个业已消逝的年代，属于那些曾经为之癫狂和奋斗的作家们。而今，他们所披荆斩棘筚路蓝缕开拓出的道路正成为我们脚下的坦途，他们所精心创构的文体与艺术也正成为我们心中的经验与常识，就像骆一禾的诗中所歌唱的："明日里，就有那大树常青，母亲般夏日的雨声。""那长空下的最后一场雪"早已融化，成为滋润着今天人们的露水，但在我们享用着这一切的时候，必不能忘掉的，就是对于他们的理解、书写和怀念。

这也是历史良知的体现。

# 目　　录

# 引言　从启蒙主义到存在主义：上升还是下降？

这有可能是一个非常武断的逻辑设定，但某种神会的冲动，使我对这样一个逻辑充满了迷恋。虽然作为“知识”和作为“认识论”与“世界观”的“启蒙主义”与“存在主义”是完全不同的，在80年代的中国，无论是启蒙主义还是存在主义，都几乎是作为知识来进行传播的，还很难构成真正的思想要素，更难以生成具有自主意识的认识论与世界观。但是当代中国的现实就是这样，它是以最快的速度与最简单迅捷的逻辑，进入了一种知识的赛跑与观念的追新。从有如“狂飙突进”一般激进疯跑的80年代，到经历了巨大的精神震荡与文化颓败的90年代，如此含义丰富而且暧昧的剧变，假如我们要用一个宏观的思想脉络与历史逻辑来对其进行描述的话，除了使用这样一个逻辑关系，还有什么更清晰和传神到位的表述呢？

因此，这一冒险也许是值得的，如同勃兰兑斯在《十九世纪文学主流》的开头所坦言和断言的，“这部作品的中心内容就是谈十九世纪头几十年对十八世纪文学的反动，和这一反动的被压倒……”[①] 历史中就是如此充满了黑格尔式的正反合，也充满了悲剧性与必然的精神衰变与转折。我意识到，“从启蒙主义到存在主义”，这也许不是一个我能够驾驭和说得清楚的哲学命题，但却有可能是一个最有文化和精神的辐射力、最为传神和有效的命名与表述。

## 一、作为先锋文学思潮的“启蒙主义”与“存在主义”

作为对当代诗歌运动和小说现象的某种指代，“先锋派”、“先锋

① ［丹麦］勃兰兑斯：《十九世纪文学主流·引言》，见第一分册《流亡文学》，1页，北京，人民文学出版社，1980。

文学”多年来已广为学界和批评家们所谈论。但综观已有论述，悉为对某个具体流派、群落和现象的指称，如在诗歌领域主要是指80年代后期以来具有实验倾向的青年诗歌群落，后来又有论者将之扩展延伸为包括“朦胧诗”在内的当代诗歌中的创新一族；在小说领域，“先锋派”则基本上是指1985年前后声名鹊起的马原、洪峰等人，及其后崛起的苏童、余华、格非、孙甘露等新潮青年作家。假如要从根部梳理这一词语，“先锋诗人”一词早在徐敬亚的《崛起的诗群》一文中已经明确提出了，1981年还是吉林大学中文系在校学生的徐敬亚，在他的学年论文《崛起的诗群》中，就相当自觉地使用了“先锋”一词来描述“朦胧诗”的特征，指出“他们的主题基调与目前整个文坛最先锋的艺术是基本吻合的”①。这里“先锋”显然是当前文学的“前沿”或“开路者”之意。兹后至迟在1984年，“先锋”一词作为一种方向和旗帜就已出现在诗歌中，这首诗即是我们在开头所引用的骆一禾的《先锋》②，这里“先锋”之意显然也不是出于对西方现代派诗歌的比附，而是对中国当代诗歌自身“使命”的一种体认。1988年前后，“先锋诗歌”一词开始较多地为创作界和评论者所使用。徐敬亚在他的另一篇文章《圭臬之死——朦胧诗后》中将北岛、顾城、江河、杨炼、舒婷、梁小斌称为“引发全局的六位先锋诗人”③，朱大可在他的《燃烧的迷津——缅怀先锋诗歌运动》一文中亦将朦胧诗传统正式“追认”为“先锋诗歌”④。兹后，“第三代”的写作者也开始以“先锋诗人”自称。这样，“先锋诗歌”实际上便成了从朦胧诗到第三代的新潮诗歌的一个总称。

在小说中，“先锋派”称谓的出现似稍晚⑤，所指亦相对狭义，在特指马原之后的新潮实验小说时有比附于法国“新小说”的意思，

① 该文完成于1981年1月，原载辽宁师范学校校刊《新叶》，1982年第8期，后经删改发表于《当代文艺思潮》，1983年第1期。

② 参见老木编选：《新诗潮诗集》（下），北京大学“五四”文学社未名湖丛书编委会印刷，该书后记表明编成时间是1985年1月31日。

③ 原载《文学研究参考》（内部），1988年第6期；另见《鸭绿江》，1988年第7期。

④ 见《上海文学》，1989年第4期。

⑤ 1988年10月由《文学评论》和《钟山》杂志联合举办的一个“现实主义与先锋派文学学术研讨会”之后，关于“先锋派小说”的指称正式产生，并且渐渐集中到了余华、苏童、格非、叶兆言、孙甘露等人身上。见李兆忠：《旋转的文坛——“现实主义与先锋派文学”研讨会纪要》，载《文学评论》，1989年第1期；另见《钟山》，1989年第1期。

但“先锋”一词实仍取其“前驱”、“探索”、“实验”之汉语语义。本书中，我倾向于把包括上述现象在内的各种与当代中国文学的现代性变革相关的创作现象和流向看成是一个互相联系、互为呼应、互为变延的整体来考察，将其作为贯穿在中国当代文学整体历史变革过程中的一股不断求新求变的思潮来认识。在当代文学业已走过了二十余年的变革历程、并已发生了翻天覆地的巨变的今天，在新旧世纪的交接点上，我以为认真地回顾、梳理、分析和评判这一思潮是不无意义的。

历史的巨变不是空穴来风，本书之所以把当代文学的众多新异现象看成是一个整体，是基于对诞生在70年代历史深处，又在八九十年代形成了波澜壮阔之势的一场文学变革运动的整体性认识之上的，是基于对这一运动背后所潜隐着的在思想与艺术流向上的同一性与历史逻辑性的整体把握之上的。“先锋”在本书中不是一个固有和既成的静态模式，它是一个过程，一种与历史的相对稳定状态相对立的变异与前趋的不稳定因素。在内涵特征上，它主要有两个层面，一是思想上的异质性，表现在对既成的权力话语与价值观念的某种叛逆性上；二是艺术上的前卫性，表现在对已有文体规范和表达模式的破坏性和变异性上。而且这种变异还往往是以较为“激进”、集中和规模化的方式进行的。因为在文学演变的历史过程中，变革的因素是永远存在的，但“激变”却不常有，唯有一段时间中的“激变”，才构成“先锋”式的运动、景观或现象。

以“先锋”指代某种文学现象显然与对西方现代主义文学的某种“比附”不无关系，关于它的西语词源及含义，有论者已专门探讨过，① 这里不再详述。但事实上这一词语也是中国当代文学运动中很自然地生长出的“本土性”的概念。“先锋派”在欧美文学中虽几乎是现代派的同义语，但并不常用。在中国80年代末期文学评论中的频繁出现，也并不绝对地意味着对西方文学的某种比附。尤其在诗歌界的使用，如前所述，则基本上是基于“先锋”这一词语的汉语语义和本土语境而言的。

在哪一种意义上确定“先锋”的性质？在以“前工业化”为基本特征的中国当代文化情境中，在以“现实主义”和“浪漫主义”为主流构造的20世纪中国文学传统面前，“先锋”显然应具有相对

① 参见王宁：《传统与先锋，现代与后现代》，载《文艺争鸣》，1995年第1期。

确定的含义，也就是说，它的起点的定位应是现代主义性质的。正像几位青年诗人与理论家在一次对话中所说的，“中国诗歌所谓的先锋意义应该确立在现代主义的范围内来谈，这是我们关注先锋诗歌的原因。因为我们之所以关注先锋诗歌，是要通过它关注中国诗歌的现代化进程”①。对小说而言也同样如此，先锋的首要使命就是要破除和改变由平板的机械唯物论的反映论，甚至庸俗阶级论所决定的“现实主义”独掌天下的局面，正像法国的超现实主义者在抨击现实主义小说时所不无偏激地指出的：“从圣·托马斯到安纳托尔·法朗士，现实主义的态度无不发挥于实证主义，我以为它对智力和伦理的任何升华莫不以敌意相对。我厌恶它，因为它包孕着平庸、仇恨与低劣的自满自得。正是它，于今诞生着这等可笑的作品……”② 这种情形刚好类似于七八十年代之交中国文学的基本背景。因此，基于这样的定位，所谓“中国当代先锋文学思潮”实际上也可以理解为“中国当代的现代主义文学思潮”。但是这样一种理解又是不够的，尽管“现代主义”本身包含了丰富的多元可能性和历史发展性，但它毕竟又是一种侧重于审美方式、艺术风格或表现策略的定性，似未能从内部的思维性质上，全面地涵盖当代中国的先锋文学思潮与运动的精神特质和历史脉动。在审视和把握这种精神特质和历史脉动时，我意识到，“从启蒙主义到存在主义”也许是一种最切近其本质和更富历史感的定性和逻辑描述。

何以要用“从启蒙主义到存在主义”这样的逻辑线索来涵盖中国当代先锋文学思潮的发展轨迹？在使用这两个词语的时候，我已经意识到某种粗疏和简单化的危险，但是这种危险却同时使我感受到一种接近“本质”的清晰。当然，“启蒙主义”和“存在主义”在这里不是狭义的哲学概念，而是最广泛意义上的文化范畴。在我看，它们不但是构成世界近代文化与当代文化本质不同的哲学基点，构成了近代以来世界范围内的思想与精神价值的变迁，而且在各个方面都构成了深刻的逻辑对立，如：社会/个体、理性/非理性、理想/现存、彼岸/此在、信仰/怀疑、笃信/诘问、实践/追思、高扬/下落、光明/幽暗……等等，从启蒙主义到存在主义，构成了人类精神

① 宋琳语，文见朱大可、宋琳、何乐群：《三个说话者和一个听众——关于诗坛现状的对话》，载《当代作家评论》，1988年第5期。

② ［法］安德烈·布勒东：《第一次超现实主义宣言（1924年）》，见柳鸣九主编：《未来主义·超现实主义·魔幻现实主义》，242页，北京，中国社会科学出版社，1987。

从近代的纯粹理性和理想主义的模式，到当代的怀疑主义与存在诘问的模式的深刻变迁。而当代中国文化与文学思潮的进变过程，又正是在“十年动乱”文化倒退的基础上，对“五四”以来中国现代文化与文学思潮，以及西方整个近现代文化与文学发展进程的一次重历。因此在二十年左右的时间里，对这一进程的高度“浓缩”又使得 80 年代和 90 年代的文化与文学景观呈现了从启蒙主义到存在主义的巨大的跨越与转折。

还须留意的是，我在使用“启蒙主义”这个概念的时候，并不是在简单地套用西方作为历史与哲学范畴的启蒙主义思想的概念，而是从当代中国的文化环境与 80 年代以来的文化实践出发的，它是一个“功能”范畴，一个“文化实践”的范畴，一个背景和一种文化语境。事实上，从功能的范畴看，启蒙主义在西方也不仅限于 18 世纪的法国，它是整个近代工业——资本主义文明确立过程中人类进步文化从萌生到确立的过程，从文艺复兴时期对抗神学蒙昧的人文主义，到法国大革命时期全面设计近代社会以人的基本权利与社会公正为核心的意识形态的启蒙主义运动，再到 19 世纪对资本主义文明所带来的异化后果与灾难悖论的激烈批判的各种思潮，包括在这一过程中所产生的各种文学思潮与现象，所贯穿其中的一种最基本的文化精神，以及所起到的主要文化功用，在本质上都是启蒙主义的。一如勃兰兑斯所认为的，浪漫派“在方向上和十八世纪的主要思潮相一致”①。在当代中国，启蒙主义的概念又有了更新的含义，由于当代中国在封闭多年之后与世界现代文化的差距，那些具有当代特征的文化与文学思潮在中国也被赋予了某种启蒙主义的性质。换言之，最终能够在当代中国完成启蒙主义任务的，已不是那些近代意义上的文化与文学思潮，而是具有更新意义的现代性的和现代主义的文化与文学思潮，所以“启蒙主义语境中的现代主义选择”便成为 80 年代文学的一个基本的文化策略。② 同样，我在这里所使用的“存在主义”一词，也并不完全等同于西方 19 世纪后期以来的存在主义哲学，它在这里的相对性是显而易见的，即它完全是相对于启蒙主义以人文理性为核心、勇于担负社会正义与责任、以个人精神为核心的价值取向，它是个体的自觉，是“关于个人、关于自



---

① ［丹麦］勃兰兑斯：《十九世纪文学主流》第一分册《流亡文学》，4 页，北京，人民文学出版社，1980。

② 参见拙文《新时期文学的文化境遇与策略》，载《文史哲》，1995 年第 2 期。

己存在的哲学”[1]，它不再倾向于社会、公众、理想、真理（社会道义上的）等绝对的价值，“群众乃是虚妄”，“为真理作判断的公众集会已不复存在”。从写作的方式上看，它更多的是强调关注个人内心、个体生命体验、个体生存状况，“去尊重每一个人——确确实实的每一个人”，“以个人的范畴标明我的文学作品之始”[2]。在风格上，则由于其虚无和幻灭的价值观而近乎于荒诞和反讽，这与启蒙主题文学的崇高、悲剧和庄严的风格也形成了鲜明对照。不难见出，以“个人化”的生存状态取代“公众”的精神理想，以个体叙事取代群体性“宏伟叙事”，也正是 90 年代文学相比 80 年代最明显的逻辑转折。

## 二、从启蒙主义到存在主义：当代先锋文学思潮的演变轨迹

1972 年秋，插队白洋淀的多多等四位青年诗人，在圆明园搞了一次野炊活动，在大水法残迹前合影一张，“戏题曰：四个存在主义者”[3]。这大概是“存在主义”第一次在当代中国文学中的“登台亮相”，这一登台亮相无可争议地称得上是一种“先锋文学”姿态。但是，从总体上看，在这一历史区间内，先锋写作的基本立场却并未抵达存在主义，而显然是启蒙主义的。只是由于在这一时期极少数思想的先觉者与整个时代和社会之间的游离和叛逆的关系，才使得他们的写作显得特别孤独和具有“个人化”的“存在主义者”色彩。

事实上，具有启蒙主义主题性质的文学创作还可以追溯到更早的时间，早在 60 年代，黄翔、哑默、食指等人就写出了他们的第一批作品。黄翔写于 1962 年的一首《独唱》是迄今为止人们发现的当代最早的以个人化的方式反抗社会的作品。他写于 1968 年的《野兽》和 1969 年的长诗《火炬之歌》（《火神交响诗》之一）等作品，更加明确地表达了对血腥暴力和专制迷信的深刻思索与批判的主题，

---

① 见［日］今道友信等：《存在主义美学》中译本前言，沈阳，辽宁人民出版社，1987。

② ［丹麦］克尔凯郭尔：《“那个个人”》，见考夫曼编著：《存在主义》，93～95 页，北京，商务印书馆，1987。

③ 参见宋海泉：《白洋淀琐忆》，载《诗探索》，1994 年第 4 期。

作品中贯穿了驱除黑暗、重新唤起人们的理性、良知、人性和判断力的强烈愿望与悲愤激情。哑默和食指也分别在 1965 年和 1967 年写下了最早的批判和思索主题的作品。[①] 之后在 60 年代末和 70 年代前期，白洋淀地区又涌现出以芒克、多多、根子、方含、林莽、宋海泉、白青、潘青萍、陶雒诵、戎雪兰等插队知青为主要成员的一个远离时代主流政治、充满异端思想的“白洋淀诗歌群落”[②]，它的“外围”又吸引了一批虽未在白洋淀插队，但却与他们交往密切、常来此间“以诗会友、交流思想”的青年人，如北岛、江河、严力、彭刚、史保嘉、甘铁生、郑义、陈凯歌等人，他们也是“广义的”“白洋淀诗群”的成员[③]。这些写作者在贫瘠的物质生活中，在远离了城市和激烈政治斗争的静谧的乡村自然中，以自己独特的心境与方式思索着社会、政治与人生，他们有暇阅读了大量的外国现代哲学与文学名著，[④] 成为第一个领先时代的先锋创作群体。他们写作的主题与风格同黄翔、食指一脉相承，充满了强烈的启蒙思想与觉醒意识，艺术上表现出与时代规范和习尚迥然不同的现代主义倾向。

上述诗歌群落不但标志着中国当代启蒙主义文学思想的诞生，同时也可以视为整个先锋文学思潮的真正发端。从这个意义上，以往人们仅将出现并被命名在七八十年代之交的“朦胧诗”作为当代新型文学发展流向的起点是不够的。朦胧诗是前者的承袭者，它与前者的不同在于对社会现实介入和作用的程度。前者存在于较小的圈子内，基本上是个人精神空间的产物，而朦胧诗则由于它处于“拨乱反正”的政治变革时代，而得以参与社会，并获得了“公开发表”的机会。

从“白洋淀诗群”的诞生到 80 年代中期的“寻根文学思潮热”，推动当代文学与文化变革的先锋文学思潮的性质基本上是启蒙主义的，它依次推动并孕生了下列文学现象：70 年代末的“今天派”：以

---

① 哑默的《海鸥》写于 1965 年；食指的《命运》写于 1967 年，《相信未来》写于 1968 年。以上所引作品见唐晓渡编选：《在黎明的铜镜中·朦胧诗卷》，北京，北京师范大学出版社，1993。

② 1994 年 5 月，由《诗探索》编辑部组织了一次“白洋淀诗歌群落寻访”的活动，并刊发了部分参加者——当年这一群落的成员和知情人宋海泉、齐简、甘铁生、白青、严力、陈默等人的一组文章。在这些文章中大都提到上述成员。陈默的《坚冰下的溪流——谈“白洋淀诗群”》一文开列了上述名单。均见《诗探索》，1994 年第 4 期。

③ 同上。

④ 宋海泉等人的文章中均列举过他们所受外国作家影响的著作名单。

1978年在北京问世的油印诗刊《今天》为核心，成员主要有食指、芒克、方含、北岛、江河、舒婷，甚至还有依群等。1980年以后被命名的"朦胧诗"：因章明的《令人气闷的"朦胧"》[①] 一文和此间所展开的论争而得名，成员和"今天派"大致相同，一些新人更加引人瞩目，如顾城、杨炼、梁小斌等，同时一批后起的大学校园诗人也加盟这一行列。1979年到1980年前后形成的"意识流小说"：虽然这一现象从思想性质上看并不属于典型的现代主义范畴，而且其所写的内容也并非是真正的"无意识场景"，但这却是当代中国小说艺术变革的开端，因为它毕竟把小说的"反思"主题引向了内部心灵的空间，开启了起点虽低却不可逆转的变革进程。推动这一小说流向的主力是王蒙，积极响应的则有谌容、宗璞、茹志鹃、张贤亮等。1982年到1984年期间形成的"文化诗歌运动"：其首倡者主要是四川的"整体主义"诗人，还有从朦胧诗群落中走出的杨炼、江河等。杨炼在1982年前后就开始投入他的系列大型文化组诗《半坡》、《敦煌》、《西藏》等的创作，拉开了"寻根文学"的大幕。继而在1984年，四川成立了以石光华、黎正光、王川平、宋渠、宋炜等为主要成员的"整体主义"诗派，专事诗歌的文化探求，另外与之呼应的还有欧阳江河、廖亦武、牛波、海子等[②]，诗歌领域中的文化主题热，直接影响和启示了小说领域中的寻根运动，[③] 它们是启蒙主义文学主题由社会层面转向文化层面的一个共同标志。1984年到1986年的"寻根——新潮小说运动"：这是两个同时发生的互为连体交叉的文学现象。它们的连体共生，更加清楚地表明了80年代中期以前先锋文学思潮的两个共在并行的指向，即启蒙主义和现代主义。"寻根小说"的问世大致以1984年两篇影响最大的小说——阿城的《棋王》和张承志的《北方的河》为标志，其理论自觉是以1984年底的"杭州会议"[④] 和1985年韩少功等人的几篇宣言式的文章[⑤]为标志。

---

① 参见《诗刊》，1980年第8期。

② 1985年1月，万夏等人自费出版《现代诗内部交流资料》，以"亚洲铜"为栏目，推出了欧阳江河、石光华、宋渠、宋炜、黎正光、牛波、周伦佑、海子等人的8篇东方"现代大赋"，并附有对"整体主义"诗观的简介。

③ 参见韩少功：《文学的"根"》，载《作家》，1985年第4期。

④ 1984年12月，《上海文学》在杭州举行了一次务虚性质的小说研讨会，"寻根文学"的产生就是这次会议讨论酝酿的结果。

⑤ 除韩少功的文章外，还有郑万隆的《我的根》，载《上海文学》，1985年第5期；李杭育的《理一理我们的"根"》，载《作家》，1985年第9期；阿城的《文化制约着人类》，载《文艺报》，1985年第6期。

寻根小说热的根本特质在于，它一方面体现了作家对当代中国文化启蒙的思想运动所承担的责任，同时也体现了他们借助中国传统文化空间，将西方的现代主义艺术进行“本土化”改造的探索热忱。寻根小说运动的直接成果是导致产生了韩少功、郑义、贾平凹、李杭育、郑万隆、莫言等以各种古老“文化板块”为承载空间的多种“系列小说”。“新潮小说”的问世大致以1984年马原的一篇《拉萨河女神》为标志，它体现了当代小说在几年前“意识流”探索基础上的一次质的飞跃。新潮小说的主要流向大致有三种，一是以马原和扎西达娃为代表的描写西藏宗教风俗的一支，具有强烈而“先天式”的“魔幻现实主义”和“超现实主义”倾向；二是以莫言为代表的表现传统民间文化和农业自然的一支，同样表现出鲜明的民间性的原始、灵异以及魔幻的意味，但更加突出了感觉和潜意识的作用。另一个青年女作家残雪，则以特别阴冷诡谲的叙述专注于对人的变态心理与无意识活动的描写，显示了弗洛伊德主义和存在主义的深刻影响[①]，他们两人的共同特点是标志着当代小说摆脱传统的理性控制下的认识论叙事，而走向了反理性的“感觉主义”叙事的转折；三是被称为“荒诞派”[②] 的一支，以徐星、刘索拉、陈染[③]等人为代表，他们的作品不但最先“通过‘荒诞’而揭示了‘存在’的状况”[④]，而且从内容和风格气质上也显示了对传统价值的全面挑战与瓦解。“新潮小说”有两点特别应值得注意，一是它与“先锋小说”的概念已相当接近，人们通常指称的“先锋小说”的第一批作家如马原、莫言、残雪等，就是随着“新潮小说”出场和成名的；二是种种迹象表明，“新潮小说”已显示出先锋文学思潮从启蒙主义主题向存在主义主题过渡的趋向。此外，新潮小说同寻根小说的部分交叉也是明显的，如韩少功的“湘西系列”、王安忆的《小鲍庄》等都带有新潮小说的超现实特征，而马原和扎西达娃的西藏系列小说也同样具有浓郁的文化寻根意味。这都清楚地表明了先锋文学在

---

① 早在1983年，残雪就同何立伟、徐晓鹤、王平、蒋子丹等人组成了一个文学沙龙，热心追随加缪、卡夫卡、马尔克斯等欧美现代作家。参见蒋子丹：《桑烟为谁升起·跋》，石家庄，河北教育出版社，1995。

② 参见吴亮、章平、宗仁发编：《荒诞派小说》，长春，时代文艺出版社，1988。

③ 陈染1985年的《世纪病》亦被认为是荒诞派小说的代表作，见《荒诞派小说》；另见《世纪病：别无选择——“垮掉的一代”小说选萃》，北京，北京师范大学出版社，1989。

④ 章平：《“荒诞派”在中国》，见《荒诞派小说·序》。

80 年代中期的过渡与转折迹象。记录了这种转折轨迹的还有从 80 年代初期一直持续到后期的“现代主义戏剧”的实验热潮，早期的《屋外有热流》、《绝对信号》等仅仅是用某些超现实的技法表达社会批判、道德启蒙的主题，到 1985 年前后由高行健等人的参与和推动，《野人》、《魔方》、《潘金莲》等剧在主题上就具有了更加强烈的文化批判意识，同时也显在地表明了荒诞派戏剧和存在主义美学思想的影响。

总体上看，上述文学现象都在各自不同的时间阶段上构成了当代文学变革进程中最积极和最关键的因素。从内容层面上看，它们一直高举启蒙主义的旗帜，不断为当代文学乃至社会注入摆脱极左愚昧的精神禁锢的思想力量。而且从纵向发展过程来看，它们还体现了从社会启蒙到文化启蒙、从当代思考到历史探寻的深化过程。从美学选择与艺术追求上看，它们则体现出不断向现代主义迈进的趋向，促使当代文学逐步突破了庸俗现实主义和虚假浪漫主义的框子。从抒情或叙事方式来看，它们一直是以叛逆和对抗的姿态寻求自己的独立方式，从早期以个人性的抒情或叙事去对抗俗化了的群体性抒情或叙事（如黄翔、食指、“白洋淀诗群”），逐渐过渡到以社会正义等公共性的宏伟抒情与叙事，去对抗极左文化权力所支配的政治性宏伟抒情与叙事（如北岛、江河、王蒙早期的“意识流”小说等），再到以民间、历史和心灵为时空载体的文化性抒情与叙事，去超越那些以当代生活表象为载体的社会性抒情与叙事（如“寻根诗歌”、“寻根小说”、“新潮小说”及“探索戏剧”等），当代文学的每一个重大超越和进步，都与它们的推动和引领有着根本和直接的因果关系。

从 80 年代中期始，先锋文学思潮的发展进入到一个转折期和复合期。尽管启蒙主义的文化语境尚未彻底瓦解崩溃，但存在主义已迅速溜出书斋，而伴随商业物质主义价值观念的发育堂而皇之地进入社会，成为一种颇为时髦和激进的文化精神，“个人”开始“从群众中回家”[①]，个人性的境遇与价值开始代替启蒙主义的“社会正义”与“公众真理”而成为人们思考问题的新的基点。因此，用个人性的价值和私人性的叙事实现对原有公众准则和宏伟叙事的背叛和超越，便不可避免地成为新的先锋文学精神。

---

① ［丹麦］克尔凯郭尔：《“那个个人”》，见考夫曼编著：《存在主义》，93 页。

但这样一个过程是逐渐完成的。在相当长的时间里，存在主义和启蒙主义是共存的，而且在80年代相对庄严的语境中，存在主义思想的传播本身也表现为某种“启蒙”的功用。因此，在80年代中期出现的几种文学现象，特别是新潮小说和1986年崛起的“第三代诗”中，文化启蒙主义所支撑的写作仍在顽强地延伸着它的血脉，如“第三代诗”中的“新传统主义”及游离在旁侧的“女性主义诗歌”等，他们创作的核心，仍离不开一个文化重构的问题。“非非主义”还声称，“非非艺术反对唯文化主义，但它不是反文化的，恰恰相反，它致力于探寻文化创造的本源，致力于凿通文化所以由来的源泉”①。但是，这些派别也都有一个明显的立场的转化，即都已不再是以原来的社会学立场理解文化问题了，结构主义文化学和结构主义语言学分别构成了“整体主义”、“新传统主义”、“女性主义”和“非非”诗派的方法论。如“新传统主义”者声称，他们“除了屈服于自己的内心情感”，“不屈服于任何外在的压力”，“我们只有向前扑倒在自己这个传统里”②。历史和传统的当代化、个人化、心灵化和隐喻化，不但呈现出结构主义历史方法的特征，而且也隐示着存在主义的思想内核。在另一个游离者海子那里，海德格尔的哲学与诗学思想已得到了最生动和贴切的回应，大地和女神，构成了海子形而上的生命体验世界的二维空间——即存在的归所（大地）和引导认知的凭借与方向（女神，神性体验与思维）。至此，存在主义的两个端子，个体生命体验的视角与个体的价值判断，以及诗性的存在追问与言说，都已显露出端倪。

存在主义与结构主义分别成为文学的两个内在与外在的原则性方法，在1987年出现“先锋小说”思潮之后，表现得日益明显。在先锋小说中，存在着两个共在的分支，一是“新历史主义”的一支。何为“新历史主义”？简言之，即反拨并容纳了结构主义的历史主义，结构主义的方法使它打破了传统历史主义关于“历史真实性”的神话，认为历史不过是某种“文学虚构”和“修辞想象”③，而存在主义的启示则使它形成了个人与心灵的视角，认为历史不过是

① 《1986中国现代主义诗歌群体展览》，载《诗选刊》，1987年第1期。

② 《1986中国现代主义诗歌群体展览》，载《诗选刊》，1987年第1期。

③ 参见［美］海登·怀特：《作为文学虚构的历史本文》和《历史主义、历史与修辞想象》两文，见张京媛主编：《新历史主义与文学批评》，北京，北京大学出版社，1993。

"一团乌七八糟的偶然事件"，真正重要的只是"人的历史"，"从现时代来看"，"它是一个舞台，从这里神性的存在得以被揭示"，而要想揭示这一切，则需要立足于"人性"，"把历史变成我们自己的"①，变成"主体与历史的对话"②。苏童、格非等人的"家族历史小说"、过去年代的"妇女生活"小说，叶兆言的"夜泊秦淮"等历史风情小说，以及晚近的陈忠实的《白鹿原》、莫言的《丰乳肥臀》等长篇，都是这一新的历史观念与思潮的产物。在这一观念的外围，更是出现了大量的"新历史小说"文本。归根结底，"新历史主义"不再像寻根小说那样将匡时救世、"重铸民族精神"作为自己不能承受之重的使命，而将历史变成了纯粹审美的对象，变成了作家人性感验与文化探险的想象空间。

"先锋小说"的另一支是面对当下生存情状的寻索者。其基本的写作立场来源于存在主义哲学的启示，从80年代中期的残雪到稍后的马原，以及跨越八九十年代的余华、格非、孙甘露等，基本上都是以"寓言"的形式写人的生存状态，如马原的《虚构》，格非的《褐色鸟群》、《傻瓜的诗篇》，余华的《现实一种》、《世事如烟》甚至其长篇《许三观卖血记》（1995）等作品，都是一些类似于卡夫卡、加缪、娜塔丽·萨洛特式的存在主义寓言。从叙事角度看，它们除了隐喻式超现实叙述的特点之外，又较多地受到结构主义叙事学的影响和启示，所谓马原式的"叙事圈套"和格非式的"叙事迷宫"都是典范的例证。

在先锋小说的旁侧还有另一个曾一度兴盛的创作思潮，这就是"新写实"。尽管从严格意义上说，"新写实"并没有明显的先锋性，而是80年代后期先锋文学思潮同正统观念以及当下现实采取某种妥协和亲和态度的"私生子"。它有"写实"的特征，但其表明的哲学与文化立场却不再是社会学与认识论，而是存在主义与现象学，其所要力图表现的是当下人的生存境遇和关于个体生存价值的存在意识。因此新写实与先锋小说之间，实际上又存在着密切的亲缘关系。人们所指涉的典范作家除了池莉、刘震云等人之外，叶兆言、方方和刘恒等实则更近乎先锋作家的写作姿态；另一方面，苏童等人也写过一些"新写实"作品，如《离婚指南》之类，其长篇《米》亦

① 参见［德］卡尔·雅斯贝斯：《人的历史》，见《西方现代史学流派文选》，36～46页，上海，上海人民出版社，1982。

② 王彪：《新历史小说选·导论》，杭州，浙江文艺出版社，1993。

曾作为新写实小说的例证而广为评论。事实上，在相当长的一段时间里，评论界曾将“新写实”视为先锋小说的“转向”，并将两者视同一个思潮和现象，这也旁证了它们之间密切的关系。

1993年之后，是当代文学思潮与运动整体停滞、瓦解和调整的时期。“新历史主义”小说已明显地带有“游戏历史”的倾向，“新写实”的策略性写作（对灰色现实的消极抵抗或反讽）也已失却了其赖以依存的社会心理与现实情境。先锋写作出现了两个明显的转向，一是更加偏执的“边缘化”运动——标举私人性话语与个人化写作；二是更加激进的解构主义策略——证实“这个他娘的什么都在解构的年代”[①]，并拆除此前的庄严叙事及其权力，以此来构成他们自己——即已被命名的“新生代”或“晚生代”的新的先锋内涵与权力。边缘化运动一直是先锋思潮的既定走向和策略，而在90年代，它所对抗的已不再是旧式的主流叙事，而是启蒙作家的宏大叙事和先锋小说作家的寓言性的深度叙事。以韩东、朱文、鲁羊等人为代表的新生代小说家基本上都放弃了先锋作家对历史和存在的深度勘探与寓言讲述，放弃了他们的忧患、悲剧与绝望的风格，而代之以当下生存喜剧与欲望的书写，他们以某种刻意“削平深度”的姿态讲述个体生存状况，“以心灵的方位作为小说的方位，放逐某种具体不变的价值规范，包括带有终极关怀意义的人文主义理想，他们毫无目的地行走，并不是去寻找什么，而是企图在现实中能证明一下自己的存在”[②]。与他们相近邻的90年代以来不断获得理论启示和话语自觉的“女性主义写作”，以陈染、林白等人为代表的女性写作，也是以“私人化”的生活经验为叙述对象，“表现一种私人经验”，他们对女性的“同性恋、弑父、恋父等等所谓的阴暗心理和异常经验”的描写，同以往“社会性写作”“改造社会、启蒙大众、造福人类”等动机构成了“明显的比较”。[③] 从一定意义上说，尽管新生代作家和女性主义作家们不再强调文本中社会和文化的深度寓意，但仍具有人性的深度，是一种更为具体和个案的存在勘探。

解构主义的写作立场有显在和潜隐的两个层面，对多数新生代小说家来说，他们的解构主要表现在文本的意义层面，即前文所述

① 邱华栋：《环境戏剧人》，见《把我捆住》，北京，中国戏剧出版社，1996。

② 王干：《游走的一代——序“新状态小说文库”》，“新状态小说文库”包括了朱文、鲁羊、张昱等作家的作品，由作家出版社1995年出版。

③ 参见林白、陶东风：《私人化写作与女性作家》，载《文学世界》，1996年第5期。

的对原有启蒙的宏伟主题叙事和存在寓言的深度叙事的拆解，其主要表现是叙事的碎片化、意义的空心化和深度的取消，这种解构是内在的，在文本表层和叙述话语中并不明显；而另一种显在的解构主义写作是在表层话语中直接表达其反讽、戏仿和嘲弄的姿态，如朱文、徐坤、邱华栋等人的小说中，就经常活跃着这种解构主义因素，他们从不同侧面展示或记录了80年代启蒙主义文化语境和先锋文学精神的瓦解，以及在这一废墟上90年代文化的诞生。从这个意义上，他们的写作同样显示了独立的价值。不过，由于主体精神高度的丧失，他们的一些作品也显现出一些负面的因素，如朱文的《我爱美元》就受到了激烈的批评。

1995年以来，“现实主义的复兴”成为新的热点，它是先锋文学思潮整体衰微和停滞的一个结果和反证。它与几年前的“新写实”思潮虽然不无联系，但在叙事态度与艺术风格上却更靠近传统现实主义。它表明，一场历时已久的文学的精神高蹈运动已开始真正回到现实地面，一些先锋小说家也开始不由自主地向它靠拢（如余华的《许三观卖血记》和格非的《欲望的旗帜》就被不少评论者指认为现实主义作品）。

然而，对已逝年代和即将终结又曾波澜壮阔的先锋文学运动的怀念并未消失。尽管“后现代主义”者们在努力描绘着一幅消解传统、拆除深度、摈弃情感、放逐理想的文化解构的图景，但根深蒂固的启蒙情结仍未完全消失，它仍通过各种途径与形式证明自己的存在和转向。只是，在变化了的语境中，原来的以一维进化论为价值指归的激进主义已经不再具有唯一的合理性，而力倡对当下文化情境的批判；重建“人文精神”的呼声则愈益高涨，甚至重倡“文化保守主义”的思潮也不断在文学界掀起新的冲击波，从某种意义上说，“保守”反而具有了“激进”和“先锋”的形式与性质，这是很令人惊奇和困惑的。然而种种迹象表明，当代文学已经步入了一个更加复杂、矛盾和充满相对主义困惑的时代，先锋思潮也必然面临着瓦解、分化、转型和停顿。

## 三、中国当代先锋文学思潮的基本特征

探讨当代先锋文学思潮的基本特征，显然应当在其“现代性”

范围内来考虑。正是基于20世纪中国文学现代性的必然逻辑趋向，才会在当代再次发生一场旷日持久且波澜壮阔的先锋文学运动。然而这一运动仍离不开20世纪中国文学的基本背景，即命定地处在一个现代性神话和本土性存在的矛盾中，处在一个本民族绝对发展论与世界的价值相对论的矛盾中，亦即是说，它宿命性地面临着既要发展、又要扎根，处在必须同时取得现代性与本土化两种合法性前提的困境中；而由于处境的落后性和原始性，它又必须首先考虑以世界（西方）业已抵达的位置和状态设计自己未来的“现代蓝图”，并置这种“未来”理想的两种代价——一是西方现代化进程中必然的精神颓败，二是西化模式对自己民族模式的强制性改造与“他者”命运的设定——于不顾。尤其是在历经长期封闭，与世界文化发展的距离更加拉大、更加隔膜的情形下，在更加弥漫着相对主义的价值困境，充溢着现代文明与传统价值、科学法则与人文精神、精英文化与大众文化、主流权力与民间精神等多重矛盾的当代语境中，先锋文学思潮与运动就更加表现出内部构造与价值指向上的复杂性，表现出在每个特征与层面上的双重性、悖论性与矛盾统一性。

那么，先锋思潮有没有绝对性的逻辑与特点？无疑是有的，这就是由它的“现代性焦虑”所驱动的“唯新论”的运变逻辑。在80年代，“新”具有充分的合法性和合目的性。“新的课题”、“新的美学原则”、“新的倾向”、“新的表现手法”、“新浪潮”……相对于“旧”，相对于令人不满的传统和令人焦虑的现实，“新”就是变革和进步，就是现代性的代称和通向现代性之路，乃至于有“新的，就是新的！”[①] 这样的表述，“中国社会整体上的变革，几亿人走向现代化的脚步，决定了中国必然产生现代主义文学，中国新诗自身内在矛盾也决定了新诗的变革”[②]。社会变革的合法性成为文学变革趋新的合法性的强大内在支撑，以至于它的反对者也不得不从否定其“新”意上做文章，比如认为“朦胧”“根本不是什么‘新的美学原则’”[③]，“《象征主义宣言》是十九世纪八十年代发表出来的……社会主义现实主义文学是以高尔基的《母亲》为诞生标志的，它写于1906年”，“怎么能说，现代主义文艺比社会主义文艺更新呢？”[④] 基

① 徐敬亚：《崛起的诗群》，载《当代文艺思潮》，1983年第1期。
② 徐敬亚：《崛起的诗群》，载《当代文艺思潮》，1983年第1期。
③ 程代熙：《评〈新的美学原则在崛起〉》，载《诗刊》，1981年第4期。
④ 郑伯农：《在“崛起”的声浪面前》，载《诗刊》，1983年第6期。

于此种逻辑，80 年代各种文学现象的命名便都不约而同地冠以“新”字，“新潮小说”、“新生代诗”、“新边塞诗”、“新写实小说”；90 年代除了“新”字继续流行，“新历史小说”、“新状态”、“新体验”、“新都市”、“新市民”，甚至于连“保守主义”都冠以“新”字，同时又辅以“后”或“晚”字，这里当然包含着 90 年代文化语境的某种微妙变化，但“后”或“晚”，究其实质所表达的还是更新换代之意，“后新时期”、“后现代”、“后新诗潮”，甚至于“后悲剧”、“后写实”、“晚生代”等等，“江山代有新人出。……九十年代的文学新人正以新的姿态告别八十年代，迎接二十一世纪的到来”①。这是新潮批评家刚刚又作出的新的“预言”。

这种浮光掠影式的描述只是从表面反映出当代先锋文学思潮仓促迭变的历史动向。更内在地看，它反映了当代中国充满“现代化焦虑”② 的启蒙主义语境中文化的必然逻辑，即一种类似于进化论的价值指归，在巨大的历史期待面前，文学进程的展开不能不表现为单纯纵向维度上的竞赛。正如有的论者所概括的，它衍化出一个狂热的“时间神话”情结，“它标志并强调了时间的‘前方’维度，把时间理解为一种有着内在目的性的线性运动，这样的意识就使人们有充分的理由不断言称自己面临着一个‘新时代’、‘新时期’，以至‘新纪元’。这种对时间制高点的占领同时也意味着对价值制高点和话语权力制高点的占领”③。正是这种唯新论的“时间神话”观念注定了当代先锋文学思潮作为时间范畴的本质，注定了它不断表现为浪涌潮迭波澜壮阔的运动形式与景观。

然而仅有这种绝对的“新新新、后后后”的时间逻辑，先锋文学思潮恐还不能真正立足并成为推动当代中国文学历史进变的根本力量。它还充分表现出各种对立统一的特征。

一是模仿性与本土化的统一。当代中国所出现的所有新型文学现象无一不对应着某种西方文学思潮或哲学方法的影响和启示：朦胧诗的前期和后期（杨炼等为代表的文化诗歌），分别对应着西方的前期和后期象征主义；“意识流”小说自不必说；“寻根小说”和

---

① 王干：《游走的一代——序“新状态小说文库”》。

② 参见拙文《返观与定位：20 世纪中国文学的文化境遇》，载《文艺争鸣》，1995 年第 6 期。文章认为“现代化焦虑”作为 20 世纪中国文学的基本情境与逻辑起点导致出现了本世纪中国文学的众多现象与矛盾。

③ 唐晓渡：《时间神话的终结》，载《文艺争鸣》，1995 年第 2 期。

“新潮小说”对应着拉美的魔幻现实主义；“先锋小说”对应着法国“新小说”；“新写实”受到现象学哲学的启示；“女性主义”、“新历史主义”更是直接对应着欧美此类文学和文化现象，并昭示着结构主义与后结构主义哲学方法的启示，等等。模仿，意味着对西方文化中心与话语权力的认可和崇拜，对纵向时间链条上的西方文学与文化现象与思潮的次第引进与仿制，又恰好构成了当代先锋文学思潮演变的时间秩序。由于它对西方文化及其话语权力的皈依与借用又正好重合了当代中国文化的“现代化（西化）焦虑”与期待，所以它本身相对于原有的本土文化结构就具有了某种“优越权”，“先锋”一词的力量及其在当代语境中的某种神圣感实际上正是得自于这种优越权。然而对这一点，由于涉及一个极为敏感的民族自尊问题，当代知识分子在表述这一特征的时候大都有意绕道而行，“铺陈其事而直言之”往往要激起某种强烈的“学术义愤”。因此，在另外一些论者那里，他们或者刻意强化一个“世界文学时代业已来临”的神话，强调“国别文学纳入世界文学的大系统之后获得了一种‘系统质’”[①]，用一个具有平等、民主和共存色彩的“世界性”、“现代性”的概念来取代“欧洲中心主义”的表述，以此来取得当代新潮文学因“具有与本世纪世界文学共通的美感特征”[②] 而毋庸置疑的合法性；或者就干脆把那些尚未明显地完成本土化改装的现象指称为“伪现代派”[③]，以此重新讨论现代性与本土化、西方文化权力与民族精神内核等等复杂的关系。但这一切都掩盖不住一个事实，即当代中国先锋文学的现代性的获得，都首先基于对西方现代文学的模仿。

但是先锋思潮自身的生长过程同时也基于历史教训和当代文化的规限而表现出强烈的本土化意向，具有先锋倾向的评论家每每在指涉新潮文学的现代性的同时，亦总是不忘郑重申明它们的本土性，“它（朦胧诗），是中国的”，“是今天的”[④]；“它（寻根—新潮小说）是属于世界的，当然另一方面……它是属于中华民族的”[⑤]，“游走的

---

① 黄子平、陈平原、钱理群：《论“二十世纪中国文学”》，载《文学评论》，1985 年第 5 期。

② 黄子平、陈平原、钱理群：《论“二十世纪中国文学”》。

③ 黄子平：《关于“伪现代派”及其批评》，载《北京文学》，1988 年第 2 期。

④ 徐敬亚：《崛起的诗群》。

⑤ 吴亮、程德培：《当代小说：一次探索的新浪潮》，见《探索小说集》，上海，上海文艺出版社·香港三联书店，1986。

一代，是借鉴美国‘垮掉的一代’的说法，但游走的一代，不是中国的‘垮掉的一代’。”① 这不仅仅是为先锋文学提供另一个合法身份，同时也作为一种民族文化的规定性、一种民族意志和情感而溶解在其中。亦难怪在80年代中期，中国新潮作家们所受到影响最直接、最深刻且最“情愿”的不是别的，而是拉美具有强烈本土文化色彩的魔幻现实主义，从他们身上，中国作家看到了自己的希望，在由此而掀起的“寻根—新潮”小说浪潮中，中国作家的兴奋与其说是找到了一个适于借鉴的外来艺术方法，不如说是找到了一个进入自身民族文化的关键入口。这一入口对兹后的先锋小说也是极为重要和关键的，新历史主义小说的孕生与兴盛正是它发展和衍化的结果。

二是原则性与策略性的统一。这一点或可表述为先锋性与应变性、前演性与自我调整性的统一，比较复杂。所谓原则性是先锋文学在思想、文本与艺术上的一些既定指向，比如思想上的启蒙主义性质或个人化价值指归，文本特征上对既存模式的挑战与超越，艺术上的追异求变，等等。但基于当代社会与文化多重矛盾的复杂语境，这些原则常常表现为特定情境下的具体策略，这种策略有时带有整体性，如80年代即表现为“启蒙主义语境中的现代主义选择”，80年代后期以来又发育出一种比较普遍的“解构主义”策略，但在多数情形下这种策略性又有更为具体和多面性的表现。首先，在应对社会学话语、意识形态思维模式与旧式主流文化权力方面，“朦胧诗”及与之同行的评论家曾遭受过惨痛的教训，社会学话语与意识形态思维方式总是以自己固有的阶级论的二元对立对新的创作现象进行误读，将艺术范畴和学术领域的讨论政治化，并据此提出是“社会主义，还是现代主义”② 的质问，作出所谓“新的诗歌宣言”即是“资产阶级现代派的诗歌宣言”、“资产阶级自由化的宣言书”③ 的推论和判断。有鉴于此，稍后的新潮文学则更多地放弃了对社会学主题的思考而进入了“人类学”的主题空间（这当然也是文学的自然进步），人类学主题给历史、文化和人性的表现提供了一个崭新和陌生的观照视点和编码方式，不宜以旧式社会学方式进行简单的比附，因此，80年代中期以后旧式批评话语不得不在他们无法解读

① 王干：《游走的一代——序“新状态文库”》。

② 郑伯农：《在“崛起”的声浪面前》。

③ 程代熙：《给徐敬亚的公开信》，载《诗刊》，1983年第11期。

和对话的“新话语”面前哑然“失语”或暂持沉默。而新潮批评家们则更是兴趣他移，别开“文体研究”和“形式批评”的新战场，这就完全摆脱了原来那种既尴尬又危险的境地。另一方面，在新潮作家那里，他们对旧式意识形态的阴影仍怀有本能的恐惧并希望彻底消除它们，但他们变得更聪明，对前者采取的是一种“戏仿”和“软性消除”的方式，莫言《透明的红萝卜》中公社革委会副主任“刘太阳”的讲话，王安忆《小鲍庄》中“文疯子”鲍仁文的广播稿，还有其中另几个人物的名字“文化子”、“建设子”、“社会子”等，尤其是王蒙《冬天的话题》、《选择的历程》中通过“洗澡”和“拔牙”的生活细节对旧式意识形态话语的嘲讽性的戏仿，这种戏仿在王朔等人的小说中就更为常见。其次，在推进形式上，由于先锋思潮不断受到来自社会和原有艺术秩序的抵制，所以也常常采用迂回或折中的方式，如在朦胧诗受到批评时，杨炼、江河等人就更加自觉地转向了“文化诗歌”的写作，90 年代初期个人性的先锋写作受阻时，一些作家就适时地转向了“新写实”。在某些可能的情形下，先锋思潮也会表现出比较激进的策略，如“第三代诗”在 1986 年前后的集群性实验与冲击就曾被戏称为“美学暴乱”。再次是写作角色的“中性化”，这一点可能得自罗兰·巴特的“零度写作”的启示，讲述者在写作过程中被有意隐去，从而使叙事本身不反映主体的价值判断与情感立场，由此更加便于接近某种真实而不致使作者本人遭到非议。另外，“反题化”的写作，即自我断裂和否定的解构策略也使先锋思潮内部保持了一种自我更新与生长的活力，在 80 年代中期以后的诗歌和 90 年代以来的“新生代”小说中都很普遍地存在着反题化的写作方式，如诗歌中的“他们”和“非非”等团体以及伊沙等人，小说中近年来的徐坤、朱文等人，都具有很典范的“反题”写作文本。

三是异端性与正统性的对立统一。异端性是先锋思潮的本质特性，没有异端性就谈不上什么先锋性，然而这种异端性最终又必须找到与正统性之间的联系或转化为正统性，否则就无法最终成为整个文学历史进程的有机组成部分。这当然是文学发展内部的机制和规律。先锋思潮本身正是不断从异端转化为正统的过程，而今，那些当初被视为异端的现象如朦胧诗、新潮先锋小说早已成了被超越、被解构甚至被戏仿和反讽的对象了，当初人们曾谈之色变的现代主义而今面对着“后现代主义”这个新的庞然怪物已显得那样可靠和令人怀念了。这当然是时间和历史代谢的结果，不过，对于当代中国的先锋思潮自身来说，由于它面对着格外强大的传统背影和格外强烈的变革欲望，就格外需要它在化异端为正统方面具有自觉性，就像萨特面对人们“将存在主义指责为诱导人们安于一种绝望的无为主义”时，又将他曾概括为“他人即是地狱”的存在主义解释为“一种人文主义”[①] 一样，先锋作家也努力使他们的主张和创作的合法性建立在与传统、本土和现实的联系之上。早在 80 年代初，谢冕等人就在做这种工作了。当朦胧诗被指责为异端和“古怪”时，谢冕就指出：“对于具有数千年历史的旧诗，新诗就是‘古怪’的；对于黄遵宪，胡适就是‘古怪’的；对于郭沫若，李季就是‘古怪’的。当年郭沫若的《天狗》、《晨安》、《凤凰涅槃》的出现，对于神韵妙悟的主张者们，不啻是青面獠牙的妖物，但对如今的读者，它却是可以理解的平和之物了。”[②] 异端终将变为正统，不必害怕，更不应敌视当下具有异端性质的东西，80 年代中期的创作界大都形成了此类共识，但他们仍更乐于接受“取道”拉美第三世界而传进来的西方美学思潮，“魔幻现实主义”的旋风席卷文坛就未遇到任何“抵抗”，因为它已经将异端“装饰”为正统。在许多作家、评论家那里，都更自觉地将那些“西化”的概念转化为“世界”的，将翘首西方的表面行为下的“重振民族古老文化”的目的性予以充分阐述，如“将西方现代文明的茁壮新芽，嫁接在我们古老、健康、深植于沃土的活根上，有希望开出奇异的花，结出肥硕的果”[③] 云云，目的性提前显示在过程性之中，异端自然亦不成其异端。再如产生并一度兴盛在八九十年代之交的“新写实”也是一个直接以“正统”形式出现的新事物。“写实”、“现实主义”这些词语都曾是正统文学观念的同义语，冠之以“新”字重新推出，虽然这一现象事实上含着来自现象学和存在主义哲学等西方现代思潮的影响启示，以及具有反典型、反拔高等明显的异端特征，但由于它具有“写实”这一正统性的称号，仍在这一时期得到了各方认可。而相比之下，与“新写实”同出一辙的先锋小说却由于其“偏离”了现实生活和冠之以“先锋”这一异端性称号而受到指责和批评。

四是“中心”与“边缘”的互位性。先锋文学思潮所孕育的众

---

① ［美］考夫曼编著：《存在主义》，301、302 页。

② 谢冕：《在新的崛起面前》，载《光明日报》，1980 年 5 月 7 日。

③ 李杭育：《理一理我们的“根”》，载《作家》，1985 年第 9 期。

多文学现象在各个时期出现之始，无不是处在与原有的文学中心和话语权力相对立的边缘地带。在六七十年代是“民间”对“主流”的对抗，先锋写作一直处在某种“地下”状态；七八十年代之交是以新的启蒙主题对抗原有的旧式意识形态中心，其中有两种情形，一是以个人性的人本主义（如顾城、舒婷）对抗旧式的政治暴力，二是试图另外建立一种启蒙主义的政治性叙事与抒情（如北岛、江河等）以对抗原有的权力意识形态，两者显然都是以置身边缘的“挑战者”[①] 的姿态出现的；80 年代中期崛起的新潮小说和第三代诗歌除了以激进、乖张和偏执的（当然也是边缘的）艺术风格、现代主义甚至“后现代主义”[②] 的叙事与抒情方式全面冲击原有的正统文学观念以外，还刻意标张一种世俗、平民化、反精英、反正统、反主流的价值观念（如刘索拉、徐星等人的小说，第三代诗中的“他们”、“莽汉主义”等）；到 90 年代，原有的反抗旧式意识形态中心的边缘姿态更演变成了解构一切正统文学观念，包括启蒙主义文学观念的边缘姿态，以反启蒙叙事解构启蒙叙事（如徐坤），以戏谑性叙事消解庄严性叙事（如朱文），以个人化、私语性的叙事拆除宏伟主题叙事（如女性主义写作、“晚生代”小说群），等等。显然，边缘化的姿态一直是先锋文学思潮在其崛起和不断进变过程中的根本性立场，但是从另一方面看，当代中国特定的文化语境——启蒙主义与现代性的历史期待、“唯新论”的价值标尺与演进逻辑又都赋予了先锋文学思潮以某种“权力”，铺平了它通向“中心”的道路。从当代中国的这一特定语境与逻辑出发，只有先锋性——现代性才更意味着特定的合法地位与优越权，因此随着时间的推移，先锋思潮及其在各个时期的文本现象几乎都已无可争议地获取了“中心”地位，并在今天构成了一部“新时期文学史”的主体框架。从另一角度看，由于先锋思潮本身的递变性与自我超越性，某一阶段的“边缘”相对于下一个阶段即成了“中心”，成了下一个“边缘”要反叛和对抗的对象，比如朦胧诗相对于主流诗坛曾是边缘，但在它很快取得公众的认可之后，第三代诗人则又把它当成了必须反抗的中心。

除此以外，先锋文学思潮还有一系列矛盾统一的特征，如启蒙

① 北岛的《回答》一诗中有“纵使你脚下有一千名挑战者，就把我算作第一千零一名”的诗句。

② 许多评论者持此观点，将第三代诗歌和 1985 年前后出现的刘索拉、徐星等人的“仿嬉皮士”小说看作是后现代主义在中国出现的佐证。

性与现代性、前趋性与蜕变性、统合性与分裂性，等等。以前者为例，启蒙性具有现代性，但现代性却不仅是启蒙性，它更具有与启蒙性相对立的个人性、非理性、反社会性等内涵，90 年代文学就明显地表现了这样的特征。另外，先锋思潮由于受到各种主客观因素的制约，常在激进的同时不经意地走向了保守，在顺序演进的同时出现旧事物的“借尸还魂”，这些都令人深思。

## 四、先锋文学思潮的限度、悖论与谬误

在以上对先锋文学思潮诸特征的分析中，我们实际上也已看到了它多重的悖论性与局限性。首先，由其“现代性焦虑”所驱动的“唯新论”的运变逻辑所决定，它虽然在 80 年代形成了波澜壮阔的运动式景观，并在最短的时间里完成了“走向现代”与“走向世界”的运变过程，但这一“从启蒙主义到存在主义”的过程实际上也是一个上升中下降的过程。不错，启蒙主义主题引导下的文学曾给人们以持久的激动，它曾创造了一个充满“革命”色彩的进化论的神话，制造了一个关于人的价值、理性与尊严的神话和关于文化的终极目的性的神话时代。不但“光明”、“历史”、“正义”、“生命”、“未来”、“思考”、“寻找”、“重铸”等等这些包含着“绝对价值”的词语曾成为一个时代的诗歌与文学的象征，它们使人相信，通过类似的努力，这些绝对价值一定会在时间的推进中得到证实；而且，从艺术变革的角度，它们还使人相信，“新”的就是好的，“新取代旧”是天经地义的进步规律，变革将一直延续下去，谁掌握了“更新”的艺术思想与方法，谁就将成为“先锋”。这种一维的进化论思想对于停顿乃至退化几十年的当代中国文学而言，不啻是一针有着强大驱动力的迷幻的兴奋剂，它使 80 年代前期的人们进入了一个“变革”和“创新”的高蹈时代，使人们在各种不断翻新的旗帜和话语中经受了“狂欢”与“集会”式的欢乐。另一方面，启蒙主义的主题还导致了一个“社会性阅读”的现象，引起了公众普遍的关注、参与、对话和讨论，造成了前所未有的“轰动效应”，赋予他们以烛照自我、启迪意识黑暗的“自我启蒙”的激情与理性。然而，也正是这种启蒙理想与激情所创造的进化论神话将先锋文学自身推向了“拼命追逐新潮流”的焦躁之中，“唯一的区别只在于谁比谁‘更

新'，谁比谁更具有当下炒卖的新闻性'热点效应'"。在这种情形下，人文知识分子的"怀疑精神、独立思考和独立人格"便不能不被削弱乃至取消。① "唯新论"演变逻辑使启蒙主义主题未经充分发育就迅即退出了"先锋"的舞台。

时间轨道上的疾跑终于从历史与文化观念中的群体性激动落入了个体生命世界中的孤独与此在的沉思默想。从高蹈到地面，从神话到荒谬，从狂热到冷寂，从宏伟的叙事到个人的叙事，这似乎是必然的。"群众已经解体"，正像丹尼尔·贝尔所说，"真正的问题都出现在'革命的第二天'，那时，世俗世界将重新侵犯人的意识，人们发现道德理想无法革除倔强的物质欲望与特权的遗传"②。80 年代后期，随着原有主流政治文化的分化瓦解和商业物质主义的迅速弥漫，存在主义哲学以其强烈的价值变异和具有边缘色彩的个人立场，逐步成为人们心目中新的先锋话语。无疑，从创作本身来看，这一新的先锋话语使文学真正沉静下来，成为回归个人和心灵的精神创造活动。它的主题也开始真正关怀具有独立意义的人的命运及其存在状况，群体的共同话语变成了个人的个性化话语。而且从创作所达到的人性与精神的深度上看也是空前的。但是，相对于整个当代中国的文化使命和 80 年代的启蒙主义文化语境而言，它却同时表现出极大的背离倾向。一方面，个人生存的价值倾向所产生的悲剧与荒诞体验，必然会彻底清除原有关于社会拯救和终极价值的理想主义神话，消除先锋文学作为文化行为的启蒙性质和作为精神活动的高蹈状态，消除作家原有的激情，使文学的精神品位呈现出整体"下沉"的趋势；另一方面，个人化的生存体验与个人话语也必然构成阅读上的更大障碍——说得更直接些，在日趋个人化和"私语性"的文本面前，已不可能存在原有的社会性阅读，进入 90 年代，大众读者被迫放弃了对先锋文学的关注兴趣。因此，整个先锋运动便已完全成了一种"边缘化"的写作行为，成为与主流文化和大众文化都不搭边的独行者和自语者，最终完成了对自我的"流放"，变成一个个孤立无依的个人的小乌托邦。

上述是先锋思潮在纵向运变过程中的一个悖论，其次我们还可以从一些更具体的角度来看看它自身的悖谬。首先是先锋文学本身总体的启蒙主义语境与现代主义艺术策略之间的矛盾，启蒙主题承

① 参见唐晓渡：《时间神话的终结》，载《文艺争鸣》，1995 年第 2 期。

② [美] 丹尼尔·贝尔：《资本主义文化矛盾》，75 页，北京，三联书店，1989。

载与文学的文化语意之间的偏差性的矛盾。先锋文学的总体使命应当是启整个民族（最起码是文学）的现代性之蒙，它要想贯彻这种思想，一是必须用社会的和明晰的“共同话语”将之传播给公众，二是必须用所有最新的思想与方法来实现“自我更新”。然而事实却证明，前者在操作过程中总是充满了危险，或者使文学文本自觉不自觉地被纳入到社会话语世界中，使它陈旧呆板缺少新意，或者在政治语意中遭受误读，在意识形态概念中将其对号入座，在当代文学中已有多少作家因此而蒙受了不可挽回的悲剧命运！这样，作家们在历经多年寻找之后终于在文化层面上建立了自己的话语立场与语意世界，“寻根文学”就是它的结果，它喧腾一时的辉煌仿佛也真的昭示过这种构想的成功，然而文化话语本身的多向特性、文化主题的非社会价值立场却又会陷启蒙主题于迷失，比如韩少功，他的“楚文化系列”中所描写的那些原始野性而且充满着迷狂与愚昧的生活景象，同他要使传统文化“获得更新再生的契机”、“重铸和镀亮”“民族的自我”[①] 的目的之间不能不是矛盾的。就后者而言，“自我更新”的结果是现代主义的个人性和偏执化的艺术策略与启蒙使命之间出现了游离，现代主义的艺术运动不但扼制了启蒙主义主题的发育，而且迅速使之陷入了土崩瓦解的境地，1985 年的新潮小说、带有“仿嬉皮士”色彩的刘索拉、徐星的小说，1986 年高举“反文化”大旗的第三代诗运动，1988 年以后王朔的新市民小说（这几种现象甚至被不少评论者指称为“后现代主义在中国的出现”），都是以反启蒙立场和反启蒙叙事（抒情）的姿态出现的。而另一方面，启蒙情结所支配下的“现代性焦虑”又注定要反过来揠苗助长式地推进现代主义艺术的历史进程，使之带上焦躁、骚乱、肤浅、羸弱和早夭的一系列不幸特质。由此，曾以历时形式展开于西方近代文学和现代中国文学历史中的那些不同的文化立场与艺术策略，在当代中国文学中几乎是在同一时刻展开的，“回到大自然的主题同社会改革、呼唤工业进程的主题同在，传统文化批判同文化寻根的主题同在，现代意义的孤独、愤怒、悲剧和拯救同‘后现代’味儿的调侃、嬉戏、无谓和认可一切同在”[②]。这一切构成了先锋文学本身焦虑、迷乱和互为游离解构的状态，尽管看上去轰轰烈烈，实际上却缺少层次和秩序。

---

① 韩少功：《文学的“根”》，载《作家》，1985 年第 4 期。

② 张清华：《新时期文学的文化境遇与策略》，载《文史哲》，1995 年第 2 期。

再者是解放与解构之间的悖论。启蒙意识的注入使 80 年代文学实现了从政治主题到文化主题，从社会话语到文化话语，从意识形态中心的认识论叙事到艺术化、个性化的审美叙事的转递和解放，启蒙主题也在这一解放过程中得到一度显赫的表现。但是由此产生的惯性滑动也使 80 年代后期到 90 年代的文学出现了解构一切、“解构主义的普遍原理与中国国情相结合”[①] 的喜剧式景观。如果说徐星、刘索拉们对传统道德观念的嘲弄、王朔等人对“文革”式“红色话语”的反讽还很有正面和积极作用的话，徐坤、朱文等人的小说则更直接地体现了启蒙主题和启蒙话语被毫不留情地解构的事实。“即便是一部悲剧，重复十遍也会变成一则笑话”（朱文：《单眼皮，单眼皮》），“每天服上一副泻药（性）……我就可思考一些‘从哪里来，到哪里去’之类的问题”（朱文：《我爱美元》）。在徐坤的小说中，甚至包括“存在主义”在内的先锋意识与话语也遭到了解构和嘲弄，“先锋派”画家“撒旦”的作品是一副空洞的画框，它的旁边题写着玄奥的题辞：“一切的虚无皆是存在，一切的存在皆是虚无。”这幅“画”在不同的视野、不同时刻、不同背景下永远在变动着，这似乎是一个不无哲学深意的“杰作”，然而徐坤紧接着又在下文附上了“《太平洋狂潮》的评论综述”：“A 类：多么深厚且富有弹性的艺术空框！B 类：瞎掰。《存在》存在吗?”这种写法不但隐喻了现今先锋艺术及其观念已经衰落并面临解构拆除的崩毁之境，而且使“解构主义”策略本身成为在小说中活跃的和直观的参与因素。在邱华栋的小说《环境戏剧人》中甚至还刻意用“谩骂观众”的形式直接陈明其反讽包括作者在内的一切的写作姿态：“……你们可以愤怒！可以站起来向我们吼叫，这才是我们要的戏剧效果。……我们不是现代派，不是古典主义者，不是现实主义者。我们也不是浪漫主义者，更不是新历史主义者，甚至不是后现代。我们不想打动你们，我们不哭，不笑，我们只是说话。”这种“解构一切”的姿态或许不一定完全是徐坤、朱文和邱华栋们所代表的“新生代”作家自身作品的写作立场，但它们却形象地描述出 90 年代启蒙主义语境与传统人文精神指引下的写作正在走向不可逆转的瓦解的局面与事实。从 80 年代追求启蒙解放的中心起点开始，文学一步步又走出了这个中心，告别了庄严宏伟、激情澎湃的启蒙叙事，回到了喜剧性、个

① 徐坤小说《先锋》(1994) 中语，引自《女娲》，210 页，石家庄，河北教育出版社，1995。

人性的渺小的此在生存场景。与此相对应，文学在整个社会文化结构中的地位也同样经历了一个“由中心到边缘”的自我放逐过程，从万众关注的庙堂回到了灯光黯淡的郊野民间。

除此之外，启蒙主题文本内部的悖论也是十分显在的。这表现在，一是思想表达与政治、人文环境之间的游离状态——这同样是不得已的，即使如此，作家还是冒了极大的风险，无论它是适应还是背离总体人文环境，它的表达总是离它自己的思想内核有不可接近的距离，咫尺之遥，难以合拍。因此，启蒙主题的表达策略在总体上始终是复杂无定的。另一方面，在许多作家那里，先锋表现与大众意识之间也存在着无法消除的悖论。他们在理想上是面对大众的，从前期的道德拯救、中期的文化拯救到后期的生存与精神拯救，他们始终把自己的乌托邦理想虚构在大众的文化需要之上（这是他们的一厢情愿呢还是大众的一厢情愿?），然而面对这种理想所注定的文本承载与话语选择却在实际上背叛了他们的这种大众理想，激进的表现形式和它们事实上的空洞无力之间构成了当代文化启蒙主题的又一个悲剧特质与苍白景观，在这一点上，先锋文学只不过是在它自己的领域里反映或记录了这场文化启蒙运动的事实，而未必起到了作家们所梦想的那种推动作用。

除了上述内部的悖论，先锋思潮的另一些局限也应注意。一是先锋自身的“时效性”限定，任何“先锋”现象或思潮，都是针对其当下所在的时空而言的，这一点是毫无疑问的，但作为艺术品，先锋又不应仅仅局限于当下，还应有持久的艺术魅力与生命力，这一点对当代中国文学而言，就显得比较欠缺，大量作品难以经得起时间的检验，很快即变了“明日黄花”，这里的原因一方面是由于先锋文学的起点太低，虽堪称其当时的“先锋”，却难以成为高品位的艺术品，如 80 年代初期许多意识流小说、朦胧诗作品，在今天看来已显得相当浅直、幼稚和粗糙；另一方面，当代文学的所谓“先锋性”主要是建立在一种“边缘性”立场而非“前卫性”立场上的，由于传统主流政治及其附庸式文学的某种“权力优势”，先锋文学在其权力压迫下不得不以“边缘”的面目与姿态出现（如诗歌的先锋姿态主要采取了民间的或半地下的形式，新潮小说则大都回避内容评判与艺术立场的当代性，多采用虚远的“文化”或历史视角），这样，作为文学主流自身的超越性、前趋性，就显得十分薄弱了。缘此，对写作者来说，他们对“边缘人”、“游走者”的角色体认使他们的写作出现了破坏性写作大于建设性写作，策略性写作大于原则性写作，为现象效应写作大于为艺术写作，浮躁性、浅表性写作大于沉静而内在的写作的不良风气与局面。如80年代中期以后的先锋诗歌写作、先锋小说写作，都存在这样的问题。

“伪先锋”或先锋内部“皇帝新衣”式的空洞实质也是一个值得注意的问题。从本质上说，当代先锋文学已取得的某种荣誉，以及新的话语权力，更多的应当归功于当代中国文化解放——解构的需要，归功于这种解放与解构的氛围的覆罩，事实上，是急需变革除旧布新的当代文化逻辑成就了这个时代的新潮文学，使它获得了大于它自身的增值，成为了文化变革的特殊符号或别一种表现形式，由于这样的一种特殊的关系，人们对许多先锋文学作品的阐释、解读与评价便带上了更多的主观色彩。在启蒙、变革和充满理想神话色彩的语境中，人们一厢情愿地把许多事实上品位不太高的作品看成是当代文化的典范，给予过高的评价，这样的例子也很多，如80年代后期的王朔，就成了某些持后现代主义论者的主要依据，现在看，这只不过是一种“增值式的误读”罢了。另外，在“先锋诗歌”的内部也存在着鱼目混珠、良莠相杂的现象，有些写作者只不过稍稍玩弄了一些类似于“拼贴”式的技法，或者搬用了一些流行的词语，模拟一些大师的语感、题材，进行仿写，就在比较“玄虚”的假象中被推崇备至，予以极高的评价，事实上这样的解读与评价也不过是“皇帝的新衣”而已。

总体上看，当代中国的先锋文学存在着两个致命的局限，一是起点低，尤其是在艺术品位上，仅仅是在摆脱原有的过分简单化的“弱智型写作”的过程中，对西方近现代文学发展的历程进行了一次带有很大假想色彩的“体验性的重历”，所取得的实绩还较少，其自足性、自我超越性——即自身独立的变革逻辑还未充分获得；第二是许多先锋作家自身的素质还远不够深厚和全面，文化与艺术素养的匮乏已成为限定他们作品质量的主要因素，这使他们在向西方作家学习的时候，往往只是限于模仿，得其皮毛和形式，而未能真正建立起属于自己、属于当代中国文化的作品家族与语意世界，真正称得上大师的作家并未能孕育出现，这也是不能不令人叹息和遗憾的。

# 第一章　启蒙主义文学思潮：第一阶段

……一种比无知可鄙得多的胡说八道，居然僭称起来知识的名号，而且对于知识的复兴布下了一道几乎无法克服的障碍，为了使人类恢复常识，就必须来一场革命。

——让-雅克·卢梭：《论科学与艺术》

诗人应该通过作品建立一个自己的世界，这是一个真诚而独特的世界、正直的世界、正义和人性的世界。

……全部困难只是一个时间问题，而时间总是公正的。

——北岛：《谈诗》

对中国当代诗歌探索的历史而言，更需要提醒人们记住的年代，是六十年代末——比 1980 年要早十余年。

——陈默：《坚冰下的溪流》

## 一、背景：社会正义的重建与人性价值的回归

启蒙主义出现的前提是一个文化蒙昧时代的存在。在现代中国，启蒙主义曾出现在风起云涌的 20 世纪初，它的长期酝酿的结果，是爆发了以科学和民主的精神之光启愚昧和专制之蒙的伟大的五四新文化运动。由于历史与文化的差异，现代中国的启蒙主义与 18 世纪欧洲的启蒙主义有两个显著的不同：其一，欧洲的启蒙主义是自我的启蒙，其思想来源于自己的文化传承与发展，是光荣、自足和自信的，而中国的启蒙主义则是借欧洲现代文化之光启自己的中世纪之蒙，其思想主要来源于异族，且是在深重的外来侵略与民族危机中发生的，因而它不幸地与文化殖民主义构成了一对双胞胎，它既显现了现代化的希望之光，同时又潜埋下了悖反的民族屈辱；其二，

欧洲的启蒙主义思潮基本上仅限于18世纪反对封建蒙昧的理性精神及其学说，而对中国而言则更具广义内涵，它不但承担着反对专制主义制度与意识形态的使命，而且担负着追赶世界现代文明进程的急切重任，因此，欧洲启蒙主义乃至文艺复兴以来一切民主的精神传统，以及包括浪漫主义、现代主义（五四时期主要是指"象征主义"或"表象主义"，即 Symbolism）在内的现代文化，对于中国而言均具有"启蒙"的价值和功能，在实践的意义上，都属于启蒙的范畴。

历史所具有的某种执拗而顽固的循环逻辑，使20世纪七八十年代之交的中国再次面临了相似的情境。在半个多世纪的"启蒙—革命"的途程中，由启蒙主义的希望之光和文化殖民地化的危机所构成的一对可怕的矛盾，使现代中国在选择其命运与道路时，始终处于两难境地。在选择社会与文化变革的道路中，"革命"渐渐被淘空了内涵而成为了一种变态的宗教仪典，对西方现代文化既向往又恐惧的矛盾，使中国人不断地逃避着"革命"的内质而只高举它的外壳，最终，现代文明被剔除，"革命"的暴力形式却走向了极端，终于发展成一场横扫一切既存文明成果的"文化大革命"。以激进的反封建与暴力革命始，到以野蛮的彻底的封建蒙昧主义的复活终，20世纪的中国经历了一个悲剧性的怪圈，以至于在七八十年代之交不得不再次进行一场破除封建神话、再建现代文明的"解放思想"的运动。这就是作为当代中国先锋文学思潮与运动的前引或先导的"启蒙主义文学思潮"出现的历史与人文背景。

社会正义的丧失和人性价值的崩毁，是几十年"左倾"思潮与极左政治所造成的恶果，前者使人们丧失了最基本的法律与道德保障，使善恶被颠倒，使"真理"和"人民"的名义被盗用，"以太阳的名义"，黑暗得以"公开地掠夺"①。在这种取消了最基本的法律与道德正义的社会环境中，私欲和暴力便假借了"革命"和"阶级斗争"的堂皇名义，借助简单二元对立的粗暴的思维方式，横扫和剥夺了人的基本权利和尊严。上述两者分别是极左动乱年代中社会整体和个体的人所蒙受的灾难与不幸的最内在和根本的原因。在这样的前提下，重建社会正义和呼唤人性价值的回归，便成为70年代末与80年代初最富勇气和远见卓识的作家们所要表现的最重要的主题。

---

① 北岛的《结局或开始》、芒克的《太阳落了》都有类似的诗句。

使真理呈现出光亮的前提是对谬误的清理。从文学自身的角度看，对封建蒙昧意识的批判最早应上溯到60年代初，在已发现的文学材料中，最早表现出清醒的批判与自省意识的是一批生长在民间与地下的诗人，他们是黄翔、食指、芒克、岳重（根子）、多多、哑默、方含等，其中以黄翔为最早，食指和被称为“白洋淀诗派”的芒克、根子和多多的影响为最大，他们最早的一批作品均产生自60年代或70年代初。[①] 之后在70年代，又相继涌现出了北岛、江河、顾城、舒婷等一批后来被称为“朦胧诗派”的主力诗人。从60年代至70年代中期，应视为一个以个人为主体的“沉思默想期”或“启蒙精神的播种期”，怀疑、诘问、悲愤和思索是他们作品的主题，在今天看来，尽管他们的勇气、胆识和深刻程度都足以让人震动和敬仰，但在那个年代，这些作品基本上还只能存在于他们个人或小圈子的秘密中，难以成为社会共同的思想与精神财富，因而也就难以发挥应有的社会启蒙作用。

由中国的社会性质所决定，1976年10月极左思想的覆灭和1978年底自上而下展开的关于真理标准问题的讨论，才为全社会的精神解放与思想启蒙提供了必要的社会政治基础。1977年12月，文艺界以《人民文学》的名义开始批判所谓“文艺黑线专政论”，与此同时，《班主任》等一批作品得以发表；1978年，文艺界开始“落实政策”，恢复了大批作家的名誉与自由；1979年，关于“文艺与政治”的关系问题开始解冻，4月份《上海文学》发表了题为《为文艺正名——驳文艺是阶级斗争的工具》的文章，对“文艺从属于政治”的命题提出质疑，1980年7月26日《人民日报》发表社论，正式提出用“文艺为人民服务，为社会主义服务”取代“文艺为政治服务”的口号。在这样的背景下，具有启蒙性质和社会批判与文化批判双重主题的“朦胧诗”和“意识流小说”开始具有了一定的“合法性”，并以“浮出水面”的姿态进入公开文坛。

“朦胧诗”和“意识流小说”从它们诞生起，便具备了某些作为“先锋文学思潮”的性质。从精神特征上看，它们同当时还有很多“左”的局限性的主流文化价值保持了疏离甚至某种对立，他们以个体人本主义和平民价值准则对抗着积习深重的群体主义观念；从艺术立场看，他们同传统社会学认识论方法局限下的

---

① 其中迄今能见到的最早的作品是黄翔写于1962年的短诗《独唱》。

"现实主义"也构成了对立，"现代主义"成为他们明确的不可动摇的指向。

## 二、先锋思潮的前引：对六七十年代地下诗歌的追溯

是什么原因注定使诗歌成为当代中国先锋文学的先导？这不但是因为诗歌乃是所有艺术形式中审美感知力最为敏锐的一种；而且对每个民族来说，他们都会怀着一种向往和需要：每当他们的命运和思想发生着悲剧并因此孕育着转机的时候，诗，将是他们不能不最先发出的声音。事实上，人类历史上没有哪一次重大转折不伴随着诗的声音，也没有哪一次艺术的革命不是以诗歌为先导的，文艺复兴、浪漫主义、现代派都是这样；在近代中国，不论是晚清文学改良还是"五四"文学革命，也是最先体现在"诗界革命"之上的。一场充满着封建蒙昧、血腥暴力和文化崩溃的浩劫，注定了新的理性思索和精神反抗，注定了一场新的变革的开始，也注定作为它的勇敢先声的"朦胧诗"的孕育与诞生。

然而，"朦胧诗"并不是一个横空出世的神话，而是有着十分久远的历史渊源的一个"潜流"，或者一座潜藏于水下的巨大冰山。正像本章开头所引的陈默的那句话，这需要追溯到早于它十多年前的60年代。

在蒙昧的宗教狂热和一片喧嚣鼓噪的"红色战歌"声中，一批具有独立思想的青年最先萌发了怀疑精神。"文革"政治风暴初起时，他们"曾真诚、狂热地投身这场运动，他们中也许有的人还写过'红卫兵战歌'。然而，他们终于发现自己受到了欺骗，在生活的真实色相面前，他们经历了痛苦的探求、思考"①。怀疑和冷静的思索使他们产生了孤绝于所谓"时代精神"之外的苦闷情绪。在这种苦闷中，他们写下了第一批反省和批判现实的作品。这些作品的可贵之处不但在于从思想上表现出对"左倾"狂热病、个人崇拜和泯灭人性的暴力等现象的冷静的批判，在社会总体的混乱与愚昧中显露出一缕思想、理性和人性的曙光；而且在表现手法上也十分曲折

① 洪子城、刘登翰：《中国当代新诗史》，227页，北京，人民文学出版社，1993。

含蓄，以象征、隐喻的方式进行暗示或影射式的表达，自觉或不自觉地创造出大量的意象载体。这说明它们吸收了中外诗歌、特别是现代诗歌的有益营养，并借此而理所当然地成为具有现代主义倾向的朦胧诗的先驱。

最先的探索者可以追溯到60年代，其中黄翔①于1962年写下的一首《独唱》被认为是迄今为止发现的最早具有上述特征的作品。在这首短诗中，“我”被描述为一个没有听众的独唱者和没有同伴的独行者：

我是谁
我是瀑布的孤魂
一首永久离群索居的
诗。
我的漂泊的歌声是梦的
游踪
我的唯一的听众
是沉寂

这是没有回响的、充满叛逆的不和谐音的歌唱，特立独行的姿态、傲岸不群的人格形象，以及充满寓意与辐射力量的意象构词，如“瀑布的孤魂”、“离群索居的诗”、“漂泊的歌声”、“梦的游踪”等等，都透示出完全抵触并超越于时代的信息。黄翔的另一首写于1968年的《野兽》和写于1969—1972年的长诗《火神交响曲》更加显露出他作为朦胧诗先驱深邃而勇敢的批判精神，充满了对时代的哲学性思考，富有深远的历史感和正义的审判与警醒力量。如《野兽》中写道：“我是一只被追捕的野兽/我是一只刚捕获的野兽/我是被野兽践踏的野兽/我是践踏野兽的野兽。”对人性沦丧的悲剧概括得何其精炼、准确，令人震惊和深思！在《火神交响曲》的第一首《火炬之歌》中，诗人写下了这样的题记：“诗人说，我的诗是属于未来的，是属于未来世纪的历史教科书的。”黄翔已经意识到他的诗所担负的对未来人们的“火炬”般的启蒙力量。他的“火炬”是对应于“迷信”和“偶像”、“暴力与极权”的“科学”、“真理”

① 黄翔，1941年生，50年代开始发表诗歌作品，1978年组织“启蒙社”，现居美国。

和“自由”：

啊火炬，你伸出了一千只发光的手
张大了一万条发光的喉咙

喊醒大路　喊醒广场
喊醒世代所有的人们——

…………

于是　在通天透亮的火光照耀中
人第一次发出了人的疑问

为什么一个人能驾驭千万人的意志
为什么一个人能支配普遍的生亡

为什么我们要对偶像顶礼膜拜
被迷信囚禁我们活的意志、情愫和思想？

作为一个孤独的写作者，黄翔的诗的确可以称得上是“黑暗中的第一缕火光”。假如再考虑到他在1978年组织“启蒙社”，从遥远的贵州来到北京张贴“诗歌大字报”、散发油印与手抄的《启蒙》等行为，我们刚好可以为“启蒙主义文学思潮”找到一个历史的实证。十分奇怪，居然是偏居西南一隅的一伙诗人举起了“启蒙”的大旗。他们的文学活动比北岛等人在北京创办了油印的诗刊《今天》要早一个多月，而且直接推动了北京地区文学活动的公开化，这从当年北岛写给哑默（伍立宪）的信中可以窥见一斑。[①]

① 北岛在1978年10月18日给哑默的信中称：“看到《人民日报》社门口以黄翔为首贴出的一批诗作，真让人欢欣鼓舞。这一行动在北京引起很大的反响，有很多年轻人争相传抄、传阅……期望得到你们的全部作品。总之，你们的可贵之处，主要就是这种热情，这种献身精神，这种全或无的不妥协的态度。”又在随后的一封信中说：“由于你们的鼓舞和其他种种因素，我和我的朋友们正在筹办一份综合性文艺刊物（包括小说、诗歌、散文、剧本、文艺评论和翻译作品等），希望能得到你们的大力支持……你们的诗歌已经震动了北京，就让北京再震动一次吧！”又说，“《启蒙》尚未收到，朋友们都在催问”。直到第三封信，北岛才说到“刊物定名为《今天》，争取本月20日（应是11月——引者注）前问世”。同一封信中还说：“《苦行者》和《启蒙》刚收到，看完以后再把我的意见告诉你们。”以上均见哑默提供的北岛致哑默的书信的复印件。

如果说黄翔的“火炬”是在独自燃烧的话，那么食指①的“愤怒”则启发感染了更多的人，产生了更为广远的影响。这位住在精神病院中的诗人（2003年已出院——笔者注），当年曾以“世人皆醉我独醒”的傲岸姿态，写下了众多震撼人心的诗篇。其中最广为传诵的有写于1968年的《愤怒》、《相信未来》和《这是四点零八分的北京》诸篇；更早先写作有长诗《鱼群三部曲》和《海洋三部曲》，以及渐次写于70年代中后期的《疯狗》、《热爱生命》等。当年曾与“白洋淀诗群”有过共同生活并作为食指诗歌最早读者之一的宋海泉，在一篇回忆文章中写道：

……有人评论郭路生为“文革”诗歌第一人，应该说这是一个恰当的评价。是他使诗歌开始了一个回归：一个以阶级性、党性为主体的诗歌开始转变为一个以个体性为主体的诗歌，恢复了个体的人的尊严，恢复了诗的尊严。郭路生的诗……受到上山下乡的知识青年们的热烈欢迎。它们迅速地在知青们中间传抄着，反复地朗诵、吟咏、品味着。沉重的幕帏被掀起一只小角，显露出一片新的天地。

……《相信未来》使我看到一个新的世界。……青春、幻灭、抗争和固执的希望，这正是当时知青们共同的情感。郭路生是他们的代言人。②

就让我们来看一下食指的这首《相信未来》：

当蜘蛛网无情地查封了我的炉台，
当灰烬的余烟叹息着贫困的悲哀，
我依然固执地铺平失望的灰烬，
用美丽的雪花写下：相信未来。

当我的紫葡萄化为深秋的露水，
当我的鲜花依偎在别人的情怀，

---

① 食指：原名郭路生，1948年生于北京，祖籍山东。60年代末开始诗歌创作，70年代其作品曾以手抄形式在民间流传，80年代、90年代因精神分裂数度住院治疗，2003年出院，现居北京。

② 宋海泉：《白洋淀琐忆》，载《诗探索》，1994年第4辑。

我依然固执地用凝霜的枯藤，
在凄凉的大地上写下：相信未来。

我要用手指——那涌向天边的排浪，
我要用手掌——那托住太阳的大海，
摇曳着曙光那枝温暖漂亮的笔杆，
用孩子的笔体写下：相信未来。

我之所以坚定地相信未来，
是我相信未来人们的眼睛——
她有拨开历史风尘的睫毛，
她有看透岁月篇章的瞳孔。
…………

在思索之中对未来的等待和希望，无疑是那个年代人们精神力量的源泉。从食指的诗中，我们不但可看到他“像水晶一般的透明”的“明澈如秋水般的”[①] 风格，而且可以看到他对后起的朦胧诗主将北岛等人的深刻影响。在北岛的《回答》等诗中，我们可以清楚地看到这种传承关系：“如果海洋注定要决堤，/就让所有的苦水注入我心中；/如果陆地注定要上升，/就让人类重新选择生存的峰顶。//新的转机和闪闪的星斗，/正在缀满没有遮拦的天空，/那是五千年的象形文字，/那是未来人们凝视的眼睛。”难怪北岛自己后来“在法国答记者提问时，回忆说他当时为什么写诗，就是因为读了郭路生的诗”[②]。

食指最具现代色彩的作品是《这是四点零八分的北京》、《鱼群三部曲》、《愤怒》等。第一首运用了对时间和感觉予以突然“切断”的手法，以完全个人化的视点，表现了压抑的瞬间情绪，具有很强的“陌生化”效果。第二首采用了“整体象征”的手法，以“冷漠的冰层下的鱼儿”自喻，形象地描绘出那个不允许思想存在的年代里，处于黑暗中的思想者精神生活的各个方面。这种“寓言”式的叙述与抒情风格，后来成为大多数朦胧诗人共同采用的方法。

食指的诗以他强烈的思想力量启示和震撼了一代青年，他的作

① 杨健：《文化大革命中的地下文学》，89 页，北京，朝华出版社，1993。
② 杨健：《文化大革命中的地下文学》，93 页。

品不但最先启示了“白洋淀诗群”的诗友们，而且“在更大范围的知青中不胫而走，用不同的字体不同的纸张被传抄着。世界上不会有第二个诗人数不清自己诗集的版本，郭路生独领这一风骚”[①]。“仅仅凭着《相信未来》一诗，食指名满天下。他的诗在当时的青年中间秘密流传甚广。无论是在山西、陕北，还是在云南，在海南岛，在北大荒……只要有知青的地方，就秘密传抄食指的诗。”[②] 这些都足以表明食指作为朦胧诗先驱所发生的深刻影响。

在《文化大革命中的地下文学》一书中，作者还追溯了食指的同代人，甚至更早的其他一些诗人的影响，食指“不可能是凭空出现的，这一切甚至可以溯源于六十年代初就曾活跃过的一代现代派诗人：张郎郎、牟敦白、董沙贝、郭世英（郭沫若之子——引者）等人。1965—1966 年，郭路生曾出入于牟敦白家中的‘文艺沙龙’。其成员有：王东白、甘恢里、郭大勋”[③]。这些人所造成的与当时的红色主流文化迥然不同的“沙龙化”的、充满个人或边缘的、甚至是具有“反主流”色彩的文化氛围，无疑是构成食指诗歌写作语境的重要精神来源。

彗星一样的食指从诗歌的天空中划过之后，一个新的星座升起了。这就是以一群插队在河北安新白洋淀及周围地区的知青诗人组成的“白洋淀诗歌群落”。[④] “白洋淀诗群”又是一个怎样的概念呢？作为参与者和见证人之一的宋海泉引述老诗人牛汉的话说，这个名称：“给人一种苍茫、荒蛮、不屈不挠、顽强生存的感觉。……借用了人类学上‘群落’的概念，描述了特定的一群人，在一个特定的历史时期，一个特定的地域内，在一片文化废墟之上，执著地挖掘、吸吮着历尽劫难而后存的文化营养，营建着专属于自己的一片诗的净土。”[⑤] 另一个回忆者则更详尽精确地写道：

> “白洋淀诗群”，是指六十年代末到七十年代中期（1969—1976），一批由北京赴河北水乡白洋淀插队的知青构成的诗歌创

---

① 齐简：《到对岸去》，载《诗探索》，1994 年第 4 辑。

② 杨健：《文化大革命中的地下文学》，93 页。

③ 杨健：《文化大革命中的地下文学》，90 页。

④ 杨健的《文化大革命中的地下文学》一书中最先提出了“白洋淀诗派”的概念。1994 年 5 月，由《诗探索》编辑部组织“白洋淀诗歌群落寻访活动”，参与者公认“白洋淀诗歌群落”为最准确的提法，见林莽：《主持人的话》，载《诗探索》，1994 年第 4 辑。

⑤ 见宋海泉：《白洋淀琐忆》，载《诗探索》，1994 年第 4 辑。

作群体。主要成员有芒克、多多、根子、方含、林莽、宋海泉、白青、潘青萍、陶雒诵、戎雪兰等。此外，还应包括虽未到白洋淀插队，但与这些人交往密切，常赴白洋淀以诗会友，交流思想的文学青年，如北岛、严力、江河、彭刚、史保嘉、甘铁生、郑义、陈凯歌等人。后者也是广义的“白洋淀诗群”成员。[①]

上述说法得到当年参与者与见证人的广泛认同。[②]“白洋淀诗群”不但继承和发展了食指等前驱的诗风，使具有现代主义艺术倾向的诗歌在一代青年人中产生了更为广泛的影响，而且它们当中就成长出了后来朦胧诗群体中的多数骨干，如芒克、多多、北岛、江河等。从诗歌的文本特征上看，他们的作品比之黄翔、食指等人也显得更加丰富、深邃和陌生。

“白洋淀诗群”虽然汇集了众多才华出众的诗歌青年，但这一群体仍然有一个实质上的核心，这就是插队在同一个村子的芒克、多多和根子。[③] 芒克原名姜世伟，生于1951年，祖籍沈阳。他不但是在白洋淀落户最早、驻留时间最久的知青（1969—1976），而且作品也享有极高的声誉。早在1971年前后，他的作品就在许多知青中流传，如《致渔家兄弟》[④] 等。现在能够完整见到的他最早的成熟之作多为70年代初的作品，如《城市》（组诗，1972）、《天空》（组诗，1973）、《太阳落了》（组诗，1973）等。他的作品比食指的诗更加强化了理性思索的内容，同时也更注重意象、象征方法的使用。如《城市·之一》：“醒来，/是你孤零零的脑袋。/夜深了，/风还在街上，/像迷路的孩子一样/东奔西撞。”再如《太阳落了·之二》：“太阳落了，/黑夜爬了上来，/放肆地掠夺，/这田野将要毁灭。/人/将不知道往哪儿去了。”在芒克那里，贫困、没落、僵死、绝望的动乱年代已完全被置于理性思考和批判的视野，并且他还表现出坚强的战斗与抗争的精神：“这正义的声音强烈地回荡着：/放开我！”（《太阳落了·之六》）

---

① 陈默：《坚冰下的溪流——谈“白洋淀诗群”》，载《诗探索》，1994年第4辑。

② 林莽、齐简等人亦持此见。

③ 北岛、江河等人作品的影响时间要略晚一些，加入“白洋淀诗群”的时间也略晚些。

④ 参见白青：《昔日重来》，载《诗探索》，1994年第4辑。

芒克的诗色彩阴冷，已出现比较奇警怪谲的意象，以阴暗的隐喻与象征的笔法建立了自己质地坚硬而变幻多端的艺术风格与个人化的语义世界，如这样的意象：

太阳升起来
天空——这血淋淋的盾牌（《天空·11》）

当秋风突然走进哐哐作响的门口
我的家园都是含着眼泪的葡萄（《葡萄园》）



但芒克也有他的沉实和明澈的另一面，大地和农事使他对自然和劳动充满了理解与亲和的情感，他也写下了许多歌颂土地、劳动和自然景色的作品，多多曾称他为“自然诗人”和“自然之子”，这一方面表明他是一个从未被社会所扭曲的纯洁而本色的诗人，同时也概括了他作品的一个重要的内容特征。不过，芒克的这类作品并不留意于对自然事象的描摹，而完全是格言式的抽取与概括。许多诗只有两三句，如《灯火》：“整齐的光明，/整齐的黑暗。”多么富有奇警撼人的启示力量！有的也充满醉人的柔情，如《遗嘱》：“不论我是怎样的姓名，/希望把她留在这块亲爱的土地上。”有的甚至只有一句，如《酒》：“那是座寂寞的小坟。”《诗人》：“请带上自己的心！”这些作品都是一些苦难生活中的“启示录”，它们深刻、奇警和新鲜的话语，会给那个时代的人们带来更多的精神启蒙力量。从这些作品到北岛的《生活》：“网。”我们不难看出一个内在的逻辑线索。

多多，原名栗世征，1951年生于北京，现旅居荷兰。多多于70年代初开始创作，同芒克一样，多多的作品也执著于社会思索与现实批判的主题，但却更为展开和具体，如他的《当人民从干酪上站起》（1972）、《祝福》（1973）、《无题》（1974）等，都以犀利的笔锋直接涉入关于专制/自由、暴力/人性、迷信/光明的思考，对“革命”名义下残暴而愚昧的行为进行了有力的抨击：“歌声，省略了革命的血腥/八月像一张残忍的弓/直到篱笆后面的牺牲也渐渐模糊/远远地，又开来冒烟的队伍”（《当人民从干酪上站起》）。“从那个迷信的时辰起/祖国，就被另一个父亲领走”（《祝福》）。这样的诗句，不啻一只只火把，照亮了那个年代里一只只蒙昧的眼睛。再如《无题》：

一个阶级的血流尽了
一个阶级的箭手仍在发射
那冷漠的没有灵感的天空
那阴魂萦绕的古旧的中国的梦

当那枚灰色的变质的月亮
从荒漠的历史边际升起
在这座漆黑的空空的城市中
又传来红色恐怖急促的敲击声

这是对那个年代里"阶级斗争"图景的多么生动概括的描绘。

多多写于1982年的长诗《鳄鱼市场》可以视为他的代表作之一。这时更加成熟的思想使这首诗透射出深邃博大的启示力量，在锋利、真实和充满反讽意味的语句中，诗人对"人民"、"生活"、"真实"、"自由"、"人格"、"道德"等关于社会正义和人的基本生存的当代重大问题，进行了发人深省的诘问与探讨。这在80年代初基本流于政治层面的"反思"潮流中，不能不是一个更加深刻和有力的声音。

根子，原名岳重，1951年生于北京。70年代初开始诗歌创作，现旅居美国。根子的诗所传不多，但却显示出"先知式"的特立独行的风格和异乎寻常的成熟，"以其震撼的力量给诗坛带来一种新的生命"，并显示出"几分高举反叛的旗帜，以其犀利的冷漠傲视世人的拜伦的影子，几分波德莱尔的影子"[①]。写于1971年夏天的长诗《三月与末日》是根子的代表作，它除了淋漓尽致地表达出诗人绝望、冷静的心态，更在语感上表现出过人的天才和成熟："心是一座古老的礁石，十九次/凶狠的夏天的熏灼，它/没有融化……/十九场沸腾的大雨冲刷，/礁石阴沉地裸露着……/今天，暗褐色的心，像一块加热又冷却过了/十九次的钢，安详，沉重，/永远不再闪烁。"十九岁，这人生的三月中，却看见"末日"的清醒与决绝，没有对生活和时代深刻的洞察和杰出的精神高度是不可能的。

从更长一点的时间跨度看，《三月与末日》可以说是这个年代里最复杂深刻、也最具现代性特征的一首诗作，可以说是他"一

---

① 宋海泉：《白洋淀琐忆》。

个人的《荒原》”。它不仅对现实发出了尖锐的诘疑，而且还蕴涵了一个过早成熟的天才少年对荒谬人生的体验，拆除了一代人关于青春、现实、未来和理想的虚假理念，以及人们对时代的虚妄颂歌，宣告了一种悲剧或喜剧式人生幻象在一代青年人心中的崩塌：

> 三月是末日
> 这个时辰
> 世袭的大地的妖冶的嫁娘
> ——春天，裹卷着滚烫的粉色的灰沙
> 第无数次地狡黠而来，躲闪着
> 没有声响，我
> 看过足足十九个一模一样的春天
> 一样血腥假笑，一样的
> 都在三月来临。这一次
> 是她第二十次把大地——我仅有的同胞
> 从我的脚下轻易地掳去，想要
> 让我第二十次领略失败和嫉妒

这就是一代人见惯的“春天”的假象：带着欺骗、威压和虚伪的繁华景致，曾多少次让纯洁的少年对它顶礼膜拜，而今终于被洞穿，被抛弃。没有洞悉的冷眼、独立的思考与判断是不会看见这一切的。根子之所以看见，是因为他不再是精神的奴婢，而是独立的能够思考的“人”——

> 我是人，没有翅膀，却
> 使春天第一次失败了

即便是 70 年代末、80 年代初历史已发生了巨大翻覆之后，在朦胧诗中那些最有历史和启蒙思想深度的作品中，我们也很难看到出《三月与末日》之右者。“人”在这里被再次擦亮了它蒙尘已久的内涵。这是一个真正成熟了的大写的人，历史和岁月启示了他，不是以绝望，而是以理性，不是以悲哀，而是以清醒。它奇警的思想，充满人性深度的写作方向，刻意悖谬的抒情视角，还有峻拔诡奇的意象等都表明，它是这个年代写作的一个奇迹——从逻辑上不可能，但从事实上却发生了。

另一首《致生活》（1972）也有着同样的思想与人性深度，以及同样的奇警与锐利的语言能力。它俏皮的语言风格，反讽的表达口吻，阴暗奇崛的想象，都使之更接近一首真正“现代”意义上的诗。某种程度上，整整十年以后的中国当代诗歌，也还没有在整体上进入它所开辟的现代性写作的里程；在70年代初期的茫茫黑夜中，它更是孤独的，与《三月与末日》的孤独一样诡奇而突兀，令人几乎匪夷所思。

应当被提及的这一群落中的诗人还有方含（原名孙康）、林莽（原名张建中）、严力等。方含写于1968年的一首《在路上》（其灵感可能来自美国作家的同名小说《在路上》）[①] 抒写了一个精神流浪者在充满非理性的疯狂年代里的“泪水”、“梦想”和“忧伤”，语感酣畅，充满魅力。除他们之外，虽不属“白洋淀诗群”，但也在60年代到70年代初具有重要影响的诗人还有依群（一名齐云）、哑默等。哑默今存最早的一首诗《海鸥》写于1965年，依群写于1971年的《巴黎公社》则是一首流传极广、影响极大的作品。依群原先的写作思路是不同于芒克、根子等人的叛逆姿态的“红色诗歌”，但他出色的才华，“高度个人化的方式”[②] 和“更重意象”的写作风格，使他成为“形式革命的第一人”[③]，使一首本来的“红色诗歌”奇迹般地转化成为了一首“蓝色诗歌”。这是他的《巴黎公社》中的第一节：

> 奴隶的歌声嵌进仇恨的子弹
> 一个世纪落在棺盖上
> 像纷纷落下的泥土
> 呵　巴黎　我的圣巴黎
> 你像血滴　像花瓣
> 贴在地球蓝色的额头

---

① 《在路上》一书在60年代末的知青中曾是一本十分流行的小说。

② 唐晓渡：《心的变换：“朦胧诗”的使命》，见《在黎明的铜镜中·序》，北京，北京师范大学出版社，1993。

③ 多多语，见杨健：《文化大革命中的地下文学》，96页。

“你不是为了明天的面包/而是为了常青的无花果树/向着戴金冠的骑士/举起孤独者的剑”。它将革命的意义恢复至纯粹的理想主义之境，是为自由而战、为了激情和诗意的革命本身而战，而不是以某种现实利益和权力为目的，这正是格瓦拉式的精神与人格的体现。

一切都表明，从60年代中后期到70年代初，是一个长期以来受到不应有的忽略的重要年代，中国当代的先锋文学不但“象征性”地在这一时期孕育了它的雏形[①]，而且也进行了富有成效和影响深远的艺术实践。从文学观念的角度看，尽管他们并没有在当时发表什么宣言，但他们用作品表明了自己的立场，并启示着后来者的思想。现在看来，作为一个存在着的诗人群落，一个艺术群体，他们的意义已不仅在于同时代政治之间的对立，这种对立事实上是很弱小和缺少实际意义的；真正的意义在于，他们找到了一个真正的现代诗人应有的写作立场，这就是相对于“红色主流文化”的个人化的边缘立场，这不仅使他们找到了可以清醒地思索和看待现实问题的角度与视点，而且也找回了写作者作为人文知识分子最重要的传统，这是扭转当代中国作家和诗人多年来写作的“政治迷失”、重建“人文写作”的关键所在和真正的开端。“边缘”不仅使作家具有了独立思考和判断的位置，而且也使他们有可能真正成为人民的代言人。正义的人格力量、批判的理性精神、作为人的价值的重建与救赎等这一切思想内涵的获得，均首先源自这一历史性的扭转。

另一方面，艺术的“冒险”与前卫精神构成了他们作为“先锋”前引的另一个原因，包括依群的“红色诗歌”在内，艺术经验与审美感知的个人化处理，使他们的作品充满着新鲜的和陌生的、不同于日常生活经验形态和群体性的红色意象（如“战鼓东风”、“莺歌燕舞”之类）的形象与语义，不断闪现出令人惊异的陌生诗意；同时，知性与经验的参与和激活，也使他们的诗句中不断呈现出绮丽的思想质地与光彩。这是他们在特殊的年代里，以具有某种“历险”性的审美刺激与思想魅力给读者以强烈吸引，并使后来者不由自主地接纳和模仿的原因。

① 唐晓渡的《芒克：一个人和他的诗》中载：“1973年初某日……芒克和号称‘艺术疯子’的画家彭刚决定结成一个二人艺术同盟，自称‘先锋派’。”这大概是“先锋”一词在当代首次被用于艺术命名。见《诗探索》，1995年第3辑。

## 三、先锋的诞生："朦胧诗潮"论

### 1. 与传统主流的遭遇："朦胧诗"的浮出、命名与论争

1978年秋，芒克、北岛等几个回城知青打算自行出版一份文学刊物。经过一番筹资与策划，到11月底，一份油印的《今天》在北京宣告出世，立刻引起了一场轰动。它是"白洋淀诗人群落"及其外围诗人，还有散落在其他各地具有相似风格与倾向的诗人的一次汇聚。这个名称[①]既隐喻了历史的沧桑悲壮，又预示着一份此在与担当的信心，以及重整旗鼓再造辉煌的气魄。它的出现，也标志着一个独立于"权力诗坛"之外的以民间形式存在的"先锋诗坛"的确立。很快，食指、芒克、北岛、江河，乃至顾城、舒婷等这些名字，开始通过这份油印诗刊在更多的人中间产生影响。

与此同时，自1979年始，上述一些诗人的作品也开始以零散的形式出现在《星星》等一些报刊上。1980年春夏，《福建文学》和《诗刊》等刊物又相继集中发表了舒婷、顾城、江河等人的诗作，旋即，诗坛上关于此类诗歌的一场空前规模的论争开始了。

这场争论的起点可以追溯到1979年《星星》复刊号上公刘的一篇文章：《新的课题——从顾城同志的几首诗谈起》。这篇文章从诗歌的审美要素和艺术风格方面，给予了顾城这样的新人以肯定和鼓励，虽然没有意识到这是一个重大的诗歌艺术变革的命题，观点也有所保留，但毕竟标志着"中年写作"的一代对新的诗风的认真关注。1980年5月7日，《光明日报》发表了谢冕的文章《在新的崛起面前》，在这篇篇幅不长，但又被视为"朦胧诗"最初的理论阐释与宣言的文章中，谢冕以历史的眼光，联系"五四"以来新诗发展的曲折历程，指出了这些诗歌出现的必然逻辑与意义，他说：

> ……我们的新诗，六十年来不是走着越来越宽广的道路，而是走着越来越窄狭的道路。三十年代有过关于大众化的讨论，四十年代有过关于民族化的讨论，五十年代有过关于向新民歌学习的讨论。三次大讨论都不是鼓励诗歌走向宽阔的世界，而

---

① 据芒克私下说，这个名称是由他拟出的。

是在“左”的思想倾向的支配下，力图驱赶新诗离开这个世界。

> 在刚刚告别的那个诗的暗夜里，我们的诗也与世界隔绝了。……在重获解放的今天，一大批诗人（其中更多的是青年人），开始在更广泛的道路上探索……它带来了万象纷呈的新气象，也带来了令人瞠目的“怪”现象。的确，有的诗写得很朦胧[①]，有的诗有过多哀愁，有的诗不无偏颇的激愤，有的则让人读不懂。……我主张听听、看看、想想，不要急于“采取行动”……一潭死水并不是发展，有风，有浪，有骚动，才是运动的正常规律。

没有陌生的理论和惊人之语，但却提出了历史的警示，概括了这些诗作的特点（包括“朦胧”的特点），而且以历史逻辑的视野告知，这是一种势在必然的“挑战”、“突破”和“崛起”，它们的出现是新诗原有传统的一种新的生长。这一点是十分关键的。正像有的学者在评价谢冕的诗论贡献时所指出的：“对八十年代初的谢冕而言，关键的还不在于指证西方诗歌在中国衍生出什么，以及具体而言是如何衍生的，重要而关键的是，他把那些被中国诗坛和文学史排斥的，或因为写‘看不懂’的，‘令人气闷’的诗而被抹杀的诗人，重新编码和组织起来，并且另外为他们专门造设了一座诗歌殿堂。不同的只不过是这座殿堂门口装饰的并非中国的石狮，而是西方的缪斯。谢冕工作的杰出意义……正是如何成功地把‘异端’化为‘正统’。”[②] 而这是为代表现代文明的新型审美要素及其话语找到“合法性”与生存权利的关键所在。

然而，与旧式主流意识形态相连接的“权力诗坛”并不会轻易放弃其话语权，1980 年 8 月，《诗刊》发表了章明的一篇文章：《令人气闷的“朦胧”》。像历史上许多文学现象是因了某种贬义和批评而得名一样，“朦胧诗”由这篇“令人气闷”的文章而得名。他把那些“叫人读了几遍也得不到一个明确印象、似懂非懂、半懂不懂、甚至完全不懂、百思不得一解”的诗称为“朦胧体”。虽未直截了当以政治和思想异端的名义宣判“朦胧诗”的死刑，但以“叫人读不懂”的名义，试图从认知和审美的角度宣判它的“非诗”性质，从而在根本上取消其合法性，这种观点得到了多数人的赞同与呼应。持这种观点的代表人物有方冰、臧克家、周良沛等。他们认为，“朦

---

① 这是“朦胧”这一字眼的首次出现。——引者注

② 韩毓海：《谢冕的“现代”》，载《文艺争鸣》，1996 年第 4 期。

胧诗并不是什么新东西”，它“可以成为一种美”，但许多年轻人之所以热衷于写朦胧诗，是因为他们“没有经过残酷的革命斗争的锻炼，一遇到十年浩劫造成的难堪的现实……便怀疑了，迷惑了，甚至是悲观失望了……看不清前途究竟怎样，于是便朦胧起来，写出来的诗便是朦胧诗”。“朦胧诗并不是只是语言形式上的朦胧，首先是思想认识上的朦胧，内容上的朦胧。……他们所说的这个自我，是脱离集体的、脱离社会的、无限膨胀的自我表现。”[①] 他们断言，“现在出现的所谓‘朦胧诗’，是诗歌创作的一股不正之风，也是我们新时期的社会主义文艺发展中的一股逆流”[②]。“诗，还是应该写得让人看懂。不然写它干什么?”[③] 基于这样的一种判断，虽然他们也个别地肯定了一些青年诗人的某些“并不朦胧”的诗作，但从整体上却否定了这样一种创作倾向，而且尤其反对理论评论界对这种倾向的阐释与倡导。如果说这些青年人有这样的追求还仅仅是一种“不成熟”，而那些评论家则不免是“以一家来树自己”，“害了他们”[④]。

持肯定和支持态度的以孙绍振、刘登翰和吴思敬等为代表。孙绍振的《恢复新诗根本的艺术传统》一文，从现代中国新诗发展的历史出发，对舒婷的诗作进行了分析与阐释，从历史的联系上为舒婷诗中的“情调低沉”、“自我形象”以及“外国诗歌影响”等被批评和指责的倾向，找到了合法性的依据。[⑤] 刘登翰的《一股不可遏制的新诗潮》同样也是以舒婷的作品为例，对新型诗歌审美流向产生的现实依据、文学传统、历史趋势进行了阐述。他指出：“思想上的‘叛逆’，必然地要带来对于某些僵化了的艺术观念和形式的叛逆。”“在中国新诗所接受的外来影响中，浪漫派诗歌一直占着主导地位并得到肯定，现代派的影响在以后的历次运动中被视为资产阶级诗歌潮流，一直受到批判处于异端。这显然是不够公正的。”[⑥] 吴思敬的《时代的进步与现代诗》一文，从“时代的现代化要求”现代社会特征的日益迭变和复杂化等客观条件出发，指出了“诗歌现代化”的必然趋势，从现实要求与发展规律的角度为朦胧诗寻找合法性的依据。[⑦]

① 方冰：《我对于“朦胧诗”的看法》，载《光明日报》，1980年1月28日。
② 臧克家：《关于“朦胧诗”》，载《河北师院学报》，1981年第1期。
③ 周良沛：《说“朦胧诗”》，载《河北师院学报》，1981年第1期。
④ 周良沛：《说“朦胧诗”》，载《河北师院学报》，1981年第1期。
⑤ 参见孙绍振：《恢复新诗根本的艺术传统》，载《福建文艺》，1980年第4期。
⑥ 刘登翰：《一股不可遏制的新诗潮》，载《福建文艺》，1980年第12期。
⑦ 参见吴思敬：《时代的进步与现代诗》，载《诗探索》，1981年第2辑。

总观第一时期的论争，矛盾的主要焦点在于“朦胧诗”的出现之于新诗的发展和时代的新变有没有根本的合理性、是否代表了诗歌的主导方向这样一个问题上。争论的双方基本上是温和的，较为小心的。否定的一方在刚刚经历“拨乱反正、解放思想”的氛围中，保持了一定的“开放”姿态，对“朦胧诗人”的部分作品也给予了有保留的肯定；而持赞成态度的一方也多限于从时代发展、文学新变的角度为“朦胧诗”的存在寻找合理性，对其艺术倾向的肯定则具有相对的试探性与模糊性，并没有直接言明其“崛起”的“现代主义”性质。

第二时期的论争始自 1981 年 3 月孙绍振《新的美学原则在崛起》的发表。这篇文章在总结朦胧诗的艺术立场和主题价值取向的基础上，把朦胧诗所代表的艺术流向提升到美学原则的历史性嬗变的高度来认识。它指出，尽管谢冕等理论家把这股年轻人的诗潮称之为“新的崛起”，但“与其说是新人的崛起，不如说是一种新的美学原则的崛起”，而这种新的美学原则同传统的美学原则的分歧的实质“是人的价值标准的分歧。在年轻的革新者看来，个人在社会中应该有一种更高的地位……当社会、阶级、时代逐渐不再成为个人的统治力量的时候，在诗歌中所谓个人的感情、个人的悲欢、个人的心灵世界便自然会提高其存在的价值。社会战胜野蛮，使人性复归，自然会导致艺术中的人性复归”①。孙绍振以个体立场与人性内容作为新的美学原则的价值内核，无疑是找到了问题的关键，同时也在传统价值标准最敏感的地方刺了一刀。而且在表述上，他也无法不冒犯一些长久以来不可动摇、不容置疑的词语和概念，他的“三个不屑”、“不屑于作时代精神的号筒”、“不屑于表现自我感情世界以外的丰功伟绩”、“回避去写那些我们习惯了的人物的经历、英勇的斗争和忘我的劳动场景”的表述，极大地刺激和冒犯了传统的价值准则。从《诗刊》在发表这篇文章时所加的“编者按”也可以看出，其目的在于树立一个供批判用的“靶子”，“编者按”间断地摘出了文章中一些“要害”的论断，指出“在当前正强调文学要为人民服务、为社会主义服务，以及坚持马克思主义美学原则方向时，这篇文章却……我们希望……明辨理论事非”②。可谓意味深长。

这篇文章一出台，便引起了各方意见的争论，正面反对的文章

---

① 孙绍振：《新的美学原则在崛起》，载《诗刊》，1981 年第 3 期。

② 《诗刊》，1981 年第 3 期。

以程代熙的《评〈新的美学原则在崛起〉》为代表，他多方引据马克思的著作观点，从“人的价值标准”、“美的规律”等方面对孙文的观点进行了驳议，概括出孙文“新的美学原则”的“实质”即是“根本不屑于表现我们这个新时期的时代精神”，“具有相当浓厚的唯心主义色彩”①。

另外的不同意见并不直接针对孙文，但也明确表示了对新诗潮总体的批评意向，如卞之琳的《今日新诗面临的艺术问题》②、艾青的《从“朦胧诗”谈起》③ 等。这两位曾以写作具有“现代”倾向的诗歌而成名的诗人，转而反对新诗潮的现代主义意向，是不能不令人费解的。艾青说：“朦胧诗作为一种文学现象，不足为奇，反对它也没有用。奇就奇在有一些人吹捧朦胧诗，把朦胧诗说成是诗的发展方向。”“诗，首先得让人能看懂。”在艾青看来，“朦胧诗”仅仅是风格或表现技巧意义上的个别现象，而不存在什么发展方向的问题、普遍性的问题。他把“现代主义”视为西方早已“抛弃了的破烂”，而没有看到“朦胧诗”在推动中国当代诗歌走向现代化的进程中的作用和其必然的历史合理性。另一方面，在“读不懂”的问题上，他似乎也代表了大多数人的意见，只注意到了朦胧诗较为复杂的审美特征在彼时公众的审美心理——被扭曲、阉割和简单化了的审美心理与审美能力——面前所激起的“陌生化”效应，而没有从中外诗歌审美的一般规律和时代发展、审美变迁的角度，对已经封闭和老化的审美主体进行必要的反省。事实上，正是这一点，构成了对“朦胧诗”抗拒和批评的社会心理基础。仅仅几年之后，还有谁在继续抱怨朦胧诗的“难懂”？甚至，在迅速发展和变迁了的审美期待视野面前，朦胧诗已显得相当浅显和直白了。

对孙绍振的观点给予声援和支持的文章，也占了相当的比重，如江枫的《沿着为社会主义、为人民的道路前进——为孙绍振一辩兼与程代熙商榷》④、李黎的《“朦胧诗”与“一代人”——兼与艾青同志商榷》⑤ 等，这些文章所立足的核心，同样主要不在于进一步阐

---

① 程代熙：《评〈新的美学原则在崛起〉》，载《诗刊》，1981 年第 4 期。

② 卞之琳：《今日新诗面临的艺术问题》，载《抖擞》（香港）双月刊，1981 年 5 月号。

③ 艾青：《从“朦胧诗”谈起》，载《文汇报》，1985 年 5 月 12 日。

④ 江枫：《沿着为社会主义、为人民的道路前进——为孙绍振一辩兼与程代熙商榷》，载《诗探索》，1981 年第 3 辑。

⑤ 李黎：《“朦胧诗”与“一代人”——兼与艾青同志商榷》，载《文汇报》，1981 年 6 月 13 日。

述朦胧诗的“现代主义”性质，而是考虑如何“把异端转化为正统”的问题。事实上，朦胧诗在当代社会条件下是否具有思想和艺术的“合法性”问题，仍然是这一时期争论的首要问题。

在争论之外，出现了一批具有建设性的深入探讨的文章，这是比较可喜的，如朱先树的《实事求是地评价青年诗人的创作》[①]、陈仲义的《新诗潮变革了哪些传统审美因素》[②]、袁忠岳的《“朦胧诗”与“无寄托”诗》[③] 等，其中尤以陈仲义的文章全面而系统，他从意境、形象、手法、结构、语言“五个审美因素”，探讨了“新诗潮对传统审美因素的扬弃与突破”，从而令人信服地指出了朦胧诗的优势所在。应该说，从本体的理论建设的意义上说，这类文章代表了朦胧诗论争的深度和成就。

第三个阶段的论争始自“第三个崛起”，即徐敬亚发表在1983年第一期《当代文艺思潮》上的长文《崛起的诗群——评我国诗歌的现代倾向》，该文始作于1981年1月，因作者当时还是一位无名的在校大学生，所以迟至两年后才公开发表。这篇文章不仅具有全面的文本与艺术特征的阐释，而且观点和结论也毫不暧昧和含糊，因为作者本人即是“朦胧诗”的加盟者和实践者，所以文章也就很自然地带上了一种富有感情色彩的“宣言”性质。它第一次大胆和认真地以“现代倾向”和“现代主义文学”的字眼概括了新诗潮的性质，以正面冲击、全面总结阐释的姿态，对否定新诗潮的言论进行了辩驳，它还刻意强化了新诗潮的“现代倾向”同原有传统的“现实主义”模式的二元对立，放弃了此前所有论争者都未肯放弃的现实政治话语的表述风格。可以说，它不但将对朦胧诗的美学和理论阐释推向了一个更高层面，而且还暗示出另一场变革——诗学理论话语本身的变革的来临。自然，我们还不能说徐敬亚的表述和所使用的诸多理论范畴是无懈可击的，文中的确有诸多稚嫩和鲁莽之处，但从大处而言，它对于进一步推动当代诗歌美学观念和诗学观念的变革嬗递，无疑是具有“爆发性”的积极作用的。它称得上是一枚打破僵滞局面的“炸弹”，但绝不是像有人表述的那样是一枚具有某种政治作用的炸弹，本能的“政治紧张”来源于陈旧的政治意识形态的思维模式，在这种旧的模式和社会政治话语的“投影”的

① 朱先树：《实事求是地评价青年诗人的创作》，载《新文学论丛》，1982年第2期。
② 陈仲义：《新诗潮变革了哪些传统审美因素》，载《花城》，1982年增刊第5期。
③ 袁忠岳：《“朦胧诗”与“无寄托”诗》，载《诗刊》，1981年第4期。

作用下，这篇文章理所当然地会引起更为放大的爆炸性反响。

首先予以驳议的是陈言、高平、孙克恒、杨匡汉、晓雪、郑伯农、邓绍基等人的文章。这些文章反驳的立场和依据基本上仍如此前新诗潮的反对者，但在态度上要明显地更激烈些。如杨匡汉的文章中称，徐敬亚所断言的“现代主义崛起”“是一个虚妄的判断”，因为他“对生活、对艺术的理解，是将社会主义与资本主义，社会主义诗歌与西方现代诗歌两种不同的社会制度、社会生活和文学艺术作了质的混同”[①]。郑伯农的文章中也认为“徐敬亚同志的文章在若干方面已经超出了讨论文艺问题”，他以“社会主义，还是现代主义”两者截然对立的性质来对徐文观点予以质问，并且表示，“我们不能沉默，应当郑重地回答这场思想理论上的挑战”[②]。郑文还将从谢冕到孙绍振到徐敬亚的“三个崛起”联系起来作为不断延伸的“一股文艺思潮”进行了系统的批评，这已经预示着这场讨论最终将被移出艺术和学理的范畴，而转入政治与思想斗争的旧模式。

果然，时至1983年秋，伴随特定的政治氛围，这场讨论最终被纳入了“反精神污染”的政治思想斗争，正常的讨论完全被批判和清算所取代。在程代熙《给徐敬亚的公开信》中，程断然说“你的这篇文章……是一篇资产阶级现代派的诗歌宣言”[③]。柯岩的《关于诗的对话》中也明确断言“崛起论”者的“唯我主义和民族虚无主义，与革命，与无产阶级，与社会主义制度，与我们这个虽还贫困但却蒸蒸日上的祖国……不但是格格不入的，而且是极其有害的”[④]。据不完全统计，持类似的驳议乃至批判观点的文章有三十余篇，全国各地召开的批判座谈会也不下十余次。[⑤] 这场历时近5年的讨论，大致以徐敬亚发表在1984年3月5日《人民日报》上的检讨文章《时刻牢记社会主义的文艺方向——关于“崛起的诗群”的自我批评》而告结。

迄今为止，这似乎仍是一场不好评价的论争，然而事实上也是一场无须评价的论争。时间的流逝已经洗尽了它表面的政治色彩，

---

① 杨匡汉：《评一种现代诗论》，载《文学报》，1983年3月24日。

② 郑伯农：《社会主义，还是现代主义》，载《诗刊》，1983年第6期；另见《当代文艺思潮》，1983年第10期。

③ 程代熙：《给徐敬亚的公开信》，载《诗刊》，1983年第11期。

④ 柯岩：《关于诗的对话》，载《诗刊》，1983年第12期。

⑤ 参见姚家华编：《朦胧诗论争集》所附目录索引，北京，学苑出版社，1989。

透过局部历史的迷雾，我们可以看出，这场争论实际上是原有“权力诗坛”和以新潮先锋的冲击形式出现的一代青年诗歌作者争夺“合法性”称号和话语权力的斗争。在特定的历史阶段，对政治立场的“附会”则成了这场斗争中一个有力的砝码和借助工具。旧的“权力诗坛”曾依靠对主流意识形态的依附，获得过显赫而辉煌的地位，而今在具有新的艺术品质与表现方法的优势的新诗潮面前，他们感受到了一种威胁，不愿丧失权威优势被逐出历史舞台的强烈的危机感迫使他们做出激烈的反应，并假借了政治斗争的方式与名义。事实上这种心理也是未经掩饰的，有的反击文章就明确地说，“……许多刊物以大发朦胧诗和所谓‘纯艺术诗’为时髦”，而“许多坚持新诗革命传统的搞理论或创作的同志，却经常受到轻蔑的嘲笑，被人嗤之以鼻，他们的作品常常很难发表，甚至根本发不出去”①。在这样的趋势下，本来掌握着诗坛权力话语的那些“坚持者”怎么能不寻找一种有利的形势，作出总的反击呢？还有“读不懂”的问题。这一问题除反映了旧式审美期待的贫困与褊狭，在实质上也是一个争夺话语权的问题。像艾青这样学识深厚、才智极高，且在青年时代曾写过优秀的现代诗的诗人，只需稍加思考，便不难解读那些事实上并不艰深难懂的作品——事实上，无论从哪个方面看，这些诗在陌生性和难度上完全比不上他在 30 年代的作品。因此说到底这不过是一种本能的拒斥，“读不懂”是一种名义，是借以否定新潮诗歌话语合法性的一种有效策略。它让人意识到这是一种文本层面的争执，而非从政治上“以势压人”，显得具有民主风度，但实际上不过是一种方便的理由而已。

历史的烟云已经散去，当年这些争论的问题而今已不再成为问题，历史的进步与艺术的变革早已如坚冰下的溪流冲出了岁月的禁锢，化为葳蕤生机，但回首这段历史的曲折，仍给人许多的启示。

### 2. “朦胧诗”的发展历程与代表人物

关于朦胧诗的先导——60 年代到 70 年代中后期的地下诗歌，前文中已作了追溯，这个时期实际上可以视为一个“前朦胧诗”时期。在这一时期，除黄翔、食指和“白洋淀诗群”中的诸诗人外，北岛、江河、舒婷和顾城等也都在 70 年代中期以前写下了他们的第一批诗

① 柯岩：《关于诗的对话》。

作，如北岛的《回答》(1976)、顾城的《生命幻想曲》(1970)、舒婷的《船》(1975) 等，它们都已具有典型的朦胧诗特征。

从1979年到1983年，朦胧诗发展进入了公开诗坛，开始了它的影响与论争时期。1979年，《星星》复刊号上出现了顾城的作品；1980年5月，《福建文学》公开发表了青年女诗人舒婷的诗作，并随之展开了讨论；之后，《诗刊》又组织了第一届"青春诗会"，同时发表了舒婷、顾城、江河等人的诗，这标志着朦胧诗已开始以它的"边缘部分"进入公开诗坛。不过，上述刊物所发表的作品仅在一定程度上反映了他们的艺术风格，即那些与"主流文化"不甚抵触的作品；而另一些更加充分地体现他们的个人审美风格和先锋艺术倾向的作品，则引起了较大的争议。所以，紧接着便出笼了章明的文章，"朦胧诗"由此得名。这一时期，朦胧诗处在一个非常特殊的阶段，一方面它们在实际上广泛传播，充当了推进新时期艺术变革的真正力量，深受读者欢迎认同；另一方面在理论上却又总是受到指责和批评，甚至在1983年底被迫在公开诗坛一度消失，而与此同时与朦胧诗持同样主题的"伤痕"、"反思"与"改革"文学，则由于其较多地采用了"现实主义"的传统形式而不断推进，并获得了"正统"和中心的地位，两相比较，的确是很令人深思的现象。

这时期在公开诗坛上最为引人注目的朦胧诗人是舒婷、顾城、江河、梁小斌、傅天琳等人，与他们同时，北岛与杨炼的名字虽然在权力诗坛上鲜有机会显露，但同样在广大青年读者中具有广泛影响。

江河，原名于友泽，生于1949年，世居北京。其诗作中最主要的是一种"类政治抒情诗"，这些作品从形式上看并不新鲜，语言风格也不陌生，它们和"文革"时期以及此前的主流诗歌传统之间可谓有千丝万缕的联系，有的还很像"朗诵诗"。但是在这种并不新鲜的形式下，却蕴涵了不同的思想和立场，在《没有写完的诗》、《纪念碑》、《祖国啊，祖国》等诗中，作者将一系列重大的时代命题直观和形象地展现出来。前者是就张志新、遇罗克等事件所作的深邃的历史思考，作品明显具备了高于流行的"现实主义"诗歌的反思视点，同时也注重了理性内蕴与悲愤激情的结合；在艺术上也富有新意，运用了场景切换、叠加和意象刻画等一系列手法，取得了宏伟壮阔又幽深细密、激情澎湃又冷静深沉的艺术风格，具有撼人的艺术魅力。后两首诗在题材选取上更为广阔，超越了对具体事件的陈述，而达到了畅想式的抒情、哲理式的思辨的境界。由于思想与形象以及情感的较完美的结合，使得这两首诗成为继北岛之后最具有代表性的反思主题作品。而且，与北岛的沉郁和绝望相比，江河的诗更表现出对民族觉醒的殷切期望，战斗超过了绝望，民族更重于个人，这使得江河的诗更容易为人们所承认和接受。

江河的另一类作品是他后期的“文化寻根”作品，有人称之为“现代史诗”，其代表作是他的以中国古代神话为原型所创制的《太阳和他的反光》(1984)。这首结构宏伟的史诗性作品贯穿了十分庞杂的哲学意识，以大量古代神话传说为载体，复活和再现了先民的生存形式、生命形态与文化精神，堪称“文化寻根”诗歌的总结性作品。

顾城，生于1956年，祖籍上海，成长于北京、山东等地。1987年出国，旅居新西兰等地，1993年9月在新西兰希基岛寓所涉嫌杀死了妻子谢烨，同时自缢身亡。顾城是朦胧诗人中比较特殊的一个，他的诗较少关注社会历史，而更多地关注内心，由于其作品充满大量自然意象和其特有的纯稚风格、梦幻情绪，曾被称为“童话诗人”。顾城的诗大致分为三类，一是对少年时代生活的追怀和对生命的咏唱，比如他十几岁时写的《生命幻想曲》，活画出一个孩童对生命奇异的理解和向往；再如《游戏》，写了一个孩童时代的“错误”，将少男少女的情感心理刻画得惟妙惟肖。这类作品在顾城作品中占有较大数量。第二类是以他自己特有的委婉方式反思时代的作品，《一代人》虽只有两句，但却集中地表现了年轻一代的生命历程与心灵觉醒：“黑夜给了我黑色的眼睛，/我却用它寻找光明。”还有一些作品更委婉地表现了旧的时代在人们心灵上留下的创伤和阴影，《远和近》堪称是一首代表作。这首诗曾被指斥为过于晦涩和“朦胧”，但它的表现力却是相当新颖深刻的：“你/一会看我/一会看云//我觉得/你看我时很远/你看云时很近”，人与自然事物的关系更近于人与人之间的关系，这不能不是对十年浩劫造成的人性坍塌的一个准确概括。第三类是顾城作品中最具探索倾向、也最受指责和最多争议的作品，如《泡影》、《感觉》、《弧线》等。这些作品强调直觉感受、瞬间印象，用一些并无确定意义的意象来表达这些意念和情绪，给读者留下较大的想象空间与歧义可能，如《弧线》：“鸟儿在风中/疾速转向//少年去捡拾/一枚分币//葡萄藤因幻想/而延伸的触丝//海浪因退缩/而耸起的背脊。”各个意象和段落之间互不关联，造成感觉的陡转跳跃，给人以较强烈的瞬间印象。

不过，在童心和自然意象的背后，顾城也在他的诗中潜藏下了浓厚的忧郁与死亡情绪，这使得他的作品在轻柔和浅近中又蕴涵了黑暗与深渊的倾向，获得了出人意料的深度与哲学意味，超出了“童话”的范畴而具有了“预言”的性质，也使他具有了成为“精神现象学意义上诗人”的可能。比如在《我的心爱着世界》等作品中，都隐约可以看出他的暴力与死亡冲动，看到他固执的悲剧性自我想象与难以自拔的深渊冲动：

我的心爱着世界
她溶化了，像一朵霜花
溶进了我的血液，她
亲切地流着，从海洋流向
高山，流着，使眼睛变得蔚蓝
使早晨变得红润——

我的心爱着世界
我爱着，用我的血液为她
画像，可爱的侧面像

多像是一则预言，一则悲剧与死亡的预言。某种意义上，顾城是一个“至死未走出精神的童年”的诗人，一味沉入感觉世界，造成了他与社会的隔膜与疏远，以及“拒绝长大”的心理症结。人性和心理上的扭曲最终导致了他的悲剧结局。

总体上看，北岛与舒婷是朦胧诗创作最有代表性的诗人，他们二人分别代表了朦胧诗严峻的和抒情的、坚硬的和柔婉的、反叛的和传统的、现代的和浪漫的一面，自然，这样说又是相对的。

北岛，原名赵振开，1949 年生于北京，1969 年高中毕业后当过建筑工人，70 年代中期开始创作，1979 年开始发表作品，1987 年去国，留居欧洲和美国等地。北岛的诗作从内容上看大致有三个主题，第一个是对一个清醒的、孤独的觉醒者的自我描绘与内心表达，对一个在混乱迷惘的年代里“世人皆醉我独醒”的形象的自我想象。《岛》可谓是一帧自画像：

你在雾海中航行
没有帆
你在月夜下停泊
没有锚

路从这里消失
夜从这里消失
…………

——这是禁地
这是自由的结局
沙地上插着一支羽毛的笔
带着微温的气息

“啊，棕榈/是你的沉默/举起叛逆者的剑”。假如说这是默然的独白，那么《回答》等诗则是宣言，它明确表达了诗人对社会的判断和自我的选择：“卑鄙是卑鄙者的通行证/高尚是高尚者的墓志铭”，这类“箴言”般的富有思想含量的诗句曾广为流传，成为一个时代的精神界碑或道德与生命的格言，其影响可谓难以估量。某种意义上这也是北岛以较少数量的作品，以及并不比其他诗人更多的思想含量，却获得了巨大社会影响力的一个原因，他的格言式的诗句释放了比诗歌本身更大的召唤力量：“告诉你吧，世界/我——不——相——信!”这样的诗句无法不成为新的理性与价值观的代表和象征。北岛类似的作品还有《陌生的海滩》、《恶梦》等，这些诗同样以“波西米亚式”的陌生风格、流放者或“十二月党人”式的自我形象，带给读者以同情和震撼、认同和折服。

对社会正义的呼唤、对道德价值和生命人格重建的吁请，是北岛诗歌中最为珍贵和感人的声音。假如说《回答》是与旧时代的决裂，那么《宣告》则是对英雄主义人格与使命的确认和承担：“我只能选择天空/决不跪在地上/以显出刽子手们的高大/好阻挡自由的风//从星星般的弹孔中/将流出血红的黎明。”与之相似的还有《雨夜》一诗中的著名诗句：“即使明天早上/枪口和血淋淋的太阳/让我交出自由、青春和笔/我也决不会交出这个夜晚/我决不会交出你。”正义的力量与人格的光辉，在这里达到了交汇互融的完美之境。这类作品还有《结局或开始》、《走向冬天》等。

北岛诗作的另一个特点，是他对时代和历史的反思中的悲观主义态度，冷酷的决绝和深邃的痛感，使他与所有同时代诗人相比，表现出了更大的深度、胆识和人格魅力，这是他给时代留下了更多精神财富的一个原因。在《古寺》、《一切》等诗中，他毫不隐讳自己对现实和历史的绝望，“一切都是烟云/一切都是命运……”时间最终证明，这些诗句及其所负载的时代情绪，更有可能通向普遍的精神背景与哲学命题，并且使之焕发出常新的魅力。

除此之外，北岛还写有不少与上述现实处境相似的爱情诗，它们往往与“逃亡”的危险情境相呼应，因而更容易生发出某种“秘密”的故事性与现场感，更有一种令人神往的魅力，如《无题》、《爱情故事》、《黄昏·丁家滩》等。

从艺术上看，北岛的诗作具有黑色的质地与冷峻的风格，用思想引领情感和情绪，所以读来充满质感和力度；同时思想又借助那些阴冷的形象而产生感染、震动与“惊悚”的作用——如同本雅明在阐释波德莱尔的诗歌时所强调的，他的诗有更多的现代主义特征，具有“游荡者”、精神异类、社会边缘人和局外人所生发的秘密性与情境感，同时多运用隐喻、暗示、象征、跳跃、切换、变形等手法，在语言上使用冷色调的处理，注重形象的深度设置与知性内涵的强化，这些都给人留下特别深刻的印象。除此，他还特别注意对具体事件和背景的有意抽离，使形象、事件陌生化、抽象化，并因而富有歧义和弹性，如《雨夜》、《迷途》、《黄昏·丁家滩》、《你说》等，都具有了“多解”的性质，它们既可以使人在爱情主题之外有多种理解，同时又可将每个读者的人生经验代入其中，因之更具想象空间与艺术感染力。北岛的诗还创造了一套具有鲜明的个人色彩的、完全不同于“文革”诗歌和十七年诗歌的特定意义与风格的意象符号，这种新型的话语方式，对整个新时期诗歌的语言变革有着至为关键的启示与开拓意义。在北岛的诗中，“黄昏”、“海岸”、“星星”、“沙滩”、“帆”、“船”、“夜”、“乌鸦”、“凶手”等一类词语构成了一个特有的冷色调的象征语义系统，并在总体上形成了一种全新语境。与此同时，北岛还十分注意对鲜活的意象创造。如“消失的钟声/结成蛛网/在裂缝的柱子里/扩散成一圈圈年轮”，“乌龟在泥土中复活/驮着沉重的秘密，爬出门坎”（《古寺》）；“以太阳的名义/黑暗在公开地掠夺”（《结局或开始》）；“夜，迎风而立/为浩劫/为潜伏的凶手/铺下柔软的地毯”（《岛》）等。北岛还构筑了一系列巧妙的意象构词，如“时间这面晦暗的镜子”、“晾在沙滩上的阳光”、“乌鸦，这夜的碎片”、“绿色的淫荡”、“贫困的烟头”等，这些都为后继者提供了鲜活的艺术启示，为当代诗歌的变革前进起着艺术的导引作用。

舒婷，1952年生于福建漳州，后一直生活于厦门。1969年下乡至福建西部山区，1972年返城，做过纺织女工、建筑工等。1979年起在《今天》和《福建文学》等刊发表作品并引发关注。著有诗集《双桅船》、《会唱歌的鸢尾花》，散文集《心烟》等多种，其中《双桅船》曾获全国第一届新诗集优秀奖。多次被评为最受欢迎的诗人。

比较北岛，舒婷的一部分诗歌更接近时代的主流价值。如果说北岛表达了悲观主义的绝望，作为女性的舒婷则更带有唯美倾向和“过渡时代的理想主义”的特点，时人评述她的诗“忧伤而不绝望，沉郁而不悲观”，“是软弱的，又是坚强的”，“忍受着失望，又怀着胜利的信念”①。充满对价值寻找的渴望。同时，她的诗也不像北岛那样以思想表达为主，而是以情感诉说为主，富有鲜明的感性色彩。所以在新诗潮中，她应是一个最典范的带有“浪漫主义向现代主义过渡”色彩的抒情诗人。

舒婷诗作的内容特征首先是对苦难中理想的追寻。她的诗在风暴与沉落中没有丧失对信念与价值的坚守，从未对历史正义性和自我价值表示怀疑，甚至还闪烁着传统的社会理想精神。在这方面，她的名篇《祖国啊，我亲爱的祖国》可谓是代表，这首诗将个人命运同民族命运紧紧联系在一起，唱出了忧伤中的希望和沉重中的信念，充满了献身的理想精神。“我是你簇新的理想”、“雪被下古莲的胚芽”、“挂着眼泪的笑涡”、“新刷出的雪白的起跑线”……这样的情绪同80年代初期蓬勃向上的主流文化达成了某种和谐，因而曾备受赞赏。此外，像《珠贝——大海的眼泪》、《这也是一切》，甚至《双桅船》和《致橡树》等作品，也都表达了类似的情绪，即对自我价值的确信和歌颂，对理想、理性、未来的再确认。

但在这类作品之外，是舒婷作为一个新诗潮诗人写作主题的核心部分，只是这一部分由于前者的放大和遮蔽，被人们长期予以漠视和忽略了。这就是与其他朦胧诗人相似的对生命自由人格的追寻，

① 孙绍振：《恢复新诗根本性的艺术传统——舒婷的创作给我们的启示》，载《福建文艺》，1980年第4期。

对传统道德理想的反思与背叛。比如《船》，这首诗便表达了对自由生命的向往和对人格废墟的凭吊，一只与海岸线咫尺相望的小船，竟无法属于自由的大海，只能留下永久的叹息。诗人疑问："难道真挚的爱/将随着船板一起腐烂/难道飞翔的灵魂/将终身监禁在自由的门槛？"《流水线》一诗曾受到过指责，它是对人的生存价值的一种现代思考，表达了对沉重的秩序中人性失落的担忧，"惟独不能感受到我自己的存在"。舒婷的一些写爱情的作品主要传达了自由与独立的意识，如《神女峰》，它的"宣言"是高亢和悲壮的，情感与观念表达也淋漓尽致，是一首不可多得的见证当代中国情爱观念的历史性变革的作品。《雨夜》等也是这类作品，"我忍不住/真忍不住……"同这些作品相比，另一首《致橡树》虽属名篇，但有稍显概念化之嫌，"不仅爱你伟岸的身躯/也爱你坚持的位置，足下的土地"——有点刻意装点以获取合法性的嫌疑了。

除此，对人道主义、人的价值的呼唤和肯定，着意表现对人与人之间的理解、友爱、信任、关心、尊重、支持、爱护的渴望，将人性美理想化和诗化，并以此来对现实和历史进行反思，也是舒婷作品的重要内容。《风暴过去之后》、《一代人的呼声》、《这也是一切》，以及许多"赠答诗"都属于这类作品。

舒婷的诗充分表现了女性情感特有的细腻和温柔，表现出女性心理的曲折和复杂，其中既充满了迷惘，又透示着坚韧；既弥漫着忧伤，又洋溢着欢乐；既欲打开倾诉的闸门，又常常犹豫不决，充满了理智与情感的矛盾。这在《四月的黄昏》、《路遇》、《雨别》、《无题》等诗中尤为突出。

历史地看，舒婷诗歌的另一个意义，是明显地标志着当代中国诗歌由浪漫主义时代向现代主义时代的过渡。一方面，她是一个典型的抒情诗人，其情感典雅端庄，追求崇高和优美的品格；同时她又是一个用现代主义、尤其是象征主义手法写作的诗人，用感觉、意象、暗示来说话，较少直率的表露。这具体表现在，一是其感觉或印象主义的色彩，许多作品对事件和情景不作具体直观的叙述，而用片断的感觉和联想来表现，如《往事二三》："一只打翻的酒盅/石路在月光下浮动/……桉树林旋转起来/繁星拼成了万花筒。"《墙》："夜晚，墙活动起来/伸出柔软的伪足/挤压我，勒索我/要我适应各种各样的形状……"二是"通感"，感觉的转化、结构的多变和跳跃，产生扑朔迷离的色彩和意义的扩张与辐射，如《路遇》：

“凤凰树突然倾斜/自行车的铃声悬浮在空间……”，三个跳跃很大的段落，分别暗示了三种情绪与感觉阶段。除此，同北岛一样，舒婷也创造了一套属于自己的象征符号系统，推动了诗歌语言的变革，只不过这些象征意象的特点更具有温和优美的色调，而不像北岛那样灰冷。她的“船”、“帆”、“树”、“花朵”、“黄昏”、“大海”、“星星”等，展示了朦胧诗语言形象、丰富、典雅、优美、抒情与蕴藉的一面。

朦胧诗在1980年至1981年前后经历了它的高潮时期，在1983年以后，由于来自它内部和社会外部两方面的原因，逐渐走向了沉落。从外部原因上说，一是社会环境氛围的不断发展，使支撑朦胧诗典型的反思批判的启蒙主题之原有的社会背景已不复存在，朦胧诗作为一个时期的诗歌代表不免有时过境迁之感；第二，由于某些社会政治的原因，朦胧诗又因为与所谓“资产阶级自由化”的社会思潮产生了瓜葛，一度被视为政治上不和谐的，甚至是对抗性的力量，所以朦胧诗在事实上遭到了人为的压制与禁止。从内在艺术原因上说，朦胧诗在经历了它的第一个明显的潮头之后，也面临着新的分化、瓦解、发展和深入。所以，在1983年底以后，一部分诗人基本上暂停了创作，如北岛、舒婷、顾城等；另一部分诗人则转向了更为深入的“文化寻根”主题的探寻。朦胧诗的发展进入了它的低落和转折深化的阶段，所以也有人将这段历程叫做“后朦胧诗”时期。

表面上看，朦胧诗的退场和消失似乎同1983年秋冬“清除精神污染”的政治运动有直接的关系，同论争中支持倡导者一方的“失败”有共同的命运，但事实上这样理解未免又太拘泥于皮相了。如果这样看，代表了新的变革与发展方向的新诗潮似乎是以失败而告终的，然而实际上，朦胧诗的退席与其说是被“逐出”场外，不如说是时过境迁，剧目已换，舞台与灯光已经移向了别处。尽管对所有的朦胧诗人而言，这样的结局是他们所不情愿的，但说他们是功德告成光荣引退也并不过分。本来作为“朦胧诗”的出现和被命名就是表明了新的审美艺术方法对旧有习惯的超出和抛弃，它原本就是一个“接受现象”；而它的消失并不说明它本身艺术方法的最终失败，恰恰相反，它说明新的审美艺术追求已被人们所广泛接受，当人们的接受水平已实现了历史性的恢复与提高之后，困难已不复存在，“朦胧”感也就消失了。所以，朦胧诗的消失恰恰说明了接受障碍的消失，这正是新的艺术原则的最终胜利。而在朦胧诗“殉难”

之后，它所取得的艺术成果实际上已为整个艺术界所广泛接受。这正像徐敬亚在1988年所描述的："在朦胧诗的探索光荣而悲惨地'饮弹身亡'之后，它的阴魂开始附向其他的门类，或者说核变后的辐射开始了。小说在1985年的各种繁华'时髦'的先锋局面，不能不说大量地得益于朦胧诗的引爆。情绪化、意象化、意识的跳跃流动、主题空间的层次等探索，无不表现出朦胧诗1980年前后的发难状态。五年前，朦胧诗敲开了板结意识的大门。五年后，小说的大军得到了洒满鲜血的宽阔道路。"① 这是多么富有戏剧性的历史运变。

### 3. "朦胧诗"的基本特征和历史局限

在长达数年的论争官司中，无论倡导者还是反对者都对朦胧诗的内容与艺术特征作过种种阐释与描述，然而这些描述以今天的视角看来都已显得陈旧和苍白。之所以会有这样一个结果，主要的原因有两点，一是批评者在其所身临的当下语境中还不可能找到一个清晰的历史逻辑，不可能在人类文明与现代诗歌总体的运变规律中来深刻解释新潮诗歌现象；二是整个理论批评话语相对于艺术创作的陈旧与滞后，使备受意识形态与政治权力话语牵制和扭曲的理论批评概念陈腐不堪，极易被纳入到社会政治语义之中，变得危险而难以把握，这种整体的旧式批评话语面对新的艺术现象时显得捉襟见肘，力不从心。即使是在这种条件下尽可能地使用某种"新鲜语体"的论者（如徐敬亚），也未能达到准确和自如的境地，一则难免被政治权力话语所误读和"硬套"，二则也显得支离破碎、概念含糊，不解释尚明了，越阐述反倒越加含混和缠绕，这也是没有办法的事。

从今天的角度回顾历史，我们不难看出，以"朦胧诗"为代表的新诗潮运动实际上是一场当代中国的类似于"早期象征主义"的艺术运动，前期象征主义在西方是19世纪晚期对应于浪漫派的余绪——以形式主义的韵律表现其观念冗余的"巴那斯派"——的一场艺术变革，它针对巴那斯派诗人枯燥的观念和浮泛空洞的语言，而提出了"隐语"、"梦幻"、"神秘感"、"创造的精微的快乐"的主张，他们批评道："巴那斯派抓住一件东西就将它和盘托出，他们缺少神秘感……直陈其事，就等于取消了诗歌四分之三的趣味，暗示

① 徐敬亚：《圭臬之死》（上），载《文学研究参考》（内部），1988年第6期；另见《鸭绿江》，1988年第7期。

才是我们的理想。……必须充分发挥构成象征的这种神秘作用。”[1]而对于发生在70年代末、80年代初的当代中国新诗潮来说，它所面临的情境和所作的艺术追求，同前者是近似的。历时几十年的当代诗歌由于其思想情绪的政治化、艺术形式的“颂歌化”和民谣化，已越来越堕向一种虚浮的现代“伪浪漫主义”，虚构的红色主题，夸张的政治理念，浮泛的高昂情绪，加上个性销蚀殆尽的浮华形式，最终使诗歌变成了观念的奴隶和时事的附庸，在这种粗鄙与浅直的情势下，诗歌的变革必然要从找回形象——诗歌的基本要素开始。因此，被曲意指斥为“朦胧”的象征与暗示，便成了新诗潮的基本的艺术特征。

这也很像当初20年代中期“象征派”诗歌在中国崛起时的情形，“五四”白话诗歌运动解放了诗歌的形式，但由于审美与艺术要素的暂时空缺，新诗却陷入了令人失望的浮泛与苍白，白话诗歌仅剩下了白话。在这种情形下，“新月”等英美式的浪漫派诗人曾力图通过健全格律等形式主义要素来改造无序的局面，但这种努力却不可能从根本上解决问题；相形之下，李金发等人对法国前期象征派诗歌的移植借鉴，虽然在短时内受到了激烈的指责，并且在艺术上也暴露出明显的弊病，但最终却为新诗的发展提供了有益的资源和动力，找到了一条根本的出路。李金发的诗曾被指斥为晦涩、朦胧、“许多人抱怨看不懂，但许多人却在模仿着”[2]。这种情形同朦胧诗所处的境遇也十分相似。实际上，朦胧诗的意义同样不在于它自身是否已提供了多么完美的文本，而在于它为人们提供了真正通向诗歌的审美空间的必经桥梁，它体现了“审美意识的苏醒”，体现了“由被动的反映，倾向主动的创造”[3] 的艺术变革的必然过程。

“崛起论”者们在评述朦胧诗的主题特征时，大都迫于权力意识形态的压力，仅仅从表层和现象上将之概括为“人性”、“自我”和“内心”，不再歌咏外在的生活场景，而去抒写“生活溶解在心灵中的秘密”[4]，尽管对诗人所表现出的呼唤和捍卫“人的价值”的精神取向也给予了明确的肯定，甚至对他们回避和逃离时代政治的倾向也表示了有限理解和认同，但他们都没有把朦胧诗的崛起同一场全

① ［法］马拉美：《谈文学运动》，载《外国文学》，1983年第2期。

② 朱自清：《中国新文学大系·诗集导言》，上海，上海良友图书印刷公司，1935。

③ 顾城：《“朦胧诗”问答》，载《文学报》，1983年3月24日。

④ 孙绍振：《新的美学原则在崛起》。

面冲击社会的启蒙主义思想运动联系起来进行考察，这是他们正置身于短暂的历史迷雾中的缘故。而在这点上，朦胧诗人则似乎有着更加明确的意识，北岛说，“诗人应该通过作品建立一个自己的世界，这是一个真诚而独特的世界，正直的世界，正义和人性的世界”，藉此“让美好的一切深入人心”①。北岛的全部诗作的主题正是努力去给人以这样的启示。舒婷在评价北岛、江河、芒克、杨炼等人的作品的时候，亦曾指出，她“远不认为他们就是人们通常认为的‘现代派’，他们各有区别，又有共同点，就是……比较自觉地把自己和民族的命运系在一起”，“他们勤奋而富于牺牲精神”，“先行者是孤独的”②。就连比较倾向于个人内心世界的顾城，也否认了人们对朦胧诗过于褊狭的理解，他说：“从‘四五’运动起，诗开始说真话了……但一切就到此为止了吗?”“一个民族要进步”，必须有一些“探求者”去献身，“因为在这样的人中，终究有一些会沿着同伴用失败探明的航线，去发现新的大陆和天空”。这种新的精神和意识，“将像日月一样富有光辉；它将升上高空，去驱逐罪恶的阴影；它将通过艺术、诗的窗扇，去照亮苏醒或沉睡的人们的心灵”③。可见，在主要的朦胧诗人那里，都有这一种类似“照亮心灵”的自觉的启蒙角色的意识。“照亮”，这正是启蒙本来的含义。

在历经时间的淘洗之后，我们可以看到，正是朦胧诗以它典型的人本主义思想，人道主义价值观，反抗迷信、专制、暴力和愚昧的理性精神，以及摆脱了旧式意识形态的思维结构与话语方式的新型审美表达，率先开启了一个新时代，而这样一种孤军深入的位置和他们所达到的精神高度，直到多年以后才被小说等其他艺术门类所继承，直到历史进程彻底完成了某种转折和过渡之后，才被证明其合理的价值与意义，这一点，应当为今天的评价者所牢记。事实上，由于文学（特别是诗歌）在表现社会心理方面的敏感性，极易成为启蒙主义这样具有前引和烛照意义的社会文化运动所采用的形式，并成为其重要的组成部分。德国所产生的“狂飙突进”运动，俄国19世纪初期的启蒙思潮，以及中国的五四运动，差不多都是最先通过文学、特别是诗歌的形式萌发和表现的。对于新时期发生的以“思想解放”为口号的历经波折的思想启蒙运动而言，朦胧诗正

① 老木编：《青年诗人谈诗》，2页，北京大学五四文学社内部印行，1985。

② 老木编：《青年诗人谈诗》，13页。

③ 顾城：《“朦胧诗”问答》。

是它当之无愧的前引和先锋。

人道主义和个性主义是朦胧诗的思想内核，这一点同“五四”文学的主题内容是极为相似的。当其他各界的人们还被“极左”路线的余绪所束缚，仅对“文革”悲剧和“四人帮”的罪行作着表面思考和简单批判的时候，他们却已走进了历史和人性的深处，以更大的勇气表达了他们对民族悲剧的深刻理解和对人性回归的哀烈呼声。食指、芒克写于70年代的作品；北岛写于“天安门诗歌运动”中的《回答》，都是以勇敢的“挑战者”姿态出现的；江河的《我歌颂一个人》、《纪念碑》等作品更表现出至高的时代理性，它们既是具体的诘问和控诉，又是形而上的沉思与遐想；杨炼在1981年就写下了《自白——给圆明园废墟》等作品，将民族悲剧的思考引向了历史深处；在舒婷的诗中，表现最多的是对自由人格的追求和对奴性人格的否定，对个体价值的肯定和对人性情感的宣泄，《流水线》表达了失却自我的忧伤，《神女峰》则表达了对压抑人性的道德戒律的抗争：

沿着江岸
金光菊和女贞子的洪流
正煽动新的背叛
与其在悬崖上展览千年
不如在爱人肩头痛哭一晚

这是冲破人性樊篱、找回人格自由的宣言。社会正义、价值理性、人性自由、精神启蒙构成了他们构建自己作品的精神支点和情感依托，从这点上说，他们不仅在审美与艺术上“修复”了“五四”新诗的传统①，而且在思想和精神上也恢复了这一传统。

“现代派”和“现代主义”曾是反对者指斥朦胧诗时的一个基本定性和批判依据，这一定性的给出，虽是基于当时的一种偏见，但从艺术特质上看，却也道出了基本的事实。很明显，朦胧诗本身是一种“启蒙主义主题”与“现代主义艺术”的混合体，因为对它而言，社会启蒙是它的基本价值立场和价值所在，而旧式的主流意识形态和社会话语则是它艺术反抗的对象，这种反抗和求变的需要注

① 参见谢冕：《断裂与倾斜：蜕变期的投影》，载《文学评论》，1985年第5期。

定要使它选择“类似现代主义”的艺术方法。而且，对于封闭已久的中国当代文学来说，吸收和借鉴最新的艺术思潮与方法本身就具有推动观念更新和文化启蒙的作用，所以事实上这种混合不但不显得矛盾，而且还具有特殊的合理性。

同反对者一样，“崛起论”者在肯定朦胧诗时，也刻意指出了它的现代主义性质，它的“以象征手法为中心的诗歌新艺术”，并以此指出，这“是我国现代主义文学发展初期的特征”①。现在看来，这种定性大致还是正确的。不过，在取得了时间距离和历史眼光的条件下，我们还应看得更清楚些。朦胧诗的整个发展过程，实际上是一个类似现代主义的前驱——象征主义诗歌发展变异的过程。在食指、根子、芒克、多多等前驱者的诗中，直面黑暗的批判锋芒和阴冷怪谲的艺术风格，以及晦暗的象征化的语言，都使我们感受到一种波德莱尔式的反抗气质，这种气质在北岛那里又得到发扬和延伸，北岛直逼黑暗的陈述以及他的一套典范的象征符码对后来者的启示，也正类似于波德莱尔对魏尔仑、马拉美、兰波等人的启示。自然，由于启蒙英雄主义精神的楔入，北岛等人的诗中除个别诗作（如《一切》）外，并没有明显的“颓废”情绪，在顾城、舒婷等较多地书写自我和内心隐秘情感的诗人的作品中，也并不像某些指斥者所说的那样充满了“晦涩”、“无聊”和“绝望”的情绪，但其“朦胧的意象、零碎的形象构图，富于运动感的急速跳跃，交叉对立的色彩……哲理和直觉的语言、象征隐喻的手法和奇特的语言结构”② 等等特征，却与马拉美等人所强调的“梦幻的特征”和“象征的神秘”效果相近似，甚至同早期中国“象征派”诗人穆木天、王独清等人所推崇的那种“永远的、朦胧的”、“极纤妙的”、“神秘的彼岸世界”③ 具有某些共同的特性。总体上看，朦胧诗在它未将思想的触角完全伸向历史文化以及哲学的探寻之前，基本上同产生在19世纪末期法国的早期象征主义诗歌的艺术气质相类似。尔后，当杨炼等人自觉地开始文化寻根诗歌的探索之后，写作的“现代史诗”意识（类似艾略特的《荒原》）才逐渐得以自觉和强化，诗歌的知性内涵、文化品质、史诗式的隐喻性文化结构（一如杨炼所主张的“智力的

① 徐敬亚：《崛起的诗群》，载《当代文艺思潮》，1983年第1期。

② 转引自艾青：《从“朦胧诗”说起》，载《文汇报》，1981年5月12日。

③ 穆木天：《什么是象征主义》，见《穆木天诗文集》，长春，时代文艺出版社，1985。

空间”）等特征才日益得到加强。从杨炼、江河等人始于1982年前后的文化诗歌实验，到1984年前后包括四川的“整体主义”在内的诗歌“寻根热”和“史诗热”，可以说是一场类似“后期象征主义”的运动。在这些诗歌实验中，《荒原》式的文化隐喻与宏伟结构使他们最终获得了中间组合与结构赋予的全部含义，并“开始懂得了一首诗”[①]。之所以有这样一种相似性，从整个20世纪中国文学和当代文学发展的历史看，并不是偶然的，正像象征主义诗歌开启了西方现代主义文学运动的历史进程，也开启了20世纪中国现代主义文学进程（指李金发、穆木天、王独清等人在20年代形成的“象征派”诗歌）一样，朦胧诗在当代中国文学封闭已久出现了断裂的背景下，又一次复活和“修复”了中国现代主义文学的传统，使兹后的当代文学开始发生深刻的历史嬗变，从这一点说，朦胧诗的意义是重大和不可替代的。

但是，朦胧诗自身也存在着无可回避的矛盾与局限。这种局限首先即来自它启蒙主义的思想性质和现代主义的艺术选择之间的分裂和悖论，由启蒙主义意识所决定的主题的社会性、公众性，同由现代主义追求所决定的艺术上的个人化和边缘化的风格，反理性、反正统的极端主义与悲观主义色彩之间，很难在事实上产生和谐的统一。一方面，它们的现代主义艺术追求在推动当代文化语境中的个人人本主义价值观念的确立上，起到了不可忽视的作用，这种作用是传统现实主义和浪漫主义文学所不可能真正起到的；但同时，这些带有反社会理性话语倾向的个人化、隐喻化的艺术表达，又常常阻遏和抵消了它们的思想本身，使之无法起到烛照和影响大众的作用，从而真正实现其启蒙的使命。甚至，由于其在相当长的时间内因过于激进的艺术形式而无法获得“合法性”的身份，所以它们对于社会所起到的现实的影响甚至还不如许多艺术上已相当滞后而陈旧的“伤痕”与“反思”主题的小说，这一点，亦应引起我们深思。

另一方面，由于受长期遭受传统权威压抑而产生的激进情绪所决定，“崛起论”者在艺术策略上大都采取了一维进化论的偏激的反传统视点，“新”成为唯一合目的性的标准，“新鲜的诗”、“新倾向”、“新角度”、“新组合”、“新的表现手法”、“新的美”、“新的，

---

① 杨炼《智力的空间》一文可视为佐证，见吴思敬编：《磁场与魔方：新潮诗论卷》，126页，北京，北京师范大学出版社，1993。

就是新的”……[1]这种前趋型的价值视点，在相对于既存传统权力的斗争中渐渐演义成了一种关于时间更迭和旗帜变换的革命神话。在急需突破传统桎梏的特定阶段的对立语境中，“新”与“变”固然是必要的前提和手段，但随着时间的迁延，由上述斗争所形成的一种二元对立的思维逻辑和简单进化论的价值测定，就变得固执而荒谬起来，这种思维方式在整个20世纪中国历史与文化进变的历程中都是十分突出和普遍的。这样一种逻辑表现在当代诗歌的进程中，就成了一场盲动的“艺术哗变”，来不及平面展开与深度发掘，一种艺术思潮便因为失去了“新”字的标签而遭到了遗弃，虽然留下了惊涛骇浪般的历史痕迹，但优秀的、发育充分而完备的艺术文本却相对稀少。在未等朦胧诗完全进入它艺术的成熟与深化时期的80年代中期，“第三代”就打出了“Pass”之旗，用朦胧诗开辟的新语境和“崛起论”者阐扬的“新”逻辑来充当它的破坏者、叛逆者和掘墓人了。回望这段戏剧性的历史，在承认这是现代艺术发展的某种普遍现象的同时，也不能不对朦胧诗的历史命运发出一缕悲凉的怜惜和感叹。

## 四、走向人性与心灵的空间：“意识流”小说思潮论

小说在70年代末、80年代初面临了怎样尴尬的局面！一方面，启蒙主义的思想主题已经蓬勃而起，反思、叛逆和变革的呼声日益高涨；而另一方面，小说在艺术上却仍然被“现实主义”这一统治文艺二十多年、且已变得褊狭和异化了的观念所牢牢地禁锢着。在《班主任》、《伤痕》等一系列产生了“重大影响”的作品中，一方面提出了发人深省、使全社会备受震动的社会问题，另一方面，它们幼稚造作的结构和浅表笨拙的笔法，特别是被意识形态扭曲的话语方式，却也透示着令人失望的贫乏。用被政治严重污染过的语言批判“四人帮”，用造成了他们心灵“伤痕”的强力意识形态所造就的思维方式“哭诉”他们的“伤痕”，这样的一种自我矛盾的状态，面对早已取得过辉煌成就的现代中国小说，面对已异军突起的当代诗歌，特别是面对暗流汹涌的启蒙主义思想浪潮，以及政治上“思想

[1] 徐敬亚：《崛起的诗群》。

解放”运动日益高涨的社会形势，必然会在尴尬中寻找新的出路。

“意识流”小说源起于20世纪初期的英法美爱尔兰等国，其哲学基础主要是柏格森的直觉主义和弗洛伊德的精神分析学等学说。“意识流”的概念最早是由美国的心理学和实用主义哲学的创始人威廉·詹姆斯提出的，他认为人的意识活动不是零散和互不相关的，而是以“思维流、意识流或主观生活之流”① 的方式进行的，同时，这种意识流动中又有很大一部分是非理性和无逻辑的。这种学说在弗洛伊德关于人的意识状态的分析解剖那里进一步得到了证实，他在自己的两本最重要的著作《精神分析引论》和《梦的解析》中，对人的意识结构、潜意识活动的机制以及梦的产生原理等深层的精神现象作了具有生理学、病理学和精神分析学等科学依据的阐释，他不但证明了在人的内心中所潜藏的另一个世界的无限广大和复杂，而且还从本能和人性的意义上，给这些复杂隐秘乃至在传统的和世俗道德意义上处于“非法”地位的意识（如“恋母—弑父”情结、许多病态的复杂性心理等）以相对的“合法性”，尽管他的理论并非完全正确，但却如同哥伦布发现新大陆一样证实了另一个神秘世界的存在，画出了它的大致轮廓，并为后来者更深入准确地探寻它提供了入口和启示。西方文学本来就有关怀精神领域、探寻人性世界的传统，弗洛伊德的发现无疑又为这一传统注入了新的动力。当他在20世纪初到第一次大战前后陆续发表了他的一系列论著之后，其影响迅速扩及世界各国。英国的心理史学家舒尔茨曾描述，弗洛伊德所创立的一些重要概念和学说不但被纳入了现代心理学的主流，而且“对一般文化的影响也是巨大的……1910年后，美国报刊载满了弗洛伊德的论文，1920年以后，美国出版了两百部以上的书籍，论述弗洛伊德的精神分析”②。

最早的一批“意识流”小说的经典之作，乔伊斯的《尤利西斯》（1922）、普鲁斯特的《追忆逝水年华》（1913—1927）也正是在这一时期陆续问世的，尽管他们并不一定直接受到了弗洛伊德的影响和启示，但这些作品在第二次世界大战以后得以广泛承认和流传，却与弗氏思想的广泛传播以及意识流思潮的兴起有直接的关系。

意识流小说尽管并不是一个统一的文学流派，但它却在20世纪

① ［美］威廉·詹姆斯：《心理学原理》，引自《文艺理论译丛》（1），236页，北京，中国文联出版公司，1983。

② 转引自［奥］弗洛伊德：《精神分析引论·译序》，北京，商务印书馆，1986。

西方小说中占据了主导地位，它对小说最大的改变，是打破了传统小说基本上按故事情节发生的先后时序，或是按情节之间的逻辑联系而形成的“线性结构”，代之以一个超越了时空限定的随着人的意识活动并通过自由联想来组织情节的“心理结构”。这样一种结构使20世纪的小说发生了从“外视角”到“内视角”、从“情节小说”到“心理小说”的历史性变化。

早在三四十年代，中国现代小说便受到意识流小说和弗洛伊德精神分析学的深刻影响，从30年代上海的“现代派”、“新感觉派”，到40年代的“孤岛”小说，都可以看出这种影响的痕迹。鲁迅在评论“海派”小说时早就意识到了这一影响。[①] 杨义在评述施蛰存30年代初的《将军底头》和《梅雨之夕》等小说时也指出，作家“热衷于用弗洛伊德精神分析学的眼光，观察人物的深层心理，尤其是性心理……揭示大都会生活的急迫节奏对人物神经的严重冲击”[②]。心理视角的小说不但使作家进一步获得了表现其所置身其间的现代都市生活的有力的方式，而且也从根本上推动了中国现代小说走向成熟、走向“现代”的进程。

对于这样一个“传统”，当代作家并没有迅速从70年代末已经僵死和异化的“现实主义”中挣脱出来，予以面对和继承。且不说关闭已久的思想视野和知识结构是否为他们提供通向这个“传统”的窗口，单是为了这个“传统”有没有合法性，就历经了持久的疑惑和揣测过程。仅有的几个有灵性和有勇气的作家，也都是在“无意识”中迈出试探性步子的，与其说是他们发现了意识流，不如说是小说必然的“松绑”和探寻心灵的要求驱动他们“撞上”了意识流。如王蒙在1980年所说，“近几年的作品更多地探索人的内心活动、精神世界”，“略过外在的细节，写心理，写感情，写联想和想象，写意识活动”，“探索人的心灵的奥秘”，这就突破了过去关于写人的文学观念，“并没有什么不好”[③]。王蒙仅仅是从“探索心灵”这样的角度说明小说心理视角的合理性，或许他也碍于对“现代派”和“意识流”这样的字眼的恐惧，但从心灵的察省对当下停留于问题和表象的“伤痕小说”、“社会问题小说”予以补正和深化，却体

① 参见鲁迅：《“京派”和“海派”》，见《且介亭杂文二集》，北京，人民文学出版社，2006。

② 杨义：《中国现代小说史·第二卷》，669页，北京，人民文学出版社，1993。

③ 王蒙：《对一些文学观念的探讨》，载《文艺报》，1980年第9期。

现了这时期小说进步的必然要求。80 年代末，王蒙在回顾他这一时期的创作时也重新强调了他的“意识流”倾向的不自觉性，“我是怎么变的，自己并不清楚”，“从 1979 年底，开始写《夜的眼》的时候，我好像才真正进入了文学”。当《夜的眼》、《春之声》、《风筝飘带》、《海的梦》这四篇作品在“少见多怪”的“意识流名义下进行的争论”中相继发出，并被视为“对传统的或习惯的小说模式的挑战”时，他自己并没有清楚地意识到自己创作的转型，“我不能说这个时候就变成了意识流小说家，变成了非现实主义或反现实主义的小说家”①。

王蒙的这个自我估价应该说是客观的，因为所谓“心理线索”或者“心理视角”，同探索无意识世界的状况之间的差距，绝不是如此轻易就可以跨越的。但是，个人的理解或许可以是朦胧和模糊的，而历史的必然要求所推动下的社会意识却具有相当确定的合逻辑性与合目的性，70 年代末小说的变革所首先需要的就是原有的“那种正反两极斗争及对人的性格进行道德评价的文学模式”②，由浅表的社会问题到深层的人格构成，即文化—心理模式，“从长期习惯于对社会生活的外部形态上的再现——即写运动本身，写过程，写事件，人物服从运动、过程、事件的需要，转而注重从社会生活的内在形态上表现人，即写人的命运，人的精神过程。”③ 要求作家“转变自己的艺术视角，从人物的内部感觉和体验来看外部世界，并以此构筑起作品的心理学意义的时间和空间”，从而“更接近人们的心理真实”④，是一个必然的过程。很明显，只有在总体上实现一个从外到内、从简单到复杂、从社会到人、从表象到心灵的结构视点的转变，当代小说才能走出长期停留于阶级论、反映论、社会学和认识论模式的局面，而实现从内容到形式的全面深化和革新。“意识流”小说正是这一总体转向的一个合适的选择。

最早尝试运用意识流方法结构小说的作家除了王蒙之外，还有宗璞、张洁、谌容、茹志鹃、张辛欣等一批女作家，另外张贤亮的作品也较具心理结构特点，上述作家在 1979 年和 1980 年前后推出

---

① 王蒙、王干：《自由与限制——当代作家面面观》，载《文艺报》，1989 年 6 月 3 日—17 日。

② 王蒙：《小说家言——在新时期文学十年学术讨论会上的讲话》，载《人民日报》，1986 年 9 月 22 日。

③ 张钟：《当代文学的转变》，载《北京大学学报》，1985 年第 5 期。

④ 鲁枢元：《论新时期文学的“向内转”》，载《文艺报》，1986 年 10 月 8 日。

了他们的第一批探索性的作品。王蒙的“老六篇”《春之声》、《布礼》、《夜的眼》、《海的梦》、《蝴蝶》、《风筝飘带》在一两年的时间里次第推出，对七八十年代之交的文坛产生了排浪般的冲击。与此同时，宗璞的《我是谁?》（1979）、《三生石》（1980），谌容的《人到中年》（1980），茹志鹃的《剪辑错了的故事》（1979），张洁的《爱，是不能忘记的》（1980），张贤亮的《灵与肉》（1980）等也都明显地采用了以主人公“意识的流动”作为结构主线的方法。甚至于有的研究者把这一时期其他一些作家的作品，如叶文玲的《心香》、李国文的《月食》、张洁的《忏悔》、李斌奎的《天山深处的“大兵”》、张承志的《绿夜》等也都划到这个范围里来，认为它们“真正立足于中国的生活土壤，真正考虑了中国读者的欣赏习惯”，同时“又充分揭示了人物内心世界复杂性的特色”，因此是否可以名之以“中国式的意识流加中国式的拼贴画”①。总体上看，这个时期除了多数作家仍持较为传统的现实主义写作态度之外，越来越多的中青年作家开始自觉探索新的表现方法，借助于心理视角这一大的转向，把笔触伸向历史、时代和自我精神的深处，去探索悲剧的根源以及在这一深重而漫长的悲剧中的民族心灵史。这一向度，表现了当代小说家在继朦胧诗人之后文体意识的自觉。

就个案作家来看，80 年代初期意识流小说的“始作俑者”和最重要的作家是王蒙。王蒙是当代中国第一个用“知识分子式”的独立思考和判断，去审视历史、时代、社会和包括知识分子自身在内的人的灵魂的作家，这正是他最重要的贡献、他的深度和价值所在。南帆在探讨当代小说技巧的演变时亦曾指出：“王蒙在这场小说技巧的革命中扮演了一个相当重要的角色。他在不长的时期内连续发表了一批面目全新的小说……经过这些小说的连续冲击，传统技巧的厚厚帷幕上终于出现几个窟窿，从中透进一些新的亮光。”② 无疑，从技巧的变革角度，王蒙是最先尝试和最先具有艺术与文体意识的作家，但他的作用还不仅在于此。在 70 年代末、80 年代初非常初步的变革与开放情境中，单向的对外部历史与现实的表现与书写一直占据文坛的主导地位，这就大大限制了作家对社会与历史的认识深

① 中国社科院文学研究所当代文学研究室编著：《新时期文学六年》，199 页，北京，中国社会科学出版社，1985。

② 南帆：《小说技巧十年——1976—1986 年中短篇小说的一个侧面》，见《寻找的时代：新潮批评选萃》，54 页，北京，北京师范大学出版社，1993。

度，而要想更加准确和深入地透析社会和历史，实现初步的社会与文化的启蒙，作家必须把认知的视角引向具有自我主体参与的心灵空间，只有进入历史中个体的人的心灵，才有可能揭示出人的心灵中的历史、人的心灵史。而在这样的纵深掘进和解剖过程中，一个类似于“知识分子身份”的、具有自省精神、批判意识、独立的价值判断力的角色产生了。

写于1979年的《春之声》，大约可以看作王蒙最早具有“意识流”结构特征的作品之一，王蒙自己说：“我打破常规，通过主人公的联想，突破时间和空间的限制，把笔触伸向过去和现在，外国和中国，城市和乡村。满天开花，放射性线条，一方面是尽情联想，闪电般的变化，互相切入，无边无际；一方面，却是万变不离其宗，放出去又都能收回来，所有的射线都有一个共同的端点，那就是坐在八〇年春节前夕的闷罐子里我们的主人公的心灵。”[①] 而这个主人公正是一个充满着感时入世的心态的、立身微贱而胸怀天下的“救世”意识的知识分子——物理学家岳之峰，从异国考察满目繁华的现代化景象，回到依然满布贫困与破败的国内生活，再从刚刚启动现代化步伐的城市，乘上上个年代留下来的“闷罐子车”，在挤挤撞撞熙熙攘攘的乡下人群中回农村老家探亲，时间不过数日，空间变化的落差却如此巨大，这样的落差不能不给主人公的心灵以巨大的震撼。对“现代化”的期盼焦虑，和对业已“解冻”的社会景象的兴奋与欣慰，以十分矛盾的状态萦绕在他的心头，这正是一个知识分子，一个具有较高远的视野和情怀的当代知识分子的典型心态，与其说“春之声”的旋律已经响彻大地，不如说那只是一个知识分子对遥远而艰难的未来的翘首期盼，一个美丽的幻觉。通过岳之峰的心理活动，作家准确而敏感地触及到了整个时代的脉搏。

如果说《春之声》是通过一个内在的视角照见了外部社会的情形，而稍后发表的《蝴蝶》则更倾向于一个外部历史背景中的个人“内省”的视点。小说的主人公张思远虽然是一个中高级干部，但在这一人物身上所寄托的一种自省和自审的性格，却显然使这一人物具有了“知识分子式的灵魂”——说得更确切些，这是一个寄寓了作家自身理想和希望的干部，他在几经浮沉最终又身居高位之时，并没有成为一个作威作福的老爷；相反，强烈的平民意识还使他对

① 王蒙：《关于〈春之声〉的通信》，载《小说选刊》，1981年第1期。

自己从“张市长”到“老张头”再到“张副部长”的人生经历产生了怀疑和荒谬的感觉，并再次“微服私访”，回到自己落难时接受劳动改造的农村去寻找人间真情，因为在此前他已深深地受到了由身份的升降变迁所带来的世态炎凉人情冷暖的戏弄。小说以张思远再度浮出宦海身居重位时的所想所思为线索，以他清醒的头脑和不平静的心情作为复调的联想纽带，展开对往事的追忆性叙述，世态的翻覆、人情的冷暖、命运的变迁、环境的更迭，不仅使主人公和读者对荒谬的历史发出深思和喟叹，而且还会产生更深层的诘问和联想：在荒谬的历史境遇里，人的存在的本质是什么？个人能够把握自己的命运吗？富贵和贫贱何者更接近真实？这里作品暗合了庄子《齐物论》中“庄生晓梦迷蝴蝶”的著名的存在疑问：我是谁？是蝴蝶变成了我，还是我变成了蝴蝶？我是张副部长呢，还是老张头？《蝴蝶》堪称是一篇特定年代里人的生存与命运的寓言，只不过它是以十分切近现实的姿态和自我审视的内省视角切入叙述的，又十分接近某种社会意义上“真实”而已。这部小说的深刻哲思和浮想联翩的意境十分和谐，结构和章法十分讲究又相当自由，通过主体意识的跳跃与滑动，历史和现实、社会生活与个体存在的多重主题得到了交叠互融又互为折射的呈现，显示了意识流结构方法在当代小说中的活力和成功。

与《春之声》、《蝴蝶》构成系列的意识流结构的小说，还有《夜的眼》、《海的梦》、《深的湖》、《风筝飘带》、《心的光》等。80 年代中期，王蒙的小说创作进入了一个多向发展的成熟期。作为早期“意识流”小说的代表和小说变革的积极推进者，王蒙也力图参与这一时期更加激进的“新潮小说”运动，甚至结合了荒诞、隐喻、象征、变形等各种手段，以及超现实的语境营造和叙述方法、多人称的叙述视角，但总体上由于既定艺术经验与风格习惯的限定，从叙述特征和方法论上看，仍未完全与此时兴起的“新潮小说”、“先锋小说”汇纳为一体。因为其主题内蕴往往还是落脚于关于人的社会学价值的范畴，而不是像马原、莫言、韩少功、残雪等人那样，将其纳入纯粹人性与文化的范畴，进入到生命哲学或者人类学的视野之中。所以从根本上说，王蒙一直未能成为一个真正的现代主义作家，而只是一个以“意识流”为主要结构方法的过渡性的“中间性”的作家。[①] 从小说变革的意义上说，到 80 年代中期，王蒙的使命已

① “中间性作家”这一说法为李洁非提出，参见李洁非：《新时期小说的两个阶段及其比较》，载《文学评论》，1989 年第 3 期。

经完成了。

然而终结归终结，王蒙此时的小说仍称得上是意识流写法中的代表，只是写得更洒脱自如开放自由。以 1985 年的《冬天的话题》为例，这篇小说的情节已经被淡化到几近乌有的程度，它从一个极简单的“洗澡”问题演绎出一场两代知识分子的人生悲欢。小说中，人物实际上已经简化为作家思想与叙述的符号，换言之，不是“人物”的意识在流动，而是作家的意识在直接地支配着叙述，“洗澡”会不会有损中国的“民族传统”，会不会犯“崇洋媚外”的错误？洗与不洗，成了一个有关“大是大非”、要进行认真“研究”和必须广泛展开“真理面前人人平等”的讨论的问题；何时洗澡，早晨还是晚上，如何洗澡，洗澡的意义怎样……翻来覆去，思忖不休，以至于成了一门说不清道不明的学问，也耗费了这位名叫“朱慎独”的先生大半生的精力。作为学界的大人物，朱慎独头衔众多，而奠定他的“学术地位”的却是他的长达七卷本、数百万字的《沐浴学发凡》。小说以讽刺的笔法，夸张地叙述了朱慎独“填补空白”、“走在了世界前列”的学术作为，“自幼继承了先人的种种优良传统”，耗时十五年致力于新学科的创建，开拓出“浴盆学”、“沐浴方法论”、“浴巾学”、“沐浴与政治”、“沐浴与非沐浴”等等数十个相关的学科领域，引起了广泛的反响，甚至走向了世界……这些刻意夸诞诙谐的反讽式描写，对那时已经显露出病状的“学术腐败”的讥刺，对民族文化心理痼疾的认识，还有某种深刻的“预见性”，都称得上是洞烛幽微一针见血。要说批判学术腐败的当代传统，大约要从这里开始。

从以小说中人物的意识流动为结构线索，到直接以叙述者的思维滑跃与迭变为线索，是 80 年代中期小说明显的变化。换言之，作者逐渐代替人物走上了前台，直接进行其意识活动的铺陈，以此来增加小说叙事中的心理因素，成为许多小说家喜欢的一种叙述策略。“我喜欢语言，也喜欢文字，在语言和文字中间，我如鱼得水……我要积累它们，更要使用经营——有时候是挥霍浪费它们”①。这是王蒙对自己这段时间创作状态的一个形象的描述，语言的奔泻和“挥霍”状态，实际上正是作家“意识的野马”的有意“失控”，这种状态比之利用小说中的人物心理作为叙事线索更接近柏格森所说的那种

① 《王蒙文集》第五卷《自序》，北京，华艺出版社，1995。

“内心生活中的绵延”，意识的“永不停息的潜流”，令人“简直说不出它们中的任何一个在何处结束，或另一个从何处开始”①。在1985年至1986年间发表的大量作品如《铃的闪》、《致爱丽丝》，以及五篇“新大陆人系列”：《轮下》、《海鸥》、《卡普琴诺》、《画家“沙特”诗话》、《温柔》，还有《风马牛小说二题》等等，都体现了意识任意“绵延”的特征。这种绵延甚至伴随着意识本身的模糊、偶然和“捉摸不定”性②，并表现为语义表述上的一种“自我解构”的状态。比如《来劲》的开头就呈现了这样一种情形：

> 你可以将我们的小说的主人公叫做向明，或者项铭、响鸣、香茗、乡名、湘冥、祥命或者向明向铭向鸣向茗向名向冥向命……以此类推。三天以前，也就是五天以前一年以前两个月以后，他也就是她它得了颈椎病也就是脊椎病、龋齿病、拉痢疾、白癜风、乳腺癌也就是身体健康益寿延年什么病也没有。……亲友们同事们对立面们都说都什么也没说你这么年轻你这么大岁数你这么结实你这么衰弱哪能会有哪能没有病去！说得他她它哈哈大笑呜呜大哭哼哼嗯嗯默不做声。

这看起来像是一篇自相矛盾的呓语，但它也揭示和暗示了生活的荒诞及意识本身的混乱和无逻辑状态。意识对生活的这种“精神分裂”和“语词分裂”式的戏拟式传达，在相当长的一个时期里成了王蒙小说的一种写作定势，以至于他在“非小说”的表述方式中都情不自禁地展开了某种观念的演绎：“……文学使往日重新鲜活，文学使黯淡变成趣味，文学使痛苦焕发辉煌，文学使灰烬蓬勃温热。……文学是一种快乐。文学是一场疾病。文学是一种手段。文学是一种交际。文学是一种浪漫。文学是一种冒险。文学是一种休息。文学是上帝。文学是奴婢。文学是天使。文学是娼妓。文学是鲜艳的花朵。文学是一剂不治病的药。文学是一锅稀粥。文学什么都是也什么都不是。”③

发表于1987年的《选择的历程》可谓把上述的“意识分裂”状

① ［法］柏格森：《内心生活中的绵延》，见柳鸣九主编：《西方文艺思潮论丛·意识流》，375页，北京，中国社会科学出版社，1989。

② 参见［奥地利］弗洛伊德：《无意识的结构》，见《文艺理论译丛》(1)，260页。

③ 《王蒙文集》，第五卷《自序》，北京，华艺出版社，1993。

态以反讽的方式推向了极致。这是一场滑稽而又让人心酸齿冷的“小品闹剧”式的情景，主人公“王教授”为了诊治一颗病牙所遭遇的种种惊险游戏和可笑可叹的麻烦，可谓让人不寒而栗，在严肃与游戏互为混淆甚至颠倒的语境中，主人公的遭遇既痛苦不堪又令人啼笑皆非。在他经历了种种看牙奇遇而最终仍根本未曾得以医治而无奈叹息之后，终于自悟得：

> ……我尽了一切努力，命中不该今天拔牙，我有啥办法？牙而不拔，是天意也。我极其兴奋，不拔的牙也不痛了。病牙虽然未拔，却比拔了还要畅快豁达！真奇事也！从老庄的观点看，拔即不拔，不拔即拔。从佛的观点看，牙即是悲，大悲即苦，苦海无边，回头是岸。从弗氏的观点看，拔牙即发泄……从尼氏观点看，牙痛是卑微和不幸的证明，是你并不为我而疼痛的痛苦，是伟大的不被理解的孤独的证明，而牙文化，比龋牙还要令人难以忍受……
>
> 我的牙还没有拔，可却比拔了还要深刻。

内心的荒诞反衬出现实的颠倒，这是王蒙在80年代中后期小说的一个共同特征。在这时期王蒙最重要的作品长篇小说《活动变人形》（1986）中，上述结构视点、反讽式的叙述风格与话语特征也有生动的体现。

总体上看王蒙，他是通过“意识流”结构突破传统小说的叙述与结构模式、把当代小说推向变革历程中的第一人，有了这一步，小说翻天覆地的变革才有了基本的起点。王蒙以知识分子所特有的心灵体验与自审立场，使小说在七八十年代之交开始具备了内在体验与人格自剖的“心灵真实”的品质，从而使之开始了越出现实与历史表象、深入人性与心灵的超越的里程。

除王蒙外，其他许多作家也在很早就意识到了小说技巧变革的必要性，但他们又似乎大都停留在技巧的层面上。如谌容的《人到中年》只是将陆文婷在病床上虚弱而飘忽的意识活动作为“串连”故事情节的回忆性结构线索，而这一视角的“第三人称”色彩又十分明显，由此小说的意识流动便不太可能成为主体直接的内在切入视角，在许多地方事实上又变成了以作者为叙事人角色的叙述，而不能“完全利用中心人物的意识对于场景和事件的感受，来描述场景和事件”[1]，大量的事件与情节的延展基本上仍限于叙述者的写实性交代。茹志鹃的《剪辑错了的故事》中虽然梦幻色彩更浓一些，在主人公老寿的幻觉中过去和未来、现实与历史不断因意识的跳动出现着迭变，但这仍然是为了突出讲述者讲述的“社会历史场景”的效果，与人物内心的“无意识场景”无关。正如张贤亮在谈及他的《灵与肉》的写作时所说：“我试用了一种不同于我过去使用过的技巧——中国式的意识流加中国式的拼贴画。也就是说，意识流要流成情节，拼贴画面之间又要有故事联系，这样，就成了目前读者见到的东西。”[2] 很明显，许灵均的意识流动只是为了“故事联系”的方便，作家并无意对他的意识活动和潜意识世界作深入的剖示和直接的演绎。

相比之下，宗璞的《我是谁》似乎更典范些，它整篇基本上采取了自问自审的视角，对自我的存在和身份不断予以怀疑和错乱中的联想。韦弥夫妇本是自国外回来报效国家的知识分子，但在“文革”中却被指斥为“特务”，并遭到连续不断的批斗和摧残，她无处躲藏、有口莫辩，对自己的身份也产生了怀疑，忽而觉得自己是青面獠牙的“牛鬼蛇神”，忽而是一条委行屈爬的虫，忽而是展翅归来的鸿雁，忽而是鬼域瞑界的磷火，主人公的疑问最终驱使她投湖殉身。小说整篇都是以韦弥的意识活动来展示的，比较具有超现实的梦幻意味。不过，整体来看，它所揭示的主题和心理活动又比较表面化，仅限于特定的社会问题。

或许我们可以用张贤亮发表在1985年的中篇小说《男人的一半是女人》中的某个段落来表明这类小说的有限的人性与意识深度：

> ……我睡着了。我梦中出现了女人。但女人即使在我潜意识中也是不可把握的、模糊不清的。这年我三十一岁了，从我发育成熟直到现在，我从来没有和女人的肉体有过实实在在的接触。
>
> ……在我，梦中的女人要么是非常抽象的：一条不成形的、如蚯蚓般蠕动着的软体，一片毕加索晚期风格的色彩，一团流动不定的白云或青烟。可是我要拼命地告诉我、说服我：这就是女人！

---

① ［美］艾布拉姆斯：《意识流》，见《文艺理论译丛》(1)，389页。

② 张贤亮：《心灵和肉体的变化》，载《鸭绿江》，1981年第4期。

有时，女人又和能使我愉悦的其他东西融为一体：她是一支窈窕的、富有曲线美的香烟，一个酸得恰到好处的、具有弹性的白喧喧的馒头，一本哗哗作响的、纸张白得像皮肤一般的书籍，一把用得很顺手的、木柄有一种肉质感的铁锹……我就和所有这样的东西一起堕入深渊，在无边的黑暗中享受到生理上的快感。

这已有一种灵魂的自我“曝光”的感觉。如果单就意识与灵魂敞开的程度，我们还可以举出章永璘偷看到黄香久洗澡的裸体时的一段：

……我眼前出现了一片红雾；我觉得口干舌燥；有一股力在我身体里剧烈地翻腾，促使我不是向前扑去，便是要往回跑。但是，身体外面似乎也有股力量控制着我，使我既不能扑上去也不能往回跑。我不断地咽唾沫；恐惧、希冀、畏怯、侈望、突然来临的灾祸感和突然来临的幸运感使我情不自禁地颤抖，牙齿不住地打战，头也有点晕眩起来。这是一块肉？还是一个陷阱？是实实在在的？还是一个幻觉？如果我扑上前去，那么是理所当然，还是一次堕落？……一只黑色的狐狸，竖起颈毛，垂着舌头，流着口涎，在芦苇荡中半蹲着后腿，盯着可疑的猎物……

这无疑是一段相当精彩和十分大胆的自我潜意识的披露，关于“黑色狐狸”的性状的描写甚至有了“性隐喻”的意味，令人怦然心动或悄然耳热。尽管张贤亮基本上仍是在外部现实逻辑层面上构建其作品的情节框架，但他所设定的一个自审和自剖式的基本视角，以及对这一主体的血肉灵魂和潜意识心理——特别是“性心理”的深入刻画，在80年代前期至中期的中年一辈作家中，却是最见胆气和最富有启示意义的。

总起来看，在80年代初采用意识流方法的小说作家，尽管他们都具有较强的自觉意识，但大都存在着明显的认识论或伦理性的障碍，关于无意识的合法性问题尚未完全解决。在张洁、张抗抗、张承志、张贤亮等人那里，意识流的结构又更加融合了社会的、情感的和民俗的内容，同时也更结合了象征、隐喻、超现实等各种其他手法。在有的研究者那里，这种趋势被概括为一个“意识流的东方化”① 的命题。

① 宋耀良：《意识流文学东方化过程》，载《文学评论》，1986年第1期。

单纯从逻辑意义上看，这一命题当然是成立的，如同张贤亮所说的“中国式”一样，如果不能实现“东方化”和“中国式”，这种“意识流”岂非完全对西方的模仿？然而话又说回来，“东方化”的意识流又是什么样的意识流呢？在宋耀良的文章中，他将之概括出三个特点，“心灵之感与自然之象的融合”、“情节的发展与情结的开释相交织”、“当代意识与民族传统文化心理相贯通”①，试图把西方人那种对潜意识状态和自然人性的执意探求与自我暴露的欲望，同东方人的较实用的理性精神和自我解脱能力加以结合，以显示出“意识流”的内在合法性，他同时也举出了一些作品例证。但实际看来，这样说仍然是一种“阐释的需要”，是出于某种禁忌心理。事实上，意识流不过是指人类共有的一种精神现象，不同民族的意识流自然既有共同点、又有不同点，亦无所谓西方或东方。意识流小说在西方的出现不是一个个别和偶然的现象，作为文学流派虽然是暂时的，但作为视点和方法却产生了广泛的渗透，不论是法国的“新小说”、拉美的魔幻现实主义、欧美的女性主义小说，无不与之一脉相系。在当代中国，它的出现至少极大地矫正了“现实主义”的外部生活视角定于一尊所形成的单调和浅表的局面，而兹后出现的以心理生活和人性体验为内容的新潮小说、先锋小说、女性主义小说乃至更为晚近的以“个人写作”为口号的“新生代”小说等，亦都是在意识流所开辟的道路上不断迈进的结果。因此，事实上正是意识流小说开辟了当代小说走向人性与心灵世界的方向，从这点上说，它是功不可没的。

但是又必须承认，作为一场文学运动，意识流小说在 80 年代的发育是并不充分的，这一方面是由于存在种种理论上的禁忌，作家在各方面也准备不足造成的，同时也表现了时代和社会心理的不成熟。本来，意识流就是要让作家深入个体的幽暗世界与潜意识活动之中，探求人性与精神的复杂状态，从而整体揭示人类共同的生存困境，而对中国作家来说，这样的深度还远远没有达到。不过，在随后出现的年轻作家的作品中，却似乎有了“真正的意识流小说”，残雪在 1985 年发表的《山上的小屋》等作品，已经明显是以“潜意识场景”作为叙述的对象和内容，她随后发表的大量表现噩梦、窥视、幻觉和歇斯底里等心理症结的作品，也都明显属于典型的意识流小说。

---

① 宋耀良：《意识流文学东方化过程》，载《文学评论》，1986 年第 1 期。

只是由于批评界过于笼统地将其纳入到“新潮小说”的范畴中考察，才忽略和割断了她与此前意识流小说运动之间的关系。

结论已经很明显，所谓“意识流小说”，在当代中国基本上是指自七八十年代之交持续到80年代中期的、主要由一批中年作家的作品所构成的小说变革现象。是它给当代小说的变革注入了最初的动力，但它从来也没有达到西方小说那种纯粹的作为“意识的胶片”[①]的程度，也没有产生出自己的经典性文本。不过，它已经成功地完成了自己的使命，即导致了当代小说由外部社会历史的书写，到对内部意识结构和复杂人性的书写的转换，因此，在1985年前后，一种曾受惠于它，但却更加成熟、更富有表现力、更加丰厚和地道地融合了各种现代技巧的小说现象——“新潮小说”，便迅速地以它更耀目的光亮使中年作家的执著探索黯淡了下去。他们更加典范的现代性特征，最终超越了意识流小说明显的过渡属性。

① ［美］弗里德曼：《意识流概述》，见《文艺理论译丛》(1)，383页。

# 第二章　启蒙主义文学思潮：第二阶段

传统在各个时代都将选择某些诗人作为自己的标志和象征，是的，我们已意识到了这种光荣。

——杨炼：《传统与我们》

## 一、背景：文化时代的焰火

总体上看，“朦胧诗”和“意识流小说”所对应的社会思潮背景还仅仅是一个“社会批判”的阶段，启蒙主题基本上也停留在社会与人性的层面，最基本的社会正义、民主权利、人格尊严和人性自由是它们刻意表达的内容。进入 80 年代以后，随着文化开禁步伐的逐步加快，不但“五四”知识分子文化批判的传统被重新确认，西方近代以来的各种文化哲学与理论方法也得以大量译介。长期禁锢于一种庸俗社会学氛围中的当代中国作家和人文知识分子，当他们的视野一旦打开，马上便沉浸到一种“节日狂欢”般的兴奋与激动之中。相比于简单阶级论、机械唯物论、庸俗社会学的视角，充满人性内涵、人文情怀、知性智慧、科学发现、心灵感验等等丰富内涵的文化哲学思维，无疑是再一次照亮他们智慧和灵感的启蒙明灯。

随着学术界对西方近代以来各种哲学思潮与文化理论的不断译介，尼采的生命哲学，弗洛伊德的精神分析学，荣格、弗莱等人的文化人类学、原型理论，以及存在主义、结构主义等理论方法渐次对文学研究与创作发生影响，甚至在兴奋之中，一些学者还把系统论、控制论、信息论以及“模糊思维”等自然科学方法也引入到文艺领域，进行“联姻”的试验，“他们认为：新的科技革命已经冲击到人类生活的各个领域，‘三论’的引进势在必行，社会科学和自然科学还在走向一体化，数学和诗最终要统一起来……”① 这种事实上

① 潘凯雄：《1985 年文艺理论批评综述》，载《文艺理论研究》，1986 年第 3 期。

并不足取的“科学主义”文艺观，也从一个角度说明了这个“方法热”的年代里文学观念极大的开放性，说明了文艺界蔓延着的一种文化开放背景下的兴奋与激动。在上述背景下，文学创作中的“文化热”，便已成为一种必然趋势。

事实上，文化意识的萌醒在 80 年代初的创作中就已露出了端倪，以杨炼等人的诗歌和老作家汪曾祺等人的小说为标志，当代文学已经开始了从社会学、阶级论的当前眼光和表象“现实主义”的立场，向历史文化、民间传统和古老风习为表现对象的转移。尽管在以“伤痕”和“反思”为主流的当下语境中，这类作品的深远意义并未引起人们足够的重视，但在此后的创作中，这一新的更加广阔的文化空间与视角，却吸引了越来越多的作家。1982 年，一批富有历史与传统文化蕴涵的作品如《人生》、《黑骏马》、《商州初录》、《那五》等相继问世，并产生了较大的社会反响，开始显示出这一视角的优势与潜在的巨大前景。正如有的评论者所指出的，这些作品正是“作家们不满足于仅仅对人物的心灵作横向的时代概括之后而试图将其与纵向上的历史追索结合起来的产物”[①]。它们标志着整个创作界意识的一个转向。

1985 年，在新一轮的西方文化思潮译介热和国内理论批评界掀起的“新方法论的研究热”[②] 中，转向传统与历史文化的创作流向获得了一个更为成熟的背景与时机。经历了 1983 年到 1984 年“清污”的暂时冷寂之后，整体社会环境在 1985 年呈现了进一步的宽松的局面，文化开放步伐得以迅速加快，许多学者开始运用新的文化哲学理论，如神话学、人类学、发生学、“文化圈”理论、地理环境说、民俗学等等理论方法对中国传统文化进行研究（从浙江文艺出版社出版的《多维视野中的文化理论》中就可以窥见这种研究热潮的局面。另外，一些文化研究的专门性书籍、丛书也陆续出版。），何新、刘小枫、谢选骏，包括比他们更早产生巨大影响的李泽厚等人的文化哲学著作，成为这个年代里最走俏的热门书籍。在这种背景下，敏感的文学界不甘居于人后，很快便通过一次简单的集合[③]打出了

---

① 潘凯雄：《1985 年文艺理论批评综述》。

② 潘凯雄：《1985 年文艺理论批评综述》。

③ 1984 年 12 月，由《上海文学》发起，在杭州召开了一个小说研讨会和理论务虚会。主题是研讨当前小说创作态势，结果在这次会议上大家意外地达成了一个倡议“寻根”的共识。次年，韩少功、李杭育、阿城等人相继发表了阐述“寻根”观点的文章。

"文化寻根"的旗帜，使寻根文学成为一场运动，亦成为整个文化哲学思潮与运动的一部分。从稍后韩少功等人的"宣言"中，我们亦可以看到他们身后所矗立的一个文化开放与文化自觉的背景。一方面，西方现代哲学、文化、美学与文学的各种理论学说得以源源不断地引入，"介绍一个萨特，介绍一个海明威，介绍一个艾特玛托夫，都会引起轰动"①，"舶来的大批洋货，从电动剃须刀到萨特哲学，应有尽有"②，另一方面，文化视野的突然打开，又使得掌握了当代文化视角与认知方法的作家们急于寻找新的观照对象，建立自己的审美对象与话语空间，并显示自己作为启蒙思想者与文化领袖的才能与价值。因此，传统文化作为一个被重新发现的领地而重新上升为认知的核心。因为只有在这样的领域中，才能显示出当代中国知识分子与作家自身对历史文化的独立的判断力、建构力及其独立的人格与价值。这样，就形成了"1984 年文坛的基本态势"："一些具有先锋精神的小说家的思维形态发生了很大变化，他们正在从原有的'政治、经济、道德与法'的范畴过渡到'自然、历史、文化与人'的范畴。"③

从另一方面看，人们之所以对文学中"民族文化复兴"这一神话充满了自信，其原因还来自另一个成功的印证，这就是在 60 年代曾震惊世界、在 80 年代又因马尔克斯荣膺诺贝尔文学奖而席卷中国的拉美"魔幻现实主义"的启示。马尔克斯同先于他获奖的米斯特拉尔、阿里斯图亚斯，以及和他同期介绍进来的拉美当代优秀作家博尔赫斯、略萨、胡安·鲁尔福等都是因为执著于本土文化创作，从民族古老传统中汲取题材、灵感、智慧与力量而获得巨大成功的，而拥有古老文化传统和同样在近代遭受到殖民侵略的中国，差不多同拉美国家具有同样的文化境遇，因此，当代中国作家深信，他们同样可以通过发掘传统文化遗产而获得辉煌的成功。

## 二、寻根思潮的发端：杨炼等人早期的文化诗歌探索

谁是最先具有历史文化意识和"寻根"自觉的作家？现在看来，

① 韩少功：《文学的"根"》，载《作家》，1985 年第 4 期。
② 李杭育：《理一理我们的"根"》，载《作家》，1985 年第 9 期。
③ 李庆西：《寻根：回到事物本身》，载《文学评论》，1988 年第 4 期。

这一引领者的荣誉应当属于一批最早书写文化主题的诗人。尽管早在1980年，汪曾祺就发表了《受戒》等具有“风俗文化”色彩的小说，1982年张承志又发表了表现古老文化与现代文明冲突的《黑骏马》、贾平凹发表了描写商州古朴民风的《商州初录》、邓友梅发表了《那五》等“京味”风俗的小说，但这些作品总体上看还缺少一种深层的文化自觉，作家大都是站在较为虚远的距离上，以浪漫或猎奇的心态去观照某些民俗现象，还缺乏较为深刻的文化体察意识。简言之，在这些作品中，文化思考的内容还是少了些，文化意蕴的表现尚停留在直觉意识层面，或者说，不少作家只是出于对几十年来当代社会生活题材独霸文坛的局面的不满，而转向对某些与当代文化与政治意识形态的距离稍微虚远的民俗题材，而他们大都并未期待对民族文化进行系统的发掘、审度与批判。然而对杨炼等诗人来说，这种情形则不同。杨炼写成于1981年初的《自白——给圆明园废墟》就已表现出较明确的“寻根”意向。从早期朦胧诗人对局部历史的反思，到进而追寻民族文化的悲剧与基因，杨炼成功地找到了当代先锋诗歌主题走向深化的路径。《自白》以相当庞大的构思，以《诞生》、《语言》、《灵魂》、《诗的祭奠》四个组章，传达了对民族历史悲剧更深邃幽远的遐想，同时，也为自身的文化境遇与历史使命找到了定位的依据：

在灰色的阳光碎裂的地方
拱门、石柱投下阴影
投下比烧焦的土地更加
黑暗的记忆
仿佛垂死的挣扎被固定
手臂痉挛地伸向天空
仿佛最后一次
给岁月留下遗言
这遗言
变成对我诞生的诅咒

现实与历史、结局与文化、个人命运与民族命运，在这里已经紧密联系在一起，明确传达了寻根思潮典型的文化意向。在诗的结尾处，杨炼还富有预见性地指出了诗歌必须走向历史与文化深处的使命：

我也会回来，重新挖掘
痛苦的命运
在白雪隐没的地方开始耕耘

从1981年到1984年几年的时间里，关注诗歌文化探索的人与日俱增。杨炼在这几年中连续写下了《大雁塔》、《诺日朗》、《天问》、《半坡组诗》、《敦煌组诗》、《西藏组诗》、《与死亡对称》等大型的宏伟文化组诗，而陆续加入这一文化探索方向的则有江河、石光华、欧阳江河、廖亦武、宋渠、宋炜、黎正光、王川平、阿曲强巴等人，他们共同创造了一个辉煌的"文化诗歌"的时代。

最早从理论上倡议历史与文化意识的诗人是江河和宋渠、宋炜兄弟等。早在80年代初的一篇随笔中，江河就发出了对"史诗"的呼唤，"为什么史诗的时代过去了，却没有留下史诗?"他呼唤人们重新关注历史，但他指出，"那些用古诗和民歌的表现方法来衡量诗的人，一味强调固有的民族风格的人，还是形式主义者。民歌的本质在于民族精神。这才是我们该探求的地方，其中包括对民族劣根性的批判"①。后来，他又在一篇序文中指出，"任何民族都有自己的神话，自己心理建构的原型。作为生命隐秘的启示，以点石生辉。神话并不提供蓝图。他把精灵传递到一代又一代人的手指上，实现远古的梦想"②。在这两段话中，江河事实上已经暗示出寻根文学主题的两个层面，一是对民族悲剧的思考、对民族"劣根"的批判——这是对"五四"前代作家文化批判意识的继承；二是重新探寻民族文化的结构和心理的"原型"，找到其重新生长的起点与契机，而不是从某些艺术形式上因循守旧——这又是现代哲学与文化人类学的启示。

1982年，四川诗人宋渠、宋炜兄弟也发出了《这是一个需要史诗的时代》的呼唤。这是另一个象征，它标志着一批更加年轻的诗人对诗歌寻根运动的加入。站在一个逐渐开放的"长期的封闭心理被打乱了"的文化背景上，宋氏兄弟指出，"对传统需要作出新的判断，历史上被忽略了的一切都应该重新得到承认"。诗人如果不能完

① 见老木编：《青年诗人谈诗》，23页。
② 见江河：《太阳和他的反光·序》，1985。

成“自己对历史轨迹和民族经历的突入，就不可能写出属于全人类的不朽的史诗”。因此，现在最需要做的是“在已经凝固了的诗歌传统中注入我们这一代人新鲜的血液，让其重新放射出灿烂的光辉”[①]。在他们的观念中，使民族“走出苦难”的启蒙意识，和“自己的”“新的判断”、“新鲜的血液”等将历史“当代化”的意识，与几年后在小说界兴起的以韩少功等人为代表的历史与文化意识相比，还要显示出几分理论上的成熟与新意。

然而，能够最成熟地体现这一时期寻根思想的诗人仍然是杨炼。他的两篇系统阐释文化诗歌观念的文章《传统与我们》和《智力的空间》，不但对传统与当代的文化传承关系做了深入的阐发，而且从本体论的意义上提出了他的以文化、思想、知性为要素的诗学主张。发表在80年代初的《传统与我们》这样设定了当代诗人的精神“坐标”与写作立场：

> 以诗人所属的文化传统为纵轴，以诗人所处时代的人类文明（哲学、文学、艺术、宗教等）为横轴，诗人不断以自己所处时代中人类文明的最新成就“反观”自己的传统，于是看到了许多过去由于认识水平原因而未被看到的东西，这就是“重新发现”。[②]

在1984年发表的《智力的空间》中，杨炼更是把包含文化知识与传统经验的智力写作阐发到极致，不过在这里，文化与历史已化为空间和因子，而不再是材料和对象，这已经很明显地透出某种类似“新历史主义”的意识端倪。如他指出：“诗是这样的空间：……它是历史的，可假如昨天只意味着传统故事，它说——不！它是文化的，但古代文明的辉煌结论倘若只被加以新的图解和演绎，它说——不！”那么诗的空间究竟是怎样一种结构呢？它是“融为一体”了的“自然本能、现实感受、历史意识和文化结构”[③]，既具有超越时间的永恒性，又具有属于个人的心灵性、体验性，这正是近似于新历史主义者对历史与文化的把握角度的一种方法与意识。

紧接着杨炼与江河的倡议与实践，以四川等地的一些青年诗人

① 见老木编：《青年诗人谈诗》，179页。

② 见老木编：《青年诗人谈诗》，72页。

③ 见吴思敬编：《磁场与魔方：新潮诗论卷》，122页。

为主体，也开始了文化诗歌的探索。仅在1983年，廖亦武就写出了《穿越这片神奇的大地》等长诗，宋渠、宋炜兄弟也推出了他们的长诗《大佛》等，1984年夏，这种倾向终于发展成以石光华、宋渠、宋炜和杨远宏等人为主体的“整体主义”诗歌社团。“整体主义”标志着横向文化意识对纵向历史意识的某种僭越，他们以文化学方法和所谓“宇宙全息统一论”的观念观照文化现象，试图从历史的某些“积淀物”中找出一般性的规律，从个别的象征中透视出文化的全部结构性内涵。这种方法确乎是十分“先进”的，其认知水平远远超出了同时期学界的认知能力。但是无须讳言，它的一个不可回避的悖论，是非常有可能以抽象代替具体，以共同性消弭差异性，以某种观念遮蔽了审美的对象物，最终又取消了诗性的思维，陷于空泛的议论。不过，他们注重到对历史的“原素”与“构造”的理解与认识，对后起的历史文化主题的诗歌则有不可忽视的认识论意义上的启迪与推动。

与杨炼相似，江河的作品也较早表现出转向历史文化的意向。从他写于80年代初的《从这里开始——给M》和《祖国啊，祖国》等诗中，都已显现了他凝重的历史思考。在《从这里开始》一诗中，江河对民族的现实、历史、命运和选择都做了富有象征色彩的表现：“太阳向西方走去，我被抛弃/……一条巨龙/被装饰在/阴森的宫殿上/向天空发出怨诉。”（《三、伤心的歌》）这是一个不幸的历史结局。继而，江河又走向了对历史之根的追索：“在薄暮中，我来到黄土高原上/黄昏时分的阴影在晃动/……许多陶器的碎片/把我带入古老的梦想。”这些诗句中的文化意识不难觉察。然而历史却总是以悖谬的形式前行发展的：“不知道为什么/人却被惧怕了/陶罐碎了，精美的瓷器/夺走了我手上的光泽/……用我铁的劳动，发黑的汗水/黑暗中滚动了几千年的/松脂一样粘稠的汗水凝成的/琥珀，珍宝/被丝绸禁在一个不属于我的地方。”（《四、沉思》）这些思考比之前期朦胧诗的作品，确乎更加深入和有力地“突入”了民族文化的空间。

江河最重要的“文化寻根”诗作是长诗《太阳和他的反光》，这首作品约完成于1984年，其创作过程达四年之久，可以称得上是精心构思之作。全诗以中国古代神话为原型素材，分《开天》、《补天》、《结缘》、《追日》、《填海》、《射日》、《刑天》、《斫木》、《移山》、《遂木》、《息壤》、《水祭》十二章，以全景式的方位和画面、现代人的理性与哲学烛照，再现了中华民族自创世以来的生存历程与历史命运，可以称得上是一部“重构的民族史诗”。它与此前江河自己的一些作品不同，在这首诗中，古代的神话和文化材料不仅是阐发和抒情的对象，而且被视为业已失落且要重新找回的文化记忆与精神源泉所在。这篇作品的价值在于它综合性地体现了诗歌“文化寻根”运动的整体水平和所达到的思想高度。但是它的缺陷也是明显的，作品没有超出古代神话材料的模式限定，没有在总体上形成一个完整、融合和全新意义的面貌和主题。许多内容停留于对原有神话资料的再演义，有“复制”之嫌。这篇作品显示了文化诗歌在价值追寻上的一个悖论，即在发掘探寻历史文化方面的困境。它表明，一味追求文化的历史形态的诗歌写作已面临困境。

在江河、杨炼等人的诗歌探索之后，紧随而来，在 1984 年、1985 年前后形成了一股诗歌的文化热潮，出现了一大批以文化主题为歌吟内容的诗人和作品，其中各个层次的都有，模仿者、随声附和者、另辟蹊径者都有。一时间到处是书写文物、“陶罐”、历史遗迹的作品，这些作品在艺术和思想的深度上大都没有大的突破，但也有少量作品能够摆脱具体的历史材料的局限，达到较高的艺术境界。以李钢的一组《东方之月》为例，它们试图超出一般的历史表象，达到一个更加符合“文化想象”的境地，因而是比较成功的。如《东方之月》一首：

东方之月，升起在东方
荡荡的银须飘下
落地生根
　　以江为乳
　　以山为土
一时间东方的神话全都开花
　　在水是莲
　　在陆是菊
皎皎的明月，在东方之树上高悬……

东方文化特有的情境与韵味，在这首诗里得到了浑然的艺术呈现：“一时间东方的神秘腾空而起/云里是首/雾里是尾/皓皓的明月，吞吐在东方之龙的口中。”这些诗句，文化意蕴较深，艺术形象也较为鲜明。另一首《在远方——梦见我的祖先》也是如此：

在远方
女人全是菌子变成的，她们酿酒
柳枝儿从她们额前垂下来
不是柳枝垂下来
是女人从柳树上垂下来
菌子变的女人会酿酒，在远方
…………
一只大牛蝇嗡嗡地飞
在远方，女人会做爱情的馅饼
一群汉子从胡须丛里站起来
他们在镰刀刃上跳起了强悍的赤脚舞
在远方，男人的心脏沉重地夯击大地

除此，还有《古国的春天——读〈诗经·国风〉》和《江河水——听二胡独奏曲〈江河水〉》等也都体现了上述特点。总之，李钢的诗作，代表了诗歌文化追求的一个方向，它们以寻找具有民族色彩的主题与韵味为主，具有广泛的读者，但主题深度显然不够。

诗歌的寻根探求也孕育了它自身的悖论。不论是以古代历史神话或文化遗迹为主题的一支，还是以“整体主义”的文化思考为主题的一支，他们都面临着自身所面对着的传统文化符号的固有局限，当他们执著于对各种古代文化遗迹、民间习俗、宗教传统以及古代神话的吟咏和描摹的时候，面对其所挟带的那些原始甚至蒙昧的特性，人们不禁要问，难道这就是诗歌文化运动的全部内涵？它们应该是被歌赞的对象吗？更何况这种吟赞方式与尺度也是尤难把握的，许多这类作品陷于空泛和迷惘。不难理解，有关杨炼的《诺日朗》一诗所引起的持久的争论。而且对于热衷于这些题材与对象的诗人来说，必然会导致他们对东方传统文化的偏执认同，以至于重新堕回到曾被现代诗人所努力遗弃过的中国传统文化的陷阱中。如在1985年1月由万夏等人自费出版的《现代诗交流资料》上，就在推出了欧阳江河的《悬棺》、廖亦武的《情侣》、石光华的《呓鹰》、宋渠和宋炜的《净和》、黎正光的《卧佛》、周伦佑的《带猫头鹰的男人》、海子的《亚洲铜》等八篇东方式的“现代大赋”的同时，又这样阐释了“整体主义”从中国古文化中所汲取的意识精髓：“无极而太极的整体一元论。”不但在题材结构和形式上开始以传统为向心，而且在思维方式上也开始被传统的佛、道、禅宗等东方意识的巨大陷阱所“吸入”。不能否认，它们在问世的刹那也许重现了东方文化的某种光亮，但他们“在荒原上”、“重建人类文化背景”的雄心与许诺却不能不是奢侈和虚妄的。就连当时极力推动新生代诗潮的徐敬亚也发出了这样的疑问：“吞服了大量安眠药的现代诗人已经精神分裂，东方的金石之声、五行之道能亲吻当代的艺术和诗吗？‘化’的过程将非常艰难。”①

但毕竟，诗歌文化运动使当代诗歌彻底摆脱了在当前化的社会语义和简单的审美层面上的写作，使诗歌走向了如杨炼所说的“智力的空间”，诗歌中的知性内涵、文化含量、东方智慧、民族心理等认知方法与审美要素得到了空前的增加，这也在整体上推动了当代诗歌的进步。

总体上看，最能够代表“文化寻根”诗歌成就的，应首推杨炼。他生于 1955 年，自 70 年代中期开始写作，著有诗集《海边的孩子》、《礼魂》、《幽居》、《黄》等多种。1982 年以后，他开始专注于历史文化的探求，力图从历史、哲学、文化选择的角度展开思想和创作的空间。其主要的代表作品有《诺日朗》、《天问》、《半坡》、《敦煌》、《西藏》、《自在者说》以及《与死亡对称》等，这些作品大都写于 1982 到 1984 年间，后两首则完成于 1986 年前后，均为大型组诗作品。

杨炼诗歌创作的题材与主题意蕴主要可从三个方面理解。首先是吟赞历史遗迹，以它们为历史文化承载物与象征物，发挥或汇集历史文化中全部的正值与负面，展示出巨大的历史悲剧意蕴。这类作品主要有大型组诗《半坡》和《敦煌》。它们通过对历史遗存物的刻意想象与展开描绘，以历史和生命二重意义上的哲学思考，抒写了一曲曲创造与挣扎、生存和毁灭的壮歌与悲剧。如《半坡》组诗中的《神话》写道：“……俯瞰这沉默的国度/站在峭崖般高大的基座上/怀抱的尖底瓶/永远空了。”假如说这是对民族苦难命运的凝练概括，那么另一首《敦煌·飞天》则是对这种苦难命运的极尽能事的展开描绘：

我不是鸟，当天空急速地向后崩溃

---

① 徐敬亚：《圭臬之死——朦胧诗后》（上篇），载《文学研究参考》（内部），1988 年第 6 期；另见《鸭绿江》，1988 年第 7 期。

一片黑色的海，我不是鱼
身影陷入某一瞬间、某一点
我飞翔，还是静止
升，或者降（同样轻盈的姿势）
朝千年之下，千年之上？
…………
人群流过，我被那些我看着
在自己脚下、自己头上，变换一千重面孔
千度沧桑无奈石窟一动不动的寂寞
庞大的实体，还是精致的虚无
生，还是死——我像一只摆停在天地之间
舞蹈的灵魂，锤成薄片
在这一点，这一片刻，在到处，在永恒

美丽玄妙且永远化为薄片定格在洞窟石壁上“飞天”，似乎正形象地映射了中国文化的某种命运，一种依然生动却又早已死亡的、一种无比丰富然而又难以言说的悖谬的悲剧形态，这也正是诗人所理解的民族文化与历史命运的典型困境。这段精彩而富有深邃哲理的诗句，典型地体现了杨炼诗歌从选材、立意、想象到语句的独有风格，也展示了他所达到的极高的思想水平与艺术创意。

杨炼作品的另一个主要内容是对民俗题材的展开描写。通过对宗教文化和民间文化的审美投射，歌赞民族原始状态下的生命伟力。突出生命对于文化和理性的挣脱，表现生命的永恒性与悲剧性的崇高复合。这类作品如《诺日朗》、《西藏》等。有关《诺日朗》一诗，曾引起过持久的争论，由于诗人所持的生命价值视角未被充分理解，所以不少论者都指责它晦涩难懂和表现了“不健康”的情调和内容，实际这首诗的主题是从民俗文化的角度来表现诗人对生命现象、生命创造力、想象力、内在的激情活力的歌赞，以及对生存论哲学中固有的悲剧与崇高内涵的阐发，既有藏民宗教意识色彩的投射，同时又与诗人的现代生命哲学融合在一起。其复杂的哲学内涵对于时人的理解力而言，确乎是一个挑战。《西藏》一诗，更直接和集中地探寻吟赞了藏文化中丰富博大的民俗宗教内容，从主题深度和结构方法上堪称是《荒原》式的作品。它分为《浴神节》、《古海》、《甘丹寺随想》和《天葬》四章，分别从神祇的下降、宗教体验的无限性、人的毁灭与牺牲、人的肉体的消失与精神的超升四个方面展开，以宏伟的结构和磅礴的气势展现了对生命本质及其历程的哲学理解，同时也揭示出人类精神及其宗教信仰的构成特性。这是《天葬》中的一节："……飞翔的美！跃入另一智慧的美/不屑理睬的崇敬，我只要爆发这活力/大群黑蝴蝶落在早晨/每一次死亡的纯净被提升/高居峰巅，空旷而沉寂/抓紧——整个大地是一只脚环/我在它怀里张开翅膀/骄傲。轻盈。不朽的生命。"（《二、鹰的独白》）藏族人特有的"天葬"风俗，大片的秃鹫落向死者的肉体时的景象，被杨炼描写得如此庄严雄丽、富有诗意和神圣体验。假如没有对藏族文化与宗教的深入理解，是无法写出这种体味的。当然，这种描写也是多义和丰富的，如另一节《黑色葬仪》中的诗句就如此沉重和灰暗："让雨水一直落进黑暗深处/夜，死尸的集散地/最后的伤口沉默的大海被车轮轧过。"

杨炼诗歌的另一主题是通过历史神话表现对生命构成、宇宙奥秘的探求，这类诗作主要有《天问》、《与死亡对称》等，更加深奥难解。这两篇作品均以《周易》卦象和古代神话为思维构架，表达对生命和历史的文化构成及其内涵的哲学思考。它们显然在认识论上受到了道家思想和禅宗智慧的启示影响，将自然生命的存在过程、主体生命的体验与创造力、诞生与毁灭、存在与空无、实体与精神、苦难与超升、死亡与再造等一系列复杂的哲学命题都作了辩证的和富有形而上色彩的探求与表现。如这些诗句："直到蔓蔓荒草洗劫星宿/卜辞不再泄露那微茫变幻的命运/空旷，这永恒播下的种子。"（《天问·壁画》）似乎只有神示或体悟，没有悲叹和抒情。再如：

> 瀑布垂落，攫取迢迢流亡的冷酷
> 看世界如何在这一道峡谷奔放
> 展开葬礼和史诗

诗人从自然、生命和历史中得到的启示是丰富的，或者也可以说，他已完全把自然事物当成了寄托他的无限哲思与遐想的想象材料与承载符号。

但难以避免的陷阱却是，繁复的认识论压倒了巨大的存在本体，终极的虚无论又压抑了诗歌本身不可或缺的人格形象与情感支撑。

哲学毕竟不是诗，人们也不禁会问，杨炼所苦心经营的玄奥的文化主题究竟对现代人的精神有何补益？这些都是杨炼无法回答的问题。很显然，他后期的写作已遁入了文化谜语式的自我循环与重复之中，以《易经》入诗，是诗的“至境”，也是绝境。

杨炼诗歌的风格与特色无疑是独异的，宏大严谨的结构，哲学意识的内在支撑，语言与形式的经营，都使其彰显出“现代史诗”的性质。另外，整体象征的基本方法，一切意象、物象都紧绕其内在的立意展开，赋予它们多层的意义模式，从而构成了一种独有的“哲学象征”式的语意系统。这也是他对于中国当代诗歌的一个重要贡献。



## 三、寻根小说思潮的缘起与发展的三个阶段

寻根小说思潮的发端，至少有三个直接的诱因与源泉。

首先是来自诗歌文化运动的直接启示。在小说即将转向文化思考的 1984 年前后，诗歌事实上早已形成了文化寻根的热潮，作为观念和舆论，不能不影响到小说创作。一些主要的寻根小说作家都曾受到某些诗人的启示。徐敬亚曾指出，“四川整体主义诗歌理论的提出”，不但对中国的诗坛来说是“一个震动，而且连遥远的韩少功都为他们解释的东方之气而惊喜地关注”①。从韩少功等人倡扬“寻根”的文章的观点看，同杨炼、江河、宋渠、宋炜等诗人在 80 年代初所发表的一系列讨论诗歌历史文化方向的文章中提出的观点是大致相近的，韩少功在《文学的“根”》一文中多次提到当代诗人（如骆晓戈）找寻传统文化遗迹对他的影响，并表示“我对此深以为然”②。事实上也可以这样说，整个文学已不可避免地要走向一个在逐渐开放与学步之后的“东方文化复兴”运动，这是对西方现代派文学借鉴吸收后的一个“反题”，一个必要的补充和自我精神的安慰。由于诗歌艺术特有的敏感与迅捷的特性，所以赶在小说之前开辟了道路，而小说创作则自然要承接和利用诗歌已经取得的经验和财富，这也是很自然的事。

其次，发端于 1980 年前后的“风俗文化”小说创作，也给“寻

① 徐敬亚：《崛起的诗群》，142 页。
② 韩少功：《文学的“根”》。

根小说”运动的兴起提供了实践依据。汪曾祺的《受戒》和《大淖记事》、邓友梅的《那五》、贾平凹的《商州初录》、张承志的《黑骏马》、郑义的《远村》等作品，以其区别于众多当下现实或受到政治概念规限的某些局部历史（如“反思”小说所涉及的所谓“历史”）题材小说的深厚的文化意蕴与历史内涵，而受到了广泛的关注。它们都有力地证明，面对当下语境与当下题材空间的写作，是很难摆脱原有“现实主义”的思维方式与社会政治语义的，而在进入某些带有“民间”色彩的风俗文化领域与带有“虚构”倾向的、割断了与当代时空的必然关联的遥远异地或远古历史空间之后，这种突破则不期而然，轻而易举。这样的成功，当然也诱惑着更多的作家。简单地说，风俗文化小说意外且轻易地帮助当代文学完成了一次“还家”之旅——从简陋的政治与社会学空间，搬回了永恒的文化空间。而这正是文学和小说诞生以来固有的家园。

再次，寻根意识的自觉，在很大程度上也来自一场世界性的拉美文学旋风的吹拂。1982 年加西亚·马尔克斯荣膺诺贝尔文学奖，再一次使世人的目光投向了古老的美洲印第安文化，使具有“第三世界”文化背景的各国作家们为之一振。他在西方人那里所获得的崇高赞誉使当代的中国作家确信，一个文化的“民主时代”或“世界文学的时代”已经来临，而中国文学要想成为“世界文学的一部分”，仅仅对西方文学进行模仿是没有出息的，只有借鉴西方文学表现技巧对自己古老民族传统文化的书写与阐扬，才会获得世界的承认——这与那些身居第一世界，或者虽然身居第三世界国家却操着西方第一世界的语言书写自己本土文化的拉美作家（或印度、阿拉伯作家）虽有不同，但却有相似的境遇与心态：一是对与西方文化权力无缘的“他者文化”命运和角色的认同；二是心怀“复兴”自己民族文化的使命感；三是对本土文化的光大阐扬的努力，最终又寄希望于西方文化霸权的承认。因此，他们都渴望找到一种通向西方文化权力的认可的途径。在这种情形下，拉美等第三世界作家大都以原有殖民地宗主国的语言（英语、法语、西班牙语、葡萄牙语等）写作，而中国的作家则只能借助于某些形式和技巧的因素。他们认为，借助了西方现代派文学的某些新的技法，即完成了自己民族文学的“开放”，也即接近于找到了一种“世界语”。这样，除了迫不及待地回到民族文化之中，寻找古老的素材与灵感源泉，还等什么呢？马尔克斯成功的典范已摆在面前。

上述心态我们在80年代中期的文坛情势中不难辨认。从一些作家的言论中也显示了这种影响，如李杭育就曾以十分赞赏的口气谈及一位墨西哥作家胡安·鲁尔福，在创作了几部轰动文坛的小说后，一头扎进了热带丛林，去寻觅古代玛雅文化遗迹去了。① 此外，许多评论家也指出这种影响的事实，如陈思和就说："拉美魔幻现实主义作家关于印第安文化的阐扬，对中国年轻作家是有启发的。那些作家都不是西方典型的现代主义作家，而是'土著'，但在表现他们所生活于其间的民族文化特征与民族审美方式时，又分明是渗透了现代意识的精神，这无疑为主张文化寻根的中国作家提供了现成经验。马尔克斯的获奖，无法讳言是对雄心勃勃的中国年轻作家的一种强刺激。"②

寻根小说思潮的发展，大致经历了从前引到高潮再到余脉的三个阶段。

1984年以前，大致是一个积累和萌发的前引阶段。前文中已提及，自1980年汪曾祺发表《受戒》等小说始，一个久违了的"民俗文化"的主题开始重现于当代小说中，之后，这类风俗小说渐渐形成了几个具有地域色调的现象，如邓友梅的"京味小说"，汪曾祺、陆文夫等人的苏南风俗小说，贾平凹的"商州系列"，冯骥才的"津味小说"，此外，关注于风俗文化题材的作家还有张承志、路遥、郑义、李杭育、邓刚、乌热尔图等，他们在从1981年到1983年期间，创作发表了大量具有民俗色彩的小说作品，引起了广泛的关注。但总体上看，对于大部分作家而言，这似乎是一个类似于"浪漫主义"思潮的创作现象，即，大部分作家是从"奇闻异事"和"淳厚民风"以及"远村僻壤"的角度，进行猎奇的或趣味式的写作，故事中的人物与事件，大都是与当代语境毫不"搭边"的世外桃源，或纯粹存在于"民间"，这些特征都近似于浪漫主义的典型特点。另外，人物也大都是具有某种"异秉"的类型化的，带有夸张的或传奇的色彩。从一定意义上说，这是一个游离于当代主流文化之外的带有民间意味的写作倾向，尽管它们仅仅写了一些"小人物"、一些与当代文化语境无关的、仿佛"不知有汉、无论魏晋"的封闭地域的人情世态，但它们都强烈地反照出那些局限于当下文化情境的写作的缺憾，并显露出当代文学走出权力文化中心而回到其固有的边缘角色

① 参见李杭育：《理一理我们的"根"》，载《作家》，1985年第9期。

② 陈思和：《当代作家中的文化寻根意识》，载《文学评论》，1986年第6期。

的必然前景与必由之路。因此，这不能不对越来越多的作家产生吸力和启示。

然而，关注习俗而流于渲染习俗是这些作品的弱点，如邓友梅的《那五》、《烟壶》，陆文夫的《美食家》这类作品，多是停留在对传统文化、民间生活的某一侧面的一些固有特性的耐心描绘上，虽说是透示出一些沧海桑田的历史感，但对文化的理解与认知却从鲁迅等前代作家的立场上大大后退了，缺少对这些现象的历史内涵的深入发掘与文化批判精神，从审美的角度看，也缺少应有的自觉性与悲剧力量。另一些以边域风情、部族生活等富有传奇色彩的生活内容为主题的作品，如乌热尔图的《一个猎人的恳求》、《琥珀色的篝火》、《七岔犄角的公鹿》，邓刚的《迷人的海》，贾平凹的《商州初录》、《商州又录》，李杭育的《沙灶遗风》等，则或者停留于猎奇式的描写，同神话寓言传说故事失去边界，或者仅仅停留于单面的风俗展示，缺少更深层的文化内涵。

在众多作品中能够展示较为重大的文化冲突与悲剧历史内涵的，当推张承志的《黑骏马》(1982)。这部小说在描写了一个充满古老原型意味的悲剧爱情故事的同时，似乎在不期然中触及了一个重大的主题，即民间古老的原始生存方式与现代文明之间的冲突，以及在这种冲突中必然的人性悲剧。在小说中，张承志没有满足于对诗意的草原风光与生活风习的表层描摹，而把笔触深入到两种生存理想、道德尺度的撞击之中。一对草原上的青梅竹马的恋人，一个走出了草原，成为“远游”的探求者和“现代文明”——牧业技术的接受者，另一个则留守在古老封闭的草原。这就注定了他们充满理想色彩的爱情最终的一个悲剧结局。表面看来，索米娅的被辱失贞是白音宝力格离开草原的唯一原因，但事实上从白音宝力格第一次离开额吉和索米娅的那一天起，就注定了这样一个必然的分裂，这是古老文化内部的分裂。或者说，是索米娅的失贞为白音宝力格的“出走”并朝向现代文明的探求欲望找到了一个“合法性”的理由，他必须这样做，以完成一个从传统意识中“嬗变”与分离的过程，并为他最终找到理解自己古老文明与原始生存方式的另一参照，找到一盏洞烛母亲的灯。而最终，萦绕在白音宝力格灵魂里挥斥不去的对索米娅的爱情和忏悔，便成为他在现代文明境遇中对原有传统血脉的皈依情结。没有出走，就不可能有这样诗意的精神皈依，不可能有这样充满寻找、背叛、苦难和自我救赎的感人的戏剧。而且，结局还将是悲剧性的：白音宝力格还将离开草原，虽然草原已注定是他精神的源泉与母体，但从生存方式上，他已永远不再属于草原，不再属于索米娅，这是文化与人性的双重悲剧。一个置身于两种文化与生存方式之间的人，他的生存依托和精神家园已注定了是分裂的。这一主题，富有象征意义地揭示了现代中国文化和知识分子的共同命运。

不过，在这个小说内部也还隐含了另一个“潜文本”，即一个“男权主义”与“初夜权”思想作怪的叙事。剥开小说庄严与崇高的外壳，我们还看到，白音宝力格之所以出走，无非是因为无法接受索米娅的“失贞”——在他离开草原的半年时间里，恶棍希拉诱奸了年轻的索米娅，致使她怀上了孩子。而九年后白音宝力格在“忏悔”和思念中重返草原，看起来十足浪漫且让人感动，但究其实质，他来寻找的不过是他自己遗落在草原的童年记忆，是他自己的镜像与“道德的自我宽解”，而不是试图要为索米娅承担什么。因此，当他见到早已变得粗糙发胖、成为了赶车人达瓦仓的妻子和三个孩子的母亲的索米娅时，当然会“异常地平静”。作者用了看似“洁净”的笔法处理两个人的相会，实则是掩藏了白音宝力格对成年的索米娅的冷漠。最后小说还通过索米娅的口，表示了她的理解和宽宥，且希望将来有机会能够像当年奶奶抚养他一样，为他抚养孩子。表面看来这是对索米娅作为劳动者的无私品性的赞美，但很显然，小说中也潜藏了作为“集体无意识”的一个明显的男权主义优越感。

如此分析当然不是对于作家的道德指摘，而是要表明，在这个时期的文化主题小说中，确乎包含了前所未有的复杂与丰富性。它从另一个角度证明了这篇小说的重要性。

大量风俗文化小说的出现，还体现了一个相对宽容的文化认知的倾向，在经历了“文革”这样以暴力毁灭文化的专制时代之后，这些小说也是在努力证明：文化是斩割不断的事物，它不能以简单的方式予以抗拒和消灭，而需要加以认识和研究。因为各种文化现象终究都与当代人的生存有着千丝万缕的关系，而现在，它们都到了“复活”的时候了。这是一个比较初步的阶段，只有在各种背景和文化因素不断长出的前提下，才能谈到进一步的发掘、整理、选择与判断。

1984 年，这样一个时代终于到来了。虽然诸多“宣言”是出现在 1985 年，但这时已有不少作家已具有了较为明确的“寻根”自觉，张承志的《北方的河》和阿城的《棋王》甚至已被许多评论家视为寻根小说的发轫之作与扛鼎之作，另外，这一年中，贾平凹的《腊月·正月》、冯骥才的《神鞭》、矫健的《老人仓》等作品也颇为引人注目。以《北方的河》和《棋王》为代表，它们在自觉发掘民族传统文化、探求当代人的生存同历史文明之间的源流与因果关系方面，表现出了前所未有的深度。

1985 年是寻根小说最终获得理论阐释并成为显在的文学思潮与运动的年代。上一年底的“杭州聚会”引出了新一年中的理论自觉。耐人寻味的是，这种自觉不是首先产生在理论家那里，而直接由一批一直埋头创作的作家按捺不住激情而提出的。4 月号的《作家》推出了韩少功的文章《文学的“根”》；5 月份的《上海文学》推出了郑万隆的《我的根》；接着，第 9 期《作家》又发表了李杭育的《理一理我们的“根”》；7 月 6 日的《文艺报》发表了阿城的《文化制约着人类》。之后，一些理论家如李庆西、季红真等也开始关注这一现象。从整体上看，上述作家的阐述基本上可以概括寻根小说的诸种特征，而且还进一步引导了尔后的历史文化主题的创作。从一定意义上说，它可以视为一次“理论引导创作”的成功设计，有的评论家在论及这一点时指出：

> “寻根派”作家以理论推动现实的作法，开创了此后文学操作的一个基本模式。使小说现象从自发变成了有组织的，从盲目和偶然变成按一定观念预先设计的，从散兵游勇变成“山头主义”……凡此一切，均自寻根派始。……这种率先命名、率先树旗的做法，不仅仅显示了新锐作家主动出击的精神，更重要地，它表明概念、理性、观念因素在文学现象中比重的提高。①

不管怎么说，寻根理论的倡导对文学创作现象的作用是显而易见的。不论是否存在像有批评者所认为的“观念大于创作”的问题，观念的自觉总不是坏事。它不但表明这些作家在进入了“现代”和“世界”这种新的开放语境中时民族意识的觉醒，更重要的是它们本身就构成了 80 年代文化启蒙运动的一部分。尽管“寻根”在字眼上

① 李洁非：《寻根文学：更新的开始》，载《当代作家评论》，1995 年第 4 期。

不免有“民族主义”甚或“保守主义”之嫌，但它毕竟不同于以往历史上多次出现的那些狭隘和封闭的民族主义，恰恰相反，它是在充分肯定了“西方”和“现代”等至关重要的当代观念因素之后，受到西方某些创作现象的成功“启示”之后提出的，它既在姿态上保持了开放，又在立场上找到了自尊，由此获得了充分的自信心。

从作品的内容倾向来看，大致上可以把1984年和1985年前后的寻根主题小说分为两类，一是关于文化的源流、构成与特征的发掘与透视；二是对自然文化遗产同当代人生存关系的揭示。严格来讲，后一种主题所寻求的“根系”主要是中国传统文化中人与自然互相亲和的思想，但由于创作者思想的复杂性，它又同追寻大自然的浪漫主义主题和关注现代人生存状态的“存在”主题相接近。

关注文化主题的作品主要又分为两类，一是关注文化的历时（历史，过去时）形式，这类作品数量居于少数，比较典型的有贾平凹的《商州初录》（1982），冯骥才的《神鞭》（1984）、《三寸金莲》（1985），韩少功的《爸爸爸》（1985），扎西达娃的《西藏，隐秘岁月》、《西藏，系在皮绳扣上的魂》（均为1985），马原的《冈底斯的诱惑》、《喜马拉雅古歌》（均为1985）等。上述作品所叙述的虽然不一定都是过去久远时空的历史，但这些故事内容和其文化特征却带有明显的原始色彩，它们是历史文化所遗留下来的一些原始“板块”。这些作品通过对某些历史文化意象的重新感知，摆脱了以往对社会历史的简单的“进步—倒退”的二元对立的观察视角，而代之以新的二元转化和依存的“结构性”的评判立场。如“辫子”本是以往人们表达对传统文化的讽刺与揶揄的一个意象，而在冯骥才的《神鞭》中却具有了二重文化特性，成为民族文化中集智慧与愚昧、勇敢与盲目、英雄气概与精神胜利的悲剧根源于一体的一个象征，读后让人回味无穷。在这方面，韩少功的《爸爸爸》更具代表性，在这篇作品中，故事的时间背景被有意淡化和抽离，但就其表现的文化特征看，无疑又是具有“过去时”特征的。大山深处，云彩之上，居住着一个仿佛与世隔绝、不知现代文明为何物的村落：“鸡头寨”。这里的人们愚昧而淳朴、善良而好斗，这种秉性十分贴切地表现了文化的原始状态。小说通过一个富有象征色彩的人物“丙崽”更加集中地描绘了这种特征。丙崽生来是一个近乎白痴的小老头，他全部的语言和知识只有两句话：“爸爸爸”和“×妈妈”，这种具有蒙昧特征的语言似乎表现了原始部落氏族文化的某种残存。同时它又形象地指证了传统文化中基本的生存关系与“恶”的特征。愚昧与恶的因素作为文化的基本积淀体现在了这一人物身上。然而正是这一人物给鸡头寨人的命运带来了重大影响，当鸡头寨人与邻近寨子发生冲突而“打冤”时，他们却把这个平日当作“出气包”打骂的小老头的“爸爸爸”和“×妈妈”的两句咒语当成了“阴阳二卦”，他们设祭占卜，把丙崽咕哝的一句“爸爸爸”认定为“胜卦”，于是全寨老少出动，加入了混战，结果大败亏输，死伤惨重。最后，寨中长老仲裁缝熬制了毒草药，让全寨剩下的妇幼残弱集体服毒，剩下的青壮年则唱着古老的歌谣，走向“深远的山林”——另一个世界里去了。然而，不知为什么，丙崽却没有死，他又回转过来，仍然坐在断垣残壁上，咕哝着那句永远的咒语：“爸爸爸”。显然，《爸爸爸》这篇小说是多解的，它所表现的这个充满了神话、民俗、宗教和原始自然特征的世界，为人们展示了一个无限广阔和悠远的新的小说艺术空间。加上作者对通常叙事逻辑的有意破损和留白，使得它更具有了斑驳陆离、朦胧闪烁的复杂韵味，为 80 年代中期小说艺术的变革提供了一个富有启示意义的范本。

然而，对照韩少功首倡“寻根文学”的观念，及其所寻找和用以“镀亮自我”的“楚文化”的承诺，人们也会发现，在寻根小说的理论与实践之间存在着一个深刻矛盾：难道作家们所要寻找的灿烂的古代文化就是这种样子吗？类似丙崽这样的传统文化的载体，又能为今天的“文化重建”提供什么有价值的参照呢？无疑这是一个困境。不过也正是这个矛盾，促使寻根文学迅速放弃了“重铸民族文化”的功利目的，向着审美和虚构的“新历史主义”过渡和转递。虽然，对于一场轰轰烈烈的启蒙主义思想运动而言，这并非是一个福音，但对于文学本身来说，却是一个好的兆头。

马原和扎西达娃等人的西藏题材系列小说也面临了同样的问题。由于神秘的宗教氛围的笼罩，他们的作品所呈现的文化主题更加玄奥复杂和具有神奇魅力，但是他们所展现的富有原始色彩的宗教与自然文化，同样使人们看到了它神秘和蒙昧的两面性。

第二类文化主题的作品，是关注于文化的共时形式，即那些着力表现“积淀”（李泽厚语）在当代文化心理或人格构成中的某些传统因素的作品——用西方理论家的话说，是“种族记忆”（弗莱）或“集体无意识”（荣格）。这类作品同鲁迅等现代作家所进行的文化自省与批判有相似之处，但评判态度却不相同。鲁迅对民族传统文化心理、“国民劣根性”曾作过无情的批判，而在这些作家笔下，传统文化则经常闪现出它固有的善和美好的一面。如贾平凹的“商州系列”和他的许多表现陕西秦川人生活风俗的作品《鸡窝洼人家》、《腊月·正月》等，就多方展现了淳朴善良、守德好义的古老民风。当然，在表现这些好的传统的同时，也写出了落后文化因袭的一面，阿城、郑义、李杭育等人在表现传统文化的现代积淀时大都表现出这种二元辩证的立场。在这方面，最典型的当推阿城的中篇小说《棋王》。《棋王》所着重表现的，是传统老庄哲学、禅宗文化的一种当代性的人格映像。在风暴扫荡的“文革”年代，在最为贫穷艰难的生存环境中，主人公王一生，这个天性柔弱的人物可以说达到了“结庐在人境，而无车马喧”的超然境地，他以彻底的坦然释然和无求无欲来适应艰苦而无望的生活，并进而达到了一种超乎世俗之上的个体精神的“自由”境界。吃食——哪怕是最粗糙的食物，以及棋艺和交游自然，构成了他内在生命与精神的充分的自足与自在。这一切恰好同其生存环境的困顿构成了鲜明的对比。这样一种人格行为与精神存在方式，同传统的中国禅宗哲学与老庄思想，可以说是有着必然的内在统一性的。小说最后用富有传统体验美学意味的笔法，将王一生下棋的绝技与境界写成了一种与茫茫宇宙气息相融通的生命至境，从而乘物游心、随心所欲、无往不胜，完全达到了生命的自在与自由状态，使富有禅宗思想色彩的传统人格与生存方式在王一生身上又焕发出自由创造的力量。

《棋王》在寻根小说热潮衷的独特意义在于，它没有停留在“传统文化”的表面形态，而是从内在文化心理和精神上再现了传统，而且使之在审美的意义层面上，充分显示了民族文化的内在精髓与力量。而且，这个小说还有一个特殊的意义，就是它将一直停留于较为浅表的政治主题的“知青小说”，一举推向了“文化小说”的境地，淡化了其特殊的“题材”属性，而强化了其文化属性。另外，对于道家与禅学思想的无意识中的亲和与宣扬，也使这篇小说的“话语成分”发生了奇妙的变化——具有了中国神韵和文化根性，这是一个不期然的、却会长久发酵和影响深远的变化。

不过，《棋王》也并非没有缺陷，美化和“玄化”王一生式的人格，同对于老庄哲学、禅宗精神的深入索解之间，似乎还没有建立起更为深层和可靠的关系。而对于这种中国式的生存哲学本身的苟且与妥协，其与现代理性与启蒙精神背道而驰的负面价值也没有予以揭示，因而，又显得缺乏更深刻的文化与美学意蕴。

相比之下，在对传统文化“积淀”的处理上较为辩证的是王安忆的《小鲍庄》。这篇小说似乎是有关“创世”和“治水”神话的一个现代演绎。作为“大禹的后辈”，小鲍庄人与生俱来地与水患结下了不解之缘，生存的需要使他们团结、仁爱，形成了强大的群体力量，但这并没有改变他们祖祖辈辈愚昧贫困的命运，不幸与欢欣、贫穷与自慰构成了他们永恒的生活内容，这正是民族几千年历史中生存与命运的缩微和象征。苦难不断地降临，在一场洪水到来之时，集中了全部民族美德的少年“捞渣”，为了抢救村庄中的老者鲍五爷而死，成了村庄人继续生存的代价和精神力量的象征。这个故事形象地讲述了民族传统精神与民族悲剧命运之间相辅相成的关系。不过，就这篇小说的内容处理来看，深层意蕴的具体展示尚不够明确。因此，作为另一个由知青小说蜕变为文化小说的例证，将它放入到“寻根文学”之中，确乎有点勉强。

1985 年的寻根小说热衷所出现的第二个主题，是通过文化追寻进而发出对民族生存问题的思索和追问。这其中又分为两个层面，一是较浅层次的，对自然文化遗产和自然生存状态的眷怀与歌赞。这有些近似于浪漫主义文学主题。如李杭育的“葛川江系列”小说，这些作品的核心主题，是讲述现代文明状态下人的生存异化。比如《最后一个渔佬儿》所表现的就是工业文明对自然和人的生存境遇的威胁。福奎，一个在葛川江上生活了五十多年的老渔民，靠打渔为生，还有一位“相好的”寡妇阿七，生活得“江里有鱼，壶里有酒，船里的板铺上还有个大奶子大屁股的小媳妇，连她大声骂娘他都觉得甜溜溜的，那才叫过日子呢!”但时光流逝，因为污染，江里的鱼虾渐渐绝迹。渔佬儿的日子一天不如一天。终于，阿七准备嫁人了。感念往日旧情，帮他在镇上的味精厂找了个闲杂差工，只是让他再去求他的外甥大贵一下就行了，但福奎终究不愿求人去过那种不自在的生活，最终索性仍旧回到了空空荡荡的江上去打渔，将这样度过他的余生。这类作品表现了处在自然文化状态下的人类生存的自足特性，以及他们在现代文明冲击下的惨痛悲剧。生存与进步，文明与失落构成了一双不可调和的矛盾。

扎西达娃发表于 1985 年的小说《西藏，系在皮绳扣上的魂》、《西藏，隐秘岁月》所揭示的也是类似的主题，处在神秘的原始自然的宗教文化中的人们，他们的生存虽然极其贫穷愚昧，但却是充满信仰和献身力量的，他们不可能同开化的现代文明生活发生对话，这种对接一旦发生——就像前者中男主人公塔贝遇上了令他好奇的拖拉机，很想学着摆弄一下，结果被伤致死——只会导致悲剧。扎西达娃的小说不但有对于古老文化与现代文明之冲突的相对深入的理解，而且也倚仗藏传佛教与藏族文化的神秘性，将其小说写得扑朔迷离，使叙事充满了魔幻色彩。特别是，他还首次使用了“暴露虚构”或“元小说”（metafaction）的手法，将寻根与新潮小说写作的技法提升到十分复杂的地步。在《西藏，系在皮绳扣上的魂》中，他所讲述的牧民塔贝和婉的故事，就使用了一个至为神秘的“复式的讲述策略”，在扎妥寺活佛桑杰即将圆寂之时，他以预言的口吻向“我”讲述了这个故事，而听故事的人“我”却发现，他所讲述的竟然同“我”在一年前虚构的一个短篇小说完全一样。“我”写罢这个小说就将其放到了箱子里，从未示人，现在却被大师讲了出来。而且随后，“我”还在大师的指点下，翻越喀隆雪山，沿着“莲花生大师的手掌纹”，去追寻小说中两个人物，且居然在行走中跌落山下，仿佛穿越了“时光隧道”，来到了小说之中。在目睹塔贝被象征现代文明的拖拉机压死之后，“我”还把女主人公婉带回了现实之中，深信自己会将她改造为一个“新人”。很显然，如果说塔贝是代表了藏族文化比较强悍且又脆弱的一面的话，那么婉则象征了其中比较柔软且又坚韧的一面，而这一面恰好是可以进行“现代性转换”的部分，她的重返，表明古老的藏族文明将可以在现代世界中蜕变重生。

另一些较深层次主题的作品，则集中了对文化构成与民族生存关系的广泛思考，包容量很大，但写作手法却相对传统。郑义的《老井》通过太行山巅上一个村落打井求水的悲壮故事，用象征的笔法揭示了一个文化构成与人的生存悖论的怪圈，生存环境的艰难铸就了这里人的坚定执著不屈不挠，同时也铸就了他们的封闭固执和愚昧麻木。前者使他们因为抗争和寻求而不断遭受着失败的悲剧；后者则使他们因为心灵的贫瘠而陷入无望的堕落，生存中缺少了水和文化中缺少了向上的活力，它们是互为因果、相辅相成的。

其实，前文中所述的大部分作品同时也都包含了对文化与生存关系的思考。“湘西系列”小说中所展示的文化风貌的确是绚烂多彩的，但这种充满原始神秘之美的文化，仅仅是带给了湘西人以生存的力量、安慰和诗意吗？显然不是，文化的自然状态同时也导致了他们的愚昧退化和自相残杀，“鸡头寨”人所憎恨和虐待的丙崽那样的早衰症或退化儿，正是他们文化自身繁育和衍化的结果。冯骥才的《神鞭》、《三寸金莲》等风俗文化小说，在一方面展示了传统文化中所产生的一系列奇异现象与后果的同时，也引发人们思考，一种文化在结出它自己特殊的果实的同时，也就是给它自己的今天和未来播下了失败与悲剧的种子。阿城的《棋王》是通过今天的人格特征揭示中国传统文化的一种典型遗传，王一生的境界固然博大，可与宇宙混沌相一体，但这种境界也正是在物质与精神极端贫困条件下的“前科学时代”的产物。他的精神状态使我们一只眼看见中国文化特有的“天人合一”的神妙光彩，另一只眼又看见了它固有的贫瘠、软弱、愚昧与苍白。

1986 年，寻根小说思潮进了第三个阶段，即沉积与转型时期，作品数量开始骤然减少，风格特征也发生了较大的转变，人们对小说界的热情关注开始移向方兴未艾的新潮小说领地。这是因为许多作家已经清醒地认识到了在寻根思潮的观念与文本、目的与对象之间所存在的根本悖论，简言之，他们所竭力表现和张扬的那些传统文化内容同他们所承诺的“重铸”民族文化与精神的启蒙主义功利目的之间，是不可能统一的。这一点，我们在后面一节中还将展开讨论。

基于上述原因，寻根小说的创作开始出现了沉积与分流转型的局面，一部分汇入了兴起于同期兴起的“新潮小说”，文化主题色彩渐趋淡化，故事性、技术性等文本特征愈渐突出，如扎西达娃、马原等人的小说；一部分则较多地放弃历史文化主题中的启蒙观念，而增强了审美和历史的个人体验等因素，“家族历史小说”和具有某些“新历史主义”色彩的小说因此应运而生，如莫言的《红高粱家族》（既是长篇，又是系列中篇）；还有一些则既结合了传统的现实主义，又融合了魔幻现实主义的某些因素，并更加切近当代历史的小说作品，如张炜的长篇《古船》等。上述作品共同构成了寻根小说向“新潮小说”和“新历史小说”的过渡。

莫言陆续发表于 1986 年的“红高粱系列”小说，可谓最明显地体现了这种过渡特征。一方面，他仍怀抱着文化启蒙的热忱与责任感，另一方面，他又致力于用尼采式的“酒神精神”对民族传统进行重新发现和文化重构，扬弃和戏谑了传统中那些“日神”意味的道德理性因素，而对那些具有感性和非理性色彩的因素加以放大。他发现，民族文化中丑恶的东西和美善的东西从来就是结构性地生长在一起的，是一个模式的两个面，“我爷爷”既是“土匪”，又是“英雄好汉”，他“既杀人越货，又精忠报国”，他的人生和所作所为，是无法用一种单向的价值尺度来衡量的，也不能靠我们的理性分析去作判断，而只能以生命哲学和反伦理学的人类学视域去理解，以纯粹审美的态度去观察。这就取消了以往现实主义文学中那种惯用的“真善美”与“假恶丑”的道德对立，把他们打乱，并颠倒过来。“高密东北乡的红高粱怎样变成了香气馥郁，饭后有蜂蜜一样甘饴回味，醉后不损伤大脑细胞的高粱酒？……正像许多重大发现是因了偶然性，是因了恶作剧一样，我家的高粱酒之所以独具特色，是因为我爷爷往酒篓里撒了一泡尿。为什么一泡尿竟能使一篓普通的高粱酒变成了一篓风格鲜明的高级高粱酒？这是科学，我不敢胡说。”这是一段富有象征意味的叙述，“高粱酒”的特色如同文化的构成一样，往往是善恶相生的，缺少一点“恶”的因素的文化，往往同时也缺少了生命力。这里我们不难看出，莫言笔下的历史已很难再从社会学的意义角度作出判断，而更多地变成了个人的感性体验与审美把握，这也正是寻根小说内部一个最深刻的变化。作家已明确意识到，小说中的“文化寻根”从根本上说只是一种审美活动，而不可能完成一个重构民族文化的功利性目标。所以，尽管仍表现了很高的文化热忱，但在作品中却进一步选择了审美的视角和文化的多元认知，而不是简单的价值判断。

莫言小说中的思想意蕴是极为丰富的，在“红高粱系列”中，他传达了对于红色历史的某些颠覆性看法，突出了民间社会的道德力量，比如在抗战问题上，正是一支类似“土匪”的民间武装扮演了抵抗侵略者的主导力量；其次，他在小说中还夹杂了大量民间生活的描写，其中爷爷奶奶惊天动地自由不羁的爱情故事，他们经营酿酒作坊和领导“铁板会”的种种民俗生活场景的描写，有关二奶奶的“诈尸”的故事，还有大量对于具有灵异色彩的动物的描写，都大大扩展了小说的审美空间；另外，他还以戏谑和拟人的手法展开了关于“文明异化”的主题的描写，在《狗道》一篇中，因为战争和瘟疫，村庄里的人大量死亡，而原来的家狗在吃了死人的腐肉之后便恢复了野性，开始“有组织地”来袭击人类，其中“我”家的那条大红狗甚至还蹿上来咬掉了“我父亲”的一颗卵子，差一点让他丧失了传宗接代的能力。这些描写都在令人忍俊不禁的同时，传达了作家对于文化变异、文明异化的思考，生发出多向的历史与文化影射力。

以人类学的眼光、生命哲学的视角切入历史，是莫言最大的贡献，他的书写在瞬间超越了社会学和伦理学范畴的历史视野，使一切人物与生命焕发出了蓬勃力量与熠熠光彩，也使现代主义的技法获得了真正相匹配的思想根基。

另一个代表是张炜发表于1986年的《古船》。这部作品一般不被人们视为典范的寻根小说，但我却倾向于把它看作是寻根运动的沉积的产物，一个总结性的成果。首先它的文化启蒙与社会批判的主题色调是极为强烈的，同时它也以富有象征内涵的隐喻性描写，揭示了传统文化的内在结构，对传统农民文化中的仁爱与暴力、人道与专制、善良与罪恶的复杂纠结与矛盾，进行了细致而生动的发掘与描写，特别富有历史的深度和正义的审判力量。在这一点上，它可以构成对鲁迅等上代作家文化批判主题的一个当代回应。这种特殊意义是不应被忽视的。

## 四、悖论与转机：寻根文学思潮论

关于80年代中期出现的这场轰轰烈烈的“文学的文化运动”的研究和批评已持续了多年，但根本性的问题仍未十分明朗。文化寻根运动的问题和意义究竟在哪里？在我看来，寻根文学的一个根本性的困难，在于它的“历史观念”和“启蒙目的”之间的矛盾。由于这样的一个矛盾导致了它的主题的空泛性和自我悖论，由此造成了迅速的萎缩；但同时又并不能抹杀它的意义，从当代文学的变革历程来看，是它把诗歌和小说的表现空间由当前社会语境导向了历史文化空间，从而引发了当代文学的具有根本变革意义的话语革命。因此，在困境中把握转机，是我们认识和评价这一文学思潮的一个根本性视点。

首先，让我们来看一看它内在的主题悖论。

面对祖先和历史神话的遗产，在80年代前期的语境中，必然会产生一场类似宗教祭奠和体验的非理性精神运动。因为这是一个在文化上格外复杂而纠结的时期，开放国门之后，中国人所感受到的，一方面是拿来主义的兴奋与激动，另一方面则是空前的失落与茫然。人们急需要把“改造中国文化”的巨大精神诉求合法化，因为在从西方寻找思想资源的同时，另一个丧失民族自尊的隐忧也随之而来，因此，回到中国传统文化和现实土壤中来寻找试验场，便成为一个急迫的理由。因此，在经历了短暂的历史虚无论之后，中国的知识分子和写作者们迅速地发动了这场“精神还家”的乌托邦式的寻根运动。然而，在进入历史场域之后他们却发现，他们所寻找的不过是一场充分审美化了的民俗节日狂欢，这种“节日”的气氛同任何实用的启蒙目的之间无疑都是南辕北辙的。自西方 18 世纪启蒙主义运动以来，文学已被赋予了一个不可摆脱的社会学认识论模式，它同启蒙主义的社会使命紧紧地连在了一起。20 世纪的中国文学作为在文化与美学领域里古典主义的背叛者和对抗者，必然具有更加明显的启蒙主义特征。因此，尽管寻根小说所呈现的精神努力的基本特征是要再造一个有关历史传统和民族精神的乌托邦，但其根本悖论仍在于其历史主义动向和整体启蒙主义文化语境之间的错位状态。十分显然，类似于 19 世纪浪漫主义那种纯正的历史神话已不复存在了，在 20 世纪以来愈渐深湛精微的科学理性和现代文化哲学意识的烛照下，在几乎完全“科学化”了的社会情境中，浪漫的、回到历史神话的寻根思潮注定也变成了一个虚拟的“神话”，这一点连它的制造者和倡扬者在心理上也是无法排除的。事实上，自从“五四”以来中国现代文化一直未最终完成的启蒙使命所带来的整整一个世纪的“焦虑情结”，使寻根作家们根本就缺少对历史神话本身虔诚的、非功利的、自由自在的创造或重历的心境，他们无法不在一种强烈的启蒙情结、功利目的与理性观念的支配下去营造现代人精神中的历史幻象。这种幻象与知识界在 80 年代中期的“文化哲学热”中所贯彻的思想冲动，可谓是如出一辙。

上述矛盾很自然地导致了寻根文学主题内部深刻的精神分裂。首先，在启蒙意识的社会诉求之下，寻根作家很难在历史或神话语境中去寻求纯粹感性的审美体验，而不得不时时在当代文化的理性准则中去寻求历史文化的价值。但出于“文学性”的需要，他们又不能不在大量非理性的神话素材与宗教内容上做文章，而这本身又与他们的理性与批判精神之间形成了内在的分裂。其次，传统本身的悖论式结构，即“文明与愚昧”的二元同构性，也注定了“寻根”意识与行为的悲剧性悖谬，在这种意识引导的操作中，必然隐含着两个相反的指向：或者回到社会批判的起点，在主题与话语表达上都退回到鲁迅等上代作家的位置（这又是寻根作家们所不甘心的）；

或者抵达二元消解的终点，即对传统文化无选择的颂赞或纯粹审美的呈现——这种颂赞或呈现固无不可，但它又必须脱去其“启蒙”的语境，完全在神话语意或叙述本体中展开（这一点，似乎只有扎西达娃和随后的莫言等人较为接近）。这一方向无疑将完成对前者和上个时期以人道主义思潮为核心的“准启蒙”主题的反拨和消解，终点和出发点无疑是相抵的。

在我们把寻根小说所达到的实际功效与他们所作的承诺进行对照的时候，不难发现一个反差，虽然“重铸传统”是比“改造国民灵魂”更加虚远的神话，我们不应当按图索骥，把承诺和结果、目的与功效一一对应起来，但回顾和自省总是有意义的。让我们先以1984年寻根思潮初起时公认的两部典型作品《北方的河》和《棋王》为例。它们问世之初，确使人们看到传统中某一板块或气脉的巨大存在，也显示了当代文化思维的巨大创意与理解深度。但当它们在确立这种具备了中国传统体验哲学、禅宗思想和审美人生观念的复杂的美学立场的时候，就已经给它埋下了深刻的矛盾和危机。

《北方的河》是一篇近似于文化学考古“研究论文”的作品，虽然它也充满畅想、诗意和抒情意味。在其追寻历史的向度上。与其说它是在寻找祖先的文化遗产，不如说是在寻索东方古国的自然遗产；与其说它是在探寻民族古老的文化形态，不如说是在寻找和求证一种抽象的亘古不灭的东方精神。小说除去展示了一种诗性的向往、感验与慨叹之外，没有提供出具体的分析评判的答案。在这里，话语所传达的能指是诗性和象征的，但却显得相对含混和陈旧，没有逃脱旧式的语境。这种抒情性的叙事话语不但有着自我的矛盾，而且对后起的浪潮也缺少借鉴或指证意义，它对文化本身的思考深度由于其朦胧与诗意的风格，而显得外在和含糊。

从上述意义上说，《棋王》比《北方的河》面临了更深刻的悖论，尽管这部作品看起来更像是一篇“小说”——有更具象的故事与人物。这篇作品对传统文化的关注和探求，主要是通过一种近乎于老庄和禅宗思想的人格来表现的。主人公王一生虽然置身于红色风暴的年代，却能以出世的态度和无为的精神摆脱时势的钳制，顺从于自我内心的“无为”与空寂，可以置身于平静的“风眼”之中，把生存的场所由社会完全转化成了个人天地和个人精神体验，仅靠“食”（吃）与“棋”（玩）两者就构成了他内在生命与精神的自足自在。“食”显而易见是为了维持个体生命的延续，在这一点上，王一生的要求可以放得很低；而“棋”则是精神自娱的象征，它是一门近似“玄学”的艺术，通过棋艺，王一生在极低的生存条件下实现了精神极乐、逍遥和漫游的极致状态，并与自然之气融为一体。这样一种人格行为与精神存在的方式，显然是对中国传统哲学和人格精神的阐释与承袭。

显然，王一生的生活哲学是浸透了佛道与禅宗精神的中国传统哲学的一个当代映像，作者阿城通过这一人物，使中国古老的生命智慧和苦难中顽强的自由意志再一次放射出了让人迷醉的神话般的光辉。但是，《棋王》所表现出的文化悖谬是更为明显的：它对传统文化的观照甚至没有借助现代文化精神的烛照，而是切向了以传统文化方式为依据的原点体验。毫无疑问，只有我们在以纯然的审美测定去观照它的时候，才会对它作出不折不扣的肯定。而当我们在注定担当与具有启蒙功能的“文化寻根”思潮的文化氛围和理性话语中来审定它的时候，就不能不对它的文化立场与价值准则发出诘问与怀疑——难道这就是我们民族文化的根系所在，是民族精神的精髓?

前期寻根作品如此，那么随后的作品又如何呢？在韩少功所描绘的那种充斥着简单而神秘、仁厚而暴力、崇高而卑琐的二元复合的湘西文化里，在郑义所表现的充满执著、淳朴、勤劳善良，又充满着封闭、愚昧、恶和悲剧的黄土文化中，在马原、扎西达娃所描述的那种种藏民族的原始风俗的神话里，我们能够找到韩少功、郑万隆、李杭育们所承诺的重振民族文化的灵丹妙药吗？启蒙主义话语中注定的二元对立和一元选择，在这些复杂的历史文化现象中是无法实现其判断的，这一点，即便是处在最后位置的莫言，也无法解决。他曾多次声明，要通过表现农民文化中那些善的东西，“为中国指一条道路，使中国文化有个大体的取向”，但他又不得不犹豫地自我否定了这种幻想，“有时觉得这是不可能的，这样发展下去，又是一个恶性循环，又回到原来的起点上去了”①。由文化启蒙的起点出发，却最终又走向传统的结构性陷阱之中，这不仅是莫言的担心和困境，也是整个寻根思潮在文化立场上所面临的悖谬。也正是这一点，促使 80 年代后期的作家们，卸下“重铸民族文化”启蒙主义神话的重负，轻装而进，以一种“新历史主义”的文化态度与叙述

① 莫言：《我的农民意识观》，载《文学评论家》，1989 年第 2 期。

本体的话语，走出历史的实体而步入文化的虚境之中，这正是 80 年代文学由启蒙功利主义和意义中心时代，向着文学本体和审美文本时代转折的一个关键契机。

沿着这一思路，我们同时也就找到了寻根文学思潮的真正意义。虽然作为一场文化乌托邦运动，寻根文学思潮的作用是十分有限的，然而我们在整个当代文学发展的历史轨迹，特别是在联系了 80 年代后期文学的历史性变迁的总体趋势中来考察它的时候，又会发现它的另一个巨大的历史作用，那就是，它引发并完成了当代小说话语由现实层面向历史文化（神话）和其叙述本体的转化，完成了新时期小说艺术蜕变和整体革新的根本和关键的一步。当它完成了自己的历史使命，并不情愿地退出它曾独领风骚的当代小说舞台的时候，它所取得的关键成果却将被先锋小说所继承和享用，并在它们那里完成最后的蜕变。

当然，置身于 80 年代中期的寻根小说家们并没有从“话语变革”这个角度来思考寻根小说的意义，但将小说的叙述对象由现实引向历史，却成了话语变革的前提、契机和诱因。叙述对象的空间转移，必然导致语境的变化，最终又引发语义的变革与话语构成的整体转递。这一切，也是在不期而至中进行的。但是他们的两种努力，却直接推进了小说创新与发展的进程。一是从对立于当代政治中心的民间文化——民俗中去寻求新的可能；二是从对立于当代文化表征的存在时空的历史文化——传统中去寻找对抗的依据。前者是空间上的位移，由“中心”向“边缘”地带逃逸，题材主题的逃逸必然带来叙述上新的风格的建立；后者是时间上的回溯，由“此在”到“永恒”（过去）、由“客在”到“虚构”的迁移，因为“历史”、“根”、“传统”这些概念在实际上已是今人的想象性虚构了，是他们文化记忆的方式，而文化本身的多维结构和多向的悖论特性，却注定了它无限的内容含量及其构成的可能性。由现在、当下到历史情境，必然又会引发叙述内容与叙述语境的整体“虚化”，由事实描摹到体验的虚拟将更加促进小说叙述方法、内容与风格的全面转移。

那么，寻根小说是从哪些层面上完成了对当前化政治与社会话语的革命的呢？不外这样几个方面。首先，话语的历史维面的恢复，语意的现实和政治化承载得到补充和替换。从 1982 年张承志的《黑骏马》中所不断穿插引述的那首古老的民歌开始，历史语意和它所影射挟带的历史情境，已成为一个挥之难去的幽灵，不断地徘徊回响；《北方的河》中黄河“父亲”的意象，《棋王》中关于“棋谱”的如同《易经》一般的玄言高论，还有王一生超然出世的生存方式，都更加明确地呈现出语意的历史维度，简言之，这些内容、特征和形象已较多地成了民族历史的某种当代映像。这种趋势到 1985 年便已势不可挡了，甚至在许多作品如王安忆的《小鲍庄》中，当代话语已经险些成为被“戏用”的对象，人物取名“文化子”、“建设子”、“社会子”等等，明显是对当代社会话语的戏谑，他们哪一个都没有“捞渣”这样的传统名称来得更本真和可靠；再到后期的 1986 年“红高粱系列”问世的时候，叙述话语已很难看出纯然“当前化”的语意特征了。语言不但完全进入了历史空间而且再度上升到了“神话”的境界之中，历史逻辑与文化内容也成了被僭越的对象。

其二，对历史空间的抽象化和“平面压缩”，使叙述在进入历史时空时不受阻碍，不留斧痕。时间逻辑的淡化和消失，反而使历史叙述变得更加自由，更富有文化含量，甚至哲学意味，这样就使历史叙事变成了某种意义上的文化分析。如韩少功的“楚文化系列”，基本上抽掉了时间的概念，这就在取消了读者的“真实性期待”的同时，增加了作品的文化探求意味；在马原和扎西达娃等人的作品里，时间在叙述的结构中更形成了反常态、“反线性”的逻辑特性，出现了循环论、时空变幻的情境，从而使现实与幻境、死亡与永生、客在与虚构、真实与神话、此在时空与彼岸时空构成了交错的状态，在这样的时空混合所构成的语境中，话语的宗教与神话特性便得到了充分的展现。

其三，在历史题材和文化视域所决定的语意表达中，原有的由政治意识形态所导致的二元对立对语意，和一元论的价值判断消失了。二元对立的取消不但是主题政治层面上升至文化层面的重要前提和标志，而且也是语意得以从政治牢笼中逃离的前提。在冯骥才的《神鞭》中，“辫子”这个在启蒙主义时代被讽刺为“传统文化”的最后形式的丑恶意象，这个封建残余的同义语，已被赋予了新的意义，它的含混性使之更具有了“文学叙事”的内涵；在《老井》中，“井”的意象与干涸的高原厚土的意象，都传达出了进步与封闭、生存与死亡、雄壮与卑琐、苦难与幸福的二重复合的语意，而绝非一元论的简单所指；在《爸爸爸》等作品中，“爸爸爸”、“×妈妈”一类语意中由文化视角而导致的戏剧性的分裂与统一，更生发出了令人深思的文化张力——这既是类似于《周易》和老庄哲学中的“阴阳之说”，也是蒙童小儿的骂人话。语意在这里不仅是复合的，而且是含混的，是思维和评判的混沌状态，具有了无限的可阐释性。在后期的寻根作品如莫言的“红高粱系列”中，这种语意的反逻辑追求与神话特性更得到了夸张到极致的表现。

其四，以传统、宗教、风俗、仪式等为内容的民俗题材，本身就体现了文化创造者的神性思维与魔幻体验，以此为表现对象与叙述内容的寻根小说话语，自然也带上了神话思维的色彩。马原和扎西达娃两位作家的作品在这方面最具有代表性，藏族的藏传佛教文化是世界上最神秘的宗教文化之一，置身于这种宗教的魔幻氛围与超现实力量之中，他们的叙述方式以及语义构成，自然完全摆脱了客在逻辑而进入到一个魔幻的时空和神话的情境之中，在扎西达娃的《西藏，系在皮绳扣上的魂》中，活佛桑杰的预言竟与作者“我”在两年前所构思的一个短篇小说中的情节完全相同！当“我”按照这个显而易见的“虚构”开始了漫长的征程，去寻找这个纯属子虚乌有的故事中的两个人物——塔贝和婉的时候，竟然在时空的突然倒置与交错中，在现实与幻境的连接处找到了这两个人物。这种魔幻的奇异魅力、叙述的自由度、话语的可信性，均来源于宗教氛围与民俗文化的依托。

其五，对历史的叙述还导致了讲述者奇异的“元小说处境”——在以往的叙述中，叙述的虚构性不可能向着读者敞开，但在莫言的《红高粱家族》中，叙述者“我”却似乎看见了“父亲眼里的爷爷奶奶的生活”，或直接作为目击者来讲述爷爷奶奶的生活，这种带有“转述”性质的讲述中充满了见证性的议论，仿佛在场者的回忆和“边叙边议”，这导致了小说叙事与阅读体验的奇怪敞开：作家一边煞有介事地叙述虚构的“故事”，一边又可以对历史进行“现代口吻”的议论评判。类似的叙事自然会给读者以更多的体验与启示：使通常意义“对真实性的追问”变得可笑，而使故事性和传奇性成为合理而不可缺少的审美要素。因而我们也就看到，无论是民俗文化还是历史事件的讲述者，他们往往都表现出了对故事文本的兴趣，且越到后期越为明显，莫言的小说读起来之所以比 1985 年前后的寻根小说更好看，原因就在这里。由意义文本到故事文本，标明了叙述话语中心的逐渐解构——这种解体不仅是针对政治中心的，而且也针对了文化寻根者自身所致力制造的“文化重铸”的神话。

十分明显，由“寻根”取向所导致的这些话语特征全面体现出了下一个小说时代的必然要求和条件。在以“新历史小说”等为主的先锋小说的故事王国里，语义的历史、文化和神话维面乃至其叙述的本体、时间逻辑、价值二元对立在实际上的取消、普遍的魔幻情境、神话化、故事化的叙述方式与风格——这些特征早已为许多评论者所阐释和解说——都是其最根本和最明显的特征。可以断言，没有寻根小说的崛起和延展，就不可能有 80 年代后期风骚独领的“新历史主义小说”的问世，这是一个显而易见的内在逻辑。

从冯骥才的《神鞭》到莫言的《红高粱》，从乔良的《灵旗》到格非的《迷舟》，再到苏童的《妻妾成群》、《我的帝王生涯》，叶兆言的《追月楼》，余华的《鲜血梅花》……过渡和渐变特征是何其明显。另一方面，没有寻根思潮对政治和旧式社会话语的释解，余华、格非、叶兆言等人的大量表现当代人精神和人性结构的作品同样也不可能凭空出世。

站在今天的位置上回首 80 年代以来文学的历史，人们会清楚地看到，以 1985 年分界，一个政治中心主义、意识形态中心主义的社会话语时代已经永远结束了，一个开放的、自由的、现实与历史互补、真实与虚构交错、神话与本体互现的话语时代已经来临，在这个意义深远的革命性进程中，寻根文学运动是历史所选择的唯一的也是最好的方式和途径。

# 第三章　现代主义文学思潮

人们总是把结结巴巴登场的新作品看作怪物，即使对这种实验着迷的人也不例外。当然他们会表示好奇心，表示兴趣，但是又有所保留……赞美声也有，尽管真诚的赞美总是针对着早已为人熟悉的足迹，针对着作品暂时没有从中挣脱的桎梏，而正是这后者拼命地企图把新作品禁锢在旧传统中。

——罗伯-格里耶：《未来小说的道路》

## 一、背景：文化哲学与现代美学思潮风起云涌

与寻根文学思潮的产生同时，具有明显现代主义倾向的另一文学思潮也在同一背景上应运而生。尽管在此前产生的以“朦胧诗”和“意识流小说”为代表的新的文学运动中早已包含了现代主义的因素，但对它们而言，现代主义主要还停留于“技巧”和“形式”的选择层面，从文学的思想与价值立场上看，它们仍属于启蒙主义文学的范畴，并未完全实现向现代主义的蜕变，因为它们所处的启蒙主义的语境决定了它们的性质。而此后与现代主义文学思潮同时出现的“寻根文学”，正是将前者的启蒙主义使命推向了文化的纵深地带，并在艺术手法上向着更加晚近的现代主义流派的风格与形式切近和借鉴。就这种特征而言，现代主义文学思潮与寻根小说思潮可以说是一对“连体的双胞胎”，它们互相交叉、互为包容，共同构成了 1985 年前后文学风卷浪涌的壮阔景观。

现代主义是人类文化史与艺术史上最复杂的现象，近代资本主义日渐发达的物质经济和科学技术，以及它们自身不可避免的负面作用——工业文明的必然悖论，构成了现代主义文学的生成土壤；被这种悖论冲垮了理性与信念的悲观主义的非理性哲学，则构成了现代主义文学认识世界和人类自我生存本质的思想基础。在这样一

个充满着进步与异化的矛盾困境中，现代主义文学拥有了空前广阔与幽深的表达空间。它追寻意义，又虚无堕落；它尖锐执著，又自我焦虑；它体现个性，又自我扩张；它充满了艺术史上从未有过的“大胆和反叛”、“对危险的热爱”，充满着痛苦、嗥叫、“破坏性和煽动性”[1]；它执意关注和寻找那些“纯粹的无意识活动”，“凭借妄想狂积极地发展脑力”[2]；它“既意识到一片虚无，也意识到庞杂的存在；既意识到人间虚假的透明，也意识到它的混沌；既意识到光明，也意识到黑暗”，它确信“在一个看来充满幻觉和虚假的世界里，人类的一切行为都表现得荒诞无稽”[3]；但是它也认为“伟大的艺术”“必须作真实的见证”，艺术家应当“尊重过去的传统”，“树立自己的信念”[4]；它也确信“仅仅对一个人有价值的东西是没有价值的”[5] ……现代主义的确是一个复杂的集合，从象征主义到未来主义，从直觉主义到意识流。从表现主义到超现实主义，从意象派到结构主义，从新小说派到荒诞派戏剧，还有“迷惘的一代”、“垮掉的一代”以及当代最新的魔幻现实主义等，它们之所以层递迭出，都是人类在近代以来工业文明异化的种种困境面前焦虑、忧患、探寻与思索的结果，同时它们也体现了在现代文明条件下人类对既往艺术思维习惯的努力挣脱和不断探求的精神，体现了人类的智能、思维、审美创造力的不断延展和进化。它的出现，不但体现了现实的合理性，而且也体现了文化与艺术变延的必然逻辑性，因此，在逐渐开放的当代中国出现一场现代主义艺术运动，就成了一个不以反对者的意志为转移的必然结果。

客观而论，现代主义的确包含了各种各样的糟粕与垃圾，而且就中国的社会实际而言同西方那样的资本主义社会背景与文化土壤也有巨大差异，但历经二十余年的文化封闭之后，面对整个世界已经变得更加难以追逐的新异图景，一个更加强烈的“落伍的焦虑症”必然会催生一场以引进西方最新文化为内容的急切而狂躁的文化变

---

① ［意］费·托·马里内蒂：《未来主义宣言》，见伍蠡甫主编：《现代西方文论选》，64页，上海，上海译文出版社，1983。

② ［法］安德烈·布勒东：《什么是超现实主义》，见伍蠡甫主编：《现代西方文论选》，169、177页。

③ ［法］尤金·尤奈斯库：《起点》，见伍蠡甫主编：《现代西方文论选》，351页。

④ ［美］艾兹拉·庞德：《严肃的艺术家》，见伍蠡甫主编：《现代西方文论选》，273页。

⑤ ［法］瓦莱里：《诗的艺术》，见伍蠡甫主编：《现代西方文论选》，37页。

革运动——它是当代中国社会与文化启蒙运动的一个前提和一个组成部分。这看似一个矛盾，现代主义与启蒙主义这两个性质完全不同的历史现象与概念，怎么会搭上界呢？而实际上这并不奇怪，启蒙主义对中国当代文化而言，已不再是一个远在历史深处的理念，而是一场决定民族未来命运的当下的文化实践，对于这场文化实践来讲，包括现代主义这种当代文化在内的一切现代文明成果都具有启蒙的功用。没有对当代世界文化的了解，怎么能够建立与世界对话的基础和语境？没有这种对话的可能，又怎么能够实现文化的启蒙？因此，关乎对现代主义这一文化集合的优劣的判断，在这样的文化需求与文化焦虑中就显得很次要——或者说，这是以后的事，重要的是先把它"拿"过来，变成在中国的文化实践，然后再作细致的鉴别与判断。这正是1985年前后在中国发生的这场从文化到艺术各个领域里的现代主义移植与实验运动之所以显得过分浮躁、急切、缺少理智的区分与判断，以至于不可避免地带有种种失当之处的一个不可回避的背景与原因。离开了这样一个具体的历史语境去责备这场运动，就难免是一种没有实际意义的主观妄断。

现代主义在中国兴起的基本背景条件有两个：一是自80年代初开始陆续引进介绍的各种当代西方哲学与文化理论，从叔本华、尼采的生命哲学到弗洛伊德的精神分析学等哲学思潮，开始为创作界将审美观照领域由外在客观世界转向主体生命与内心深层意识世界提供哲学依据与方法。当然，这些领域在鲁迅等"五四"作家，郭沫若、郁达夫等创造社浪漫派作家，30年代的丁玲、施蛰存和上海现代派作家，以及40年代的上海"孤岛"小说作家那里早已曾广泛涉入，这一新文学传统对于当代作家们迅速接受上述哲学思潮与方法的影响，也是一个重要的前提和基础。与此相应，80年代初，西方现代派文学的各种理论与作品也相继得以译介和引进，由伍蠡甫等人编译的《西方文论选》（包含19世纪部分现代派作家的文论）和《现代西方文论选》相继于1979年6月和1983年1月由上海译文出版社出版，其中后者所译介的现代派文论包含了二十余个流派；1980年，由袁可嘉、董衡巽、郑克鲁等人选编的包括诗歌、小说和戏剧在内的八卷本《外国现代派文学作品选》，也由上海文艺出版社出版；与此同时，大量的译介欧美文学的作品和理论期刊也相继复刊或创刊，介绍了大量的西方现代派文学的信息。从80年代初到中期，外国现代派文学的翻译介绍不断掀起新的高潮，马尔克斯、福克纳、海明威、海勒、罗伯-格里耶、艾特玛托夫的小说，以及金斯堡、佩斯、埃利蒂斯、博尔赫斯、阿特伍德、普拉斯的诗歌，都成为当代中国作家倾慕和模仿的对象。从 1981 年开始，外国文学出版社和上海译文出版社两家共同推出了“二十世纪外国文学名著丛书”，陆续出版了近二百种在 20 世纪世界文坛具有较大影响的优秀作品；1983 年，外国文学出版社还推出了一套《荒诞派戏剧选》，贝克特、尤奈斯库①和让·日奈等人的作品更加广为人知。这些作品对当代作家的直接影响是不可低估的。

除了西方现代派文学的大量译介，另一个重要背景是 80 年代前期以文化人类学为基本方法的宗教与民俗研究热。文化学视角在最初只不过是对原有的狭隘与庸俗社会学视角的一种很自然的超越，但不久人们就发现，它具有更广阔的空间和更诱人的魅力，它为人们认知世界、认知历史和文化提供了无限丰富的角度与路径，也提供了方法的二元判断性和结论的无限可能性。这就为大量的研究民族历史文化和民俗宗教的著作的译介出版热潮提供了推进动力，弗洛伊德、弗莱、荣格、弗雷泽、卡西尔等人的理论所汇成的一股文化人类学和“神话—原型”理论的合力，给了当代作家更为广阔丰富的创作视角与方法——前述的莫言便是一个例子。因此，1985 年“新潮小说”和“文化寻根小说”作为“双胞胎”一同问世且互为包容和交叉的局面并不是偶然的，许多新潮小说，如扎西达娃和马原的西藏系列小说、韩少功的湘西系列小说，本身既具有文化探寻的主题，同时又具有鲜明的现代主义特征，这足以证实文化学视角和现代主义艺术运动之间互为启示的影响关系。

在 1985 年以前，现代主义文学作为一种思潮事实上已经初步发育，“朦胧诗”和“意识流小说”即是它的表现，但由于社会启蒙这一功利性需要的过分强烈和原有艺术习惯较严重的制约，它们在艺术上还带有很重的“过渡”色彩，如“朦胧诗”中还带有某些类似唯美主义和浪漫主义的倾向，而“意识流小说”则显得更不成熟，尚未真正进入到人物的无意识世界之中，技法上的某种现代自觉和其小说主题意识、思想深度与话语表达的相对陈旧滞后之间的裂隙还很明显。而在 1985 年全面掀起的这场风卷浪涌的艺术运动，则根本改变了这种局面，它在各方面更像一个“运动”，所不同寻常的

① 尤奈斯库的《秃头歌女》一剧为高行健所译，由此亦可看出西方荒诞派戏剧对 80 年代中国现代主义戏剧探索的直接影响。

是，它是多个不同倾向的流派与运动的急不可待的同时展开，更带有一种“集群突破”的性质。

另外需要指出的一点是，新潮小说运动中出现的以徐星和刘索拉等为代表的一种“类嬉皮士”的倾向，以及“第三代诗”运动中所表现的某些“反文化”与“反崇高”策略，在一些研究者笔下被描述为当代中国“后现代主义文学”的兴起，但在本书的角度看来，这些具有共同的“破坏性”写作倾向的现象，实际上仅仅是当代中国原有的权力文化趋向解构过程中的局部特征，它们所针对的并不是已具有现代主义性质和深度的文化与文学母本，而是针对在长期文化封闭与文化一统格局中所形成的权力意识形态与板结的民族审美心理。它们所表现的价值选择固然比较激进、焦躁和前卫，但实质仍是现代主义。如果我们把“第三代诗”中一些主要派别群体的主张，拿来同20世纪初西方的“未来主义”、“达达主义”等流派相比较，就会发现它们是极相近似的。单就它们本身的狂躁与焦虑不安的心理特征来看，它们就不是什么“后现代”，更不用说当代中国整体的十分“初级”的社会背景还不太可能提供后工业、后现代文明的基本条件了。当然，这个问题不必过于僵硬地去看，当代世界文化的共振性也可能孕育了某种氛围和契机，只是，从根本上说，后现代主义文学还不可能在中国扎下根基。关于这一点，下文还将进一步论述。

## 二、观念的“爆炸”：新小说思潮论

假如历史中确乎有某种“划时代”或“分水岭”式的标志性时刻，那么1985年显然是不寻常的一个年份，因为这一年文学界所出现的爆炸性现象和景观，在当代中国的文学史上确乎是罕见的。在探讨当代小说发展的历史时，众多的评论者大都不约而同地把这一年作为一个界线和标志。“说1985年的小说是一个转折点，这起码在形式探索走向明朗化这点上是不为过的。……1985年，既是前几年小说观念变化酝酿的结果和总结，又是进一步向未来发展的开端。”[①] “新时期文学的第二次历史性转折……直接导致了1985年的

① 吴亮、程德培：《当代小说：一次探索的新浪潮》，见《探索小说集》。

文学‘裂变’。……说 1985 年文学开创了一个文学的新纪元，大概不会被认为是故作惊人之论。”① 有的虽然略为前推了一年，将 1984 年视为“新潮小说”的开端，但这也是一个极为接近的描述，在这前后，当代小说“在叙事方式上出现了断裂”，其标志是原来的“‘写什么’的重要性已被‘如何写’所替代”②。很显然，1985 年前后是一个具有跨越意义的时期，尽管评论家们一时还找不到最确切的概念来涵盖这种变异的性质，但这种共同感受的敏锐性和正确性已为文学发展的历史所证明。

如果说在此前的几年中作家们的探索往往还只是停留在技巧变革的“渐进”过程，变革还总是在局部进行试探，而并未从书写的内容和表现的价值立场、艺术观念乃至叙述方式等各个方面对原有习惯进行变革的话，那么从这一年始——当然也可以前延至 1984 年，以马原的一篇《拉萨河女神》为标志，当代小说呈现了全面的“爆炸”式的变革，人们为它在极短的时间里完成的从内到外的巨变而感到震惊、兴奋和迷惘。当理论界和批评界还常常在一些“可不可”、“行不行”、“对不对”等外部问题上偏执而表面化地争论不休时——如文学表现的主导对象是“社会生活”还是“人性心理”的问题、“朦胧诗”论争的余波及关于杨炼的《诺日朗》的批评等，创作本身在 1985 年却迅速呈现多元放射的局面：一面是探求民族传统文化的“寻根”热浪——如韩少功、李杭育等人的系列小说，一面是翘首西方文学与文化时尚的“荒诞派”与“垮掉”情绪——如刘索拉、徐星等人的作品；一面是接受拉美文学启示而迅速崛起的“魔幻现实主义”——莫言、扎西达娃堪为范例；一面是执著于勘察人的潜层意识世界的“心理分析小说”——残雪是一个典型……除此之外，戏剧和诗歌的现代主义实验也几近呈现了集群式、热潮式的景观。从总体形势看，文学，尤其是小说的变革已呈现了“全方位”的局面。现在看来，仅用由“写什么”到“怎么写”的转变，还不足以涵盖这种变革的全部意义，上述说法仅仅在技巧层面上标明了小说变革的趋向和意义，而事实上变革是一个由内到外、由内容到形式、由局部技巧到整体话语构成的全面推进，关于“写什么”的变革也是同样明显的。

用什么来概括 1985 年前后出现的这一股新的小说思潮呢？评论

① 王东明：《若无新变，不能代雄》，载《当代作家评论》，1985 年第 5 期。
② 李洁非：《新时期小说两个阶段及其比较》，载《文学评论》，1989 年第 3 期。

界在命名这一现象时习惯上称之为“新潮小说”，这是一个笼统的说法，再细分一下，概括这一现象中的不同倾向时，又将之分为“意识流派”、“魔幻现实主义”、“荒诞派”、“民族文化派”等[①]，当然还有更多其他的分法，这些描述当然都多少带有不同的“个人判断”性质，出自不同情境，并存在交叉和互容性。而作为“思潮”意义上的判断，我们当然可以看得更清楚些，这实际上是一场全面的、不再具有历时秩序和历时逻辑的“现代主义”小说运动（西方的各种现代主义小说运动的发生是在近百年的时间里依次出现的，互相之间具有继承、反拨、融合、消除、解构等各种内在逻辑关联，而对于当代中国文学来说，这种历时逻辑则被完全打破了），它是针对在当代中国持续了几十年的“现实主义”的一统局面，并在以80年代初期几年中的局部探索性变革为基础的情形下发生的，这场运动背后所涌动的美学精神与艺术思想，当然也可以概括为“现代主义的小说思潮”。

但是，更“历史化”和更贴近地看，我还是更倾向于把这一小说思潮称为“新小说思潮”，这里用意并不在于笼统地加一“新”字，也不仅仅在于人们已把1985年的小说运动称为“新潮小说”的习惯说法，而在于这场小说变革实实在在是同本世纪五六十年代产生在法国的、以罗伯-格里耶和娜塔丽·萨洛特等人为代表的“新小说”运动具有某种近似的性质。“新小说”的作家们认为，小说艺术从19世纪中叶以来一直“陷于严重的停滞状态”，“小说艺术正在衰亡”。而原因正是由于“巴尔扎克式”的现实主义的一统天下，这种传统的小说观念相信一种社会学的神话，认为作家的作用在于“一层一层地挖掘下去，到达更隐蔽的底层而终于把一部分令人难堪的秘密公诸于世……深度像是一个陷阱，作家用以捕获宇宙把它交给社会”[②]。而在新小说作家看来，这种由作者事先通过所谓现实主义的“人物塑造、情节安排、内心分析、情景描述、带有感情色彩的语言等手段，诱导读者进入作者事先安排的虚构境界，结果人们只能通过作者或作者塑造的人物的眼睛去看外在的事物，这样实际上是使读者进入了一个‘谎言的世界’，忘记了自己所面临

① 参见吴亮、章平、宗仁发编：“新时期流派小说精选丛书”，沈阳，时代文艺出版社，1988。

② ［法］罗伯-格里耶：《未来小说的道路》，见伍蠡甫主编：《现代西方文论选》311、135页。

的现实”①。因此，新小说家们所力图实现的，是“制造出一个更实体、更直观的世界，以代替现有的这种充满心理的、社会的、功能意义的世界。让物件和姿态首先以它们的存在去发生作用，让它们的存在继续为人们感觉到”②。可见，摆脱现实主义和社会学、认识论所造做出的“虚构”的“深度”和所谓的“本质”反映，放弃它们“虚伪的神秘性”、“可疑的内在性”，还它以实在和直观的“存在”状态，这是法国“新小说”的根本特征；而对于80年代中期的中国小说的变革而言，他们所面临的也同样是这种一种情境，它们不但需要“意识流”这样的内在视角，更重要的是需要建立一种新的更具备本体和本然意义，而不再带有叙事者的感情倾向的叙述话语（这或许就是罗兰·巴特所说的“零度写作”?），从而去更丰富和本然地揭示“存在”的状态，因此，在马原的小说中，在残雪、扎西达娃、洪峰等人的小说中，我们看到了这种冷漠而富有变幻的魔力的叙述，一种全新的陌生风格。

从更广泛的意义上看，法国新小说也在思想上受到了弗洛伊德的精神分析学、柏格森的直觉主义和生命力学说、胡塞尔的现象学等哲学与理论思潮的影响，在艺术上也吸收继承了意识流小说和超现实主义、荒诞派等观点和创作方法，而这些哲学与美学的思想观念与方法在80年代前期，也差不多都已介绍到中国并影响到小说领域。因此，即使1985年的小说变革运动中并没有很多和很直接地受到法国新小说的影响启示，它们在实际上也已十分接近，都具有相似的认识论背景，都具有宽阔的综合性与包容性。不过，有一点也许是有所区别的，法国新小说强调拆除作家先验的社会“寓意”与“深度”，强调语言的能指性，反对“内含的、比喻的和魔术般的词汇”③，这一点，在1985年的新潮小说运动中似乎还不那么“彻底”。相反，由于当代中国“现实主义”小说长期的表象式写作，它更致力于在“寓言式”的叙述中设置关于文化和人性的种种“深度”的寓意。这一点在1987年以后的“先锋小说”中仍相当突出，只是在90年代中期的“新生代”小说家们的“个人化写作”中，才逐渐被

---

① 《中国大百科全书·外国文学Ⅱ》，1144页，北京，中国大百科全书出版社，1982。

② ［法］罗伯-格里耶：《未来小说的道路》，见伍蠡甫主编：《现代西方文论选》，314页。

③ ［法］罗伯-格里耶：《未来小说的道路》，见伍蠡甫主编：《现代西方文论选》，316页。

淡化。

那么，新潮小说或“新小说思潮”之“新”表现在哪些方面呢？在笔者看来，它首先表现在内容上，即在“写什么”上，它已完成了从“作为社会意识形态的小说”，到“作为文化的小说”的转变，小说已成为当代中国文化进变的载体，并彻底摆脱了其作为狭义的观念工具的简单的角色，由社会伦理的视角转向了多元和多维的文化视角，这种视角不再以认识论、反映论甚至阶级论为基本原理，对“社会历史和一定社会关系中的人”进行反映或解剖，而是把贯穿在整个人类或民族历史与心灵构成中的文化作为表现的对象，而且由于“文化”本身的结构性与多维属性，这种表现也是立体的、多向的，小说由此而获得了广阔而自由的审美表现空间，而不再受到原有的社会立场的价值判断的拘囿。简言之，如果用某个图式来表现这种转变的话，可作如下概括：

| | 1985 年以前的小说（包括早期的“意识流”在内） | 1985 年后的新潮小说 |
|---|---|---|
| 叙事载体 | 社会—政治话语 | 文化—个人话语 |
| 表现内容 | 社会、历史、政治主题 | 文化、心理、人性主题 |
| 人物特性 | 社会关系中的人 | 反映了文化特性的人 |
| 艺术形象 | 典型形象 | 原型或隐喻 |
| 举　　例 | 谢惠敏、陈奂生、陆文婷、章永璘 | 丙崽、捞渣、黑孩（人物变为符号） |
| 价值判断 | 二元对立 | 二元复合 |

在“新潮小说”中，我们看到，一些人物以其强烈的“原型”或隐喻意味而给人留下了深刻印象，但多数人物却融化于事件之中，成为一些模糊而暧昧的文化或心理“符号”，这正是由文化视角相对于社会视点所特有的丰富属性所决定的。它同时也决定了两种审美判断的迥然不同：以往的社会历史视角，必然带来一种社会道德立场的判断，这就形成了一整套假定性和绝对化的二元分裂和对立的概念：真/假、善/恶、美/丑、道德/不道德、进步/落后、革命/反动……而在文化的视域里，历史与社会以及道德都是一些相对性的范畴，在因与果、正与反普遍联系互为依存的相对主义判断中，很难简单地判断一种东西的善恶性质。它是进步的还是倒退的？进步就意味着倒退，道德中就含纳着另一种残忍。所以，新潮小说的审美判断大致表现为两种方式，一种是刻意取消判断而代之以认知的

趋向，强调文化的二元复合特性，如扎西达娃的《西藏，系在皮绳扣上的魂》、韩少功的《爸爸爸》、王安忆的《小鲍庄》等，它们大都是以一种神秘主义和对传统文化的眷恋情绪展示传统文化的生命力的，它们书写了古老生存方式的悲剧，但也阐扬了其永不磨灭的存在价值。尤以韩少功的《爸爸爸》最为突出，它以丙崽为隐喻符号，对传统文明集玄奥与愚昧、善良与邪恶、神秘与简单、博大与蜕变于一体的二元复合的特征，作了最为形象而直观的概括，这种深厚的复合式的文化主题，典范地展现了新潮小说相比原有小说主题模式的深化与丰富。第二种情形是对原有传统道德判断的刻意颠覆、亵渎和反拨，如莫言的"红高粱系列"小说，他一方面用二元复合（而不是对立）的观念对传统文化作了重新解释——"高密东北乡无疑是地球上最美丽最丑陋、最超脱最世俗、最圣洁最龌龊、最英雄好汉最王八蛋、最能喝酒最能爱的地方。……他们杀人越货，精忠报国，他们演出过一幕幕英勇悲壮的舞剧，使我们这些活着的不肖子孙相形见绌，在进步的同时，我真切地感到种的退化……"另一方面，对传统道德又进行了刻意的亵渎，他用"野合"和"抢亲"的非礼方式，来渲染祖先身上的"英雄气概"与生命活力，"我父亲这个土匪种"，这样的描述对传统的道德审美观念不啻是一种公然的挑战。同时，莫言还在许多叙述场景中不断用寓言的方式，表达其二元互动和互为因果的历史观，展现"恶"在历史进步中的"杠杆"作用，展现所谓"文明"中所潜藏的人性蜕化。这些都反映了 80 年代中期反拨线性时间观、机械进化论、庸俗社会学和简单阶级论为要旨的"文化人类学"观念对新潮小说的深刻影响，以及更加强化和感性化了的体现。

"反理性"特征一度也被认为是新潮小说的一个根本的主题特征，并因此成为受到指责的根据，而事实上，新潮小说的"反理性"倾向完全是相对的，它反对的是原有的过于武断和简单化的价值判断，而那并不是什么真正的"理性"，而是伦理学和道德意义上的种种戒律，它张扬了个体生命的意义而否定了对此构成束缚和桎梏的种种理性规范，这种"反理性"并不是盲目的，而是另一种意义上的理性。从新潮小说所表现的精神领域与心理空间来看，它的确从以往所关注的人的社会特性与公众历史行为，转向了具有感性和"非理性"倾向的个人心灵世界，深入人的无意识、潜意识世界，探讨民族和个体的诸种复杂的意识情结、心理结构，表现人性的复杂性，而这种倾向同以分析心理学、神话与民俗学、结构主义等为基础的文化人类学方法的风行又是有直接关系的。另一方面，从新潮小说所表现的人物特征来看，往往是关注那些畸形、残缺、受到压抑或扭曲的不正常的人物，如丙崽（《爸爸爸》）、黑孩（《透明的红萝卜》）、亮公子（《老井》），如残雪小说中的人物，等等，这些特殊的人物又成了作家探求人的非理性精神世界的凭借和符号。

在评价这种由原先的"理性解释"到关注人的非理性世界的转移时，有的评论者的见解是及时和中肯的，"生活中或文学（小说）中某些行为、动机、性格的背后，并没有一个明确的当事人的理性意图。确认这一点非常重要，因为这一想法不但指出了以往因果解释的简单化性质，而且指出了因果分裂、因果倒错、因果移位、因果的多重中介、偶然对因果的干扰等等问题的存在，这种对简单化理性的否认恰恰表明了新的理性态度。……现实生活中的未明状态、自然中重新出现的神秘感，人的命运中的宿命意味、迷惘或荒谬感、不断的自我内省和怀疑……难道不正是一种深在的理性吗?"①

从艺术上看，新潮小说呈现了寓言化和多元化的新特点。

首先是"寓言"式的超验与具有虚构特征的（而不是反映论的、符合经验世界逻辑的）故事文本。这一点同"新小说派"所强调的取消前置于文本之外的观念与寓意不同，它固然注重小说在细节叙述中的真实感，但总体上却有意暴露文本的"虚构"性，以寓言化的语境和话语方式来敷衍故事情节，在其中，环境、人物、情节、事件都具有鲜明的超验色彩与非逻辑倾向，如扎西达娃的《西藏，系在皮绳扣上的魂》中"我"对虚构的故事中的人物琼和贝塔的寻访，马原的《虚构》中"我"与女麻风病人的似真亦幻的性爱纠葛，都是刻意地运用"暴露虚构"的方式以造成事件的荒谬感，从而使之产生出"寓言化讲述"的效果；在其他一些作家的作品中，这种倾向也相当明显，如丙崽一生下来就成了一个衰老的符号，一个"文化蜕化"的结果；《小鲍庄》中的洪水里，那个小男孩捞渣为救老人而死的情节，很明显是作家描述传统生存方式（淳朴民风）同生存境遇（洪水不断）之间的纠结错位，以及在这种关系中所形成的文化秩序（牺牲年轻人来保护年长者）的寓言性的讲述。在莫言

① 吴亮、程德培：《当代小说：一次探索的新浪潮》，见《探索小说集》，634 页。

的小说中，寓言更成为其叙述的结构性的视角与方法，《透明的红萝卜》实际上是以隐喻的方式讲述了一个少年的“牛犊恋”的心理与经历（“红萝卜”实际上是黑孩的“小阳物”的一个隐喻），而其《红高粱家族》则整个地可以看作是一部民族生存与繁衍的历史寓言。在《狗道》中，写到战争以后，死人成堆，成群的家狗因啃食人肉而变成野狗，并反过来进攻村庄中的人类，“我父亲”和爷爷一起与野狗进行了一场惊心动魄的鏖战，类似这样的情节，在莫言的小说中到处可见。

第二个特点是叙述方法与叙事风格的复杂化与多元化，这首先表现在叙述过程中对以往时空概念的打破，小说不再模拟线性时间的特征展开叙述，同时也不仅像“意识流”那样完全以心理流程作为结构顺序，而是在心理时空与物理时空的差异和契合处建立了各种复杂的模式。如马原的《虚构》，尽管结尾处作家故意裸露了“我”的麻风村之行乃“南柯一梦”，但“梦”中的叙述却也历历在目，如同曹雪芹《红楼梦》第五回“梦游太虚幻境”中所写的“难以尽述”的“男女之事”，其中的经验逼真且敏感，真耶幻耶？因为在时间要素上作家耍了一个花招，一个有意思的叙事就在同时被证实和证伪中，发生了湮灭与自我颠覆。扎西达娃的《西藏，系在皮绳扣上的魂》和《西藏，隐秘岁月》等小说也大致与此类似。在韩少功的“湘西系列”中，时间几乎又被抽掉，不知有汉无论魏晋的古老而封闭的“鸡头寨”的生活，使叙事很自然地摆脱了局部的历时限定，时间的取消反而使之获得了更加恒久悠远的历史感。在莫言的小说中，时间常常被明确无误地标出，如“一九三九年古历八月初九”之类，但这种标出在实际上并不重要，它只提供有限的时间注脚，而真正的时间意义则是一种广义的“过去时”，是截止“父亲”时代的“过去年代”，最为辉煌的则是“爷爷”和“奶奶”的时代，而他们又在寓言的意义上构成了祖先历史的符号。同时，莫言小说中的时空关系还不断出现过去与现在的并置，和此地与彼地的横移，由此造成了更为丰富的“穿越”叙事效果，有时历史仿佛成为了一条河，此岸的今人可以与隔岸历史中的古人进行对话。正如有的评论者所说的，“《红高粱》系列，原本完全可以按照故事顺序一一道来，现在则被分割为数块，在每一单元的叙述方式上，也是顺序中间有插叙和倒叙，当奶奶爷爷在年轻时代的风风雨雨恩恩爱爱的故事插入抗日故事的顺叙关系时，小说就出现了两条时间线索的重叠，好像音乐上的两个声部重叠那样。"①

从叙事的风格上看，多数作家采用了主体情感退隐的"零度写作"，残雪等作家则将这种冷漠的叙述强化到阴郁和近乎残忍的程度；但也有的作家如莫言，则有意让叙述主体不断介入到叙事中，夹入抒情和议论，当然在面对历史中的暴力与悲剧的时候，这种"零度"的态度又似乎更被凸显出来——爱莫能助的关系使历史的现场感更得以加强，仿佛"我"目击了历史彼岸奶奶牺牲的现场，但却无法改变这一历史本身；在另一些表现当代生活内容的作家如刘索拉、徐星等人那里，则采用了颇具反讽意味的叙述。

另一个特点是叙述视角的多变，有的仍接近旧式的"全知"视角；多数则为"非全知"视角，在叙事中留下大片的空白和疑问，甚至刻意暴露叙事者的有限性；有的是经过强化了的"转述"视角，如莫言的《红高粱》，叙述人有时不是第一体验者"我"，而是间接体验者"我父亲"，叙述对象则是"父亲眼里的爷爷"；有的叙事者以"当事人"的角色出现在作品中，如马原的小说，"马原"总是两个身份——既是小说的作者，又是小说中的人物，所以难免让读者坠入云里雾中，他"乐此不疲地寻找他的叙述方式"，"玩弄叙述圈套"，评论家吴亮在他那篇著名的文章中曾对其"弄假成真"、"分身术"、"片断的拼合"以及"自动召唤故事"式的叙事方法与效果作过详细而精彩的分析。②

以上，我们对新小说思潮在内容和形式上的一些新特点作了简略分析，下面再就这一思潮内部主要的创作流向分别作一评述。

总体来看，新小说思潮大致有这样几种流向。一是受到来自尼采的生命哲学和弗洛伊德精神分析学的启示，侧重于表现潜意识、性心理等深层人性内容的方向，这以莫言、残雪为主；二是受到西方结构主义等形式主义美学因素和"新小说"影响，刻意更新叙事与结构技法的探索方向，这以马原、扎西达娃、洪峰等为代表；三是受到某些更具当代色彩的西方文化思潮的影响，刻意表现当代中国传统道德与价值观念的解构与失衡状况的倾向，这些作家立足当代社会生活的某些精神时尚，如徐星、刘索拉、张辛欣以及稍后的陈染③等。当然，上述几种流向在很大程度上也是相互连接和交叉

① 程德培：《叙述的冲突：对小说艺术的思考》，载《艺术广角》，1987 年第 1 期。
② 吴亮：《马原的叙述圈套》，载《当代作家评论》，1987 年第 3 期。
③ 陈染发表于 1986 年的短篇小说《世纪病》也具有广泛影响。

的，如莫言和马原、扎西达娃等人就同时受到了来自拉美的魔幻现实主义的影响，而陈村等人则在当代社会生活与前者的心理分析之间找到了自己的立足点。除此，有些寻根派作家实际上也可以同属新潮小说作家，如韩少功、王安忆等，由于前文已专门论及，这里不再重复。

先看以莫言、残雪为代表的第一种流向，我们不妨以“生命—文化—心理的流向”名之。由于共同受到弗洛伊德思想的影响启示，他们都把写作的笔触伸向了深层意识世界。或许是由于性别方面的原因，莫言更注重这一世界中的群体性、种族性乃至人类性特征等“集体无意识”内容，故而他更深入到了一个“神话与人类学”的空间，这颇有点像从弗洛伊德到荣格、到弗莱，同时又吸收了弗雷泽的民俗学与人类学而最终产生了现代文化人类学①的过程一样，由于莫言的经验世界来自有着丰富活跃的民间文化因素的农民生活，所以80年代中期席卷中国的文化热所带给他的新鲜的启示，同他记忆中这些活跃的民间生活与文化经验，以及他天赋中极为灵敏和丰富的潜意识、直觉、想象力等感性心理素质，发生了富有“燃烧”和“爆炸”效果的碰撞，从而形成了他在这几年中“喷射”式的创作景观。1985年，他以中篇小说《透明的红萝卜》、《爆炸》、《金发婴儿》等轰动文坛，接着在1986年又连续推出了他的“红高粱系列”，在此后几年的时间里，又发表了《天堂蒜薹之歌》、《十三步》等长篇，出版短篇小说集多部，以此成为80年代中期最为引人瞩目的作家之一。

从主题角度看，莫言的小说创作具有明显的阶段性，早期的作品注重表现细腻独特的生命体验，刻写童年记忆与自然氛围中的乡村事物，通过特有的敏感细微与变异多彩的心理感觉，勾画出一个特异而神秘的自然生命世界，如《枯河》、《秋水》、《民间音乐》、《球状闪电》、《白狗秋千架》、《透明的红萝卜》等，这些作品大都以民间文化氛围中的乡村风景与神秘事物为描摹对象，透过童年记忆与儿童生命感觉这一“万花筒”的折光映射，勾画出一幅幅色彩斑斓的民间生存和大自然的神秘图画。如在《民间音乐》中就描写了乡村自然背景下的一段由音乐引出的“小瞎子”同女店主“茉莉花”的一段富有传奇色彩的浪漫姻缘。“小瞎子”，一个民间乐手吹出的

---

① 参见叶舒宪编：《神话——原型批评·代序》，西安，陕西师大出版社，1987。

箫声是如此优美：

> ……那最初吹出的几声像是一个少妇深沉而轻软的叹息；接着，叹息声变成了委婉曲折的呜咽，呜咽声像八隆河水与天上的流云一样舒展从容，这声音逐渐低落仿佛沉入了悲哀无边的大海……忽而，凄楚婉转一变而为悲壮苍凉，仿佛有滔滔洪水奔涌而来，堤上人们的感情在音乐的波浪中起伏……箫声愈加苍凉，竟有穿云裂石之声。这声音有力地拨动着最纤细最柔和的人心之弦，使人们沉浸在一种迷离恍惚的感觉之中……

这里，自然的天籁和人的心灵感觉实现了和谐的互纳与统一，生命在广阔的民间世界中实现了张扬与自由。

《透明的红萝卜》是莫言的一个“新的起点”。据他自己说，这篇小说源于他的一个“很神秘的梦”，同时又是在解放军艺术学院的“听课中受了老师的启发”[①]。这说明，尽管莫言的感觉世界是活跃和丰富的，但显然也得益于这时期风云激荡的文化思潮的启示。由于这些启示，使他由此进入了一个不由自主、不能自持的创作迸发期。《红高粱》、《高粱酒》、《高粱殡》等系列小说表明，莫言已凭着他对当代各种新的思想方法的直觉领悟，而进入了一个“神话世界的人类学空间”，他的主题开始“表现为丰富的文化人类学内容”，“譬如，食的紧张（对于饥饿的描写构成莫言作品的许多内容），有关性（买卖婚姻的两性关系从《红高粱家族》到《筑路》都不间断地被描写过），以及由于以上两点导致的畸形事端，譬如血亲仇杀（《秋水》的故事表现得最为集中）、人畜交合（见《红蝗》）以及对异性的恐惧等等”。同时，在这种主题背后，作家又融入了“种族记忆中集体无意识”的“心理人类学的丰富内容，如渗透着佛教轮回观念的生死意识”[②]，等等。生殖、繁衍、生存、情欲、宗教、战争、死亡、祭祀、图腾、酒神等一系列原型主题与人类情结，都在莫言笔下汹涌澎湃地得到了展现。这一人类学的主题空间一方面使莫言在“文化寻根”的起点上又前进了一步，超越了关于民族文化的“优与劣”、“成与败”的讨论，使之作为审美的本体而凸显出来；另一方

① 莫言、徐怀中等：《关于〈透明的红萝卜〉的对话》，载《中国作家》，1985年第2期。

② 季红真：《神话世界的人类学空间》，载《北京文学》，1988年第3期。

面也为莫言自身展示他内心极为突出的天赋的感性素质，提供了广阔的空间和舞台，从而形成了他“天马行空”的“酒神”式的风格：活跃的潜意识、无禁忌的联想、充满野性的个人化而又连接着种族无意识的心理活动，还有由文化空间本身的多维结构与多向放射而导致的叙述的“爆炸”性、多层性与“漫游式”风格，等等。

莫言的小说创作在艺术上是一个复杂的现象，80年代所有风行在中国的现代文化哲学与艺术思潮都在他的作品中留下了影子。概而言之，有这样几个主要特征：一是浓重的感觉主义色彩。在叙事与结构视点上极力突出主体感官的作用，由此导致了作品五光十色、斑斓多彩、“天马行空”、“波谲云诡”、“各种意象叠加起来”① 的艺术情境，事件情节与人物性格的发展都超出了客在的时空逻辑，并由此产生了无限广阔的自由和新鲜的艺术魅力，有时为了强化“感觉”的作用，还刻意通过童年记忆视角、儿童人物的眼光、瞬间的幻觉、具有特异感官能力的人物等来展开叙述，从而取得了特别夸张而丰富的艺术效果。二是农业自然中神秘主义背景与氛围的设置，在整体上注定了这些作品原始而浪漫的艺术情调，神秘的自然事物，如“秋水”、“红狐”、“大风”、“暴雨”、“球状闪电”、“野狗”，种种通灵的事物，同农业文化背景中人的非理性的想象力与生命创造力之间，达成了超然的和谐，从而构成了一个充满自然气息、蓬勃生命意志与对抗于现代社会理性秩序的艺术世界。三是超现实主义和魔幻现实主义的艺术手法。莫言自己曾声言，他“在1985年写的五部中篇和十几个短篇小说”，所受“影响最大的两部著作是加西亚·马尔克斯的《百年孤独》和福克纳的《喧哗与骚动》”，“那些颠倒时空秩序、交叉生命世界、极度渲染夸张的艺术手法”，以及马尔克斯“用一颗悲怆的心灵，去寻找拉美迷失的温暖的精神家园”的博大爱心，和“那独特的认识世界、认识人类的方式”，还有福克纳式的“过去的历史与现在的世界密切相连”的“无可奈何而又充满希望的主调”的特点，都给莫言的视野以拓展。② 这些启示使莫言得以更加深刻地领悟和切入到农业自然文化的内部，去展现它古老奇异的结构，和祖先那依然遗存和活跃着的精神世界。同时，在叙述的技术上也超出了个别“雕虫小技”，而进入了自由空灵的思维情境，达到

① 莫言：《天马行空》，载《解放军文艺》，1985年第2期。

② 莫言：《两座灼热的高炉——加西亚·马尔克斯和福克纳》，载《世界文学》，1986年第3期。

了整体充满寓言乃至神话意味的高度。从那个生存于恍惚迷离的幻觉世界中的小虎（《枯河》），那个眼中映出现出透明红萝卜的黑孩，那个出入于高粱地中“独与天地精神往来”的叙事者“父亲”等形象中，我们都能强烈地感受到这一点。

《透明的红萝卜》可以看作作为新潮小说家莫言的一篇代表作。这篇小说以奇异的想象与体验的笔法，写了一个弃儿“黑孩”的一段动人心魄的感情经历，一段凄婉的“牛犊恋情”。从小就失去了亲子之爱的瘦弱少年黑孩，在公社的水利工地上得到了邻村姑娘菊子的关怀疼爱，这种近似于母爱的关怀，复活了黑孩内心深处早已死灭的温情。他对菊子产生了一种强烈的迷恋，这种恋情既包含着对母爱的渴求，同时也包含了一种朦胧的性爱意识。为了维系和保护这份珍贵的感情，他不由自主地采取了令人胆寒的“自虐”方式（砸碎手指、烫伤手掌、睡倒在黄麻地里，等等），以期加强菊子对他的关注，他甚至还莫名其妙地咬了菊子一口。终于有一天，他这种兴奋和激动的爱情体验得到了验证，并达到了幻想的高峰，他看见了一只躺在铁砧子上的“发着金色光芒”、“荡漾着银色液体”的“透明的红萝卜”（这些描写表明，红萝卜显然是一个性的隐喻）。但这种美妙的体验很快就被剥夺了，真正能得到菊子爱情的是与黑孩同村的英俊结实的青年小石匠。同时，另一个妒火中烧追求无望的又矮又丑的青年小铁匠，则把这颗珍宝般的红萝卜劈手夺去，并把它狠狠地扔到了夜色笼罩的河水里。最后，在小石匠和小铁匠的殴斗中，恼羞成怒的小铁匠挥手用沙土和铁屑打瞎了菊子的一只美丽的眼睛，菊子和小石匠便失踪了。工地上只留下了黑孩那孤独无望的身影。

这篇小说中充满了来自作家童年生活记忆的温情的撞击，和弗洛伊德的心理学说的深层启迪，通过种种隐喻式的潜意识的刻写和超现实的“灵视”与魔幻笔法，写出了一个感伤美丽、充满诗意的人性与生存本能的主题，其中戏剧性的人物关系和复杂微妙的心理活动，不但包含了丰富的人类学内涵，而且也洋溢着感性的迷人魅力，堪称是一篇单纯透明又复杂幽深的有着言说不尽的意蕴的寓言。

再说残雪。作为女性，残雪与一直热衷于宏大的历史与人类叙事的莫言不同，她更多地关注个人灵魂的秘密和人性的扭曲残缺。同时，与莫言的外向和无节制的宣泄不同，她的心理叙事内在而凝滞，充满阴森和恐怖的气氛。残雪原来的职业是一个个体裁缝，身世并不为世人详知，但她却在80年代初期得以广泛阅读到存在主义哲学与精神分析学的著作，并由此展开了她同样惊世骇俗的人性描写。自1985年以后，她连续发表了《污水上的肥皂泡》、《山上的小屋》、《苍老的浮云》、《阿梅在一个太阳天里的愁思》、《天窗》、《旷野里》、《黄泥街》等大量的中短篇小说。

残雪的作品具有十分强烈的个性色彩。她刻意表现南方阴湿、闭塞、狭小的环境中阴郁琐碎的生活场景，和这种场景中压抑、焦虑和变态的人物心理，小说中充满着让人惊惧迷惘、不寒而栗的丑恶的人与事。同时，高度敏感与细腻的女性体验力和隐喻晦涩的叙述笔法，又放大和强化了这场景与人物的特点。正像王晓明所概括的，她的小说有两个最突出的特点，一是"只描绘印象，不叙述过程"；二是刻意"对于一种'困兽'意识的强调"，这就大大突出了她小说的变形和心理特征。"每个人的感觉器官都有自己的特点，都会对某些事物特别敏感，像这种对阴湿和密集的秽物的厌恶心情，也绝不会只为残雪所独有，但是，我还从未看到有谁像她这样热衷于渲染自己的感官特点。"[①]《苍老的浮云》写了一对夫妇噩梦般的生活境况，他们生活在无止境的互相鄙视与厌腻中，生活在邻居的恶意窥视中，生活在阴暗可怖、充满谋杀预感的恐惧里。这个家庭及周围的每个人，包括夫妻和亲人间都充满着暗算、侵吞和伤害。"更无善"这个仿佛患了恐惧症与臆想狂的人物，他眼中的生活与世界完全是一幅地狱式的图景。他"惶恐地发现，他的老婆原来是一只老鼠"，"她用力咬着，像要将他小腿上的大块肌肉全撕下来吞进肚子里去。他只好闭上眼，忍着恶心，听之任之……他的身子一天天变细，青一块紫一块的"。他的爱惜东西的岳父向他揭发，说自己女儿的坏话："女婿……我恨不得让你把她杀了才好，我每回来拿东西，她就大惊小怪地叫起来，说我是贼，其实她就在半路上截住我，强迫我和她平分。……她有许多情夫，她把情夫带到我家里去和她睡觉，逼我老头子在门外帮她放哨……"而这个叫做慕兰的人，他的妻子，一个丑陋而阴鸷的女人，最终在这种地狱般的生活中面临了死亡，她在一个浴室里跌跤之后，就听见"在腿里有什么东西发出瓷器破碎的声音"，她忽然意识到，"原来好多年以前，死亡就已经到来了。床底下的骨灰坛子抵着了她的脊背，像冰条一样袭人"。

① 王晓明：《疲惫的心灵——从张辛欣、刘索拉和残雪的小说谈起》，载《上海文学》，1988年第5期。

在这篇恍如噩梦、充满着“莫须有”的不可把定意味的小说里，残雪向我们展示了一种萨特式的“他人即是地狱”的存在主义主题。这正是残雪小说意义营构与叙事方式的基本特征。

残雪的小说有一种对人性丑恶的近乎残酷与阴鸷的透视力，以及对人类生存的悲剧本质的无保留的暴露欲望。这是她的作品极具激进的“先锋”色彩的独特之处。在《天窗》里，她以几近残忍的笔调写了一个被家人“全体遗弃”了的火化场的烧尸工，写了那些“被死人骨灰养殖的葡萄”的“舞蹈”；在《阿梅在一个太阳天里的愁思》中，她以透彻骨髓的暴露欲，写了一个被母亲一手操纵的女儿的婚姻悲剧，一种暧昧的岳母与女婿的关系；在《山上的小屋》里，她又以刻意扫除亲情的冷酷写了“我”充满恶意与仇视的家庭关系。一边是我“永远也清理不完的抽屉”，这喻指个人生存的历史及其意义的模糊，一边是母亲的恶意注视，狼一样的父亲的冷漠，“我”无数次被窥视。“我”希望有一座“山上的小屋”，这象征着独立于罪恶人世的个人生存空间，但它并不真正存在，只是一个幻觉。

在比残雪稍后的“先锋小说”作家那里，我们似乎可以看到这位女作家的某些启示和影响，如苏童小说中“南方”和“香椿树街”等系列小说中刻意表现的阴湿的氛围，余华小说中的猜忌与死亡预感的近乎残忍的描写，都可与残雪找到某种联系。

另外两个具有相似倾向的以藏族民俗生活为题材、以宗教神秘主义和魔幻现实主义为基本审美方法的新潮小说作家是马原和扎西达娃。他们的作品，在一定程度上也反映了文化寻根思潮的要求与影响，但从叙事方法与小说文本变革的意义上看，马原和扎西达娃的实验与探索又是具有独立意义的，代表了明显的“结构主义”形式实验的倾向，而且比较而言，他们作品的形式意味大于文化意味，富有代表性地表现了当代小说由文化文本故事向文本的过渡与转化。

马原首次把叙述置于故事之上的实验，是 1984 年发表的《拉萨河女神》，1985 年发表的《冈底斯的诱惑》、《喜马拉雅古歌》、《叠纸鹞的三种方法》等作品，使他成为具有结构主义倾向小说的始作俑者。1986 年以后又陆续发表了《虚构》（1986）、《大师》（1987）等作品，1987 年还出版了长篇《上下都很平坦》。1987 年以后，他的小说取材基本上由藏民生活与风俗转向了当代社会题材。

马原是一个编故事的高手，他注重“编”更甚于故事本身，在“写什么”和“怎么写”之间，他更重后者，他将小说创作变成了一种叙述技巧的“杂耍”式操作，他通过叙述视角的不断变换，不同故事切碎后重组以及将时空关系不断予以跳跃式的变更，将具体背景氛围予以有意抽空，以造成小说阅读上的闪烁不定与心理疑惑，由此造成陌生感、障力与好奇心、解读欲。这一特点被吴亮命名为马原式的“叙述圈套”①。吴亮还作了解析，列出了这样几种情况，一是“马原”本人在小说中的露面，这就不像通常的虚构小说中第一人称“我”出现时造成的那种明显的假托或虚拟，而是会让读者颇费踌躇：这到底是真的还是假的呢？如在《拉萨生活的三种时间》、《游神》、《西海无帆船》、《虚构》等小说中，“马原”不仅是叙述者，同时也是与作品情节相关的人物，是被叙述者，如《虚构》开篇第一句就是：“我就是那个叫作马原的汉人。”这就造成了叙事效果上类似于博尔赫斯式的亦真亦幻状态。② 二是有意安排一些与马原本人有某种朋友关系的人物（陆高③、姚亮、大牛等），这些人物穿梭于马原的周围成为故事中的人物，或为讲述者马原提供故事，使马原成为间接的讲述者，而且这些人物通常还是一些“心理分析学家”，对故事情节和人物行为作插入式的心理分析。这就又构成了一系列“复杂的环套”。三是马原的经验方式是片断的、拼合和互不相关的，《冈底斯的诱惑》、《叠纸鹞的三种方式》、《战争故事》分别组装了几段彼此无因果关系的道听途说与偶然经历；《风流倜傥》组装了几段关于大牛的奇闻轶事；《错误》拼接了一些关于故人往事的散乱回忆；《大师》组装了一连串引人入胜的关于艺术、走私、遗产、命案和性的悬疑事件……马原似乎是故意“漏失大量的中间环节”，以使之显现出生活本来的那种“此刻性、互不相关性和非逻辑性”④。

但是，马原在玩弄这些叙事形式的实验之外，也还不乏深层内容的寓意设置。如《虚构》，这个小说就近似于一个充满哲理的关于人的本质与存在的寓言。它写了“我”——马原，为了杜撰一篇小说而去一个叫做“玛曲”的麻风村里经历的一番历险遭遇。马原一开始是作为一个局外的健康人，去看待那些病人的，他（她）们身

① 吴亮：《马原的叙述圈套》，载《当代作家评论》，1987年第3期。

② 如博尔赫斯就分别写有短篇小说《博尔赫斯和我》和文论《我和博尔赫斯》。见《博尔赫斯文集》，海口，海南国际新闻出版中心，1996。

③ 陆高，实有其人，诗人，写有西藏题材的诗作。

④ 吴亮：《马原的叙述圈套》。

上的好多部位已经烂掉，摊着光裸的下身，已毫无羞涩之心。但就在马原小心翼翼地观察和躲避她们时，他却因露宿野外染上风寒而成了一个女麻风病人的“病人”，并不期而然地与她发生了性爱关系。这种充满寓言意味的颠倒关系中的社会与人性寓意是十分丰富的。而在小说的结尾处，作家又没有忘记呼应小说的开头，再次亦真亦假地告知读者，这只是一个“虚构”，因为从时间上看，它似乎是来不及发生的，但也似乎是可能发生的。当“我”梦醒之后，时间才是五月四日，而追忆出发的时间则是五月二日，路上走了两天，而在曲玛村则感觉是经过了许多漫长的日子，他自己在小说的开始交代的是在玛曲村待了七天。

细究《虚构》，不难发现这是一个故意修改和精心遮掩过的“春梦叙事”，马原不得不改装了这个不无“色情意味”的梦：他一方面将主体矛盾地描述为“天马行空的作家”和此时就住在“安定医院”里的精神病患者；一方面又采用时间修辞上的花招，证实又证伪地讲述了他与女性麻风病患者之间发生肉体关系的故事，在叙述的同时颠覆叙述，是为了避免这件事让别人“担心”，让他自己尴尬；但最后他交代，他梦见自己在幼儿园中，“我尿了”……这些足以证明这个小说的“春梦改装”的性质。但《虚构》的不同寻常之处在于，它不只是叙述了这个并无多少深意的春梦，而且还在其中设置了一个风马牛式的关于臆想的“特务”角色，还有“青天白日徽章”和“二十响盒子枪”的意象，以使这个梦中有了一代人的特殊经验——类似于“革命和政治的恐惧症”，这就给小说的叙事中又添加了一个“政治之梦”，一个“性与政治”的复杂的混合体，让小说的意义变得纠结和幽深了许多。

扎西达娃是藏族作家[①]，与马原的西藏题材作品不同，他书写的是他生长和深谙的本土文化和生活，藏传佛教中最幽曲神秘的文化因素，使他的作品带上了天然的神秘与魔幻色彩。同时，他又较多地借鉴了拉美魔幻现实主义的艺术方法，“在许多篇章里，都能感觉到马尔克斯，抑或是阿斯图里亚斯、卡彭铁尔、彼特里们的活泼影子。生与死、人同鬼魂和神灵限界的突破；时间与空间逻辑联系的粉碎，主观时序的恣意扩张所形成的现实、梦境、潜意识的混淆；神话传说与宗教信仰融合之下的原型复现；现存秩序与预感、预兆、预言及宿命意识对立、并列的揭示……使我们从扎西达娃的小说里

---

① 扎西达娃的母亲是汉族，名叫章凡，故幼时他随母姓的音取名张念生，父亲为藏东川西康巴地区人。

看到了西藏的魔幻，也领悟到西藏的荒诞。”① 扎西达娃在1985年前后发表的《西藏，隐秘岁月》、《自由人契米》、《冥》、《西藏，系在皮绳扣上的魂》等，堪称新潮小说中最具魔幻意味的代表作。

另外的一批作家，与前两类作家着眼于历史民俗与心灵感觉的倾向不同，而是着眼于当代社会的文化脉搏，表现一种具有“更新”时尚色彩的价值取向，这就是刘索拉和徐星等人为代表的“仿嬉皮士”小说。她们的作品，一反70年代末以来追求崇高与悲剧美学风范的习惯，转而刻意表现平庸、琐屑、荒谬、滑稽的生活景观和反理想反价值的观念，以对俗世生活的认同态度，同澎湃激荡的寻根历史的文化浪潮形成了鲜明的对立格局。从艺术风格上说，他们刻意追求反讽、荒诞、幽默、浅直的特点，与80年代前期以来象征、隐喻、寓言、抒情的风格形成明显的分流。刘索拉的《你别无选择》有意在一些从事音乐艺术的“新潮”人物身上勾画了一种新的世界观、价值观与人生态度，这篇小说开篇的第一句就是“李鸣已经不止一次想过退学这件事了”。他们以游戏看待一切，包括艺术，他们颓废懒惰，看破红尘；他们谈情说爱，不负责任；他们不讲卫生，语言肮脏；他们油腔滑调，玩世不恭……这群音乐学府的师生们在精神上似乎已接近了西方的“嬉皮士”。徐星的《无主题变奏》则展示了城市世俗生活的图景，嘲弄了这个背景上活动着的三教九流的虚伪无聊的生活。小说中的“我”是一个反讽的视角，“我”的生活态度看来似乎是自暴自弃的，是“向下的”，但那些自命不凡、故作高雅的人——那些附庸风雅的文化人、演员、作家、学子、那些专门好为人师的人，却是滑稽、虚弱的，在“我”眼里一下就现出了原形。

除刘索拉、徐星之外，与这种流向几相近似的作品还有陈村的《少男少女，一共七个》（1985）、陈染的《世纪病》（1986）等，在1987年以后更有王朔等人推波助澜，把上述小说观念推到了极致，成为80年代后期引人注目、争议颇多的文化现象。

如何评价刘索拉和徐星等人所代表的这一小说现象呢？历来评论界都未形成一致的认识，有的将之归类为“荒诞派”小说②；有的

① 王绯：《魔幻与荒诞：攥在扎西达娃手心儿里的西藏》，见《西藏，隐秘岁月·跋》，武汉，长江文艺出版社，1993。

② 见吴亮、章平、宗仁发编：《荒诞派小说》。在陈晓明的《无边的挑战——中国先锋文学的后现代性》中亦称：“刘索拉和徐星对荒诞主题的触及”虽然是初步的观念模拟，但开启了“荒诞意识”作为一个现代主义的主题进入当代文学的通道。

将之命名为“垮掉的一代”①；有的迫不及待地以之作为“后现代主义”在中国出现的端倪；有的则冷眼斜睨，名之以“伪现代派”，认为它们“属于那种‘不伦不类’的东西”，黄子平说：“在一个大多数人求温饱的经济环境里，横移一种‘吃饱了撑得慌’的文化意识，无疑是一种虚伪和矫情。”② 不论是认同或是批评，现在看来，这一观念与小说流向的出现以及它后来的发展，都是一个不应忽视的现象，它表明，80 年代以来中国当代文学主体的启蒙主义角色已开始分解和受到挑战。如果总体上与“寻根思潮”和“新潮小说”的其他流向联系起来看待，它应当被视为 80 年代中期中国小说现代主义运动的一种表现，因为这种运动在中国实际上具有普遍的“模拟”性和非历时逻辑性，所有产生在西方的前期和后期的现代主义文学现象，差不多是同时出现在中国的，不管它们被名之以“荒诞派”、“垮掉的一代”或“仿嬉皮士”，它们都表明，在当代中国的小说中，已出现了崇高/反崇高、精英/平民、启蒙主义/存在主义的二元并存的因素，而且它们也预示，当代小说正在由启蒙主题的庄严内蕴向着拆除这种内蕴，并向着历史、文化、现实和审美的边缘地带扩散，这也正是“新小说”思潮和运动的应有之意。

总观 1985 年的新小说思潮，其意义至少有以下几点，一是急剧地推动了 80 年代中期小说艺术观念的变革，小说本身作为艺术与故事文本的特征愈来愈被确认；二是在小说技法上，它不仅使当代小说彻底摆脱了习惯的现实主义“典型”方法，同时也没有停留在同期崛起的“寻根小说”的文化象征上，而是全方位地借鉴和吸收了当代世界流行的各种艺术方法，使小说艺术缩小了与当代世界文学的距离，达到了空前新鲜和丰富的境地；三是尽管它与“寻根小说”几乎同时崛起，但却没有刻意担负沉重的文化包袱，而是以摆脱了启蒙功利目的的纯粹审美和文化认知的眼光，去审视历史和文化，从而更接近于“新历史主义”的态度（如莫言的家族历史小说）；另一方面，其关注和表现当下现实的写作倾向，也为 80 年代后期具有存在主义倾向的“先锋小说”以及“新写实小说”的崛起埋下了伏笔。

---

① 陈雷选编：《世纪病：别无选择——“垮掉的一代”小说选萃》，北京，北京师大出版社，1989。

② 黄子平：《关于“伪现代派”及其批评》，载《北京文学》，1988 年第 2 期。

## 三、诗歌现代主义运动："第三代诗歌"论

"第三代诗歌"指的是继朦胧诗群体之后走上诗坛的，具有更新的诗歌观念和审美追求的新一代诗人群体。这个群体的发育大约从1984年前后开始，其出现以1986年《深圳青年报》和《诗歌报》联合举办的"中国诗坛1986’现代诗群体大展"为标志。对这一新的诗歌现象，诗坛有许多习惯上的称谓，或"新生代"，或"先锋诗歌"，或"实验诗"，或"后新诗潮"，等等。这些称谓是在不同的场合下使用的，有的并不尽准确。但不论哪一个名称，都应当是指与"朦胧诗派"完全不同的另一个群体，它的出现，标志着当代诗歌的主题取向与审美观念发生了新的转折和变异。

"第三代"是一个复杂的集群，方向众多，派系林立，头绪纷纭。但从其产生的渊源和主要方向上看，主要又可分为两支。

首先，它来自后期朦胧诗中文化寻根的一支，是其延伸与变异。80年代初，江河、杨炼等人出于建构"东方现代史诗"的热情，以强烈的历史意识倾心于民族的原始神话和历史素材，企图通过对远古文化和先民生存景象的超验式复原，来展现民族心理的原型范式，发掘民族的原始生命伟力，他们在1982年至1985年前后创作了大量富有"史诗"意味的作品，受到他们的影响，一批更年轻的诗人也开始如法炮制。但这种倾向又使这些诗人不断陷入历史文化现象的深渊中不能自拔，于是便有了超越的冲动：稍早出现的"整体主义"和在"大展"中亮出旗号的"新传统主义"，便是这一向度的代表。两个群体主张虽不尽相同，但都倾向于摆脱文化的历时形式的局限，即摆脱历史的各种客观表象的具体限定，而达到文化的共时层面，即在整体和哲学以及人类生存等根本问题上直接进入历史和文化，而不必依据某些历史文化的凭借物。

"新传统主义"的代表人物主要有四川的廖亦武和欧阳江河等。他们的主张主要可以概括为两点，一是摆脱历史文化表象的捆束；二是对历史文化崇高意义的破除与消解。他们在"1986年中国现代主义诗歌群体展览"中以榜首的位置出现，宣称："我们注释神话、演绎《易经》，追求当代诗歌的历史感，竭力夸大文学的作用，貌似忧国忧民，骨子里却渴望复古……用现代派手法表达封建的怀旧意

识，是当前所谓‘民族主义’诗歌的显著特征之一。”“在某种意义上，新传统主义诗人与探险者、偏执狂、醉酒汉、臆想病人和现代寓言制造家共命运。……除了屈服于自己的内心情感和引导人类向宇宙深处遁去的冥冥之声，新传统主义诗人不屈服于任何外在的、非艺术的道德、习惯、指令和民族惰性的压力。”① 很明显，他们对杨炼、江河等人所一直精心建构的文化的终极神话，表示了质疑、否定、弃置和背离的态度。同时，这也是他们对自己过去的诗歌观念的悖逆与反叛。因为他们在这之前亦曾持有与文化寻根诗相似的理想，如廖亦武的《大循环》和《巨匠》等作品，欧阳江河的《悬棺》等，都是与杨炼的作品相似的文化巨构，尽管他们所持的文化观念更有新解和异议。而此刻，廖亦武的代表作品《情侣》却表现出更多的叛逆者色彩，在这首充满嗥叫式破坏力的作品中，诗人对个人与历史、生存者与文化母体之间的关系作了重新的解释，这是一场无尽的悖谬的悲剧，文明注定了蜕化和野蛮，进化注定了自由和本真的失落，传统中诞生了“我”，同时又溶解在每个个体的“我”身上，“当我老了/葬身你的空腹是我的荣幸/从此再分不清妈妈和儿子。”这就是个人与文化母体、现存与传统资源之间的关系，“古老的咸腥……嗷嗷！我们是情人还是母子”？文化引导“我”前进，可是它又将我引向哪儿？“那块供我歇脚的大陆在哪儿？/那块与实有的土地相对应的缥缈的土地在哪儿？/还有那时聚时散、或永远消散之中的形体呢？//照耀我，引导我前去，我的人性被肢解、被抽象/永恒的统治者，我为什么还要走？”

“整体主义”最早成立于1984年，以四川的石光华、宋渠、宋炜兄弟和杨远宏等为主。他们都曾是提倡过现代史诗的诗人，但他们强调“对整体状态的描述或呈现”，“对具体生命形态和人类现存生存状态的超越”，唯此才能“直接面对整体向存在开放”。很明显，他们更自觉地追寻文化的“原型”结构与整合状态，用内在的生命与文化体验力来象征式地显现他们对这种状态的理解。石光华的《结束之遁》、《梅花三弄》，宋渠、宋炜兄弟的《大曰是》基本上都属此类作品。这些作品对文化见解的呈现，体现了一种类似于“宇宙全息统一论”的方法论特征，在风格上和文化气韵上都试图同传统东方文化与艺术的精神气韵相沟通。这也体现他们与杨炼等人所

① 《1986中国现代主义诗歌群体展览》，载《诗选刊》，1987年第1期。

代表的后期朦胧诗之间的血缘联系。

“第三代诗”的第二个先导，是在80年代初兴盛起来的大学生诗歌，这种混杂着各自观念与风格的校园诗歌，可以说是“第三代诗歌”产生的另一个温床。当朦胧诗兴盛之时，模仿最热、也最像的首先是一批校园诗人，在吉林大学中文系的徐敬亚看来，王小妮、吕贵品、高伐林，还有他自己，都是这一批人的代表。1981年，甘肃的文学刊物《飞天》率先办起了“大学生诗苑”栏目，对于校园诗歌产生了强力的推动，于坚、张小波、伊甸、吕贵品、潘洗尘……这批人最初都是从这里开启其创作道路的。1982—1984的几年间，校园诗歌在空前兴盛的同时主要分化为两种，一是一些较为流行的日常生活素材的诗歌，以细节景观的描摹为主要特征，从主题生活切合明朗欢乐的时代情绪，因而得到社会的认可，并成为一种流行的语调，与同期赵恺、杨牧等人为代表的“生活抒情诗”的格调相近。另一种是一些继续探索新的文化路向的诗人，如韩东等，他们对生活的认识有着更多的哲学视角，理解也更为叛逆和先锋。一种新的文化态度已在酝酿之中。

第一种流向有人也称之为“生活流诗”，同主流诗人的“新现实主义”诗歌一样，在80年代初也曾经历过一个红火的时期。这些作品用一种流行的、故意不分标点的长句式造成一种叙事的语感、一种对现实的无奈、认可和欣悦的抒情态度，来表现他们对上升的时代情绪的认识与把握。比较好的例子是潘洗尘的《六月我们看海去》一类作品：

六月看海去看海去我们看海去
我们要枕着沙滩也让沙滩多情地抚摸我们赤裸的情感
让那海天无边的苍茫回映我们心灵的空旷
拣拾一颗颗不知是丢失还是扔掉的贝壳我们高高兴兴
再把它们一颗颗串起也串起我们闪光的向往……
六月是我们的季节很久我们就期待我们期待了很久
看海去看海去没有驼铃我们也要去远方

这种青春期的感性化情绪，期待着日益开放和多元化的社会给予其合法认证，潘洗尘的诗把握住了这种朦胧的情感与冲动。但另一些诗，就不免有些盲从地模仿主流诗坛中的“生活抒情诗”，“黎明，我登上高高的脚手架”，“街头，有一个钟表修理摊”，“清晨，我放飞一群白鸽”，“我骄傲，我是一名板车工”……似乎在终极理想和现实生活的中间找到一条“实用主义”的道路，写作远离了精神的高蹈与冥想，而完全与世俗价值结缘同住。这种刻意走向凡庸和“平民化”的“反精英”、“非文化”的取向，虽然被之后的批评家讥讽为“灰色的小市民写作”，但从文化价值上也透出了新的信息，成为“第三代诗”中“反文化”和主张“平民诗学”的一群的精神前引。

“第三代诗歌”包含着众多知名的和不知名的流派团体，它们更多地活动于民间，以 1986 年的“中国现代主义诗歌群体展览”为例，就多达 84 家[①]。而其理论和创作上较为成熟、较有影响的有两个群体。因为它们面对后期朦胧诗中文化寻根的文化极端主义，表现出合理的反拨态度和对新的出路的寻求，一个是反文化的“他们”，一个是试图抵达“前文化”状态的“非非”。前者与大学生诗歌同出一脉，后者与寻根派的“历史文化情结”有丝丝缕缕的联系。

“他们”的创始人是韩东。1982 年韩东从山东大学毕业后先到西安工作，后辗转调回了南京，1985 年他纠合了一群志趣相投的年轻诗人于坚、丁当、吕德安、陆忆敏等，创办了民刊《他们》。这一名称刻意取“一群无名的凡人”之意，表明其反对张扬“自我”和“个性”的精英意识，而强调其平民价值和“诗到语言为止”的诗学立场。概括起来，他们的主张主要体现在三个方面。

首先，是重建诗歌的自然主体，破除“文化”对人的定义与捆绑。韩东曾在其文章中讥讽中国人所喜欢扮演的三种角色，“卓越的政治动物、稀奇的文化动物和深刻的历史动物”[②]。在他看来这三种角色都离一个真实的人相去甚远。因此，他主张诗歌应回到真实，“在艺术作品中，善的标准是虚假的，只有真实的东西才是我们追求的对象”。对于主体，他主张“返朴归真”，摆脱“俗不可耐的精神贵族的角色”，而回到“民间和原始的东西”[③]。之后韩东又进而指出：“我们关心的是诗歌本身，是这种由语言和语言的运动所产生美感的生命形式。我们关心的是作为个人深入到这个世界中去感

---

① 参见唐晓渡：《灯心绒幸福的舞蹈：后朦胧诗选萃·编选者序》，北京，北京师范大学出版社，1992。

② 韩东：《三个世俗角色之后》，见吴思敬编：《磁场与魔方：新潮诗论卷》，203 页。

③ 韩东：《关于诗的两段信》，见老木编：《青年诗人谈诗》，124～125 页。

受、体会和经验……我们完全是在无依靠的情况下面对世界和诗歌的。”[1] 这是对诗人主体角色和使命的一个重新定义。基于这样的主体意识，诗歌就不再承担过于复杂的道德与意义，而应该直接呈现人性与生活的原貌。在《有关大雁塔》、《你见过大海》诸篇中，这种态度化为一种略带反讽的低调与冷静，它们拆除了由朦胧诗所建构起来的童话叙述与英雄情结，呈现出“俗人世界”的真实状况。在另一首《我们的朋友》中他如此勾画了他所习惯和享受的生活场景——

我的好妻子
只要我们在一起
我们的朋友就会回来
他们很多人都是单身汉……
他们到我们家来
只因为我们是非常亲爱的夫妻
因为我们有一个漂亮的儿子……
他们拥到厨房里
瞧年轻的主妇给他们烧鱼
他们和我没碰三杯就醉了
在鸡汤面前痛哭流涕
然后摇摇晃晃去找多年不见的女友
说是连夜就要成亲
得到的却是一个痛快的大嘴巴

这种喜剧的情景，是对于“从绞架到秋千”[2] 式的变化中的诗歌处境与诗人角色转换的形象解说与证明。

其次，彰显生活的存在本身，呈现“此在”的鲜活丰富，与生命的“在场”感觉，而非为生命与生活寻找巨大的时间坐标，去追寻其虚妄的历史意义。这与唯文化主义、历史感是直接对应的。在于坚的《尚义街六号》中，呈现的是与韩东的《我们的朋友》以及李亚伟的《中文系》中极为相似的日常生活情景，一帮未成熟的青年人平常而又平常的一段“乱七八糟”的生活场景，盲目而又普通

① 《他们》，第 3 期。
② 朱大可：《燃烧的迷津——缅怀先锋诗歌运动》，载《上海文论》，1989 年第 4 期。

的成长经历，这预示着，所谓诗意就存在和流失于寻常的生活与世俗的场景与过程之中。

第三，破除语言的装饰性、深度与隐喻意味。韩东力主语言的简单纯净，力促语言本体的还原，追求未经理性加工和文化过滤的语言。比如《明月降临》一诗中，他就刻意地剔除了汉语中关于“明月”的复杂的意义“积淀”：“月亮/你在窗外/在空中/在所有的屋顶之上/……你背着手/把翅膀藏在身后/注视着我/并不开口说话/你飞过的时候有一种声音/有一种光线/但是你不飞/不掉下来/在空中/静静地注视着我……”显然，“月亮”一词中为张若虚、李白、王维、苏东坡们所累积起来的诸般关于“思乡”、“饮酒”、“追问无限”的种种传统，在这里均不见了，其中的文化含义与深度隐喻都被删削而去，只剩下原初的生命感受与朴素的语言本能。这与前文所引的李钢的《东方之月》中那类“以江为乳/以山为土”、“云里是首/雾里是尾”的诗句是全然不同的。

另一个重要群落“非非”成立于1986年5月4日，主要由四川诗人组成，主要成员有周伦佑、蓝马、杨黎等，后加入的有原为“大学生诗派”成员的尚仲敏、“莽汉主义”的李亚伟等。1992年后，“非非”群体除周伦佑之外，几已全部改组。

“非非”的主要诗歌理论体现了很强的文化策略性。如同老子在《道德经》所言说的“道可道，非常道；名可名，非常名”的玄机妙理一样，其理论的前提“非”，是指世界的荒谬与文化的误导本身，而要想恢复真实和真理，就需要另一个主动的“非”——即否定的认识论哲学。否定了这个荒谬的、不真实的世界，才能回到原初的世界和真理之中。但这个世界在哪里呢？从策略上说，回到“前文化”状态，某种程度上也就是接近了世界的真相本身。基于此，他们在“大展”中亮出了这样的理论宣言：“非非，乃前文化思维之对象、形式、内容、方法、过程、途径、结果的总的原则性的称谓。也是对宇宙的本来面目的本质性描述。非非，不是‘不是’的。”“非非没有时间。它通过直觉与前文化经验沟通，因而非非是无知的，单纯的。透明性是非非的追求之一。非崇高化——反讽是非非诗歌的一般特点。”①

很显然，非非主义者提出了一个富有终极色彩的理想。如何越

① 《诗选刊》，67页，1987年第2期。

过文化的障碍，返回到“前文化”状态呢？他们又提出了三个“还原”和“逃避”、“超越”的策略：三还原——感觉还原，意识还原，语言还原。创造还原的具体途径：三逃避——逃避知识，逃避思想，逃避意义。三超越——超越逻辑，超越理性，超越语法。

这三个基本策略的另一个理论前提，大约是“对语言的不信任”。在他们看来，反映在人的意识（包括思想、理性、逻辑、知识等）中的世界，实际上早已被“文化（语言）化”了，这个“被文化”的语言形式定义了的世界，阻断了人与本源世界的联系，所以，只有消除感觉活动中的语义障碍，诗人才能真正与世界接触。所谓还原和超越，实际上就是要求诗人越过语言和意识的工具而回到原初的直觉状态。为此，非非派诗人又提出了处理语言的三个基本原则，即“非两值定向化、非抽象化、非确定化”。这些原则看似玄妙复杂，实际上主要目的在于对朦胧诗语言的反拨，反对能指与所指的分裂，消除语言的象征化、经验化和意义的深度。显然，他们已经获得了来自结构主义语言学的启示，或者某种程度上他们就是中国本土“自生的结构主义语言学理论”。

在文化态度上，“非非”与“他们”的反文化态度不同，它宣称：“非非……不是反文化的。恰恰相反，它致力于探寻文化创造的本源，致力于凿通文化所以由来的源泉。”[①] 这是对杨炼一派唯历史主义诗歌美学原则的发展与超越。

“非非”的“前文化”写作理想未免带有乌托邦的性质，这种假想的不可企及性在于，任何意识与思维活动都无法真正超越既存的语言材料与工具。从他们的创作实践上，也可以看出这种设想的空想性质。

蓝马的《环形树》似乎是为阐释他们的理论而作的。它突出了对文化的超验性描述，“环形树”即是作者对文化的一个想象性“定义”，但它又试图越过那些包容着文化意蕴的形象的表达，所以，它故作随意地选取了“树”的形象，众多的“树叶”大约是象征着文化的诸多碎片，“她们在树枝上站成纵队/挥动自己的照片/构成活泼的树冠”。作者努力把它们想象成超验的原初形状，但还是摆脱不掉经验的捆绑：“她们的笑/我已是司空见惯/……乌有的表情/趁我脸色转阴，渐消失/在我的微笑后面/她们的贞操/被再次许诺”。实际

① 以上均见《诗选刊》，67页，1987年第2期。

上，这正是文化积存或积淀那无处不在的影子的作用。它来自原初的经验，但却代替了它的母本。作者所能做的，只不过徒然在语言上做一些“挣脱”的实验而已。

如何认识“第三代诗歌”总体的美学特征呢？对其基本性质，评论界一直存在着较大分歧，一部分人认为“第三代”的出现与一场整体的“后现代主义”运动有关。尽管后现代主义在中国的出现并不那么典型，但就主要的特征而言，是相近的。更何况，伴随着文化上的开放，一些世界性的文化与美学思潮的次第引入也是必然的。① 但另一种观点则认为，后现代主义的文化氛围并未真正在中国出现，第三代诗基本上还属于“现代诗”的范畴。在近年日趋冷静的文化背景上看，这种说法似更加合理。事实上，虽然第三代诗人在口号上高喊“Pass 北岛”，但他们主要是反对后期朦胧诗文化寻根的历史主义和唯文化主义，反对朦胧诗人作为启蒙精神贵族的立场和对他们构成“压抑”和“遮蔽”的地位，而实际上，平民主义及其对现实的积极介入，比“贵族启蒙”和朦胧诗的感伤主义情调担当了更为激进和具有当代特征的“启蒙”角色。在“新的就是好的”、“新即合法”的 80 年代，在“进化论神话”的笼罩中，这种一味前趋的价值趋向当然有其必然背景；另一方面，从基本的美学特征看，第三代诗中的大部分，仍然是在文化隐喻这种“深度模式”上建立自己的审美与语意边界的，只有个别流派似乎受到了当代结构主义语言学的影响；再者，从其破坏性、群体性、“大规模”地集团性冲击当代诗坛的“运动”方式来看，也是“现代主义”式的，近似于“未来主义”、“达达主义”和“超现实主义”。因此，即使说“第三代”诗歌中已有“后现代”的文化因素，但它在总体上也仍未超出现代主义的基本界线。②

总体上看，“第三代诗”最为世人关注的新异的美学特征主要有以下几个方面：

首先是“逃离文化”，或曰反文化、去文化化。文化原型与深度曾是后期朦胧诗人孜孜以求的探寻目标，而第三代诗人则普遍对此持怀疑和反对态度，尤其是“他们”一派，刻意取消诗意构成中的

---

① 张颐武、陈旭光等均持此观点，见《非非》，第六、七卷合刊，1993。

② 《非非》六、七卷合刊的扉页上明确地写着：“以全面复兴现代诗为己任，在坚决地说‘不’的同时，更坚决地说‘是’！”这种进而转向“肯定”的立场显然是“反后现代”的。

文化底蕴，反拨其主体的“文化英雄”角色。持“后现代”说的评论者曾以此作为依据，但“反文化”的口号并非后现代主义者的首创，“未来主义”者早就高喊过“本着反文化、反逻辑的世界观，从而否定过去的文化”① 的口号。从杨炼的《大雁塔》和韩东的《有关大雁塔》的对比中就会看出它们的鲜明对照。在杨炼笔下，大雁塔被赋予了浓重的历史感与人文色彩。它是民族命运的象征，是民族苦难历史的见证者：“我被固定在这里/山峰似的一动不动/墓碑似的一动不动/记录下民族的痛苦和生命。”而韩东则全然不以为如此，他笔下的大雁塔就是一座平平常常的建筑物，没有什么更深层更崇高的文化内涵，更没有救世者一样非凡的人格力量：

有关大雁塔
我们又能知道些什么
我们爬上去
看看四周的风景
然后再下来

韩东的另一首《你见过大海》，也表达了相似的非文化立场，在普希金和浪漫主义诗人的笔下，大海是“自由的元素”，舒婷传承了这一主题，她将大海比喻为生活、人生、自由的象征，看做是生命的源泉和文化的汇聚（见舒婷的《致大海》、《珠贝——大海的眼泪》等诗），但在韩东这里，仅仅是一个孤立无依的个体与一片浩瀚的水面的关系而已：“你见到了大海/并想象过它/可你不是/一个水手/就是这样/……顶多是这样/……你不情愿/让海水给淹死/就是这样/人人都这样。”从于坚等人的诗中也可以看到这种取向，主体完全是一群小人物，是一群凡人，喝酒、抽烟、跳迪斯科、性爱，甚至有时候还酗酒、打架……”② 这与五六十年代美国的“反文化”、“嬉皮士”、“迷惘的一代”等文化现象，以及 1985—1986 年前后刘索拉、徐星等人的小说则是比较近似的。

其次是美学精神上的“反崇高”。朦胧诗人曾经由于表现其超前的精神理性、孤独感与愤怒情绪，由于对历史和文化意蕴的着意探求，而使他们的作品带上了崇高与悲壮的美学风格。而“新生代”

① 伍蠡甫主编：《现代西方文论选》，62 页。
② 典型作品有于坚的《尚义街六号》等。

则立意要破坏这些，如“大学生诗派”所宣称的：“它所有的魅力就在于它的粗暴、肤浅和胡说八道。它要反击的是：博学和高深。”“捣碎！打破！砸烂！它决不负责收拾破裂后的局面。”“它的艺术主张：反崇高。它着眼于人的奴性意识，它把凡人——那些流落街头，卖苦力、被勒令退学、无所作为的小人物一股脑儿地用一杆笔抓住。狠狠地抹在纸上，唱他们的赞歌或打击他们。”① 与之相似的还有以李亚伟为代表的“莽汉主义”，声言“捣乱、破坏以求炸毁封闭式假开放的文化心理结构”②，他们比之“非非”、“他们”更有过之而无不及。概括起来，这一倾向的共同特征是对神圣的破除和对审丑的刻意追求，而且还常常以“反讽”的口气来表现。如李亚伟的《中文系》，将以往涂满神圣肃穆之釉彩的中文系写得如此俗浅戏谑：“中文系是一条撒满钓饵的大河/浅滩边，一个教授和一群讲师正在撒网/网住的鱼儿/上岸就当助教，然后/当屈原李白的导游然后/再去撒网/要吃透《野草》《花边》的人/把鲁迅存进银行，吃利息。”再如“裂变”派胡强的一首《在医学院附属医院候诊》：“在这座城市里我们病了额头冰凉肿瘤在/肌肤下隆隆滚动蛊惑我们的内脏哗变/……苗条护士没有五官她丰腴的臀部贴在/城市那涔涔粗俗的大腿上/呕吐物从我们的嘴角里流溢出来城市微笑……”这些作品，刻意表现生活的平庸、烦扰和俗不可耐，除了表象、过程和孤立的琐碎以外，没有更深层次的意义。有的作品甚至夸张地表现生命的一刻的畸丑的景象，刻意对美予以亵渎：

我顶着那块西瓜皮
盘膝打坐
赤裸裸的身躯沐浴着
正午的太阳
臀下是一片
广袤无垠的垃圾场
远方　有一只
伟岸的屎壳郎
披星戴月
劳作着一世的荒唐（野牛：《闭目·迷幻·美》）

① 见《诗选刊》，73页，1987年第2期。

② 见《诗选刊》，16页，1987年第1期。

这些描写显然都过于策略和极致化了，作为艺术作品，它们是缺少意义的。此外，还有一种倾向，就是对生活内容进行淡化处理，突出其日常色彩，消除习惯的激情和想象，以“零度情感”介入，比如邵春光的一首《太空笔》，有意轻描淡写地写到“挑战者号”航天飞机的爆炸，主体的冷漠与诙谐态度与事件的严肃和沉重性之间形成了鲜明的对照。

平民主义的审美态度、反崇高、审丑、冷漠反讽、“零度情感”，等等，都是“后现代主义”论者所指称的特点和论据，不过事实上这也算不上是后现代主义者的独创，如果我们将“大学生”与“莽汉”的极端主义口号同20世纪初西方的“达达主义”与“未来主义”者们相比，同“达达运动”的发起者查拉之“我们的原则是破坏一切”的口号，以及“未来主义”者马里内蒂的宣言，用“毁灭一切的手臂”“摧毁博物馆，图书馆”[①] 的口号相比，仍“稍逊风骚”。它们所表现的这些艺术审美特征，与80年代中期以后包括小说界在内的整体艺术的现代主义运动与变革是连在一起的，只是表现形式上更“激进”一些罢了。

第三是语言上的反文化与“非意象化”倾向。朦胧诗以来，主张“意象”。何为意象？即意义与物象的交合体，尽可能多地在形象中赋予意义的深度。这就免不了在实际上使意象成为文化语意的可感受的承载形式，使阅读变成一个释义活动而不是直接的感受活动。因此，第三代诗人大都对此持反对策略。概括而言主要有两种，一是反象征，直接表现所要表现的事物与情感本身，以叙述的风格和方法，破除诗歌超出语言之外的意义追求；第二是反意象和反变形，语言的原生态即是事物的原生态。如杨黎的《鸟》中写道：

好鸟
飞在看不见的
空中
绕一个弯后
又回到
看不见的地上……
我已经说过

① 伍蠡甫主编：《现代西方文论选》，65页。

那不是鸟
我和鸟的差别
是两种声音的差别（《鸟之二》）

写完这首关于鸟的诗后
鸟会获得一种
更新的含义
无论谁
有意或是无意
男的或是女的
再提到鸟
都会有一种
与众不同的感觉（《鸟之三》）

这种“感觉”，大约就是一种剔除了语言的文化蒙尘和诸种象征模式的语言和事物的“原生态”了。总起来看，第三代诗的出现标志着诗歌美学观念与方法在80年代的“第二次”变革。如果说朦胧诗和文化寻根诗在审美特质上，分别应和了西方现代以来的前期象征派和后期象征主义[①]的话，第三代诗则更像后来产生的“达达”与“未来主义”，在艺术实践上是它们同当代解构主义语言策略的某种混合体，在艺术精神上则继承了偏执、焦躁、极端化的现代主义传统。同其他艺术与文化运动一起，它们共同构成了80年代中后期精英主流文化的解构景观。其主要意义有两点，一是解除了诗歌文化运动的困境，为诗歌艺术的发展展示了新的可能空间；二是在整体上推进了当代诗歌的美学与艺术变革的进程，开辟了一个更具艺术民主与活力的多元时代。

但是，“第三代诗”作为文化现象和艺术创作现象的局限性，以及其自身的矛盾悖论性也是十分明显的。第一，它所提出的观点都是极端化的，是对另一种状态的反对立场，一种“反题”性非自足的破坏性写作行为，所以不可避免地使自己陷入偏执的困境，“反文化”必然导致意义的消解，“反崇高”必然导致美感的失落，“反语

① 前期象征派主要重直觉、感性、梦幻等非理性因素，见马拉美等人的理论；后期象征主义则倡导智性、思想、抽象思维等理性因素，重视对人类文化的重新认识，如艾略特的《荒原》、叶芝的《驶向拜占庭》等。

言”必然导致诗歌品质的全面衰变与下降。第二，理论的夸大与实验的渺小，对许多流派来说，其理论观念是极为含混模糊和不成熟的，而一些理论相对有代表性的派别，则是思想大于实践、策略大于作用的。第三，由于采取了非艺术特性的“运动”形式，如“大展”的形式，缺少内在的支持机制，加上种种外在原因，“第三代”的发育极不充分，许多方向与流派迅即消失了。总之，作为一场初步的运动，第三代诗仅仅奏响了中国当代诗歌发展变异的前奏曲，更加成熟、内在、融汇和优秀的作品的产生，将随行于它的身后。

## 四、现代主义戏剧实验

用“最后的辉煌”来描述戏剧在80年代的成绩与命运也许是合适的。

启蒙主义的文化氛围，注定了戏剧这种直接面对公众的行将衰落的古老艺术，在80年代前期风起云涌的现代主义艺术运动中获得了最后一次机遇。

1980年4月，由马中骏、贾鸿源、瞿新华合作创作，由上海市工人文化宫业余话剧队演出的一幕短剧《屋外有热流》，引起了热烈的关注与反响。这幕哲理短剧通过知青赵长康和他的弟弟妹妹在生活态度、道德理想上的鲜明对比，向观众提出了一个严肃的命题：人最可宝贵的是灵魂。哥哥赵长康身处严寒的北疆，生活艰苦，但却锻炼了坚强的意志、高尚的人格和奉献的情怀，为了保护抗寒稻种，最终不幸被暴风雪冻死。而弟弟妹妹身居都市，却沾染了自私自利的铜臭思想，为了捞取一点点物质利益，不惜损害兄妹亲情和人格，互相算计，蝇营狗苟。剧作把一个怎样在变化了的生活背景上，正确处理物质利益与精神自立的关系的问题，摆在了人们面前。从主题角度看，剧作并不新奇，甚至可以说有某种“媚俗”的意味，有对于时代主流价值观的附庸之嫌。但在表现方法上，却有一个大胆的突破，即象征与荒诞手法的运用。首先，整个作品的主题是通过“冷”与“热”的悖谬氛围的夸张式表现与烘托，来展示人物心灵世界的，置身温室的人灵魂恰恰已经冷透，而冻死于冰雪之中的人却最充满生命的热力。其次，赵长康这一人物是以“幽灵”的形式出现的，生者与死者的对话，使剧作充满了一种超越时空的荒诞色彩与超现实氛围。

这当然不是什么特别了不起的东西，在莎士比亚的戏剧中，“鬼魂”早已是常见之物，对于贝克特等现代主义戏剧大师来说，这点荒诞意味的设置更是雕虫之技，即使是在曹禺等现代中国剧作家那里，也早已有了超现实的因素。但不要忘了中国当代戏剧的起点是多么原始和可怜。一点点现代技法和手段的运用，也会给剧坛带来一缕令人惊异的新风。

继《屋外有热流》的成功之后，又出现了一批具有现代主义色彩的剧作，谢民的独幕剧《我为什么死了》（1980），高行健、刘会远的《绝对信号》（1982），刘树纲的《十五桩离婚案的剖析》（1983），高行健的《车站》（1983），贾鸿源、马中骏的《街上流行红裙子》（1984），等等，这些作品都程度不同地打破了传统的写实手法与有限的舞台时空局限，充分运用了象征、荒诞和“假定”等手法，在主题上注重哲理与文化内涵的表现，人物刻画上注重其内在性格与心灵的直接外化的表现。

1985年，在整个文化艺术界空前活跃和热闹的背景下，戏剧创作也呈现了一个“阵发式”的兴盛局面。这一年，由高行健创作，北京人民艺术剧院演出的《野人》，由刘树纲编剧，中央实验话剧院演出的《一个死者对生者的访问》，由陶骏、王哲东等人创作，中国青年艺术剧院演出的《魔方》等，都程度不同地引起了轰动、关注和讨论，此外，马中骏、秦培春的《红房间　白房间　黑房间》，王培公、王贵的《WM——我们》，以及孙惠柱、张马力的《挂在墙上的老B》等，也尤具现代主义色彩和艺术探索意味。这一“热度”一直持续到1986年，由魏明伦创作的《潘金莲》（原为川剧），刘锦云创作的《狗儿爷涅槃》，陈子度、杨健、朱晓平等创作的《桑树坪纪事》等，也获得了极大的成功。这些剧作，将萌生于80年代初的戏剧的现代主义探索推向了更加复杂和成熟的新阶段。

《一个死者对生者的访问》首演于1985年6月16日，是青年剧作家刘树纲继《十五桩离婚案的调查剖析》之后的又一部力作。该剧通过一个青年在公共汽车上孤身同行窃歹徒搏斗，在怯懦的乘客们的袖手旁观和他们冷漠的目光下死去的事件，对人生的价值、良心和社会道德的失落等问题，做了深层次的思考，将一个个卑怯的灵魂、丑陋的面孔、缺损的良心，暴露在生与死的关口、正义与邪恶的搏斗场上，也让人们对旧有的“英雄观”在新的社会背景下作出反思和辨析。业余时装爱好者叶肖肖并不是一个有过惊天动地英雄伟业的人物，但当他在目睹罪恶的窃手伸向一对父女的衣兜的时候，却敢于挺身而出予以制止，当歹徒把匕首疯狂地向他刺去的时候，他看见和听见的只有冷漠、怯懦和卑鄙……甚至连那位被窃了钱包的中年人——一个典型的官僚主义者郝处长，都不敢承认自己是被窃者。在叶肖肖死后，这类怪事又接踵而来，人们先是认为这场搏斗不过是火并，继而又怀疑他有男女关系问题，最终真相大白时，则又是追认为烈士和党员，又是开隆重的追悼大会，活着的人还都在谋划争夺从中所能得的任何好处。这些，都对腐化无聊的社会风气和人们堕落的道德水准作了尖锐的揭露和批判。

然而，剧作的震撼力还不仅在于这一应合当下的主流价值导向的主题本身，而更在于它出色的剧情结构方法。它通过死去的叶肖肖的冤屈、疑惑、愤怒和不安分的灵魂对一系列偷生者的察访、质问和洞烛幽微的审视，以荒诞的氛围衬托出了上述荒谬的生活场景，格外让人感受到剧作本身的那种强烈的反讽力量。这正是此剧在艺术上的最成功之处。

此外，“访问”一剧在手法上把戏剧的综合艺术特征更突出而充分地表现出来了，在剧中，不仅音乐、歌唱、舞蹈、造型、绘画等熔为一炉，而且运用面具和象征手法进行表演，歌队的演员“全能”式的表演以及现场做出各种道具的艺术手段，都极大地丰富了舞台的表现力，使演出效果迷离奇异，令人耳目一新。

《魔方》一剧是一个更为出奇大胆的创举。正如该剧导演王晓鹰所说，它“充满了挑战意味，其挑战锋芒直指我们长期以来对‘戏’的理解。它能称之为‘戏’吗？它实在不成体统，九个段落之间竟没有任何情节联系，当然也没有贯穿的人物命运，其艺术风格也是一段一个样，甚至一段几个样，没有统一的语汇。《魔方》将我们惯常遵循的戏剧创作规范通通置于脑后，真个是‘无法无天’了。然而……也许它作为一出‘戏’的存在价值恰恰在于对戏剧规范的不知天高地厚的挑战呢？”①《魔方》是运用象征和隐喻手法对当代社会景观与人的精神结构的一个“拼贴”式的呈现。全剧由九个逻辑上互不关联的段落《黑洞》、《流行色》、《女大学生圆舞曲》、《广告》、《绕道而行》、《雨中曲》、《无声的幸福》、《和解》、《宇宙对话》组成。它们从各个方面、各个层次上生动地反映了当代社会的种种特

---

① 王晓鹰：《〈魔方〉导演阐述》，见《探索戏剧集》，499页，上海，上海文艺出版社，1986。

征和一代青年人的严肃的思索："人应该怎样认识社会，人应该怎样生活？人应该怎样成为一个'人'？"[①] 第一段《黑洞》可以看作是一幕"戏中戏"，"诗人"、"导演"、"明星"这些被抽象了的人物在面临死亡考验的时候，他们忽然一改原来的虚伪、自私和沽名钓誉，而变得真诚坦荡起来，纷纷打开幽闭的灵魂之窗，反省自己最隐秘和最肮脏的内心。可是转眼之间，死亡威胁的假设被抽掉，这些人的"真实"面目马上就被他们狡黠的假面所取代，他们都说刚才的自我"交代"不过是在演戏。到底是"刚才在演戏"还是"此刻在演戏"？剧作向我们揭示了一个发人深省的生活哲理。第五段《绕道而行》所着力批评的是那种"三人成虎"畏缩不前的不正常的社会心理，看到故意设置的一块"绕道而行"的牌子，行人便发生了各种荒唐的揣测，无人敢越雷池一步，这时主持人出场向大家解释，这是"一次社会心理测验"。可是当人们心有余悸地要求主持人先"走走看"的时候，他竟也认同了庸众的那种无中生有的胆怯，不敢迈动一步。最后在大家都绕行泥泞小道时，还是一个孩子向那个莫须有的禁区，迈出了无畏的步子。

《魔方》一剧的结构方法是对传统戏剧的古典式情节结构的大胆挑战。与其说它是一幕完整统一的戏，不如说它是许多幕戏经过省略剪辑处理后共同构成的一个"拼盘"，从全剧的表现方法与风格来看，荒谬、反讽、喜剧的诙谐和夸诞的象征的表现主义风格都标明了其浓厚的现代主义色彩，同时它还通过穿行于舞台和观众之中的主持人的联系纽带作用，加强了观众对剧情的参与感，真正把剧场变成了社会意识的交流对话的场所。这些都突出了这部剧作空前大胆的创造性。

出演于 1986 年的《潘金莲》一剧引起了更大的"轰动效应"。作者魏明仑在这部戏中进行了更为别出心裁的创造性设计，他让妇孺皆知的"武松杀嫂"故事中的人物与《水浒传》的作者施耐庵，与李国文小说《花园街五号》中的"现代女性"吕莎莎、托尔斯泰笔下的安娜·卡列尼娜、曹雪芹笔下的贾宝玉、王实甫《西厢记》中的红娘以及"芝麻官"、上官婉儿、武则天女皇，还有现代的人民法庭女庭长、阿飞等人物同台演出，在这一似早有定论，又颇值得疑问的"除奸报兄仇"案中找到了一个极富有时代意义的人道与人

---

① 王晓鹰：《〈魔方〉导演阐述》，见《探索戏剧集》，504 页，上海，上海文艺出版社，1986。

性的主题，对传统的人格与道德标准发出了耐人寻味、发人深省的质疑。这些众多人物打破了时空阻隔，互相自由对话，实现了剧作家将古今中外各种典型的人生观、道德观汇聚在一起，进行对比辨析的目的。《潘金莲》剧在艺术上最突出的特点是它有意凸显的“假定性”，它已全不顾及传统戏剧的“仿真性”，而完全成为一个“关于虚构的虚构”，并由此获得剧情发展、人物设置、舞台表演的更大的自由。这是剧本开头对剧情发生背景的预设和交代：

时：跨朝越代，不分时间。

地：跨国越洲，不拘地点。

景：不用复杂布景，但需特殊灯光，背景斗大繁体“戏”字。

……台侧分设两级云阶，左阶书“荒”，右阶书“诞”。

从剧本内部看，有传统戏曲、舞台唱念做打，亦有现代式的朗诵和对白，融诗体韵文与市井俚语、严肃内容与喜剧情景、实与虚、正与反、局内人与局外人于一炉，形成了令人眼花缭乱、目不暇接的舞台场景，同样是“拼贴式”结构，但比之《魔方》等剧则显得更加成熟、自由，在“不合理”中更见出合理的创造性。另一方面，由于让不同时代具有不同文化背景的人物上场相遇并进行“对话”，其中文化与话语的严重的“错位”状态，便产生出了极为有趣的和令人意想不到的荒诞效果和别具一格的魅力。

在现代主义戏剧实验与探索中，坚持时间最长，也最引人瞩目的是作家和理论家高行健。

高行健，生于1940年，江苏泰州人。1962年从北京外国语学院法语系毕业。1978年方开始文学创作，先后出版了中篇小说集《有只鸽子叫红唇儿》，理论著作《现代小说技巧初探》、《现代戏剧手段初探》、《对一种现代戏剧的追求》和戏剧作品集《高行健戏剧集》等。

高行健致力于话剧创作探索与突破的时间，大约始自1982年前后。《绝对信号》（与刘会远合作）是他的第一部力作。这部剧作主题本身可以说并不新鲜，甚至可以说还有点“俗”，它所揭示的是一个关于青年人如何选择自己的人生态度与价值原则的主题。剧情发生在一列货车尾部的守车车厢里。老列车长是一个忠于职守、坚持原则有点“呆板”、不讲人情的人物；年轻的见习车长“小号”，则是一个品质不坏、但又有点麻痹和浪荡的青年形象。他不顾车长的反对，把中学时的同学待业青年“黑子”和另一个女青年“蜜蜂”带上了车，趁机混上车的还有一个伪装的扒车惯匪。原来，这个车匪已经利用了黑子对社会的不满心理和“想发点财”的欲望，把他拉下水，密谋试图合伙搭车，以给盗匪团伙发信号。在车厢里，围绕着黑子、蜜蜂和小号三人的“三角恋爱”的矛盾，老车长与车匪之间的较量，以及黑子在蜜蜂的鞭策下猛然醒悟，展开了沉闷而压抑、紧张而激烈的冲突。最终，车匪被识破，小号在紧急中发出了“绝对信号”（亮出红灯），黑子觉悟后被打伤，列车安全进站。

剧本的主题具有象征色彩，“绝对信号”实际上是给黑子这样的青年人的下滑的人生亮出了红灯。列车在黑夜和被盗窃的危险中轰轰行进，似乎也表达了时代的某种特征。车长最后说，“我们乘的就是这么趟车，可大家都在车上，就要懂得共同去维护列车的安全。”这是点题的话。

与前面的几个影响较大的剧作一样，该剧的主题也有局限，同流俗的价值观之间并无界限。但从艺术角度看，这个剧却有突出的特点：首先，打破了话剧时间结构上的“现在进行时”，既表现正在守车中发生的事件，也通过人物回忆闪回到过去的事件，如黑子和小号分别与蜜蜂之间发生的感情纠葛，以及经过“外化”的想象、实际上却并“没有发生”的事件，用以展示人物的心理活动。其次，打破了“第四堵墙”——即舞台演员与观众之间不能直接交流的幻觉主义戏剧观念与原则，打破了独立的舞台假定性，要求演员与观众直接交流，甚至走到观众中去，特别是“进入蜜蜂的想象”那段戏，演出本的舞台指示，就规定“蜜蜂”随着笑声从车体中走到观众面前，这些，都使得这幕剧更具有“小剧场”艺术的特点，因此有人将它称为我国“小剧场运动”的发端，似乎也不无道理。

此后高行健在1983年创作的另一部剧作《车站》，似乎明显地受到了贝克特的荒诞剧《等待戈多》的启示，它描述了一群在等待中耗损了生命的人们，他们只会对现实发牢骚，对命运抱怨尤，却不去付出任何实际的有意义的行动。其中之一“沉默的人”则与众不同，他在沉默中思考，然后迈着大步向远方走去。作者将其比作某种积极的和有意义的力量与人生观，进行了赞扬。这幕剧的不足，是人物事件的过分抽象和主题意向的明确指证之间存在不够和谐之处。

高行健话剧的代表作是演出于1985年5月的《野人》（北京人

民艺术剧院演出)。这是一部以“生态保护”为主题的三幕剧。在80年代中期,能够十分尖锐地提出保护大自然的主题,是十分敏锐及时和难能可贵的。剧情以一位“生态学家”在湖北“神农架”这块仅存的原始森林地区的见闻为结构线索,以“野人”有无的争论(野人在剧中的遭遇和出现可视为是“超现实”的虚构成分)为矛盾的核心,向人们展示了一幅仅存的原始自然正遭到永劫不复的毁灭性破坏的图景,让人触目惊心。这里到处是无止境的滥采滥伐留下的荒芜景象,麻木的人们无休止地滥捕滥猎,盘山公路已修到山顶,鼎沸的人声和开山的炮响使林中的鸟兽已无处藏身,昔日那静寂的、和谐的、生机勃勃的森林里的生命世界就要一去不返了,而这里的林区干部却只关心着自己的官职和开发林木的利益,那些浅薄的记者们竞相来这里采访也只是围绕“野人”新闻,为了他们自己版面的热闹。这块宝贵的森林资源地已经奄奄一息。多少年靠它养育的人们,也还远远未能认识到人与自然之间唇齿相依的生存关系,种种令人震惊的愚昧行为最终将葬送他们赖以依存的自然。

另一方面,剧作家也未忘掺入了积极主题的一面。除了生态学家的大声疾呼以外,一些人也朦胧地意识到保护生态环境的重要性,如“老歌师”曾伯的自我责备和反省,儿童“细毛”同情被圈套捆缚的“野人”,将它放掉,等等。最后,一直未出场的野人也露面了,并且以感激的态度向生态学家和细毛表示了友好,以暗示人与大自然终将和谐相处。

“野人”在剧中的描写基本上是“虚化”的,它具有双重的意义,一是它所负载的自然意义,它是自然生态中的生命现象;同时它也暗含了人类与自然的密切关系。野人也是人,它有着与人类相似的情感与人性,但却与自然更为亲近,从一定意义上说,它代表了人类祖先的生存境遇与特征,而对自然环境的毁坏和对野人的“不人道”的行为,实际上就象征人类对自身历史与生存的犯罪,“野人”形象所负载的主题意蕴主要应在这里。

《野人》在艺术上具有更复杂的特征。正像该剧导演林兆华所说的,“《野人》算是什么样的戏剧?似乎讲不清楚,以前没见过,当然也没排过这样的戏。按传统的分类,它是写实的?写意的?荒诞的?象征的?……属哪类?想来想去它像是十二属相以外的新玩意儿。”①

① 林兆华:《〈野人〉导演提纲》,见《探索戏剧集》,356页。

它把几个主题（生态问题、找野人、现代人的悲剧、史诗《黑暗传》的发现）以“复调”形式糅于一体，还插入了古歌、民谣、舞蹈和朗诵，结构是庞杂的，但作家以生态学家的“意识流动”作为贯串形式，就以虚化的方式将它们统一起来，有条不紊，而且富有层次感。

从舞台观念和技巧上看，《野人》剧更具开放和大胆实验的特点，如通过灯光、场景置换与舞台设计所造成的类似于电影的效果，如歌舞对白的插入、方言的运用、想象的结构作用和舞台艺术呈现、布景和道具的多功能化等，都使这部剧作显示出更加丰富成熟和具有“可观赏性”魅力的特点。

总体上看，80 年代初期开始的戏剧探索，在 80 年代中期达到了较为成熟并令世人瞩目的境地。在主题上，具有了更加深刻和多层次的特点，既始终关注于重大的社会问题，同时又越出一般的社会表层现象而具备了文化视域中的“复调”性与多维性。从艺术上说，则既突破了传统的现实剧方法，同时又不机械地模仿西方现代戏剧的艺术技巧，而是根据表现的需要进行大胆的综合，包括吸取小说、电影以及报告文学等艺术形式的手法技巧，充分运用并突破舞台艺术的技法，形成独特优势。最突出的表现在三个方面：一是突破了观众与演员之间的“第四堵墙”，突破了舞台艺术假定性的绝对性；二是突破了“现代进行时”的舞台时空效应，通过对人物意识想象的设定取得更大的跳跃性和自由度；三是光、声、景、具的综合运用及其和歌舞剧艺术的融汇，也产生了十分新鲜的舞台效果。

但是，在现代社会与现代传媒条件下，戏剧这种艺术在总体上已面临根本性的挑战与考验，作为一种古典时代艺术的余脉，戏剧由于它对舞台演出这种“一次性”具体时空条件的依赖，而变得无法与新崛起的更加具有超时空自由的电影、电视艺术进行竞争，所以，它的衰落似乎是无法避免的。尽管 80 年代的戏剧艺术家们作出了执著的探求与努力，但似乎仍难挽救现代话剧的命运，自 80 年代后期以来，再也未能出现新的有影响的艺术突破。

# 第四章　新历史主义文学思潮

历史叙事……利用真实事件和虚构中的常规结构之间的隐喻式的类似性来使过去的事件产生意义。历史学家把史料整理成可提供一个故事的形式，他往那些事件中充入一个综合情节结构的象征意义。……这正是他们的著作的效果之一。

——海登·怀特：《作为文学虚构的历史文本》

……我随意搭建的宫廷，是我按自己的方式勾兑的历史故事，年代总是处于不详状态，人物似真似幻……我常常为人生无常历史无情所惊慑。……人与历史的距离亦近亦远，我看历史是墙外笙歌雨夜惊梦，历史看我或许就是井底之蛙了。什么是真的？什么是假的呢？

——苏童：《后宫·自序》

## 一、背景：历史理性的瓦解与困惑中的追问

对历史文化的执著，是80年代中国知识分子和作家们一个斩割不断的情结。对现实的焦虑和不安，使他们渴望到历史中寻求答案和出路，并找回民族情感上的自尊。这就注定要将这个年代文学的空间引向历史。在80年代中期，整个文化学术界出现了一个关于历史、文化、民俗与宗教研究的热潮。然而，在这场研究的热潮中，关于它的“目的”性，却经历了一个巨大的落差与转移，在一度时间里，写作者相信，他们对祖先历史文化的发掘和寻找可以直接服务于当代中国人的精神启蒙与文化重建，这一点我们从1982年至1985年的许多诗人和小说家的言论中都可以看出。然而事实上在历史题材的写作中，这样一个目的却难以得到实现，当他们把审美的目光投向某些积存了古老民俗与风情的“文化板块”和生活在这里

的那些"先祖遗民"时，连他们自己都感到心虚和困惑，难道这就是他们要重铸的民族文化精神？很明显，历史空间写作的目的必须"下移"，它不可能给中国当代文化的走向提供现成的范本，它所力主张扬的民族传统中的"感性生命精神"，也仅只能存在于审美的想象之中，写作只是追怀与献祭而已。当写作者一旦意识到这样一个矛盾，以及不得不面对将目的下移的境遇时，他对历史的介入姿态马上也会发生变化，即介入主体突然"缩小"，他不再是当代民族文化实践的映像和"化身"，那种自认为可以洞穿历史的黑格尔式的"历史理性"与文化判断力瓦解了，消散了，他变得孤立、渺小起来，而他面对的"历史"本身却飘忽弥漫起来，成为一团谜一样的烟雾。这一点，只要我们将贾平凹、郑义、韩少功（甚至包括莫言）等人的"寻根小说"同苏童、叶兆言、格非等人的"新历史小说"稍加对照，就不难得到证实。

知识背景的变化是文学新历史主义意识产生的直接原因。在原有阶级论和认识论的基础上，当代文学曾诞生过包括姚雪垠的《李自成》在内的大量历史题材的小说作品，但受到过于狭隘的历史观的限定，它们大都变成了某种"红色官史"的虚构，成了红色主流历史的演义，而除此之外的其他历史因素则被排挤在历史和文学的文本之外，历史本身丰富的事实和丰厚的文化蕴涵被取消了，在《创业史》、《红旗谱》、《红岩》等小说中，历史叙事成为了"党史叙事"的附庸物，甚至其关于"史"与"谱"的系统讲述，都必须遵循革命史观的阶段划分法。这种情况到80年代前期才有所改变，随着简单阶级论、庸俗认识论观念的瓦解和文化学方法的恢复与拓展，历史观念向一种客观和理性的方向发展，历史探寻的热情、寻求历史本真的理性判断与目的，以文化社会学、宗教民俗学、文化人类学等新的方法论为指引的近代科学主义的历史观，成了历史文化与民俗研究热潮和寻根文学思潮产生的直接动因。但是，在上述带有科学主义倾向的历史方法中，同时也包含了非理性的因素，比如由弗洛伊德的泛性论观念延伸而来的一些思想，如关于人类爱欲是历史文明的"动力"的观念，种族记忆、集体无意识对民族心理结构的影响的观念等等，在给作家以启示的同时也都使他们产生深深的困惑。他们对历史的理解和把握由此而产生了根本性的位移，即由原来着眼于主流历史的"宏伟叙事"，转向了更小规模的"家族"甚至个人的历史叙事；由侧重于表现外部的历史行为到侧重揭示历史的主体——人的心理、人性与命运；由原来努力使历史呈现为整体统一的景观，到刻意使之呈现为细小的碎片状态；由原来表现出极强的认识目的性——揭示某种“历史规律”，到凸显非功利目的的隐喻和寓言的模糊化的历史认知、体验与叙述。这些都构成了寻根文学向新历史主义文学过渡的背景原因，及其审美特征。

在上述转折过程中，结构主义的理论启示起到了关键性的作用。很显然，在80年代中后期，“新历史主义”作为独立的理论方法尚未得到译介和关注，因而不能想象在国内已经出现了一股以“新历史主义”方法为指导的“新历史主义文学思潮”。但是毫无疑问，结构主义乃至后结构主义的理论，在80年代中后期却已对当代中国的学术文化产生了重要影响，而结构主义和后结构主义也正是西方新历史主义的基本方法。正像西方学者所指出的，“新历史主义出自……后结构主义，出自米歇尔·福柯的历史编纂学”[1]。结构主义历史学与文化学的研究，在80年代中后期已经广泛地影响到当代中国人的历史观念，如克洛德·列维-斯特劳斯的结构主义人类学，在1986年和1987年就已经被陆续译介。同时，结构主义语言学、符号学的方法也渗透到历史与文学领域，它们最大的影响就在于改变了人们关于文本的传统观念，看见了它内部的各个构成要素，并因此产生了对于文本同内容之间的关系的质疑和种种新的认识。反映在文学的历史主题写作中，就是一方面对作为“文本”的历史的真实性发生了怀疑，同时又对作为“存在”的历史的真实性——“究竟发生了什么”[2] 产生出强烈的兴趣，并努力寻求新的文本表达方式，这就“引起了逼挤正统和颠覆性的冲动”[3]，他们对以往的“主流历史”采取了不约而同的拆解态度，一改以往那种被动和屈从的“对由稳定不变的、结成一体的历史事实构成的‘背景情况’的反映”[4]，而转为采取那种类似福柯的“历史编纂学”式的“多种声音的奇怪的混合”的方式，由此，“全部的社会生活都在其最古怪、最细微末

---

① ［美］朱迪丝·劳德·牛顿：《历史一如既往？女性主义和新历史主义》，见张京媛主编：《新历史主义与文学批评》，202页，北京，北京大学出版社，1993。

② ［美］海登·怀特：《作为文学虚构的历史本文》，见张京媛主编：《新历史主义与文学批评》，163页。

③ ［美］弗兰克·伦特里契亚：《福柯的遗声——一种新历史意义?》，见王逢振等编：《最新西方文论选》，465页，桂林，漓江出版社，1991。

④ ［美］弗兰克·伦特里契亚：《福柯的遗声——一种新历史意义?》，见王逢振等编：《最新西方文论选》，465页。

节的层次上”[1] 得以再现。这样，文学便成了“一台记录文化领域里十分复杂的斗争与和谐的特别敏感的记录器”[2]，它由此获得更广泛和原本的真实。

这就是所谓的“新历史主义”的历史哲学，或者“一种文化诗学”的基本观念，所谓“历史”，是由一大堆“孤立的事件”，按照“类似文学文本”的“修辞方法”编排起来的“虚构体”，作为一个“修辞想象”，它生出的一个“关于历史的隐喻形式”——被我们“当成了历史”。这种颠覆历史的理解，一方面使我们更加自觉地怀疑历史的终极性与真实性，同时，也使我们对于历史的真相有了更多追问的冲动，以及解答的可能。

很显然，当我们把西方新历史主义的观念同1987年以后的新历史小说，甚至在80年代中期的第三代诗歌中的某些作品相比较的时候，会发现种种惊人的契合之处。这并不是完全的巧合，也不纯然是我们出于主观的误读与比附，而是来自当代西方文化人类学、符号形式哲学和结构主义等哲学方法的影响的结果，它们是西方新历史主义观念的思想和哲学基础，同时也影响了当代中国文学中历史与文化意识的更新。事实上，当代中国的作家和诗人们在理论上表现了令人惊叹的卓越直觉和敏感的悟性，比如早在1984年至1986年出现的“整体主义”、“新传统主义”和“非非主义”等第三代诗歌群体，就已经以相当自觉并且已经“消化”得很好的结构主义理论来导引他们的文化与语言策略了，尤其是“非非”，他们在1986年的诗歌大展中对自己的诗歌理论主张的阐述，实在已远远超过了同时期国内理论界对结构主义理论的认识深度。从这个角度上，说当代中国文学从80年代中期已出现了一个具有“新历史主义”特征的文学思潮，并不是没有根据的臆想。

除此，现代西方某些史学流派观念的影响，也应是当代中国文学新历史主义观念的重要的理论渊源。如早在1982年，上海人民出版社就出版了田汝康等编选的《现代西方史学流派文选》，其中收入了狄尔泰、雅斯贝斯、克罗齐等哲学家和史学理论家的论著，他们的史学观念融合了存在主义、精神分析学、结构主义、计量统计学等各种理论，成为以福柯为代表的当代新历史主义理论的前引和基

---

① ［美］弗兰克·伦特里契亚：《福柯的遗声——一种新历史意义?》，见王逢振等编：《最新西方文论选》，465页。

② 斯蒂芬·格林伯雷语，转引自王逢振等编：《最新西方文论选》，464页。

础，这些史学思想同样也直接或间接地影响到当代中国史学观念的变化，并进而影响到当代作家的历史意识。

## 二、“第三代诗歌”的新历史主义意识

在80年代中期许多诗人的意识中，“历史”具有某种绝对的意义，是与“神性”、“神话”和“真理”等终极事物，或德里达所说的“关于存在的形而上学”相联系的，是他们的“宏大叙事”所赖以凭借的载体和价值依附的根基。正像杨炼所笃信的，“倘若屈原只是直接表达出他在当代社会条件下的追求和悲愤，而没有在《离骚》、《天问》等诗中叩问历史、自然乃至宇宙的起源，他就不足以作为一个中国诗人最伟大的代表和民族精神的象征”①。基于这类观念，诗歌的历史主题、文化寻根主题在这个时期得到了极端的张扬。

但是，历史文化主题的热度中同时也包含着危机和转机。首先，诗歌本身的形式已经决定它不可能像小说那样去演绎历史，而只能去面对历史的“碎片”，和那些“积淀”着历史内涵的文化遗迹与象征物。其次，就杨炼等人所描写的历史文化的对象物来看，它们本身作为传统象征所具有的善与恶、文明与愚昧、价值与悲剧等内部的复杂而分裂的二元特性又是矛盾的，除了具有某种认知和审美意义，不可能对于80年代“重铸灿烂的民族文化”的历史命题构成实践效用。因此，从杨炼等人的主张来看，他们又更加看重历史的“原素性”及其与今天的关系。杨炼说，“传统，一个永远的现在时”，而我们的任务就在于“发掘其‘内在因素’并使之融合于我们的诗”②，这样一种历史观念，实际上已相当“新”，“新”得同克罗齐的名言“一切历史都是当代史”、同格林伯雷所说的“把历时性的文本转化为共时性文本”毫无二致。但是，从杨炼的诗歌来看，他却往往被“历史的素材”本身所框定和局限，半坡、敦煌、西藏（宗教文化风俗），依次写完这些又写古代文化，直至以《周易》入诗（如《自在者说》、《与死亡对称》等）；同时，江河对于古代神话的重释也不免陷于复述的空泛（《太阳和他的反光》），其他诗人也存在一哄而上、互为模仿，咏历史必借遗迹、写文化必有“陶罐”的问题。

---

① 杨炼：《智力的空间》，见吴思敬编：《磁场与魔方：新潮诗论卷》，125页。

② 杨炼：《传统与我们》，见老木编：《青年诗人谈诗》，73页。

较早意识到这些局限，并试图对之有所超越的，是成立于1984年的四川的“整体主义”。他们对于杨炼江河们的发展和超越表现在较为自觉地越出了历史表象遗存的拘囿，而从古老的东方智慧和现代“全息宇宙生物律”中获得了启示，“整体一元论的东方意识使他们忽然高纯起来，透明起来”①。他们“接受了荣格的‘原型’说，主张对影响民族的‘旧的感觉方式’加以探寻。于是他们正在触动一个要点：离开了对传统道德、观念即内容的批判，已进入到对中国人特定的情感结构、语言结构、思维结构的追逐之中”②。整体主义的倡导者之一石光华也说，他们的目的是要重新发掘民族的“集体意识”、“文化心理结构”，他一方面盛赞了杨炼的努力和贡献，认为他的意义在于对传统“不是被动的继承，依靠民族心理的默无声息的遗传来获得某种民族习惯”，而是“积极地加入，带着我们这一代人新鲜的生命力，使传统的河流更加广阔深沉”；另一方面，他又更加越出杨炼所凭借的那些历史表象，“在一弯月亮、一脉清风、一片青草、一声蝉鸣中，感受和发现了无限和永恒”。看到了中国人历史传统中的“神韵”，“把有限与无限、静止与运动、时间与空间等诸多宇宙基本矛盾统一起来趋向合二而一的极致”。他还强调了“带着个人的独创性加入传统”③ 的方法。上述这些历史观念与方法如果稍加概括，不外乎这样几个方面：第一，寻找历史的“原素”，越过历时表象，重视共时本质，所谓“整体论”、“全息观”“文化心理结构”、“集体无意识”、“原型”等，即是原素所在；第二，结构主义的历史方法，所谓从一弯月亮、一脉清风……中感受无限和永恒，即闪现着来自结构主义符号学、结构主义文化学和历史学的启示；第三，历史的个人化视角、个人（现代）与历史的对话，在杨炼和石光华等人那里，也都明显地强调了这一点。这三个方面正是“新历史主义”主要的历史方法。美国最重要的新历史主义理论家海登·怀特曾引述著名的原型理论创立者诺思鲁普·弗莱的话说，“当一个历史学家的规划达到一种全面综合性（指对历史的各种表象事实予以总结——引者按）时，他的规划就在形式上变成神话，因此接近结构上的诗歌”④。海

① 徐敬亚：《圭臬之死》（上），载《文学研究参考》（内部），1988年第6期。

② 徐敬亚：《圭臬之死》（下），载《文学研究参考》（内部），1988年第7期。

③ 石光华：《企及磁心·代序》，见吴思敬编：《磁场与魔方：新潮诗论卷》，127～134页。

④ ［美］海登·怀特：《作为文学虚构的历史文本》，见张京媛主编：《新历史主义与文学批评》，161页。

登·怀特认为，即使是在历史本文中，也同样存在“文学虚构”的问题，因为任何历史的文本形式，都离不开从材料到结论的文字的“结构”方式，因为这样，“历史”同“神话”（虚构）之间就产生了一种亘古而然的剪割不断的联系。这不但揭示了历史学自身的某种“可疑性”，同时也指出了诗歌同历史结合的可能。

海登·怀特的这些看法与中国传统中的某种历史观其实是不谋而合的，在中国古代一直存在着“文史一家”、“诗史互喻”的观念，如司马迁《史记》的叙事便是文学化的，是最早的“人本主义历史叙事”的典范，它的历史叙述不是按照时间顺序、朝代纪年来进行的，而是按照人物的履历来讲述的，无论是“本纪”、“世家”、“列传”，都是按照“人物本体”和“生命单元”来构建的，所以生成了鲜明而强烈的文学色彩。《史记》的这种叙事方式，致使中国历史和文学中的“史传”传统得以广大，并且产生了深远影响。某种意义上，说中国人的历史观念中有一种古老的“文化诗学”或“历史诗学”的思想，是并不过分的。在《三国演义》、《水浒传》等讲史小说中，都掺入了作者类似的浓重观念。“古今多少事，都付笑谈中”之类的说法，其实是把历史当作了人生，将历史理解与生命经验合为一体来予以处置，这某种程度上也是“用文学的方式来处置历史”的一种自觉——不是一种古老的“文化诗学”或者一种“原发的新历史主义”是什么呢？

不过，究其实质，海登·怀特是出于结构主义的视点而对“历史本体”发出了探究和质询的，而这样一来，刚好反证了诗歌写作中新历史主义方法的合理性。的确，诗歌不可能像历史学那样以完全“求真”的态度去面对历史（即使对历史学而言，这也仍是一个“神话”），从这个意义上说，诗歌中的历史已天然地近乎于“虚构”，因为它是诗性的言说。不过，古代的史诗又的确是曾试图达到“信史”的境地（如《荷马史诗》）；之后的文人史诗（如维吉尔的《埃涅阿斯纪》、弥尔顿的《失乐园》等）就变成了一种“仿写”，他们对历史的解释实际上已安于象征或隐喻的方式；再后来，历史在诗中逐渐化成了“共时态”的东西——正像拜伦在《唐·璜》中所说，“战争，爱情，风暴，这是史诗的主题……”爱与死，道德与人性、战争与和平，成为历史中所提炼出的永恒元素。在但丁的《神曲》中、莎士比亚的悲剧中、歌德的《浮士德》里、拜伦的《唐·璜》中，都不难找到答案。在中国，由于史学的发达，“野史”叙事的极其丰富，而使得诗歌成为了专业性的“抒情”文体，因此，80年代初的许多诗人都如梦初醒地意识到中国缺少“史诗”，这种遗憾在这个年代日渐高涨的民族自省意识中，在几乎遍及全民的历史民俗热、宗教文化热、文化人类学方法热衷，在杨炼等人一度轰动的“现代史诗”的写作实验的热闹场景中，当然会成为梦想创造“辉煌史诗”的动力。但是，在当代文化条件下，当代的诗人们将用怎样的姿态介入历史？这更是他们苦思冥想的命题。由于汇合了结构主义方法的符号学、心理学、民俗学和文化人类学的启示，他们的历史观念与方法也必然地带上了时代的特征，具有了某些“新历史主义”意识倾向。

但是，“整体主义”未免又落入了“东方文化”古老的泥淖和陷阱，文化的可怕从来都是源自其“结构性的痼疾”，一个结构性的巨大黑洞，一旦认同它的观念与价值，很容易便又陷入一种虚幻和神秘的玄学陷阱。石光华、欧阳江河、宋渠、宋炜等人所作的那些“现代大赋”，正像有的评论者所说的，令读者“看到的更多的是意图，而不是才气，不是清澈的诗流，而是用手拧开的自来水，连绵不绝，夹杂着半消化的词语与古典。这些都令人感到诗人们没有达到生命的纯净，对自身的体验尚不能游刃有余”[①]。它们仿佛是一篇篇还未理清思路的关于文化思考的论文，黏稠、臃肿、浑浊，在言说中难以回避尴尬的自我遮蔽。如宋渠、宋炜兄弟的《大佛》，他们仿佛是要通过对世俗苦难轮回的抒写表达对佛教某些观念的体验与认同，但这一主题却并未获得深邃有力而精湛澄明的呈现，它的充满叙事意味的长句子拖沓乏味，令人难以卒读：

中国人　一个空洞而抽象的面容吸引了每一个南方人潮湿的目光　太阳化了

北方　东方　西方的平原和大洋和荒漠被一个神秘的名字晕眩了　头抬起来又终于垂埋下去

因为他有一个唯一上升着的名字　他是大佛　一个坐着的宁静坐着的永恒

一千年一万年注定都会宁静而永恒地坐着　同时又仿佛有什么形而上在上升

---

① 徐敬亚：《圭臬之死》（下）。

“体验”以及体验中对传统的认同甚至崇拜敬畏，实际上成了阻挡“整体主义”前进的内部惰性。与此相比，出现于1986年“现代主义诗歌群体大展”中的“新传统主义”则迈出了新的步伐。

“新传统主义”是以对杨炼所引导的寻根诗歌以及与“整体主义”伴随出现的“民族主义”诗歌的反对者的姿态出现的，它对这种倾向的批评非常激烈：

> ……我们注释神话，演绎《易经》，追求当代诗歌的历史感，竭力夸大文学的作用，貌似忧国忧民，骨子里却渴望复古。渴望进则鸟瞰诗坛，万声归一；退则仙风道骨，弹铗于桃花源中。用现代派手法表达封建的怀旧意识，是当前所谓“民族主义”诗歌的显著特征之一。①

反对倾倒在历史和古代文明的脚下，“反对艺术情感导向任何宗教和伦理”，主张对“民族的集体潜意识”的“破坏”，张扬原始的野性生命力量，成了“新传统主义”者的艺术主张，他们宣称：“新传统主义诗人与探险者、偏执狂、醉酒汉、臆想病人和现代寓言制造家共命运。”② 这种主张，不难看出同1986年前后的小说，尤其是莫言在“红高粱系列”小说中所展现的那种为感性生命和酒神精神所映耀的历史意识的内在一致与呼应。在廖亦武的《情侣》中，我们会看到这种重新向历史中寻找野性生命力和精神家园的努力：

> 儿子嗷——！
> 从人的村庄回来
> 从铁的囚笼回来
> 这儿是你的家
>
> 我会用狼奶喂你
> 我会用皮毛暖你
> 我会把你驯成能杀死野牛的英雄
> 你是未来的荒山之王
> …………

---

① 《中国诗坛1986，现代诗群体大展》，载《深圳青年报》，1986。

② 《1986中国现代主义诗歌群体展览》，载《诗选刊》，1987年第1期。

当我老了
葬身你的空腹是我的荣幸
从此再分不清妈妈和儿子

儿子嗷！从人的躯壳里回来
从理性的枷锁里回来
你是我的……

回到传统，不是回到那些理性的枷锁之中、古老的文化陷阱之中，而是回到蓬勃强健充满原始力量和本真意味的生存状态，这才是新传统主义探寻历史的根本目的。这里充满了关于历史的激情、焦虑与想象，正像弗雷德里克·杰姆逊所描述的那种“精神分裂症式的历史主义”（schizophrenic historicism）一样，“不只是美学热情，或是尼采式的剩余与兴奋，也加上了完全不同的感觉范围——晕眩、厌恶、忧郁、恶心和弗洛伊德式的非净化过程——这些是在接触过去的文化时所产生的‘真正’可能发生的模式”①。

相比之下，另外的一些诗人在面对历史时则更加冷静，历史变成一种透射着古老寓言的时间陈迹，它映现着今天，映现着人类和种族生存的沧桑和永恒，它们是“今天与历史的对话”，或者说，“历史”实际上只为写作者提供了一个“修辞想象”的空间，这很像是苏童等小说家在写《罂粟之家》和《1934 年的逃亡》那一类作品时的情形。试读西川的《读 1926 年的旧杂志》：

一页一页翻过，疏散的枪声
远远越过枯竭的河流
发黄的广告竟魅力无穷
我无忧无虑地看那纸上的
夕阳陨落
…………
一九二六年会有一个青年
翻阅更破旧的杂志
嘴里嚼着宝石般的花生米

① ［美］弗雷德里克·杰姆逊：《马克思主义与历史主义》，见张京媛主编：《新历史主义与文学批评》，32 页。

在太平洋西岸
荒芜的花生地里，季风
吹得诗人的草帽歪斜
很多事物需要慢慢咀嚼
甚至很多年，那些事物
依然新鲜
完全是我们身边的
昼与夜，我们脚下的
地板头上的屋顶
我在初春的窗下
读一本旧杂志直到黎明

1986年以"新古典主义又一派"自称的西川在这首诗中，的确如他自己所说，是"复活了一种回声"，他是在一种充满着时光陈迹、古旧气息和生存飘忽的感伤中"讲述家园"[①] 的，从格调上看，的确同1987年以后苏童等人的新历史小说有相似之处。

在寻根诗人那里，历史主要是被理解为一种二元对立和复合的状态，其博大与渺小、玄奥与愚昧、悲剧与价值都是以对立与依存的形式出现的，在杨炼的所有诗篇中，几乎都贯穿了这一思想。这是他笔下的"陶罐"："……哦，黄土的儿女，无垠之梦的儿女呵，胸前纹绣着/解脱阴影的鸟，和一头徘徊在悬崖绝壁上的饥饿的野兽/越过狂暴的沙砾，黑麦田后面，期待/而流血的手只能深深挖掘自己始终被抛弃的命运/……而流血的手却紧紧攥住自己贫瘠又珍贵的命运。"（《半坡组诗·陶罐》）作为种族徽记和命运的象征，陶罐的质地、形状、境遇和历史完整地再现了一部华夏民族的生存历史，负载了它全部的辉煌与苦难。这显然是一种带有严肃的启蒙意识的历史情感。而如果我们再看看一些更年轻的诗人笔下的陶罐，感觉就完全不同了，在他们的诗中，由陶罐所负载的民族历史与生存内涵，已完全呈现为一种"杂碎"状态。如阿吾的一首《写写东方·一只黑色陶罐容积无限》[②]，在这首诗的前半部分，作者基本上还贯穿了与杨炼相似的主题，用陶罐在"黑色暴雨"与"黑色烈火"中定形凝固的过程，隐喻了民族历史与文化的形成过程，以及最终成

① 《1986年中国现代主义诗歌群体展览》，载《诗选刊》，1987年第1期。
② 《青春诗会》，见《诗刊》，1986年第11期。

为陶罐一样的“黑洞”的结果；但在诗的后半部分，则一转这种严肃的阐释为戏谑性的“拆解”，使历史由一种想象集合体的“整体”被打碎为散落的碎片，并因此折射出多种不同的答案和结果：

说世界就装在一只黑色陶罐里
真不是什么吹牛皮的话
她以不变的姿态满足你常变的要求
你感到异性的呼吸吗
请绕陶罐走上一周
你感到胜利的喜悦吗
请绕陶罐走上一周
你感到背井离乡的孤单吗
请绕陶罐走上一周
你感到人情世事的冷漠吗
请绕陶罐走上一周
你感到走上一周疲倦了吗
请绕陶罐走上一周

结果在墓穴中人与陶罐同葬

在内容的真实和富有启示方面，我不能不说它超过了前者，在这里，历史呈现为一种多棱体和放射性的景观，它内部的复杂结构在富有戏剧性张力的“修辞想象”中得以揭示和暴露——历史本来就蕴涵了无数的歧路与可能，新历史主义者正是意识到这一点，才试图通过更加丰富的形式去揭示它的内涵。海登·怀特等人把新历史主义描述为一种有关历史与文化的“诗学”，其用意也正在于此。第三代诗人在介入历史时所持的这种“解构”姿态，极巧妙地暗合了此时还并未以理论形式引进的新历史主义方法。

在拆除主流历史观念，打碎传统的历史文化幻象和重现历史的边缘景观方面，廖亦武是做得比较多的诗人。在他的长诗《巨匠》中，他用刻意敲碎逻辑与秩序的语言出入历史与现存、真实与幻境，制作了一幕幕斑驳陆离、异彩纷呈令人目不暇接的“交叉文化蒙太奇”的骇人景观，由此折射出历史与现实丰富复杂的存在状态。尤其是在其第五部《天问》中，他用上百个问号和“洗牌”一样的破坏性、拆解性的修辞方式，营造了一个“杂乱无章”无头无尾无始无终无正无反的历史与存在空间，让历史的各种因素与各种景象都处在“骚乱”的被激活状态：

> 请问国家怎样开始？怎样结束？存亡兴衰，其间奥妙何在？阴谋是治国之本，弥天大谎被写进教科书，供孩子们天天朗读，请问谁是衣衫褴褛的君王？谁是主宰天下的小丑……
>
> 请问你居住的房间，曾经是哪个朝代的驿站？……你是否见过炎帝、神农、大禹、商鞅、项羽、虞姬、唐太宗、孙中山、鲁迅、蒋介石、李金发从凝固的波涛中上岸？
>
> ……太监是古中国的特产，请问是谁发明了现代精神阉割术？请问李白为什么失意？沈从文为什么隐居？文字狱缘何而起？儒道互补自何时被奉为臬圭？请问为什么在正史之外有野史，在野史之外，还有手抄本流传民间？
>
> 请问我们的想象力为什么如此贫乏？神话的巨瓮，为什么只剩下些辉煌的碎片？……

在这首诗里，修辞方式最大限度地以混合和交错的形式，调集了来自历史与现存的各个角落里的事物，使它们成为映现历史无边而无序的复杂与偶然性质的材料与隐喻。其中，“野史”、“民间”、“碎片”等，都是富有“字眼”意义的词语。它们也可以透示出作者刻意质疑、抵抗和“解构”正史的修辞策略与历史意识。从结构主义的角度看，“伟大的历史叙事”必须依靠那些富有逻辑关系和神话色彩的庄严而崇高的语词（如杨炼的诗中经常出现的“神殿”、“颂歌”、“英雄”、“真理”、“死亡”等频率最高的语词）来实现，而在廖亦武的诗中，则大量出现着“侏儒”、“妓女”、“白痴”、“交尾”、“肛门”、“厕所”等充满“恶意”的词汇，以此构成边缘化、卑贱化和溃败式的历史叙事。这同海登·怀特在评论新历史主义时所指出的他们那种对于“在特定的历史时空中占优势的社会、政治、文化、心理及其他符码进行破解、修正和削弱”，而对那些“历史记载中的零散插曲、轶闻轶事、偶然事件、异乎寻常的外来事物、卑微甚或简直是不可思议的情形等许多方面表现出特别的兴趣”的特征，以及朱迪丝·劳德·牛顿所形容的所谓“交叉文化蒙太奇”[①] 的方法可谓十分相似。对于后者，我们还可以在廖亦武的另一首长诗《黄城》中得到印证，这首诗差不多正是以纷乱的电影蒙太奇的手法，汇集了众多不可同日而语的事物和景观，从而对不断重复的历史、现实与未来作出隐喻式的描述：“……不准通行。这里正拍摄历史片//……岁月蹉跎。往事如烟飘逝。我踅进电影院重温旧梦……//红墙垮了一段又一段。万众奔命。汨罗贵族屈原披头散发。跪饮护城河嚎诵《国殇》。第三代皇家密探混迹人群。伺机捉拿间谍头子白鸟。殡仪馆老板徐敬亚趁机抛售黑纱。发动国际嚎丧运动。乌云癫狂。揉弄浩浩无际的脑袋。每一张嘴却发出乌鸦的叫唤。我捂住耳朵我受不了我喊妈妈妈妈妈妈。”这种类似对不同的“文化符码”和“文化本文的并置”的方式，同新历史主义的某些结构策略一样，强烈而出人意料地起到了对历史的丰富性、动态性的隐喻作用。

在许多情况下，上述这种并置的隐喻性的历史符码，有时也会演变成一种纵向历史景观的被“提取”之后的横向展开。事实上，诗歌对历史的叙述不可能完全按照历史的时间顺序来展开，它更多地是通过某些形象的喻体去归纳历史的某些特征，这也正是许多先哲看重艺术对于历史表现作用的原因。比如泰纳就说过，“一首伟大的诗，一部优美的小说，一个高尚人物的忏悔录，要比许多历史学家和他的历史著作对我们更有教益”[②]。因为它们的形象中涵纳了更多的历史现象与原素。正是基于这一点，新历史主义的理论先驱之一，路易斯·蒙特鲁斯提出了“用一种文化系统的共时性文本代替一种独立存在的……历时性文本”[③] 的理论策略。在第三代诗人的作品中，我们也经常能够看到他们对历史的这种“共时归纳”和“历史拆解”。如西川的长诗《近景和远景》实际上就是通过许多互不相关的喻体对历史的“切碎”和重新编排，历史在这里已散落并被“编辑”成五光十色斑驳陆离的“成串的鳞片”，所有的表象事实都已被“经验化”了——被抽取为共时性的“原素”，比如它的末章《海市蜃楼》就是对一部人类精神历史的“压缩”式的概括：

---

① ［美］朱迪丝·劳德·牛顿：《历史一如既往？女性主义和新历史主义》，见张京媛主编：《新历史主义与文学批评》，203页。

② 伍蠡甫主编：《西方文论选》（下），241页。

③ 见王逢振等编：《最新西方文论选》，496页。

大气中由于光线的折射作用而形成海市蜃楼。那是物质变成精神的最好例证，精神的房屋、精神的广场、精神的野百合、一百零八条好汉、贾宝玉的三十六个女朋友。……换一种说法：空中楼阁——置世俗律令于不顾，置人类于被挑选的境地。它既不属于现在，也不属于过去，也不属于未来。作为我们关于家园和乌托邦的隐喻，它游离于时间之外。其神学意义在于：瞬间即成永恒；其美学意义在于：远方是一种境界；其伦理学意义在于：幸福即是在苦闷彷徨中对于幸福的关注。任何一幅画、一首诗、一本书，都与海市蜃楼有关。

如果说西川此时的诗还因其带有过重的理智，他的平静、形而上和书生气都使其历史感被过分虚化的话，那么我们从钟鸣的长诗《树巢》中，则更能够充分地感到历史的某种撞击力。这首巨型的作品（仅第一章就长达近1200行）以四个“原型”主题对民族的历史作了个性化的理解和归纳。在题记中作者自注：“《树巢》分为四个独立的篇章：第一章《裸园》（诗体），语义类型为（逆施），是追述汉族的自我攻讦性，也就是隐蔽在每一个灵魂中的‘杀人妖精’，从而涉及人类从植物崇拜到毁灭自然生态这一最为广义的屠戮主题；第二章《狐媚的形而上疏证》（阐释体），语义类型为（歧义），它将描述‘狐媚’的神话隐喻，涉及‘文字狐媚’在本体意义上的四种形态；第三章《梓木王》（小说体），语义类型为（情境），主要描写人类对待植物的三种态度，也是三种情况；第四章《走向树》（随笔体），语义类型为（还魂），它关联到我们世俗生活中的‘物相’和‘木’的终极观念。”[①] 从这段阐释中我们不难看出，作者从结构主义语义学和人类学那里所受到了方法论的启示，或许过重的“文化语义”的追求导致了修辞上的“极限化”倾向，在文本上的极限化风格导致了其表达的欲速不达——如第一章第二十二节的第二部分便是一段根本未加标点的文字，一个长达一千余字的“句子”，这种写法在一定程度上反而遮蔽了他所要表现的思想——但透过其的文字，我们仍可见出作者对于人类漫长生存历史，特别是暴力思想和专制倾向的不断发育的历史的追溯与思考。在这里，历史的渊源与其当代的命运之间不断互为印证，更强化了一种试图“把摸历史内部”

---

① 万夏、潇潇主编：《后朦胧诗全集》（下卷），324页，成都，四川教育出版社，1993。

的意图和力量。这首诗与杨炼、江河等人的一些巨制相比较，虽然都试图揳入一些民族的原型主题，但钟鸣却成功地越出了历史客体的时空框定，而达到了相对自由的境地，并且由于这种自由而更大的历史穿透力，如第二十九节《遁世纪》中的第五部分：

我的人民不分白昼黑夜，死里逃生。人民，
就是那些将生死置之度外的人，
是釜中的鱼，甑里的灰尘。肉归于土
而灵魂和动作归于风眼。他们
保持着最大的忠实。人民啊，就像一群鬼，
道德的化身……
阴暗而痛苦。人民，就是被污辱屈节的
形象。他们双手拎着耳朵，想听清楚，
神究竟对他们说过什么，
他们就生在风里，但没有一个有力确凿的证词。
…………
一个虚构的人虚构了他的人民。

“一个虚构的人虚构了他的人民”，这个“关于存在的形而上学”，在多少年中曾经让虚构它的人心往神驰、激动不已，这个词语统治中国人的价值观长达多少年，但很多时候却是一个“不包括个人”（王朔语）的神话。某种意义上，钟鸣的诗中找到了“旧历史主义”与“新历史主义”之间最根本的区分，那就是主体的不同，曾经的主流历史观念所构造出的是一个没有个体主体的虚空而伟大的历史，而新历史主义的历史观所真正信赖的则是以个体生命为本位的碎片的历史。

曾标举“莽汉主义”的诗人李亚伟也有关于历史主题的书写，但他“不喜欢那些精密得使人头昏的内部结构或奥涩的象征体系”，而主张以“破坏、捣乱”的姿态“炸毁”原有的“文化心理结构”，所以他笔下的历史主题也就具有了几分“解构主义”的意味，在长诗《旗语》中，他按照个人的经验形式，对历史和现实进行了一次瓦解性的“旗语”式的编码，“我不说一段历史，因为那段历史有错误”，“因为历史只是时间而已，政变和发财！”在这首诗中，上一个红色暴力年代的景象通过颠倒、拆散和施虐般的挥舞驱遣，而获得一次反讽语境中的再现："我看见一个被学问做出来的美女在田间劳动/用轻巧的双手把未来编织成公社/在里面学习、敬礼和散步/北方的油灯照见了哲学和战斗的场面/她用水库中的脸护守画报上的禾苗/用树边的嘴唇吻城里那个勤奋的青年。"这是充分个人化了的历史经验，但它却是更具有概括性和穿透力的活的历史，它活画了历史在某一时刻特有的风景，使它作为影子和闪回的画面真实生动地再现了一次。值得注意的是，在这首诗中，富有才华的李亚伟还以其不无偏执的修辞的"暴力欲"，对构成历史的本文与语词进行了执意的窥探、把玩和戏弄，以往庄严和整饬的文本的历史现在成了这个样子：

> 赶走皇帝成了最后一次农业革命
> 那年胡豆不被当作胡豆
> 大麦不成为大麦，一部分成为工人，另一部分成了革命党
> 人民推翻皇帝在农村纠正了庄稼的方向
> 把农业打得一边歪，从堤坝上掉下来

再如：

> 我看见一个被汉字测出来的美女从偏旁上醒来
> 右手持剑左手采花
> 她用象形的一部分吟诗作赋
> 用会意的一部分兴风作浪
> 空前的美女！下加一竖是玫瑰
> 长在树上是妓女
> 摘下来的格言警句是一年中最后的收成

最后一个需要提及的诗人是海子。在海子的诗中，历史既不是作为事实，也不是作为观念，而是神话。是海子使当代诗歌重新获得了同古代先人那样用神话叙述历史的方法，这是最古老的、同时也是最新的方法。在海子的历史神话主题中有两个基本要素，这就是"民间"和"大地"。"民间"使他笔下的历史主题得以接近最原始的经验形式；"大地"则使这种原始的经验内容与存在的"本源"接通并因而获得神性。从本质上说，海子并不是一个执著于历史的诗人，而是执著于"存在"的诗人，但他的"存在"实际上又是历史的提炼

和抽取。在一则诗论中，他这样描述了他所执著的“民间主题”：

在隐隐约约的远方，有我们的源头，大鹏鸟和腥日白光。……回忆和遗忘都是久远的。对着这块千百年来始终沉默的天空，我们不回答，磨难中句子变得简洁而短促。那些平静淡泊的山林在绢纸上闪烁出灯火与古道。西望长安，我们一起活过了这么长的年头，有时真想问一声：亲人啊，你们是怎么过来的。……那些民间主题无数次在梦中凸现。为你们的生存作证，是他的义务，是诗的良心。①

海子心中的历史，是一部民间的和土地上的生存史，他让我们越过了塞满事件、英雄、王政、战乱的传统历史模式，而看见了另一部横向展开的永恒的、充满着原始的存在真理的历史：

一盏真理的灯
使我从原始存在中涌起，涌现
我感到自己又在收缩，广阔的土地收缩为火
给众神奠定了居住地

我从原始的王中涌起，涌现
在幻象和流放中创造了伟大的诗歌

…………

我被原始原素所持有
他对我的囚禁、瓦解，他的阴郁
羊群干草　车马　秋天
都在他的囚车上颠簸

现代人　一只焦黄的老虎
我们已丧失了土地
代替土地的　是一种短暂而抽搐的欲望

① 海子：《谈诗》，见老木编：《青年诗人谈诗》，175 页。

肤浅的积木玩具般的欲望……（《土地·众神的黄昏》）

对于人类的“文明”。海子抱着深深的绝望，一部历史是一场误入深渊和歧途的悲剧，它在进化中丧失了最古老的居所、最本真的体验和最原始的语言，因此，海子这样执迷于对这些丧失之物的苦苦寻索。表面看来，海子的经验形式与语言方式带着极端的“个人化”倾向，因而显得飘忽、迷离、晦奥、破碎，有时恍若臆语，人或将此指责为梦呓，甚或“皇帝的新衣”，而事实上，海子所努力体现的，正是对固有的历史感觉方式和固有历史文本模式的穿越，寻找最原始的那些联通着大地和神祇的、弥漫和流淌在“民间”世界的心像和语言，这是否也是一种“新历史主义”？只有理解了这一点，才等于找到了解读海子诗歌的钥匙。正如海子在他的诗论中所说的，他的诗歌的出现是某些“巨大的原素和伟大的材料”的“胀破”，而这些最原始的人类精神正因“文明”而丧失，“从老子、孔子和苏格拉底开始，原始的海退去，大地裸露……我们睁开眼睛——其实是陷入失明状态，原生的生命涌动蜕化为文明形式和文明类型”[①]。从这里可以看出，也许只是海子才最清醒、最彻底地发出了这个疑问：“历史上究竟发生了什么？”而他的宏伟长诗《土地》，正是以属于他自己的方式回答了这个问题。

## 三、“新历史主义小说”思潮的演变轨迹

在上文中，我们实际上已经讨论了新历史主义文学的一些方法特征，但关于它的概念及纵向发展演变的历程，还需作进一步的综合和梳理。在其发生后不久，“新历史主义小说”已成为评论界所关注和讨论的热点之一，但在我看来，评论者对此的指涉仍是相当含糊的，缺少认真的区分。实际上，它们应当分为互相联系又互相区别的“中心”与“边缘”两个部分，其边缘部分是与“旧历史小说”相对立的“新历史小说”，其中心部分则是与旧的历史方法和历史观对立的具有“新历史主义”倾向的小说，边缘与中心、基础与先锋，它们的面貌和特征有很大差别，但是它们又有许多重合的部分，又

① 海子：《诗学：一份提纲》，见吴思敬编：《磁场与魔方：新潮诗论卷》，186～187页。

都是新的历史观与历史方法作用的结果，只不过后者更自觉，走得也更远些而已。事实上，也正是由于它们两者之间既区别又相联系的特点，以及它们自身的阶段性演变，才使得我们不仅仅从现象而且从内在动因上考察它，用“新历史主义文学思潮”这样一个更能够涵盖其内部动因与特征的视角，对之作更具整体性和客观性的阐释。从包容性上说，它既以“新历史主义小说”为主要载体，同时也涉及其他新历史小说的一些特点。

那么，如何区分和界定上述两个概念呢？

先说与“旧历史小说”相区别的“新历史小说”。这里所指的“旧”的历史小说不是泛指过去所有的历史小说，而是特指当代那些受到特定政治与意识形态因素影响限定的“主流历史小说”，其特征主要有三：一是红色虚构与意识形态视角；二是泛政治话语写作；三是善与恶、进步与反动、革命与反革命的简单二元对立。而“新历史小说”与此相对的基本特征则是：一是回到民间的、复合或多元论的历史视角，民间视角的融合性、整体性、中和性、非功利性的审美特性消除了单一立场上的片面性，而更接近历史的本然状态；二是民间话语的叙述特征，语义的单一所指“红色逻各斯”（革命语词）与叙述的模式化得以消除，而其文化的、中性和审美的内涵得以复归；三是化简单二元对立为复杂二元对立，或二元复合状态，价值判断趋向于相对化、内在化和隐蔽化。实际上，“新历史小说”的这些特征除去其有意消除以往当代历史题材小说中过重的意识形态化痕迹的“策略”以外，同传统的更“旧”的历史小说则有着更相接近的特征，如“民间”、“野史”和“稗史”的视角，同样也是《三国演义》、《水浒传》和大量传统历史演义小说所采取的方法与视角。这正是历史小说的“本然”状态。只是由于时代、文化背景、认知水平的差异，他们对历史切入的深度和认知的结论存在不同罢了。比如在《三国演义》中，尽管善与恶的二元对立给人以深刻印象，但作者的历史观又很有几分超然，“天下大势，分久必合，合久必分”，这显然是“中性”色彩的判断，更何况善恶对立也仅仅是在道德层面上的，“滚滚长江东逝水，浪花淘尽英雄”，自然亦包括曹操，且作者又叹道：“是非成败转头空”，这种未以是非成败论英雄，同时又以“空”字消解其过重的道德判断的历史观是非常聪明的，它在一定程度上既表达了个人的取舍，但又避免了个人的偏颇，使之转化为一种“纯粹的民间化”立场。而在其他的演义、武林侠义小说，尤其是在《东周列国志》、《水浒传》等作品中，甚至更显示出历史的某种恣意的“虚构”和“游戏”倾向。可见，“新历史小说”完全是一个相对性的概念，它应是对当时出现的大量回到民间视角的历史小说的一个总称。

“新历史主义小说”的概念相比前者要狭义得多。尽管它的一些特征与当时其他新历史小说有重合之处，但它的特定意义在于，它们主要是指一批具有较新知识结构与艺术追求的，直接或间接地受到西方存在主义、结构主义、解构主义和后现代主义等理论观念的启示而介入历史领域的“先锋”青年作家所写的历史小说。从一定程度上可以说，他们的小说反映了一种具有“新历史主义”倾向的历史观。“新历史主义”作为一种方法、思潮缘何而来？西方学者认为，它“出自新左派，出自文化唯物论，出自1968年的危机，出自后现代主义者对这场危机的回答，出自作为这场回答的一部分的后结构主义；当然，主要还是出自米歇尔·福柯的历史编纂学”。但另一方面，“新历史主义也被理解为是对结构主义的形式主义和后结构主义的对抗”[1]。可见，从文化背景与联系上看，新历史主义既是对结构主义等“非历史主义”理论方法的一种反拨，同时也是吸收了结构主义等新的理论营养的一种“新的历史方法”。作为一场思潮或运动，它在西方更多地是表现为对非历史的形式主义学术思潮的否定，而在当代中国的出现，则更倾向于对旧的历史观念的解构，它同当代中国的一场历时甚久的历史自省与文化重构的启蒙运动相联接。也正是这种文化背景的需要，使新历史主义的思想方法、理论内核借助存在主义、结构主义和文化人类学等哲学思潮，在80年代已“先期到达”了中国。换言之，新历史主义的历史方法在中国不是其“原生理论”的移植，也不是近一两年的事实，而是结构主义、后结构主义等外来哲学方法同中国当代的历史意识直接融合的产物。因此，它在中国存在的事实，实际上先于它的“名词”的引入。

“新历史主义”理论方法的核心是什么呢？归根结底它是一句追问，即，历史上“到底发生了什么”？这个追问的前提是，在新历史主义理论家看来，作为存在的历史永远只存在于想象与既成的文本之中辛德斯与赫斯特在《前资本主义的生产模式》中说：“什么是历史客体？……准确地说，历史客体就是对曾经存在的人与事物所作

① ［美］朱迪斯·劳德·牛顿：《历史一如既往？女性主义和新历史主义》，见张京媛主编：《新历史主义与文学批评》，202页。

的‘表述’。表述的实体是保留下来的记录和文件。历史客体，即曾经存在过的东西，只存在于作为表述的现在模式之中，除此之外就不存在什么历史客体。”① 这就是说，作为“存在的历史”永远是以作为“文本的历史”形式存在的，而它们之间又永远不是一个等号，用海登·怀特的话来说，“文本的历史”仅仅是作者的一种“修辞想象”，只是一个文字合成的结构，一种话语拼合的产物。这就既为人们对以往历史观的质疑和挑战提供了依据，同时也为文学创作对历史的介入活动中的某种虚构与想象提供了合法性依据。从80年代后期苏童、叶兆言、格非、余华、北村、方方、刘恒、刘震云等人的小说中，我们不难看到这样一种自觉的观念，历史在他们笔下，或已由历时性文本变成了共时性文本，或已由整体化成了碎片，或已由“仿真性”的描述变成了虚拟性的寓言，或已由某些单个的象征性事件构成了一种历史的氛围。总之，历史呈现出全新的、丰富多彩的面貌和内容。关于这些特征，下文中还将进一步展开论述。实际上，在这里用赵一凡对西方新历史主义的概括性评述来描述上述作家的文本特征也是恰当的：“福柯曾宣告，为发掘西方文化的深层构造，我将使我们平静而显然不变的地表上现出裂豁、动荡与缺陷。新历史派正是以此为纲，辅以差异和断裂法则，展开对传统史学整体模式的冲击，打乱其目的演进秩序，瓦解由大事和伟人拼合的宏伟叙事，以消除人们对历史起源及合法性的迷信，重现它们被人为掩饰的冷酷面貌。”② 的确，在当代中国，解构和拆除旧的历史文本，同时构建新的历史文本这项巨大的文化工程，事实上首先不是在思想界和史学界进行的，而是在文学领域，文学创作中的历史解构与重构运动成了历史文本的重构和替代形式，这一点，亦应看作是当代文学的一个特殊贡献。

纵向来看，当代中国的“新历史主义文学思潮”的发育、发展和沉落，大致经历了三个阶段，它们分别可以称之为：“启蒙历史主义”阶段、“新历史主义”阶段、“游戏历史主义”阶段。其中前者是一个前提和基础，后者是一个余绪和尾声，中间则是其主体阶段。

---

① 转引自［美］杰姆逊：《马克思主义与历史主义》，见张京媛主编：《新历史主义与文学批评》，42页。

② 赵一凡：《什么是新历史主义》，见《美国文化批评集》，238页，北京，三联书店，1994。

“启蒙历史主义”阶段，大致是指1987年以前，其最早源头可以追溯到80年代初。其背景是来源于七八十年代之交人们对当代社会现实的深思与批判，而深入历史，则是这一当代目的之借助形式和自然延伸。因此，对历史的探寻与思考，实际的目的并非是审美的需要，而是一种自觉的文化理性。就这一观念的表现形式“寻根文学”思潮来看，其核心的两个方面——文化认知和文化批判，与“五四”以来鲁迅等前代作家所作的努力是相似的，文学创作表现了改良文化和变革现存的强烈功利性与目的性，作家所展示的“历史”是整体性的、文化模型性的、价值承载性的，这是一种“旧历史主义”和文化人类学理论相结合的产物，他们试图通过对历史文化的重新梳理与构筑，达到一个宏伟的功利化目的——重振民族精神和性格。这一点，我们从后期朦胧诗人中的杨炼、江河及其追随者，“整体主义”诗人群体，以及韩少功、李杭育、阿城、郑万隆等寻根小说作家们在1985年前后的各种宣言和论述中，都可以看出。但是，这个诱人的乌托邦并没有随着他们的创作实践得到兑现，相反他们自己也发现，他们所表现和赞扬的种种文化遗存中的原始、落后和愚昧，实际上同他们改造民族文化、重铸民族精神的承诺之间甚至是背道而驰的，在这样一种自我的悖论中，一批继起的作家，便不得不放弃不堪重负的启蒙任务，以及介入历史时的种种关于价值判断的理性意识，将这场运动带入了第二个阶段——“审美历史主义”，或曰“新历史主义”时期，这便是先锋小说应运而生的契机。

完成这一过渡的作家应以莫言等人为代表。1986年莫言“红高粱系列”的问世，较多地淡化和消解了“寻根小说”文化分析和判别的主题中心，进一步使历史成为纯粹的审美对象和超验想象领域，在观照历史的同时更倾向对边缘的“家族史”和民间的所谓“野史”与“稗史”的书写。“民间化”，在这里具有决定性的意义，莫言的作品不仅从故事的历史内容上民间化了，而且叙述的风格本身也民间化了——他所倾心描写的抗战英雄，不是处于政治中心的党派和军队，而是叱咤于红高粱大地的民间人物；当然他的写法也就相应地化“庄严的写实”为肆无忌惮的寓言与虚构。这与此前许多寻根作家（如张承志，甚至韩少功、李杭育、郑义等人）那种俨然精英知识分子式的严肃叙事构成了区别，并且为新历史小说在嗣后1987年的崛起做好了观念铺垫与创作准备。从这个意义上说，甚至莫言等人的历史小说也可以看作是新历史主义小说的一部分。他的“红高粱系列”，正是“新历史小说滥觞的直接引发点之一”①。

在1986年出现的乔良的《灵旗》在写法上不无新鲜之处，在理解历史的观念上也打开了以往的禁区，因而也可以看作是一个信号。这部中篇以50年前红军长征途中湘江之战的惨败作为展开故事的背景，但它所关心的并不是这场战役本身的性质、胜败，它并没有像原有的主流历史小说那样，去表现社会历史范畴中的所谓主题意义，相反，主流意识中习见的“历史”在这里退隐了，而剩下的是被剥去了政治与历史外衣的“战争”本身，是生死场。它通过青果老爹这一人物的目击、追忆和他当年作为一个红军逃兵“汉子”的遭遇，展示了构成这幕历史惨剧的那些琐碎场景，从另一方面“还原”了历史的真实。“历史”在这里是具体的、偶然的、个别的、互为割裂的、未经选择和提炼的、原生的历史，而不是被人为地“主流”和“本质化”了的历史。这已经反映出新历史小说把握历史的特有方式。

“新历史主义”小说思潮的全盛期大约是从1987年到1992年的几年间。在我看，先锋小说从其核心和总体上也许可以视为一个“新历史主义运动”，因为其中最典范的作家从莫言到苏童、格非、叶兆言，再到方方、杨争光、北村，甚至包括余华等在内，他们的代表作品在很大程度上都是一批新历史主义小说。除他们之外，还有一大批外围的青年作家，甚至有早已成名的作家。在他们笔下，历史由整体变成了碎片，由必然变成了偶然，由逼真的模型变成了恍惚的寓言。他们放弃了寻根作家和80年代初启蒙思想家的文化理想与社会责任，使历史化解为古老的人性悲歌和永恒的生存寓言，成为与当代人不断交流与对话的鲜活映像，成为当代人“心中的历史”。这样，为意识形态中心所虚构的“官史”便被化解为生动鲜活的民间史、“心灵史”，而宗教、神话、民俗、寓言等超历史的内容，又使这些零散的、卑微和边缘的历史表象具有了更为广泛的结构、渗透、辐射、隐喻、象征等意义与力量。可以说，从1987年到1992年前后，当代文学历经了一个最富有变异与转折色彩的“新历史主义时期”。

从发生的时间顺序上看，这一时期大致产生了这样几个互为联

① 王彪：《新历史小说选·导论》，5页，杭州，浙江文艺出版社，1993。

系的现象。

一是大量出现在1987年到1990年前后的，以近现代历史为背景空间、以中短篇小说为主要载体的新历史小说，我们不妨称之为“近世新历史小说”。从1987年叶兆言的《状元境》、苏童的《1934年的逃亡》、格非的《迷舟》，1988年叶兆言的《追月楼》、《枣树的故事》，苏童的《罂粟之家》、格非的《青黄》，1989年苏童的《妻妾成群》、《红粉》，格非的《风琴》，1990年叶兆言的《半边营》、方方的《祖父在父亲心中》、张永琛的《45年的秋景》等，都是以近世历史为背景的作品，它们或着眼于家族历史的沧桑，或着眼于个人命运的变迁，将以往红色或主流历史幻象中的巨大的板块溶解为细小精致的碎片，散射出历史局部的丰富而感性的景象。在这些作品中，叶兆言的真切细微和浮世人生的沧桑感、苏童的凄婉感伤和深入内心的人性力量、格非的扑朔迷离和对历史的不可知的宿命与规定力量的表现，都给人以极深的印象，从各个不同的角度展示出新历史主义小说广阔的空间。从这些作品的叙事风格来看，整体基调与语境的“寓言化”和局部叙述与细节的写真性的结合是其主要特征。总体上看，具有相对可靠的历史依据与具体氛围，力求对近距离的历史（大多为民国以来的历史）以新的体验和描绘，是这几年新历史小说的鲜明特点。稍稍有点“例外”的是余华，余华写作的主要兴趣似乎一直限于当代生存的主题，他的两篇新历史小说《古典爱情》（1988）和《鲜血梅花》（1989）也非取材于具体的历史背景，而是更加接近于某种“共时态”的历史寓言，同时也更加显示出某种结构主义方法的倾向。两篇小说实际上是关于古典小说中“书生赶考”的才子佳人故事和“仗剑远游”的江湖恩仇记的一种“结构主义戏仿”，一种缩写或文本拆解。因此也可以说，它们以更加“先锋”的姿态呈示出新历史主义小说的另一种更加虚化的倾向。

另一个现象是从1990年到1992年出现的第一批长篇新历史主义小说，主要有格非的《敌人》（1990）、苏童的《米》（1991）和《我的帝王生涯》（1992）等，这是几部典型的寓言化长篇新历史小说，它们所涉及的年代基本上都被剔除或虚化了。由此，历史的纵向的实际流程、事实背景和时间特征就被空间化了的历史结构、生存情态和人性构成所替代，这与西方学者在评述罗兰·巴特的结构主义批评、罗伯-格里耶和米歇尔·布特的新小说等现象时所指出的

“超越历史”或者“致力于使时间空间化”的特征，即他们“试图使文学代表人的真正历史意识的恢复介入与世界的本体论对话”[①]的特征极相类似。这些作品都以比较大的结构和规模展示了先锋小说作家对于历史、生存和世界本体的种种认识。《敌人》是一篇书写兴衰无常、祸福相踪、恩仇扭结、因果轮回的家族历史的寓言，充满了种族文化中关于复仇、报应、生死、财劫等种种原型主题；而这些主题都是穿透了悠久时空而代代相因的基本的历史内涵。正像格非自己在陈述这部小说的写作原因时所指出的，它是一种“贯穿了我的整个童年并延续至今”的“年代久远的阴影的笼罩”，这种“无法被忘记的恐惧”，“从某种意义上来说，它既是历史，又是现实”[②]。“既是历史，又是现实”，这是对新历史主义小说方法的最直观和扼要的说明，它们就是要拆除“定格”在某一时间区限的历史陈迹，而使之成为贯透在永恒历史过程中的风景，这同福柯式的“反历史的历史学家”强调“对整体历史的共时性把握”[③]的方法可以说如出一辙。可以说，《敌人》是以哲学与人性，包括无意识世界的探查，来代替对于历史的书写，或者反过来，是将历史提炼成为了人性本身。一个家族的自我杀戮与消亡，某种意义上不是源自外来的威胁，而是源自自身“对于敌人的恐惧”。这种情形对于当代中国的历史来说，有很明显的讽喻意味。

这种特点同样也表现在苏童身上。与格非相比，苏童的小说更具有感性的饱满魅力，故事更加曲折、自然、细腻和熨帖，他的《米》是一个关于人的基本生存需求与人性构成的寓言演示，古老而无边的南方城镇的生活图景，被他轻巧而娴熟地纳入了自己的画框。五龙从遥远而饥饿的“枫杨树故乡”来到南方小镇瓦匠街的米店，从寄人篱下到做了冯老板的女婿，在种种的忍辱含垢的生存争斗中，渐渐扎下根基并作了父亲和老板，生存的需要使他加入了黑道帮会，并干了种种打劫抢掠的坏事，变得凶恶狡诈、好勇斗狠。但在动乱的浮世中他终究也无法把握自己的命运，他的家业很快败落下去，与他有过情怨的几个女性也相继惨死，他自己则在返回北方故乡的

---

① 威廉·斯邦诺斯语，转引自［英］汉斯·伯顿斯：《后现代世界观及其与现代主义的关系》，见《走向后现代主义》，25页，北京，北京大学出版社，1991。

② 格非：《格非文集·寂静的声音·自序》，南京，江苏文艺出版社，1996。

③ ［美］海登·怀特：《解码福柯：地下笔记》，见张京媛主编：《新历史主义与文学批评》，113～114页。

火车上结束了人生。结局是意味深长的，他留给儿子的唯一的遗产，是两行金牙和一箱被误以为是珍宝的米。这部小说是对种族历史中全部生存内涵的追根刨底的思索和表现，在这个农业民族所有的情感、观念和欲望中，“米”（食）乃是根之所在，五龙的苟活、发迹、情欲、败落和死亡，无一不与米联在一起，米是五龙也是整个种族永恒的情结，米构成了种族生存的全部背景、原因、内涵和价值。米，永恒的生存之梦和生存之谜。苏童的另一部长篇《我的帝王生涯》，可以说是一部充分体现了“新历史主义”倾向的作品，它对历史的“戏仿”态度和整体上对于虚构叙事的“有意暴露”都达到了一个前所未有的程度。它以第一人称“我”作为叙事视角，叙述遥远而未有确定时间的“过去”一个“莫须有”的国家——燮国的国王荣辱浮沉的一生，实质上是对历代王朝宫廷权力争斗与刀光血影的一个提取式的“浓缩”。在叙述过程中，小说完全悬置了关于“历史真实”或依据的概念，叙述的纯粹体验与游戏性质始终敞开着，暴露无遗。这是一个信号，新历史主义小说已经呈现出它的终极形态，向前一步即滑向无边的游戏空间。

除上述几部作品以外，格非的另一部小说《边缘》（1992）似乎也可以算作是长篇新历史主义小说，它像是一串闪亮的碎片和曝光在心灵与记忆中的历史镜头，对近现代历史背景上中国人“在生死与真幻之间无从把握”的生存状态，对人与社会、人与历史之间无力与命定的关系作了生动揭示。小说所表现的人物可以说是主流历史中的“他者”，而作家在表现这些人物（仲月楼等）的历史与命运时，也同样是采取了游离和漫笔在“边缘”处的叙事策略。

作为新历史主义文学思潮的一个副产品，在 1990 年到 1993 年的几年中，还出现了一个“匪行小说”热。[①] 之所以把这类作品也看作是新历史主义文学思潮的产物，是因为它们也大都是依据历史空间结构故事的，而且同上述先锋新历史小说一样，它们也并不拘泥于对历史上某些真实或传奇事件进行追述，而是具备了一种更强的寓言自觉，表现出一种更明显的对历史的“虚构”或“戏拟”倾向，或者说是试图对纵向历史与人性内容进行“平面式的解构”。在这些作品中，历史虽然重要，是作者所表现的文化、道德与人性内容的

① 关于这一现象，可参见笔者的两篇拙作：《近年“匪行小说”抽样漫评》和《走向文化与人性探险的深处——作为“新历史小说”一支的“匪行小说”论评》，分见《文学世界》，1993 年第 5 期；《理论学刊》，1995 年第 5 期。

载体，但也仅仅是载体或依托容器而已。在叙述中，“过去时”的时间标出与“土匪”角色作为历史过程的象征符号，实际上已不具有本体意味，只是叙述展开的依据，而作者所真正探求的则是隐藏在情节与故事背后的人性与道德的冲突。

最早的“匪行小说”似乎亦可追溯到1986年莫言的《红高粱》等系列小说，其中一半是土匪、一半是英雄的主人公“爷爷”余占鳌曾给人们传统的道德审美立场以极大的震撼，在他身上，“匪性”已成为他的人性与生命力的基本特征与必然表达，其出生入死、纵身红高粱密林“杀人越货、精忠报国”的英雄行为与匪行特质已经完全以二元复合的形式重叠于一体，互为依存、无法分拆了。没有他的“匪性”，也便没有他高扬的生命活力与辉煌的历史。比较“爷爷”，虽然“我”辈已然“进化”，再无匪气，但生命力与伟大气质的衰退与丧失也使我无法与他比肩而立。这里，一个关于历史和文明的主题已赫然立起，该怎样认识一个民族的过去和现在？莫言的对人性与文化的探索迈出了深远的步伐。

在《红高粱》之后几年中，匪行小说基本上处于空白，但在1990年，一向以安分忠厚的商州百姓为描写对象的贾平凹却一股脑推出了他被称为“土匪系列”的四个中篇：《烟》、《美穴地》、《白朗》和《五魁》。与之同时，杨争光也以他的中篇小说《黑风景》而赫然崛起，这篇叙述村庄人同土匪游寇周旋搏杀的悲剧的作品同他次年发表的《赌徒》、《棺材铺》等构成了他令人瞩目的匪行系列。之后构成系列的还有尤凤伟发表于1992年到1993年的《金龟》、《石门夜话》、《石门呓语》等。除此之外，发表于1991年的朱新明的《土匪马大》、阎新宁的《枪队》，1992年到1993年的贾平凹的《晚雨》、刘国民的《关东匪与民》、冯苓植的《落草》、苏童的《十九间房》、李晓的《民谣》、池莉的《预谋杀人》、刘恒的《冬之门》、季宇的《当铺》、陈启文的《流逝人生》、孙方友的《绑票》、蔡测海的《留贼》、廉声的《月色狰狞》等，也都是相当典型的匪行小说。到1994年以后，随着“新历史小说热”的冷却，匪行小说也渐渐稀少了。

一个显而易见的疑问是，为什么众多的作家要通过匪行小说来表现他们的某种历史意识或观念呢？显然，这一方面是出于解构传统道德历史的叙事需要。“匪行”，作为对抗旧式道德主流政治的符号，它的文化内涵已被深化，带上了某种“江湖”和“民间”历史叙事的意味，这在《水浒传》等古典小说中已经得到过很好的证明：即使江湖匪盗，也仍然有着“行侠仗义”、“除暴安良”、“劫富济贫”等民间的道德精神，“节义”是不同于“忠君”的另一种道德，它是纯粹民间的，而且无损于人性的自然张扬，后者则是“主流”和“官方”的，经常表现为对个人自由意志的牺牲。因此，前者的人格光辉在历史叙事中更加充满着某种自由的魅力。在对抗和解构传统主流历史观念方面，它已成为一个反主流的民间叙事的象征符号。另一方面，“土匪小说”在短期内的大量出现，同 90 年代初期中国社会环境的沉闷与压抑也有关系，很多作家将自己有关道德、人性、社会发展趋势等方面的困惑寄寓其间，力求以改装和隐喻的形式表达对于历史和现实的忧虑与思考。这是另一个隐而不显的原因。

将纵向历史共时化，把历史压缩抽取为文化、人性与生存的内容，或者说是将作家对文化、人性和生存的认识置于一个反主流的民间化了的历史情境中进行演示，是这些匪行小说的基本特征。这样就形成了两个基本主题，一是关于文化和生存的主题，它们较多地注意揭示人物的生存行为同文化传统、种族命运的隐喻关系，在这方面，不同的作品表现出截然不同的价值判断。杨争光的《黑风景》展示了种族文化结构中“匪性”的悲剧宿命：当一个小村的人们面临土匪洗劫的危难时，他们不是同仇敌忾、团结御敌，相反他们紧锣密鼓地进行的是内部的争斗、谋夺、出卖和自相残杀，他们实际上已经按照古老文化模式和“种族秉性”的规定，不约而同地进入了同样的角色——他们本身已成为另一群土匪。这样一幅情景，在民族历史上显然是并不鲜见的。贾平凹的《白朗》、《晚雨》和陈启文的《流逝人生》等与此不同，它们从另一面反过来揭示了传统文化模式中土匪和好人之间界线的模糊与无常：主人公都是既杀人放火又拯救众生的英雄，从好人变土匪，或者从土匪变好人，都出于偶然事件或一瞬之念，这显然也是对历史、道德和人的行为的某种隐喻式的概括。

第二个主题，是更具有哲学意味的关于人性的历史与文化内涵的探讨。历史和哲学范畴中的人性，是神性与兽性（自然人性）的统一，是“中性”的，不同于道德范畴中的以“善与恶”来判断的人性。这也是一个非常富有历史感的命题。在几千年的历史中，人性究竟是怎样存在和延续的？有什么样的结构？起什么样的作用？

这也是对历史的某种“平面式的拆解”，尤凤伟的匪行系列小说正是试图回答这样的问题。在《石门夜话》中，一个被土匪七爷杀害了丈夫与公爹的女人被虏上山，起初她抱定与土匪不共戴天的仇恨，决心以死抗争，但在七爷连续三夜温软的语言攻势下，她的意志却被彻底瓦解，最终成了他的压寨夫人。七爷究竟是用了什么招数？一是以“色情”故事，摧毁她关于性和贞节的防线；二是用他对抗于世俗道德的“土匪的世界观”，摧毁了她对社会历史以及人的生存本质的原有认识，她开始否定自己：为什么要为自己的丈夫和公爹守节？对她而言，难道他们倚仗财势买通父亲而娶她为妇，与土匪七爷强抢民女占山为王还有什么本质不同吗？人世间不也与土匪一样充满着欺压、残杀、荒淫和剥夺吗？这里，历史的某种本质，在一种完全“颠覆”了的视点中，反而得以深刻的揭示。这与西方新历史主义者刻意“怀疑”、“颠覆”和“消解历史”、瓦解传统的历史意识和“历史本文”，应该说是有相似之处的。

不过，究其实质，“匪行小说”只是新历史主义小说思潮边缘的产物，它过分脱离历史客体的虚拟倾向，使它在接受了新历史主义小说观念的启示的同时，也远离了它。

从 1992 年以后，新历史主义小说思潮进入了它的末期，即“游戏历史主义”时期。主要表现是，离历史客体越来越远，文化意蕴的设置越加稀薄，娱乐与游戏的倾向越来越重，超验虚构的意味越来越浓。事实上，这种倾向在苏童的《我的帝王生涯》中已经显示出来。而在 1994 年，以叶兆言的《花影》和苏童、格非、北村、赵玫、须兰五人同时创作的同题小说《武则天》（苏童的小说又名《紫檀木球》、格非的又名《推背图》）为标志，新历史小说的“新”似乎正越来越与无数迎合大众口味与商业规则的“旧”小说重合，并主动迎合影视大众艺术的要求与口味[①]，这似乎已标志着这场历史与文化乌托邦式的艺术运动的最后衰变与终结。

但是，在另一个特殊的领地——长篇小说那里，新历史主义思潮的影响似乎仍未消失，而且仍间或显示出很强的生命力，这或许是由于长篇小说创作周期较长，在体现其与整个当代艺术思潮的关系方面“节奏略迟”的缘故。新历史主义思潮在 90 年代前期的长篇小说写作中的体现主要有两个，一个是比较典型和接近核心的，如

① 叶兆言在《花影·后记》中称，《花影》是电影导演陈凯歌的命题作文，完全是按照陈的设想编出，“没有陈凯歌就没有《花影》”，南京，南京出版社，1994。

陈忠实的《白鹿原》(1993)、莫言的《丰乳肥臀》(1995)、张炜的《家族》(1995)和叶兆言的《花影》(1994)、《1937年的爱情》(1996)等。这些作品仍以近世历史情境中的虚构为主，不依托真实的历史事件和人物，作家对于原有主流历史观念和"官史本文"的颠覆、解构与"重写"意向十分明确，追索和"还原"历史的真实与丰富，揭示出"宏伟历史叙事"的遮蔽之下，近现代历史中民族生存的种种细微的图景，展现出一部充满着战争与杀戮、伟人与政治的"主流历史"背后民族苦难的生命史与心灵史，是这些作品所试图完成的主题。从这个意义上，我甚至认为余华的《活着》(1992)和《许三观卖血记》(1995)也属于这类作品，有的评论者依据其叙事的朴素和"写真"意味而称其为"现实主义"小说，而实际上许三观以"卖血"为生甚至卖血成癖的一生，正是民族和芸芸草民苦难生存历史的一个"寓言"。

在上述作品中，或许以莫言的《丰乳肥臀》最为典型地体现了新历史主义的小说观念。这部问世之初颇以其"艳名"而惊世骇俗的巨制，同莫言以往的"红高粱家族系列"等作品一样，是以历史和人类学的复调主题展开叙述的，但与以往稍有不同，有关性、潜意识情结、生殖繁衍、种族性质等人类学内容在这部小说中只是感性的表层部分，而莫言所要认真探究和回答的却是"历史上到底发生了什么"这样一个重大的命题。他将一部近现代历史还原或缩微在一个家庭诸成员的经历或命运之中，把历史"还原民间"，以纯粹民间的视点，写民间的人生，写他们在近世诸多重大历史事件中的命运，莫言所自称的"献给母亲和大地"正是对这一观念的一种比较模糊的描述，并非如某些指斥者所说的是一种"矫饰"。从叙事结构与风格上看，它也典范地体现了类似于新历史主义理论家所总结和推广的某些方法，如朱迪丝·劳德·牛顿所描述的那种"交叉文化蒙太奇"式的方法，即把不同意义的"文化符码"故意"并置"或拼贴在一起，以有利于隐喻历史的本然状态与丰富复杂的情境，类似于他们将"广告、性手册、大众文化、日记、政治宣言、文学、政治运动"等文化文本或符码并置于一起，构成了一幅"交叉文化蒙太奇的蓝图"① 的手法，《丰乳肥臀》在展开其关于历史的叙事时，正是采用了这类拼贴法、并置法。他不无"暴力"倾向地将20世纪

① 见张京媛主编：《新历史主义与文学批评》，203页。

中国所发生的所有重大事件——从1900年德国侵占胶东、日寇侵华、国共战争到1949年后的历次政治斗争，一直到改革开放、市场经济的当代生活，都通过母亲上官鲁氏及其众多儿女所组成的家庭成员命运的描写而汇聚一起，这种通过家族和个人命运辐射历史的方法，不仅是感性和鲜活的，而且也以极大的气魄与包容性恢复了历史的整一性。同时，在叙述的过程中，作家将官方的和民间的（国共不同政治力量的斗争和民间百姓的古老不变的生活观念与方式）、东方的和西方的（以母亲为象征的民族精神和以马洛亚牧师为代表的西方文明，当然，混血儿上官金童就更具有“中西结合”的文化意义）、古老传统与现代文明的（“鸟仙”式的生活同美国飞行员巴比特所放的电影）种种截然不同的文化情境与符码有意拼接在一起，打破了单线条的历时性叙事本身的局限，而产生出极为丰富的历史意蕴与鲜活生动的感性情景，从而生动地实现了中国近现代历史烟云动荡、沧桑变迁和五光十色的斑斓景象的隐喻性叙述。这种表面看来有些“荒诞”和戏剧化的叙事，同以往线性的主流历史叙事以及近年来具有过重“寓言”化倾向的虚拟历史叙事、个人体验化的历史叙事相比，不但更为新鲜逼真，而且更加大气磅礴、富有表现力。从一定意义上说，《丰乳肥臀》是一个具有总括和典范意义的新历史主义小说文本。

另一类长篇小说应该说也与新历史文学思潮有着呼应的关系，不同程度地受到过这一思潮的启示和影响，或者说就处在这一思潮的“边缘”。不过从观念上看，它们的异端与挑战色彩不像前者那样强烈，水平也参差不齐，难以定性。总体上看，它们可以称为同“十七年”和“文革”期间的“红色官史”一类历史小说相区别的“新历史小说”，其主要特点有两个，一是大都以真实的历史事件或人物为叙述内容和材料，如80年代后期以来相继出版的凌力的《少年天子》、杨书案的《孔子》、唐浩明的《曾国藩》、刘斯奋的《白门柳》、吴因易的《唐宫八部》、穆陶的《林则徐》等，它们大都在以往的历史定见之外有新的发现，在评价人物的功过事非与人格时，比以往简单化的道德判断有意予以突破；另一个特点是还原民间性的历史叙述，它们虽大都依托一定的历史背景，但具体人物与事件却多属虚构，如近年来出现的众多以民间历史事件如义和团运动、民间抗日义勇军等为题材的小说，这类作品虽然质量上良莠杂陈，但总体上与以往“革命历史小说”的意识形态化的叙事风格相比也出现了根本变化，叙述的内容、情境、人物以及所表现出的审美立场也都民间化、民俗化了。

以上，对新历史主义文学思潮的历时演变以及出现的各个相关的创作现象作了简要的梳理。从当前的情形看，虽仍不断有个案新历史小说出现，但作为思潮和运动，新历史小说实际上已经完结。同西方的新历史主义理论从怀疑历史（文本）、以“反历史”的策略寻找历史（存在）到最终虚化、粉碎和远离了历史的逻辑悖论一样，当代中国文学的新历史主义运动也由于其逐渐加重的虚构倾向，由于其刻意肢解历史主流结构的努力，而走向了偏执虚无的困境。游戏历史主义不但是新历史主义的终极，同时也是它的终点和坟墓，从一定意义上说，正是这种过于偏执的游戏本身最终虚化、偏离和拆除了历史和新历史主义文学运动，这虽然是一个矛盾和一个悲剧，但却势出必然。



## 四、“新历史主义小说”的基本特征

如前所述，之所以把一些先锋作家的历史小说称为“新历史主义小说”，是因为它们在总体上呈现了类似西方新历史主义观念的一些特点。为了对这些特点做一些归纳，我们可以参照西方新历史主义理论家的观点进行对比分析。

一是在“新”与“旧”的关系上，他们采取了选择和重构的双重策略，比如作为新历史主义重要理论家的格林伯雷，同典范的“旧历史主义者”泰纳之间的许多主张就有着一致性，他们都认为文学应当是历史的特别直观、感性和“敏感的记录器”[①]，但他们的区别在于，旧历史主义者往往都确信历史的某种本质性的存在，如黑格尔关于“历史理性”、“时代精神”等观念的认识；而新历史主义者则意识到这是一种“历史假识”，他们在切入历史叙述的时候，就怀着这种先在的“不可知论”的警觉，去尝试恢复历史无数细微时空中的破碎和偶然的努力，去呈现历史本身无数的歧路与可能性，以及许多“秘密”和不可知的性质。这样，他们在自己的历史文本中就刻意采取了征引“稀奇古怪的、显然是远离中心的各种材料，

① ［美］弗兰克·伦特里契亚：《福柯的遗产：一种新历史主义?》，见王逢振等编：《最新西方文论选》，464、465页。

故意违反传统的文学鉴赏力”的“修辞手段”[①]，以对历史作出新的描述，新历史主义者在重新研究文艺复兴和莎士比亚时，就是采取了这样的方式。这同当代中国的新历史主义小说的情形是相似的，它们大都对以往受到意识形态框定的历史小说所反复描写过的近现代历史表现出浓厚的兴趣，试图以新的观念“重构”这段历史，描画出它曾经被忽略和遮蔽了的细部丰富多彩的景象。用某些评论家的话说，这是对“中国民间社会原初记忆的修复。……意在改变对封建传统简单化的价值判断。对中国文化的内在性进行认真清理，而且这实际上是在传统经典和意识形态的边缘对历史的重写”[②]。且不说方法，单就所关注的历史对象来看，就已然构成了与旧的历史主流论观念的区别。这是对简单阶级论、社会学和庸俗进化论以及一元化道德判断等观念所驱控下的历史叙事的一种修正，这样的历史意识和内容本身就有着某种“新”意。这一点，我们从《白鹿原》、《丰乳肥臀》和《家族》等作品中都能看得出来，尽管主流历史视野中的诸多重大历史事件或背景仍在小说的内容结构中占据重要位置，但作品的整体视点、判断标准却已落脚于民间，历史不再是单面和一维的叙事。因为所谓“民间记忆”，是一种更多地消除了集团政治和意识形态倾向性的“中性”或复合状态，在这样的框架中，历史叙事才最可能接近历史的真实。

从当代新历史主义小说同中国传统历史小说的关系来看，似乎也呈现了一种“修复”的趋势。最“新”实际上也可能意味着最“旧”。中国本来是一个历史叙事特别发达的民族，从富有文学特性的史书典籍《史记》起，到《三国演义》、《水浒传》等经典历史小说，再到《东周列国志》、历代历史演义小说、大量的野史、外史著作，主流的“官史”和民间的历史记忆不但同时受到重视，且互相渗透影响，尤其民间的历史观念对于文学历史叙事一直起着决定性的影响，即使是在《三国演义》这样的以王权、战争和政治为主要内容的“宏伟历史叙事”作品中，民间与江湖的“义”的标准，“不以成败论英雄”、“是非成败转头空”的人本历史观念，仍在书中起着主导性作用；而在《水浒传》等作品中，民间性的英雄气节、民

① ［美］弗兰克·伦特里契亚：《福柯的遗产：一种新历史主义?》，见王逢振等编：《最新西方文论选》，465页。

② 陈晓明语，见董之林整理：《叩问历史，面向未来——当代历史小说创作研讨会述要》，载《文学评论》，1995年第5期。

俗化的人物描写，甚至对历史的恣意“虚构”等，更与今日的“新历史主义”有着惊人的相似性。实际上，民间化，这也许就是文学历史叙事的一个永恒的叙事原则或基础。从这点上说，当代的新历史主义同历史的传统之间，也许只有一步之遥，这也是它为什么在80年代后期到90年代前期的十余年中兴盛一时，产生了众多优秀作品的一个根本原因。

总体阐述新历史主义小说的各种特点未免流于空泛，下面，我将以西方新历史主义的一些理论观点作为参照，以抽样的方式对其主要特征作一些概括和分析。

首先，侧重于表现文化、人性与生存范畴中的历史，是所谓新历史主义小说最核心的历史观，也是其最根本的特点。把历史的历时形态与外观予以打碎，而找出其中那些基本的“原素”，予以重新组构，用西方学者的话来说，即“用一种文化系统的共时性文本来代替一种独立存在的历时性文本”①，这种重构的历史，既具有历史的客在真实性，同时又更具有当代的体验性，是现在与过去的对话，是“我们与过去的关系，以及我们对……历史遗迹的理解的可能”②，是永恒人性与生命经验在历史空间中的感验、认知与示演。这一点在苏童的历史小说中表现最为典型。

苏童的历史小说写作，概而言之大致经过了三个时期，第一个时期是1987年和1988年，主要作品有《1934年的逃亡》（1987）、《罂粟之家》（1988）等中篇作品，这些小说受到稍前“寻根文学”和新潮小说中一些“家族历史小说”，如莫言的《红高粱家族》等的影响，但又更显示了他自己对于历史的“恶”的理解，通过刻意营造幽暗与破碎的叙事，重现了某种历史氛围中的种族生存状态。《1934年的逃亡》从故事与叙述风格上看，与莫言的《红高粱家族》似相类同，但也更为模糊，其历史背景与氛围以及所呈现的主题意蕴也更为多义和不确定。竹器商人家族荣辱兴衰的不可捉摸性，其中有关性、生殖和瘟疫灾难之间因果联系的隐喻，都展示出历史本身晦暗、苦难、迷惘和悲剧性的一面，展示出一部缩微了的种族生存史。《罂粟之家》也相类似，但其主题中又融入了乱伦、弑父、匪

---

① 蒙特鲁斯语，转引自海登·怀特：《新历史主义，一则评论》，见王逢振等编：《最新西方文论选》，502页。

② 弗雷德里克·杰姆逊语，转引自布鲁克·托马斯：《新历史主义与其他过时话题》，见张京媛主编：《新历史主义与文学批评》，68页。

行、暴力、仇杀等因素。“罂粟”本身艳丽而有毒性的形象，以及由它所生出的一系列迷幻的、淫荡的、凶残的、悲剧的和自取灭亡的种族行为，十分生动完整地再现了历史的血影幻境。这两篇小说的独特之处在于，它们不再着眼于从历史中寻找带有传统色调的那种主题：家园或者正义，而是以冷漠的目光剖析和审视历史，力求将其未经选择和误读的原生状态呈现出来。在《罂粟之家》中，苏童甚至不无以“恶作剧”的心态地将刘家的家族世系图，画成了女性生殖器的样子——以示“历史即藏污纳垢之所”的意思，这样的理解当然不无“男权主义无意识”的作祟，但它也确乎鲜明而强烈地、形象而生动地表明了苏童对于正统历史的颠覆性认知。

不过，总体而言，苏童早期的新历史小说还显得有些支离破碎和带有图解某种新潮的认识论观念的痕迹，以至于在《罂粟之家》等小说中塞进了大量来自弗洛伊德理论的硬性理解，有未及化掉的许多“观念的硬块”。而在 1989 年之后，他便进入到一个相当自由而成熟的境界了。正如他自己所说，“从 1989 年开始，我尝试了以老式方法叙述一些老式的故事，《妻妾成群》和《红粉》最为典型，也是相对比较满意的篇什。我抛弃了一些语言习惯和形式圈套，拾起传统的旧衣裳，将其披盖在人物身上，或者说是试图让一个传统的故事一个似曾相识的人物获得再生。我喜欢这样的工作并从中得到了一份快乐……”[①] 在这类描写近代“妇女生活”的作品中，历史不再呈现为破碎的表象，而成为十分完整典范的人和事，它们所负载的文化意蕴虽不像早先的寻根小说那样明确和积极，但也十分鲜活生动，具有深邃细密的历史、人性与经验的深度。

《红粉》是一个取材不远、但却十分具有某种“古意”的小说，宛若传统白话小说，如“三言”、“二拍”、《今古传奇》中某个小说的现代版。“两个妓女和一个嫖客之间的悲欢离合”，这种故事模型不但为苏童提供了人性省察与情感体验的广阔空间与绝好框架，而且还濡染上了浓重深厚的历史文化神韵。人物的行为与命运同中国传统文化的血脉与文人性格之间，产生了千丝万缕的联系。但它似乎又很纯粹，秋仪、小萼和老浦之间的聚散纠葛是历史上最平常和朴素的事情，让人读之如读《蒋兴哥重会珍珠衫》、《卖油郎独占花魁》、《杜十娘怒沉百宝箱》等某篇情节相似的话本小说。可以说，

① 苏童：《怎么回事》，见《红粉·代跋》，武汉，长江文艺出版社，1992。

这是人性化了的历史，是经验化了的事件，是一个富有“原型”意味的故事。另一篇《妇女生活》，也是一个以表现女性命运与心理为主题的作品，其中的娴、芝、箫三代女性，她们生活的时代与背景各不相同，但其命运、心灵、生活内容与方式却是十分相似的。这些作品大都不离有关婚姻与性的悲剧，叫人读之有种阅尽历史沧桑和历尽人间苦难之感。

不过，这时期苏童最精致的作品还要数《妻妾成群》。这篇小说由于设定了一个十分具有传统文化意味的“一夫多妻制”的家庭生活背景，而分外具有了某种生动可感的历史氛围。它是一个典范的历史模型，是一个“陌生而又熟悉”的故事。一个家遭不幸、被迫嫁人为妾的弱女性，在一个阴森可怖、尔虞我诈的封建家庭中，其悲剧命运似乎是不可避免的，从这一点上说，它同以往的许多“反封建”主题的小说是相似的。但苏童又远远没有拘囿在这样一个旧套路中展开描写，这个“主题中心”被他有意瓦解了，而那些通常被认为仅具有“边缘”意义的内容如原罪感、乱伦意识、白日梦、死亡预感、通奸、同性恋、嫉妒、诅咒……种种潜意识的或变态的心理行为，都在这个畸形的生存环境中透射出深邃的历史的悲剧力量。尤其是，当这些内容以一个曾经是知识女性的软弱而敏感、不幸而多幻想的人物颂莲的命运与活动组织起来的时候，更具有了细腻、精致、鲜活、微妙的特征和温婉弥漫的人性力量。历史，那种在以往观念中早已僵滞而冰冷、成为亡去旧物的历史，在这里被生动地复活了。这种“中心消解、边缘耀目”的意义建构方式，正是新历史主义小说最鲜明的特点。

苏童后期的历史小说，主要以两部长篇《我的帝王生涯》和《武则天》（又名《紫檀木球》）为代表，它们也是整个新历史主义小说思潮的终结的标志。它们在展示历史的时候，似有了更大的自由度和虚构色彩，但也离历史更远。《我的帝王生涯》完全是一个“超验虚构”的文本，其中的“燮国”和“我”——少年王子端白的一番帝王经历都无任何历史凭借，但作家却以体验的视角将历史上的宫廷生活，将其倾轧谋夺、血影刀光、骄奢淫侈、变幻无定的种种景象十分完整生动地呈现出来。在这部小说中，文化与人性的内容仍然相当丰富，但它似乎也昭示了一个终点，即，历史“原素”的提取为今人对历史的体验虚构提供了依据，但这种无限制的虚构最终又将取消历史的客在真实性，它以共时特征取消了历时特征，以抽象的永恒取消了具体的过程，这不能不是一个矛盾，不能不把新历史主义小说最终引向疲惫、困境并成为写作的游戏。这种趋势，在稍后的另一部作品《武则天》中表现得更为明显，它基本上已成为一种在历史背景与古老时空中的叙述游戏，并在不由自主中靠近了商业与娱乐活动中的大众文艺，这必将葬送它自己的人文属性与批判价值。事实也证明，《武则天》一类作品，包括在此前后不少作家为拍电视剧所作的商业竞卖脚本《武则天》，既为苏童自己的新历史小说创作画上了句号，同时也为80年代中后期以来发育起来的历时近十年的新历史主义文学运动与思潮，画上了句号。

新历史主义小说的另一个特点，是对"官史"历史观与主流文化立场的策略反叛，而代之以"野史"、"稗史"与"民间史"的视角。当然，这与历史上的那些良莠混杂的野史文本并不相同，它所强调的主要是"视角"的变化、历史观与价值评判立场的变化。它不强调所谓历史的"主导"力量、主流逻辑，而是着眼于个人家族、寻常百姓、轶闻传奇，把弥散在历史时空中的烟云重新予以涂抹；它着眼于历史的局部具体性与个案生动性，在一角一隅、半鳞半爪中让人感知其沧桑变迁、世事轮回，由此而触摸到历史那无处不在的宿命力量与悲剧逻辑。这一特点，在莫言的《红高粱家族》和苏童早期的作品（甚至包括其1990年的《红粉》和1991年的《米》）中都已有明显体现。《红粉》中明显有颠覆"解救阶级姐妹"的主题的含义。解放军来了，取缔了"翠云坊"，将妓女送入劳动营，在秋仪与小萼看来并非是福祉，而是毁了她们的生活。她们之所以委身于青楼也并非是出于阶级压迫，而是出于她们人性的弱点，好逸恶劳的本性。这些都彻底颠覆了红色叙事的某些观念与模式。

抽样而论，最集中典型地体现这一特点的当数叶兆言。叶兆言的历史小说主要是其发表于1987年至1990年的"夜泊秦淮"系列中篇，如《状元境》（1987）、《追月楼》（1988）、《半边营》（1990）、《十字铺》（1990），以及其他表现近代与民间历史风俗的作品，如《枣树的故事》（1988）和数篇同题作品《挽歌》（1991，1992）等。叶兆言的作品不像苏童那样充满了苍茫的古韵与空灵的诗意，相反，他的叙事风格似更有意追求"浮生小记"式的真实，因而有人亦把他看作是"新写实"作家。这一看法某种意义上"毁"了叶兆言，让他本属先锋派的作家身份被概念化地定义为"新写实"一派——这当然是后话，某种意义上一个作家也有自己的命运，叶兆言属于那种“命运不济”的作家，他错过了自己最佳的机遇，由一个众所关注的“先锋作家”渐渐被边缘化了。

“夜泊秦淮”系列无疑可以看作是迄今为止叶兆言最能引起反响的代表作品，它们以极为冷静、简练的叙述，逃过历史纷繁迷乱的烟云，通过几个小人物的命运而呈现了一部“缩微”了的近代史。这种笔法不免令人联想到美国学者海登·怀特所阐述的“新历史主义”的理论策略：“1.‘精简’手中的材料；2. 将一些事实‘排挤’到边缘或背景的位置，同时将其余的移近中心位置；3. 把一些事实看作是原因而其余的为结果；4. 聚拢一些事实而拆散其余的，使历史学家本人的变形处理显得可信；5. 建立另一个话语即‘第二手详述’……通常表现为对读者的直接讲述。”[①] 如果我们生拉硬扯地用这段话来形容新历史小说的某些策略，特别是叶兆言小说的叙事特征和介入历史的方法，似乎也是可以的。

《状元境》被认为是“夜泊秦淮”系列中最具“神韵”之作。这篇小说通过一个世居南京的市民子弟张二胡的半生经历，活画出了一幅五光十色的市民生活图景，同时也从侧面勾勒出一部民国历史的风俗画卷。在这篇作品中，作家力图表现的是历史沧桑中的“无端”与荒谬，但它却将社会历史的变迁同百姓寻常生活作了“巨细倒置”的处理，并将主流的历史图景予以拆散，使其消融在琐细的生活之中。从小懦弱老实的张二胡只会拉得一手胡琴，本是一个贫苦而无法保护自己的命运与尊严的小人物。因为他们家曾保护过一位“民国革命英雄”，后来那英雄做了司令，在南京城里成了拥有数房姨太太的大人物。张二胡终得回报，司令把自己的一位胆敢与属下偷情的三姨太白送与他为妻。但从此这位招风惹祸的女人就再也没有让他过安生日子。在犹如水火的婆媳之间，张二胡左右为难。终于有一天为一句“大丈夫志在四方”的唱词所激，出门闯荡了几年，居然也发了财。重回故里，老母已亡。虽恨这个有名无实的妻子，也无可奈何，因为他实在难改生性注定的懦弱厚道。市井泼皮不断有人公然相欺，忽一日，张二胡忍无可忍，竟出手痛打了几番寻衅的无赖，将那“一辈子的不称心，一辈子的窝囊”一股脑发泄出来，平生第一次成了让女人尊敬的“真正的男人”。但此举也招致歹徒的报复，张二胡忍气吞声之余，幸而结交了一个有团长哥哥的

① ［美］海登·怀特：《历史主义、历史与修辞想象》，见张京媛主编：《新历史主义与文学批评》，192 页。

朋友顾天辉，顾动用军人为张二胡树立了尊严。自此张二胡又成了状元境的张先生、张老爷，居然也开始嫖起女人来，并一发难收，终于染上了脏病，并又染及妻子。后经救治，张二胡病愈，而妻子却不治而亡。此后张家虽家道兴盛，但张二胡却唯剩孤寂凄凉而已。这个透着陈旧与腐败气息的故事，将 20 世纪上半叶长达数十年的历史生活与民间社会图景，从一个侧面传神地展现了出来。它有意回避了正面历史事件，但却在历史的边缘和"细部"找回了历史真实。

叶兆言极善于在从容的叙述中展现那些纷纭多变的世相人生、善恶恩怨、悲欢离合、命运无常、世事变迁，这些在他的小说中，都化作了流水行云，纹丝不乱。历史的真实性与沧桑感也得到了很好的结合，成为一部活生生的民间现代史或现代民间史，尤其在涉及现代史上的重大事件时，"民间视角"起到了令人意想不到的效果，将历史转化成了文化，把事件描绘成了风景，使"官史"分解还原成了"稗史"和民间故事。这在《枣树的故事》等作品中也有十分典型的表现。

新历史主义小说的另一个特点，是对历史施予某种解构活动，把具有客观长度与时空特性的历史变构成某种形式或者寓言，这里同前两者一样，含有当下主体对历史客体的哲学把握与抽象体验，但不同的是它们更具有外在的"解构"痕迹与虚拟意味。这一点，在格非与余华的小说中表现尤为突出。

格非在所有历史小说写作者中也许是最具有"新历史主义"倾向的一个，历史对于他来说，其可以表述的方式，不过是"寓言或作为例证的解说性寓言"（弗莱语）罢了。他认为，一切表象的现存实际上是"抽象的、先验的，因而也是空洞的，而存在则包含了丰富的可能性，甚至包含了历史"[①]。如何展现"存在的历史"和"历史的存在"呢？对存在的言说是不可能通过"再现"来完成的，而只能像海登·怀特所说的，是一个"象征结构"，一个扩展了的"隐喻"，或者是"利用真实事件和虚构中的常规结构之间的隐喻式的类似性来使过去的事件产生意义"[②]。格非的历史小说从一开始就表现出这种对历史存在的"勘探"意识和解构方法的策略倾向。他被认为是新历史小说的作品主要有中篇《青黄》（1988）、《迷舟》（1987）、《风

① 格非：《边缘·自序》，杭州，浙江文艺出版社，1993。

② ［美］海登·怀特：《作为文学虚构的历史文本》，见张京媛主编：《新历史主义与文学批评》，170～171 页。

琴》（1989）、《大年》（1988）以及长篇《敌人》（1990）等。在这些作品中，历史已被浓缩和抽象化了，成了一种“类似于瓦雷里的纯诗”一样的“纯虚构”①，但这种虚构又由于其对历史和人的命运的某种高度概括，高度经验化命名与揭示，而具有了“历史寓言”甚至“历史哲学”意味。比如《迷舟》，就可谓是对历史在某些关头选择与转向的偶然性与“非逻辑性”的生动描述。历史常常不是决定于大势，而是决定于“个体无意识”；而置身于历史之中的个体也并不能决定自身的命运，甚至不能决定自己的行为，这便是历史本身无数的歧路与可能性的存在。1928 年，当北伐军逼近涟水下游的“棋山要塞”，军阀孙传芳所部守军三十二旅旅长萧，却面临了一个尴尬的窘境，他的胞兄不是别人，正是北伐军先头部队的指挥官。从内心讲，此时的萧充满了强烈的无意识活动，他像哈姆莱特一样具有一种逃避的冲动，因为无论他怎样表现，都难以逃脱亲情的困扰与通敌的嫌疑。在这种情形下，父亲的偶然死亡（从房上摔下）给了他机会，他回到小河村处理完父亲的丧事之后，竟然迷恋起自己青年时代暗恋的杏姑娘，在村庄盘桓多日，“忘记”了归队，沉溺于短暂的欢乐和马三大婶与算命先生的不详暗示中。随后，当他想起自己必须归队的使命之时，又想要连夜再去榆关探视一下杏——此时榆关的守敌已经不战而降，已成为北伐军的地盘——但不想杏的丈夫、劁猪的三顺得知其与萧偷情，竟残忍地将杏阉割。萧悲伤万分，却又因为“忘记带枪”而束手无策，当他黎明时分回到小河取枪，准备立刻归队的时候，却被误认为向敌方提供情报而遭到他自己的警卫员的枪杀。更为戏剧性的是，就在警卫员举枪向萧射击时，萧本可以有机会逃脱，但此时疼爱儿子的母亲却正在院子里捉鸡——她要杀鸡犒劳一下奔波辛苦的儿子，刚好把大门插死，这致使萧无处逃脱，被一枪击毙。

在这篇小说中，萧的个人命运以及他对整个战役的影响完全是偶然的巧合铸成的，而这些巧合与偶然某种程度上又都与萧的个体无意识有密切的关系。甚至整个小说读来就像是一个梦。这就不难使人看出，格非对于历史的理解，不但是从人性与个体生命处境的角度切入的，而且还充满了“不可知论”式的悲观与绝望的诗意。

格非的另外几个中篇如《大年》、《风琴》和《青黄》等，也主

① 张旭东：《唿哨·跋》，武汉，长江文艺出版社，1992。

要是揭示了历史存在的某种偶然的“不确定性”与“可怀疑性”，它们迷离飘忽，若有似无，如历史的迷雾和“遗案”一样难以把定。

《敌人》可谓是一部典型的寓言性长篇。它描写了一个曾经鼎盛一时的赵氏家族的恩仇荣衰。一场神秘的大火葬送了赵家的豪门大院，烧掉了赵家富甲一方的大量门店与票号，赵家掌门人临终前留下一份“敌人”——嫌疑者的名单。从此赵家后代一直处于恐怖的灾难阴影中，一个个变得古怪而寂寞，离弃、背叛、相残、仇杀，不幸的事件接踵而至、连绵不断。几十年过去，仇敌依然隐匿不明，但又仿佛影子一样无处不在。赵家的后人在一场场无法逃脱的谋杀中先后死去，赵家被神秘的难以理喻的血仇洗劫一空，剩下一片破败的废墟。小说通过独具匠心的设置，将“谁是敌人”的悬念巧妙地穿插于错综复杂的故事结构之中，揭示出人类一个永恒的悲剧历史境遇：一切仇恨、谋夺、杀戮与战争的灾难都是古老种子的命定，并且更多地还是来自其内部。小说中暗示，赵少忠的精神已因为爷爷留下来的这份敌人的名单，而被彻底压垮了，他活到了六十岁，其实“敌人”也早都死光了，名单已经没有意义，但他却得上了一种“获得性强迫症”，一种“习惯性的排除法冲动”——他每天的基本工作是拿着一把剪子，“咔嚓，咔嚓”地对院子里的树木进行“剪枝”。他终于将自己的两个儿子赵龙和赵虎“剪掉”了，将自己的两个女儿梅梅和柳柳葬送了，甚至在自己的六十大寿上将唯一的孙子“猴子”也淹死在屋后的水缸里。他终于完成了“敌人”想完成的事情。

“真正的敌人是关于敌人的恐惧”，格非似乎是要表达这样一个关于历史的哲学概括。虽然读来不免有过于抽象和晦涩的感觉，但格非的《敌人》还是会给我们留下丰富的历史与人性启示。

与格非在历史领域中的形而上探索相似而又不同，余华更多地注重对历史的某种“形式”的浓缩与概括。余华典型的新历史小说并不多，似只有短篇《鲜血梅花》(1989)、中篇《古典爱情》(1988)，另外，《一个地主的死》和中篇《活着》在叙事、内容与风格上似也与历史小说接近。《鲜血梅花》和《古典爱情》是两篇叙事风格十分相近的小说，它们都可以看作是一种小说的形象化的“原型或结构分析”。前者是对“江湖恩仇”与武侠小说结构模式的一个形式提取；后者是对“书生赶考”和“惠女相助”的古典题材与民间故事的原型再现。这两篇小说的故事情节均已不具有自足性文体特征，故事本身是带有“叙事讽喻”色彩的艺术抽象。读之似乎是对无数古典传统小说的一次性重读，但它们却也具有某种解构性的意味，比如所有武侠小说中的打打杀杀，都被《鲜血梅花》中并无一丝武功、也从来不想有所作为、为父复仇的阮海阔颠覆了，正是他的“无为而无不为”的态度，在无所事事时无意中借刀杀人，终结了一段江湖恩仇与人间冤孽。而小说的叙事也如同《堂吉诃德》对于中世纪流行的骑士小说进行了反讽与颠覆一样，起到了对80年代以来流行的武侠叙事的讽喻与解构作用。

如果更广义和开放地看，余华的《活着》(1992)和《许三观卖血记》(1995)也可以看做是类似新历史主义小说的作品，两部小说虽然都被看做是先锋小说“向现实主义转型”的范例，但实际上在我看来，它们仍属寓言式的作品，是关于当代中国人“生存的历史寓言”与“人性的哲学寓言”，所以其观念究其实质也是新历史主义的。只不过前者更多地是颠覆了红色历史叙事，不再写“穷人的翻身”，而是生动地表现了“富人的败落”；后者则更多地在展现了小人物的生存史的同时，也哲学化地暗喻了中国人“以卖血换生存”、“以透支生命维持生存”的历史遭遇与苦难处境。

具有新历史主义特征的作家作品还不止这些，相当一批作家都创作了不少引人瞩目的新历史主义小说，如经常被提及的刘恒的《苍河白日梦》、刘震云的《故乡相处流传》、须兰的《宋朝故事》等，也都属典范之作。

总体上看，在这十余年中出现的“新历史主义小说”或“新历史小说”已构成了这个时期最重要的文学现象之一，相形之下，关于它的研究就显得很不够，在理论上未能廓清和深化。基于此，我提出了从思潮角度对这一现象的内部进行深入探究的思路，随着时间的推移，相信人们定会对这一现象有逐渐清晰的认识。

这里尚有一个问题需要强调，即“当代中国的新历史主义文学思潮”并不是在西方新历史主义的理论方法的直接“指导”下的结果，它是当代中国文化本身总体的解构和转型中的产物。作为它的一部分，当代中国人的历史意识也必然发生嬗变，加之结构主义人类学等方法的启示，自然会使这一历史意识的转型在实质上契合了西方新历史主义的诸种特点，其“先锋性”也即由此而来。从另一个角度说，它也包含了中国人传统历史叙事观念在经过几十年的被意识形态与政治中心主义所扭曲之后的一个“自然复位”，一种对传统民间历史观的恢复，它的“新”意是具有一定历史相对性的。另一方面，从局限性上看，它也没有始终把握住观念与历史、文本与存在之间的关系，它强调了文本及其叙事主体的作用，但又由于过于放纵的虚构而“虚化”了这种作用，这使新历史主义的历史观很快便滑入了叙事游戏的空间，最终变成了商业规则和大众消遣读者的“历史妄想症”的俘获物，从而最终消解了它的先锋性质。

# 第五章 存在主义文学思潮：关怀终极的一支

"存在"是自明的概念……然而这种平常的可理解性，恰恰表明它的不可理解性……我们总已经生活在一种存在的领悟中，但同时存在的意义又归于晦暗，这一事实说明，完全有必要重新追问存在的意义。

——马丁·海德格尔：《基础的写作》

这世界需要的不是反复倒伏的芦苇、旗帜和鹅毛，而是一种从最深的根基中长出来的东西，真东西。

——海子：《谈诗》

必须区分"存在"与"现实"这样两个完全不同的概念。……小说争取读者的唯一优势是通过个体存在本身独特的思考去关注那些为社会主体现实所忽略了的存在。

——格非：《敌人·代跋》

## 一、背景：哲学的转向与精神的蜕变

在80年代前期启蒙主义精神高扬的文化氛围中，关于个人生存的本质、状况与价值的怀疑和追问显然是不合时宜的。尽管存在主义的哲学思想与理论著作早在这个时期就已被大量介绍，"萨特热"也在80年代中期风靡全国，但从根本上说：这时人们更多地还是在学术和"知识"、而不是"世界观"的层面上来认识存在主义的，既没有把它作为当代的根本性的哲学思潮来进行吸纳，更没有从国人当下的文化境遇出发而给这种哲学精神以深刻的认同。因为在总体上，这一时期的文化情境仍是启蒙主义性质的，即使是对存在主义的介绍，也是出于“理论启蒙”的目的，是将它作为众多西方现代哲学思想的“方法”之一种加以“引进”的。存在主义并没有成为当代中国的一种文化精神，更没有成为主流知识界的一种世界观。因为启蒙主义与存在主义两种哲学文化思想的精神指向是根本不同的，启蒙主义首先表现为一种社会性、群体性的文化行为，“启蒙”必须启众生之蒙，必须确立道义、民主、社会正义、法的精神等社会规范和理性原则，在艺术上必须依靠和实现广为大众关注和参与的主流文化内容的“宏伟叙事”；而存在主义则与之不同，尽管萨特曾极力宣称“存在主义是一种人文主义”，但它被批评为一种“诱导人们安于一种绝望的无为主义（Quietism）”的“冥想的哲学”[①] 却也不无道理。它在哲学本体论上“存在先于本质”、“主体必须作为一切的起点”的观念，决定了它的认识论方式必然是个人化的内心体验、顿悟和冥想，而这样的方式必然是排他性和“反理性”的，其认识的结果则必将陷于虚无和悲剧。有的学者对这些特点作了这样的概括：“（1）以个体（自我）的存在的现时性反对理念的先验性；（2）以本体论的个体的生存、死亡、孤独、厌烦、恐惧等情感、心态、情绪对立于认识论之感觉、经验与理性的认识；（3）以个体的独立性、偶然性、一次不可重复性对立于体系内部各元的相互规定与联系，也就是个体的绝对自由与历史过程的必然和规律性以及历史运动的方向性之对抗。”[②] 很显然，存在主义所对立和反对的东西，正是启蒙主义所体现的特点。从文化发展的历时逻辑上看，作为广义的文化思潮的存在主义，的确是对近代启蒙主义文化思想的一个反拨。

虽然80年代中期占据当代中国文化主导地位的仍是启蒙主义，但这个时期的文化发展中也出现了某种微妙的变化，这就是主流文化的分化，并且这种分化还是多层次的、深刻的。第一，以精英知识分子为主体的启蒙文化精神同权力主流文化之间由原来的协调一致到进而出现了裂痕，这种分化一方面表明知识分子自动走出意识形态与权力政治中心，归复独立立场与边缘位置的自我意识的萌醒，另一方面也预示了知识分子即将处于一个较为紧张和不利的文化境遇，预示他们将在寻求自己的立场过程中遭遇某种“下降”与“失

① ［美］考夫曼编著：《存在主义》，301页。

② 毛崇杰：《存在主义美学与现代派艺术》，9页，北京，社会科学文献出版社，1988。

落”，因为“走出中心”不仅意味着独立价值的建立，同时也意味着对原有附着的“文化权力”的放弃，是由“文化在朝”转为“文化在野”，虽然这是迫不得已的，也是势在必然的，但毕竟在知识分子的主体价值意识上产生了强烈的震动和调整。这时他们已真正变得孤立无依，无论从外部的文化实践还是从其心灵与意识上，他们都变得空前的焦虑、脆弱、渺小。可以说，在80年代中期，知识分子的价值立场经历了一个相当深刻的危机期，表面的自信与骚动掩饰不住内在的惶恐和焦虑，与权力文化几十年的契约——不论是自愿还是被迫——一旦结束，毕竟需要一段较长时间的调整。事实上，“文化寻根”即是这一内在背景的一个表现，到传统文化中寻求力量，并借以找到一个“合法性”的名义，就是这一内在心理危机的表现形式，这意味着，当代中国的政治文化本身已不能满足他们的价值需求与依托。

但幸运的是，在整个80年代，启蒙主义的文化氛围依旧浓厚，因为启蒙使命确乎并未终结，大众文化心理对此仍具有较高的关注热情。意识形态中心、知识精英所承载的启蒙思潮与大众文化选择三者之间的关系呈现出一种互为分离又互为连接、互为包容又互为分化、由协同一致到出现裂痕的微妙局面。第二，商业文化背景开始从“改革开放”的主流政治文化中发育成长起来，并开始显示出它魔鬼般的“异己”力量，这种以实利为中心的、一直处于潜在的、被压抑的价值流向一旦上升，必然会对启蒙主义这种具有理想主义乌托邦色彩的文化背景构成巨大的瓦解力量。很显然，在一个物质主义开始弥漫的语境中，个人的生存问题也必将暴露出来，原先一味沉醉于社会、公众、道德、文化、精神等“宏大主题”的激情必然开始衰退。第三，当代中国文化迅跑的“惯性”作用，也必将在当代文化内部种下分裂的种子，“落后”的焦虑使当代中国知识分子在承担文化启蒙的任务时，更看重对西方所有近现代文化形态及思潮的引进与介绍，所以，迅速而不断地“翻新”成了他们所不得不采取的有效的文化策略。在这一过程中，最具当代性质的西方存在主义哲学，必然成为他们热切关注并予以介绍的对象，而存在主义从内在哲学精神上同启蒙主义的深刻分裂，也必然会在当代中国文化的发展中产生新的导向，即走入对个人世界、个体生命的关注，并带上浓重的非理性倾向。第四，知识分子内部出现分化，一部分仍依附于原来的意识形态，成为对社会变革思潮持有偏见的保守主义者；一部分仍坚持其启蒙主义精神理想，对主流文化中心怀有深深的迷恋，但由于他们已同权力意识形态之间发生了分歧，故也处于不利位置；还有一部分执著于沿着文化翻新的“惯性”作用继续前行，在存在主义哲学中找到了个人精神的“家园”，他们的精神状态比较复杂，对个人价值的关注和凸现使他们在思想性质上带有某些过分“激进”的特征，但在文化实践上相比此前启蒙知识分子关怀国家、参与社会的责任感与积极作用相比，又呈现出下降的趋势。他们常常以两种面目出现：一种是以“反精英”反启蒙主义的态度，刻意以平民化、庸众化、反理想主义的姿态和使用“反讽性”的话语对启蒙主义所标张的文化理想与原则施以嘲弄的面目出现，这一点我们在“第三代诗人”廖亦武、李亚伟、韩东等人的作品中，在徐星、刘索拉和稍后的王朔等人的作品中，都能清楚地感受到，尤其是在王朔小说中，我们还会看到他刻意表现出的对物质主义商业文化以及市民意识形态的认同；另一种是深刻的悲观主义者，他们往往怀着对存在本质的执著追问和对此在人生的深刻绝望，在怀疑中进行不倦的精神求索，对世俗世界的决绝和对神性世界的向往是他们的精神特征，因此，他们也往往会成为一种个人式的精神探险者与“文化英雄”式的人物，在这类人中，诗人海子可谓是一个代表。

这种两极分裂的趋向，正如有人在评述存在主义哲学思想时所概括的，由于它过分强调个体的人格“自由”与自我选择，“促使人们采取两种处世态度：一是行动主义，通常流于盲目行动或铤而走险；二是颓废主义（嬉皮士 Hippies 运动），促使人们消沉、彷徨、悲观失望”①。

上述转折和分化，在 80 年代后期乃至 90 年代初出现了质的变化：一方面，随着经济的发展，大众文化与商业价值逐渐合流；另一方面，启蒙主义文化又由于其过分的政治焦虑与过激的策略而最终受挫。所以，知识分子的精神境遇愈加孤立，更加朝着个人化的精神劳动、边缘化的社会位置和内心化的生存体验靠拢。在此状态下，选择“解构主义”、“后现代主义”等新潮理论的表面上的激进，并没有掩盖住他们存在主义哲学的精神内核，冷静的、以个体生命为单位的体验和思索，已成为这个时期愈来愈明显的整体的文化

---

① 崔相录、王生平：《存在主义美学思想述评》，见［日］今道友信等：《存在主义美学》，沈阳，辽宁人民出版社，1987。

走向。

哲学的转向预示了两个时代文学的巨大差异，80年代前期到中期“反思”、“改革”与“文化寻根”等一系列宏伟叙事与中心主题，分化为80年代后期关于历史的冥想和个人生存的体验，情感由沸点降至“零度”，个人精神与意识的深刻性达到了前所未有的高度，但“上升中的下降”趋势也是明显的，文学在走向成熟、深邃和精致的同时，也开始减少对于社会和现实的关注，依次变成了个人的象牙塔和小乌托邦。

## 二、追问存在的海子及其追随者的悖论

对于诗歌而言，存在主义的影响是多面而深刻的，第三代诗人所刻意表现出的“新历史主义意识”，回归凡庸生活，表现反崇高、无意义的主题，表现焦虑、堕落、无望和嗥叫的情绪，以及对生命、世界、存在本质等的形而上的追寻，还有表现关于大地、神性、宗教和语言等的哲学认识的倾向，都可以说包含了存在主义哲学的启悟和影响。然而，最深刻地影响着当代诗歌的，应是由尼采、雅斯贝斯和海德格尔等共同构成的生命诗学和存在主义诗学。

在本节文字中，我意识到我们必须首先寻找一个代表，不，是整个时代和当代诗歌共同寻找的一个代表，这个人就是海子。海子本人的观念、创作及其生命实践所构成的完整独特的意义，及其对当代诗歌构成的深远影响，是我们进入和探讨这一论题的关键起点。因为诗歌在80年代后期和90年代以来所形成的存在主义主题，在很大程度上是来自海子诗歌成功的启示，及其彗星般的生命之光的辉耀。海子，无疑是当代诗歌跃出生活、生命、文化和历史而楔入最终极的本质层次——存在主题的先行者。这位集诗人和文化英雄、神启先知和精神分裂症患者于一身的诗人，已用他最后的作品——自杀完成了他的生命和创作，使它们染上了奇异的神性光彩与不朽的自然精神。由于这一切，海子对当代诗歌的发展产生了极为深远的影响，他在诗歌世界幽暗的地平线上，为后来者亮起了一盏闪耀着存在哲学之光的充满魔力又不可企及的灯，使诗歌的空间呈现出前所未有的广阔和辽远。当然，对海子的模仿在事实上也造成了另一个负面的影响，曾一度导致过浮泛的模式化的追风趋向，这是必

然的，海子整体的诗歌及其人格魅力必然会造就众多的模仿者，然而，海子“一次性”的生命实践，他“突入”“原始力量中的一次性诗歌行动”[①]，包括他的自杀，却是在根本上不能模仿的。事实上，伟大的诗歌都是不可模仿的，它只给后来者以永恒的启示。

我们先来看一看海子的诗歌观念。

在我看来，海子的诗歌观念同他的生命观念是一体的，从这个意义上说，其中至少包含了三个要素，或者说，至少有三个来自德国的存在主义哲学家的观念对他构成了重要影响，一个是尼采，一个是雅斯贝斯，一个是海德格尔。

从生命气质与言说风格上说，海子极似于尼采。生命意志的极度膨胀，生命本体论的人生观与诗学观，对死亡的挑战情结，寓言化、个人“密码”化的言说方式，以及最终的精神分裂，都表明了他们之间的极其相似性，只不过海子的生命过程更为短暂和浓缩化罢了。在尼采的著述中经常出现一个“疯子”的象喻，而在海子，这个疯子则潜藏在他的内心之中；尼采曾这样讲述他主动迎向死亡的意愿：“我的朋友，我愿因我的死亡而使你更爱大地；我将复归于土，在生我的土地上安息。……这是自由的死，因为我要它时，它便向我走来。”[②] 而海子则用他的行为实践了这样的意愿。所稍有不同的是，尼采通过对上帝的否定而泯灭了自己内心的神性理想，而海子则因为保持了对世界的神性体验，而显得更加充满激情和幻想，大地的神性归属使他心迷神醉并充满力量，由此生发出主动迎向死亡的勇气。

从诗学观念上看，海子似乎又与雅斯贝斯的观念如出一辙。雅斯贝斯有两个著名的观点，一是认为伟大艺术家的生存，即“是特定状况中历史一次性的生存”[③]，他所推崇的艺术家是荷尔德林、凡·高、米开朗琪罗，因为他们是人格与艺术相统一的作家，他们的存在方式是“作为历史一次性的艺术家的存在方式”[④]，而海子也认为“伟大的诗歌”是“主体人类在原始力量中的一次性诗歌行动”，是“伟大的创造性人格”的“一次性行动”，他也同样推崇

① 海子：《诗学：一份提纲》，见西川编：《海子诗全编》，898页，上海，上海三联书店，1997。

② ［德］尼采：《论自由的死》，见考夫曼编著：《存在哲学》，106页。

③ ［日］今道友信等：《存在主义美学·译者前言》。

④ ［日］今道友信等：《存在主义美学》，148页。

"凡·高、陀思妥耶夫斯基……荷尔德林、叶赛宁（甚至在另一种意义上还有阴郁的叔伯兄弟卡夫卡、理想的悲剧诗人席勒、疯狂的预言家尼采）"，认为"他们活在原始力量的中心，或靠近中心的地方。他们的诗歌即是这个原始力量的战斗、和解、不间断的对话与同一"。"他们符合'大地的支配'。这些人像是我们的血肉兄弟，甚至就是我的血。"[①] 雅斯贝斯还认为，在现代社会荒谬的背景下，"优秀的艺术家认真地按独自的意图做出的表现，就是类似分裂症的作品"，他认为，恰恰是凡·高和荷尔德林这样的艺术家"在自己的作品中照耀了存在的深渊"，而其他无数艺术家的平庸，实则是因为他们的"欲狂而不能"。在凡·高和荷尔德林这里，他们"主观上的深刻性是和精神病结合在一起的"[②]，"达到极限的形而上学体验的深刻性……无疑是为灵魂残酷地被解体和被破坏时才给予的"[③]。而海子正是用他自己的精神结构与创作证实了雅斯贝斯的观点。据知情者的回忆，海子生前极为偏执地热爱的艺术家和诗人就是凡·高和荷尔德林，他对凡·高的热爱，以至于使他称这位生活在精神分裂的幻觉中的画家为"瘦哥哥"，并以其将生命注入创作的"不计后果"的方式作为自己的"某种自况"[④]，他最后写作的一篇诗学文章又是献给荷尔德林的《我所热爱的诗人——荷尔德林》，"荷尔德林最终发了疯，而海子则以自杀结束了自己的生命，不知道这里面有没有一种命运的暗合?"[⑤] 在海子死后，医生对他所作的死亡诊断为"精神分裂症"，尽管从世俗标准来看，这是不公正的，甚至是有些残忍的，但我们从艺术的角度，特别是从雅斯贝斯的角度看，海子在生命气质、心灵结构上同凡·高和荷尔德林却无疑是一类人。虽然海子与雅斯贝斯关于"伟大的艺术"的认识和说法并不完全一致（海子似乎具有更为原始和博大的倾向，在这一点上他又具有某种"反现代"性，他对荷马、奥义书、印度史诗以及古典浪漫主义的众多诗人如但丁、莎士比亚、歌德等亦怀有深深敬意），但在认为"写作与生活之间没任何距离"[⑥] 这一点上，他们却是完全一致的，这就是"一次性"的、不可复制的写作或生存的本质。

① 海子：《诗学：一份提纲》，见西川编：《海子诗全编》，893页。

② ［日］今道友信等：《存在主义美学》，150～152页。

③ 雅斯贝斯语，转引自今道友信：《存在主义美学》，152页。

④ 西川：《死亡后记》，载《诗探索》，1994年第3期。

⑤ 西川：《死亡后记》。

⑥ 西川：《死亡后记》。

就内心的体验方式、感受方式、生命的某种神性归属、关于艺术作品和世界本源的观念等方面而言，海子又与海德格尔相近似。海德格尔在他的《艺术作品的本源与物性》中曾阐述了他最重要的一个艺术观点：他在对现代世界和艺术的沦落表达了悲哀之后，以一座希腊的神殿为例，说明了艺术的本质不是“模仿”，而是“神的临场”和在此条件下“存在”之“如其本然的显相”，这样的一种关于艺术的存在本体论的观念，同海子将作品与生命实践合为“一次性”创作的观念无疑是相通的。而且，海德格尔还以抽象化了的“大地”作为存在的归所和本体，并引据荷尔德林的诗句“人，诗意地栖居在大地之上”，指出了人、艺术家及其作品对大地的归属性，他认为“屹立于此的神殿这一作品开启了一个世界，同时又返置这世界于土地之上，而土地也因此才始作为家乡的根基出现”[①]。“作品让土地作为土地存在”，“呈现土地就意味着把土地作为自我封闭者带入公开场”[②]。土地、大地的概念对海德格尔来说是如此的重要，而海子一生最重要的长诗作品《土地》正是以此为主题、为归所、为激情、为生命和艺术的源泉、为言说的“场”与凭藉的，“大地”对海子来说具有某种使他疯狂的巨大吸力，让我们举出他的诗句：

大地　酒馆中酒徒们捧在手心的脆弱星辰
漠视酒馆中打碎的其他器皿
明日又在大地中完整　这才是我打碎一切的真情

绳索或鲜艳的鳞　将我遮盖
我的海洋升起这些花朵
抛向太阳的我们尸体的花朵　大地！

何方有一位拯救大地的人？
何方有一位拯救岛屿的人？拯救半岛的人何日安在
祭司和王纷纷毁灭　石头核心下沉河谷　养育
　马匹和水
大地魔法的阴影沉入我疯狂的内心
大地啊，何日方在？

---

① 见陈嘉映：《海德格尔哲学概论》，250、252页，北京，三联书店，1995。
② 见陈嘉映：《海德格尔哲学概论》，250、252页。

大地啊，伴随着你的毁灭
我们的酒杯举向哪里？
我们的脚举向哪里？

大地　盲目的血
天才和语言背着血红的落日
走向家乡的墓地

我们再来看看海德格尔所如痴如醉地引述的荷尔德林的诗句：

请赐我们以双翼，让我们满怀赤诚
返回故园。

土地是灵魂得以栖息的归所，但所不同的是，海德格尔认同荷尔德林的情感意向，故乡是土地的象喻，对每一个人而言，故乡就是他的土地，因此“诗人的天职是还乡，还乡使故土成为亲近本源之处”①，这使他们的灵魂和情怀趋向于安闲和沉静。然而在海子的内心中，他还有着充满疯狂气质的另一极：太阳。太阳是与土地母体相对的父本的象喻，是力量的喷涌和疯狂的燃烧，是其生命的能量和本体，是回归大地母体之前的辉煌的照耀、舞蹈和挣扎，它向着大地沉落，但又奋力从大地上升起，这样的方向激励着海子年轻的生命，使他在诗歌中得以爆响式地燃烧，并决定了他内心的悲剧与拯救的英雄气质，因此海子在其死前又倾其全部的生命能量创作了另一部未完的长诗《太阳》，并将生命结束在这一作为血的隐喻的方向之中。事实上，他最终不是回归家乡的土地，而是死在相反的方向。②

海子与海德格尔的另一个共同之处，在于对已消失于世界的“神性光辉”的寻求。海德格尔认为他生活在一个“贫瘠的时代”，之所以如此，是因为众神已离开了这个世界，上帝也已“缺席”。然而诸神的消隐却并非不留踪迹，诗人的使命就在于在这样的时代中

---

① 以上引自郜元宝编译：《人，诗意地栖居》，86～87页，上海，上海远东出版社，1995。

② 海子于1989年3月25日由北京乘火车至山海关，26日在山海关以北龙家营附近卧轨自杀。

引导人们去寻求这些踪迹。所以，他推崇荷尔德林，认为他不是一般地为诗，而以诗寻索诗的本质存在，因此他是“诗人中的诗人”。同样，我们以此认识海子也是毫不为过的，在80年代中期诗歌沉溺于文化的历史流变，以及许多诗人都以固有的神话文本作为“重写”的材料和蓝本（如江河、杨炼、“整体主义”诗歌群体等）的整体背景下，是海子以他领悟神启的超凡悟性和神话语意的写作，提升了这个时代诗歌的品质与境界。海子非常睿智地找到了通向神性的途径，这就是土地上最原始的存在，庄稼、植物，一切自然之象，以及在大地这一壮丽语境之中的生命、爱、生殖、统治等最基本的母题，在追寻这一语境的过程中，他彻底地挣脱了历史和当代文化及其语言方式对他的拘囿桎梏，而走向了真正原始意义上的“民间”，得以“让一切人成为一切人的同时代人，无论是生者还是死者”[①]。能够成为这样一种沟通桥梁的只有一个，这就是永恒的神性光辉。

我们再来看海子的诗歌。

为了表述的简明，我不惜武断地将海子的诗概括为神启、大地和死亡三个母题。“神启”象征“存在向世界的敞开”，象征他对世界的认知的能力，及其把握与言说方式；“大地”象征存在与生命激情的源泉，象征他抒情和言说的对象，象征神的居所和与之对话的语境，象征自己最终的母体、安栖的归宿；“死亡”象征他对存在主动性体验的自觉和勇气。海德格尔说“存在是提前到来的死亡”，叙述死亡表明了对此在生存的未来性认识，对海子来说，死亡意味着他走向他所叙述的神话世界的必由之路与终极形式，是他内心神性彰显和英雄气质的需要以及表现形式。很显然，上述三者又是互为沟通联系和一体的，神启给他以灵性和疯狂，大地给他以沉思和归所，死亡给他以勇气和深刻。

先看神启。所谓“神启”只是一种抽象的说法，在其实质上是指一种超越经验方式与思维过程的直觉状态，它以先验的形式接通某种“存在的真理”，并在主体认知和判断事物之前，形成先在的结论和语境。在雅斯贝斯看来，“普通人”因为逻辑与经验世界对他们的遮蔽，所以他们不可能接近原始的真理。而在精神“分裂症患者那里”，一切“却成为真实的毫无遮蔽的东西”，比如“在凡·高的

① 海子：《谈诗》，见老木编：《青年诗人谈诗》，175页。

艺术世界中，生存的终极根源是看得见的，并能感到一切此在所隐藏在其中的根源似乎直接地表露出来了”①。这实质上是说，由于“正常人”思维习惯的虚假性与遮蔽性，已使他们不可能再看到人类的某些原始经验（而“神启”实质上就是类似于人类童年的幼稚状态、直觉判断状态下对世界的某些原始经验——神话就是在这时候产生的），而精神分裂症患者却能够再次获得或接近这些反逻辑的直觉，以及未经伪装处理、加工和判断的原始经验。海子就是在这种原始的经验状态中写作并描述它们的。如在《秋》中海子所描绘的景象：

秋天深了，神的家中鹰在集合
神的故乡鹰在言语
秋天深了，王在写诗
在这个世界上秋天到了
该得到的尚未得到
该丧失的早已丧失

这首诗中，鹰的出现完全是直觉的象喻，它与秋和神的存在，以及“王在写诗”之间究竟是一种什么关系？似不得而知，唯一似乎能有线索可寻的是最后两句，这是大自然的悲剧法则，神的法则是永恒的，无所谓悲喜，或许人的命运，这位写诗的“王”对秋天的感触和领悟就在这里？在另一首《海子小夜曲》中，我们似乎可以证实海子这种不可能为一般读者的世俗经验所感知的超越经验和逻辑的感知方式：

如今只剩下我一个
只有我一个双膝如木

只有我一个支起了耳朵
只有我一个听得见平原上的水
　　诗歌中的水
在这个下雨的夜晚

① ［日］今道友信等：《存在主义美学》，150页。

如今只剩下我一个
为你写着诗歌

神启还表现在一切事物在海子的诗中都闪烁着神灵之性，它们是神的无处不在的化身，是存在的灿烂之象，这有似于斯宾诺莎的“泛神论”，但是神灵在海子这里并不是象喻，而是本体，是神祇世界的活的部分，他自己则是与它们共存共生互相交流对话的存在者之一。这使得海子笔下的每一事物都放射出不同凡响的灵性之光。比如他的《天鹅》：

夜里，我听见远处天鹅飞越桥梁的声音
我身体里的河水
呼应着她们

当她们飞越生日的泥土、黄昏的泥土
有一只天鹅受伤
其实只有美丽吹动的风才知道
她已受伤。她们在飞行

而我身体里的河水却很沉重
就像房屋上挂着的门扇一样沉重
当她飞过一座远方的桥梁
我不能用优美的飞行来呼应她们

仅仅以天鹅作为某种比喻的诗人是无论如何也不可能写得如此悠远、凄迷、神秘和美丽的。或许我们可以从“隐喻”的意义上对此诗作世俗化的解读，认为这首诗所表达的是海子对于一位美丽女性的倾慕之情，但它也同样可以作无关乎世俗情感的神性解读。在海子的另一首诗《山楂树》中，更显现出他令人惊心动魄的天才想象力：

我走过黄昏
看见吹向远处的平原
我将在暮色中抱住一棵孤独的树干

山楂树！一闪而过　啊！山楂

我要在你火红的乳房下坐到天亮
又小又美丽的山楂的乳房
在高大女神的自行车上
在农奴的手上
在夜晚就要熄灭

假如没有接受某种神启的灵性，怎么能够把一棵山楂树写得如此动人和美丽！语词的神性色彩也是使海子诗歌富有神启与通灵意味的一个内在原因。按照象征形式哲学家卡西尔的观点，语词在神性的语境中会闪现出一种超乎其原有意义的“魔力”，因为神祇，尤其是“女神”会对语词本身具有某种“收集”作用，并使言说者得以汲取“神的存在和意志的力量”①，这实际上也就是说，神灵是使语词变幻出魔力的“魔法师”。海子的诗正是由于他成功地楔入了神话的语境，他的诗中成了神灵出入的场所，而神灵在他的诗中又似乎在自动编排着他的语词的密码，并形成种种特定的魔法般的吸力，使这些语词成为不断变幻着绽开的令人惊艳的“花朵”，“被置回到它的存在的源头的保持之中”，而这时，作为言说者的人的“嘴不只是有机体的身体的一种器官；而成为大地涌动生长的一部分”。② 因此，我们从海子的诗中不但读到了出现频率最高的那些词语：“王”、“祭司”、“魔法”、“太阳”、“女神”、“大地”、“血”、“死亡”，以及如被风暴卷起的自然之物，而且还在由它们所形成的反世俗经验的语境——犹如神灵的或疯狂者的语意结构中看见了一个全新的世界，兴奋不已并被它炫耀得眼花缭乱。

再看大地。万有之源泉与归所的大地，在海子的诗歌中有着表象、本体和源泉“三位一体”的意义，犹如圣父、圣子、圣灵的三位一体，大地在海子的诗歌中既是象征着万物众生的表象之物，也是存在、法则与“道”（老子意义上的）本身，同时又是这一切最原始的化身。海德格尔说，“作品把自己置回（setback）之所，以及在作品的这一自行置回的过程中涌现出来的东西，我们称之为大地。

① ［德］恩斯特·卡西尔：《语言与神话》，72～75页，北京，三联书店，1988。

② ［德］海德格尔：《通向语言之路》，见郜元宝编译：《人，诗意地栖居》，68～69页。

大地是涌现者和守护者。大地独立而不待，自然而不刻意，健行而不知疲惫。在大地之上和大地之中，历史的人把他安居的根基奠定在世界中。……作品让大地成为大地。”[①] 假如我们对照海子的诗歌，就会发现，在他的作品中事实上早已先在地存在着一个抽象的大地乌托邦，海子的一切象喻都离不开大地的依托，大地是他抒情的力量源泉，是他作品的承载空间；既是他的诗歌意象本身，也是他诗歌所折射出的“存在的本源”。这是他的长诗《土地》中的诗句：

一盏真理的灯
我从原始存在中涌现，涌起
我感到我自己又在收缩　广阔的土地收缩为火
给众神奠定了居住地。

我从原始的王中涌起　涌现
在幻象和流放中创造了伟大的诗歌

与海德格尔的论述何其惊人地相似！这是海子对诗人和世界和大地的关系的诠释和揭示。在海子看来，诗人的使命不只是去表现那些被表象化和割裂了的事物、情感和世俗经验，而是要力图表现出世界、人类生存的本质，“伟大的诗歌”必须是超越于“碎片”之上的诗歌，而致力于创造伟大诗歌的作者，应该力图呈现诗歌的原始与整一性，创造出属于诗歌的终极形式的范本。但是这在现今世界正变得越来越不可能，“主体世界与宏观背景（小宇宙与大宇宙）的分离，抒情与创造的分离”，终将导致“一次性诗歌行动”[②] 的失败和消失。而什么才能使之完整地统一起来？在海子那里，这种统一的力量正是来源于大地。

与大地相邻或重合的常常是“民间”世界与农业家园的背景或氛围。海子是当代诗人中最早提出“民间主题”的一个，[③] 在这个背景与氛围中，一切事物与经验都呈现出它古朴、原始、本真、统一和永恒的特质与魅力，诗歌就是从这种“最深的根基”中生长出来

① ［德］海德格尔：《诗·言·思》，见郜元宝编译：《人，诗意地栖居》，102页。

② 海子：《诗学：一份提纲》，见西川编：《海子诗全编》，895页。

③ 参见海子：《民间主题》（《传说》原序），此文作于1984年，见西川编：《海子诗全编》，873页。

的。向着这个世界，“一层肥沃的黑灰，我向田野深处走去，……有些句子肯定早就存在于我们之间；有些则刚刚痛苦地诞生……”[1] 由于这样的信念，海子一直拒斥着“现代文明”中的经验方式与语言方式，而保守着农业家园中的一切事物，因此，诸如“麦地”和“麦子”、“河流”、“村庄”等事物与象喻，便密度极高地出现在他的作品中，尤其是“麦地”和“麦子”。以至于有的评论者认为在他的作品中存在着一个“麦子乌托邦”，这是他“经验的起点”，“物质的、生存的象征”[2]，但在我看来，“麦地”是更为形象的大地的隐喻，同时也是借助于创造劳动的生存与生存者的统一，是事物与它价值的统一，是自然与人和神性（法则）的统一。麦地不但揭示了生存与存在的本质，揭示了大地上一切事物的存在特性，而且它本身与它的主体和养子——人（创造和依存的二重属性的人）的关系，也构成了“大地”的全部内涵。由于这样一种极为生动的属性，在海子之后的许多诗人那里，麦子成为无处不在的植物，成为生存——大地上的存在及存在者的经典象征物。

大地同时也构成了海子言说的原始和辽阔的语境，它构成了超越和融解世俗情感与社会经验的神性母体。也就是说，大地在海子的诗中既不断闪现为具体和个别的形象与事物，同时又是一个最终的整体，这一方面给海子提供了抒情的无尽的源泉，同时也使他面对永恒的存在而沉默下去，因为他似乎看到，大地本身即在言说着，大地上壮丽的事物自己就在歌唱——在这点上，海子与海德格尔的观点有所不同。从他的《春天，十个海子》中就可看出。“十个海子”是喻指大地上自然的海子，它们在春天到来时自动绽放出生机和美，而面对大自然的杰作，海子感到渺小、迷惘和缄默，并感到死亡的降临：

春天，十个海子全部复活
在光明的景色中
嘲笑这一个野蛮而悲伤的海子
你这么长久地沉睡究竟为了什么？

在春天，野蛮而悲伤的海子

---

① 海子：《民间主题》（《传说》原序）。

② 宗匠：《海子的诗歌：双重悲剧下的双重绝望》，载《诗探索》1994年第3期。

就剩下这一个，最后一个
这一个黑夜的孩子，沉浸于冬天，倾心死亡
不能自拔，热爱着空虚而寒冷的乡村

乌托邦大地的无限与作为大地另一化身的乡村家园在海子的心中似乎发生了分裂，但他最终并没有像荷尔德林那样归返乡村，而是相反，朝着与这一方向相悖的北方投入了死亡的黑暗。因此，海子的死，既可以视为是对大地乌托邦的皈依，也可以视为是抗争。

这很自然地就转向了另一问题：死亡。这似乎是一个最令人迷惘不解的问题。为什么海子这样“倾心于死亡”呢？这其中包含着两个问题，一是海子的死亡意识，二是海子的死亡行为——自杀，因为事实上有死亡意识并不一定就会有主动的死亡行为。关于后一个问题，已有许多知情者作了解释，这里我们不作探讨。关于前者，我认为，除了性格、心灵结构深处的原因，很重要的是也不能排除存在主义哲学观念的某些影响，他的“一次性诗歌行动”的观点十分近似于雅斯贝斯对艺术家生命存在方式的解说。雅斯贝斯以荷尔德林、凡·高和米开朗琪罗为例，说明了伟大的艺术家其生命与写作（创作）统一为完整的生存，他们的生命和人格本身就具有“全部注入作品之中”和“毁灭自己于其作品中，毁灭自己于哲学立场中”[①] 的特性，海子同样也热爱凡·高和荷尔德林，并与他们一样内心充满疯狂的气质，他和他们一样，作为“病态的天才，也创造新世界，但他们毁灭自己于其中”[②]。这其中似乎也蕴藏着一种必然，但哲学史和文学史上没有任何一个时代的人像存在主义者这样，把生存——存在和死亡的对立统一的问题作为首要和本体论的问题来予以探讨，这一方面表明了现代人类在死亡——“生存的深渊”面前，由于“上帝之死”及其所预示的神学宗教世界的毁灭与人类自身的救赎无望而面临的意识危机，同时也把这些问题的思考者推向了绝境，他们仿佛必须面对这深渊做出某种“决断”，而那些将创作和生命本身视为“一次性行动”者便不免或疯狂（精神的死亡，像荷尔德林、尼采那样）或自杀（肉体的主动性毁灭）。

理解海子的这一观念，似乎无法忽视来自19世纪浪漫主义诗歌的深刻影响。雅思贝斯的“一次性生存”、“一次性写作”与海子所

---

① ［日］今道友信等：《存在主义美学》，155、156页。
② ［日］今道友信等：《存在主义美学》，156页。

谓的“一次性诗歌行动”，在19世纪的诗人中留下了最后的范本和影像，或许“伟大的诗歌”已经消逝不再，但浪漫主义者们却将生命献给了自己虚构的作品，以及虚拟的事业，拜伦死于他热爱的希腊，雪莱死于他向往的亚得里亚海，早于他们的荷尔德林是死于对大地与神祇的法厄同式的疯狂热爱，他们的“一次性的”和不可模仿与复制的生命人格实践，及其对于他们的作品的映照作用，对于海子有巨大的精神召唤与暗示作用，使之有了与伟大诗歌理想相匹配的强烈的死亡冲动。

海子诗歌中的死亡似乎是无处不在的。大地上不断毁灭的事物的象喻深深震撼着他的心，使他相信，死亡本身就是存在的显现，是对关于存在的经验的唤起。如《九月》：“目击众神死亡的草原上野花一片/远在远方的风比远方更远……//远方只有在死亡中凝聚野花一片/明月如镜，高悬草原，映照千年岁月/我的琴声呜咽，泪水全无/只身打马过草原。”是如此壮丽的生命（与死亡）景象的启示，使海子如此专注于生存本质的追寻，并不断追寻着自我生存的性质与意义。在他的《祖国（或以梦为马）》中他写道：“众神创造物中只有我最易朽，带着不可抗拒的死亡的速度/只有粮食是我的珍爱，我将它紧紧抱住。”生本身的脆弱使它不得不把细弱的气息寄托于“粮食”这大地的赐予和馈赠，然而这植物在本质上也与同它具有双向哺育关系的人一样不断地生亡：

抱着昨天的大雪，今天的雨水
明日的粮食与灰烬
这是绝望的麦子
请告诉四姐妹：这是绝望的麦子
永远是这样
风后面是风
天空上面是天空
道路前面还是道路（《四姐妹》）

绝望成为海子面对死亡的最终结论，而且他不是像普通人那样以“暂时与自己无关”的态度予以回避，“作为沉沦着的存在”做着“在死亡面前的一种持续的逃遁”①，也不是像那些“躲着使自己毁灭

① ［德］海德格尔：《存在与时间》，305页。

的道路而前进的”[1] 艺术家那样，去用文字模拟死亡，而是主动迎向了它，并可能在内心中艺术地幻化了它，这可能使他摆脱了死的恐惧而感受到一种结束生与死的对抗而融入永恒的大地的安然，虽然带着“绝对理想的失败”[2]，但毕竟是以自身的勇敢实践了在诗歌中不断对死亡的“倾心”和体验。在彻底的“疲倦”和“衰老”中[3]，海子日日夜夜自我痴迷着的预言实现了：

> 大地　盲目的血
> 天才和语言背着血红的落日
> 走向家乡和墓地（《太阳·土地篇》）

海子的诗歌毫无疑问地已成为不朽的诗篇，但这并不等于说他的诗歌已属于所有的读者，因为他的“一次性写作”的原则和“回到民间”与原始的“超于母体和父本之上，甚至超出审美与创造之上”的“伟大诗歌”[4] 的理想，已注定使他的诗作带上了反经验性和反可认识性可感知性的性质。这种性质既成就了其作为无上的“伟大诗歌”的品质，同时也使它们陷入了“绝版的神话”的境地，使它们不是作为阅读而存在，而是作为存在而存在。

所谓“反经验性”，海子在他的《土地》（即《太阳·土地篇》）长诗前的序言中已作了很充分的说明：“……在我看来，四季就是火在土中生存、呼吸、血液循环、生殖化为灰烬和再生的节奏。”这是《土地》基本的结构原型，从这点来看，似乎是不难理解的，但作者是如何表现这一结构的呢？

> 我用了许多自然界的生命来描绘（模仿和象征）他们的冲突、对话与和解……豹子的粗糙的感情生命是一种原生的欲望和蜕化的欲望杂陈。狮子是诗。骆驼是穿越内心地域和沙漠的负重的天才现象。公牛是虚假和饥饿的外壳。马是人类、女人和大地的基本表情。玫瑰与羔羊是赤子、赤子之心和天国的选民——是救赎和情感的导师。鹰是一种原始生动的诗——诗人与

---

① ［日］今道友信等：《存在主义美学》，157页。

② 宗匠：《海子诗歌：双重悲剧下的双重绝望》，载《诗探索》，1994年第3期。

③ 参见海子：《太阳·土地篇》，见西川编：《海子诗全编》，614页。

④ 海子：《诗学：一份提纲》，见西川编：《海子诗全编》，890页。

鹰合一时代的诗。王就是王。石就是石。酒就是酒。①

这是海子对他自己语言“密码”的注解。很显然，海子的象喻方式完全是属于他个人的幻象和神话世界的，这个世界甚至与人类已有的神话之间也没有什么共同之处。它是海子自己的创世神话。从本质上说，不论海子是否加以注解，别人都很难完整和准确地破译这一系统，并全面地掌握它的意义，因为海子的命名方式与编码方式正是试图完全跳出人类已有的文化经验、情感经验与语言经验，以此达到他超越模拟的诗歌而成为原始的“伟大诗歌”的目标——某种意义上，这使我们看到了海子与80年代中期的“整体主义”、“非非主义”诗歌观念之间的隐秘联系，但海子确乎比一切80年代的诗人都更具有“伟大诗歌”的创造决心与禀赋。但与非非主义诗人一样，海子的诗歌也存在一个观念与文本之间的固有矛盾。可以说，在海子诗歌的伟大属性和可感知性可阅读性之间，存在着一个由他自己的“反经验”追求所设定的根本悖论，这一悖论注定了海子诗歌文本的某种“不可开放性”，一旦打开就面临着被误读的危险——海子的作品之所以在他活着的时候很少被人理解，原因就在于此，这使他很受伤，同时也强化了他以生命来“照亮”它们的决心与冲动。

语言本身的超越性与不可解读性所构成的矛盾，使得海子的长诗显得傲岸而孤独，晦涩而坚硬，和他钻石般的抒情诗中的那种精致与澄明构成了对照关系。仿佛一座巨大而未完成的建筑工地，日渐荒芜，有渐渐成为废墟的危险。也正是出于这样一个悖论，海子不得不用他的身体投向黑暗，使他的青春生命所放射出的一次性的耀目的光芒，最后照亮他的作品。从这个意义上说，海子挺身迈向死亡，实则是对他的写作行为和作品本身的最后完成，也是对他自己的“一次性诗歌行动”和创造“伟大诗歌”的理想的一次实践。我同意把海子之死看作是一种崇高的献祭仪典的说法，海子最后的生命之光成为一盏闪耀在永恒时空中的灯，使他作品中的神性的光彩得以越出黑暗的遮蔽，而高耸在诗歌王国的苍穹。

从上述意义上说，海子的诗歌是不能模仿的；任何模仿都将是黯然失色和缺少意义的，或者是矫饰，或者是重现死亡的悲剧（而

① 海子：《诗学：一份提纲》，见西川编：《海子诗全编》，889～890页。

不具备海子那样的写作高度是难以与海子比肩而立的，在海子之后，据传有多位青年诗人自杀身亡，这是颇为令人悲哀的，事实上也只能有一个海子——这本身已经够残酷的了)，或者是退回到可经验性的写作，对海子诗歌中的个别部分予以“植出”，诸如关于村庄、麦地等农业生存的情境“乡土诗歌写作”，很明显即是对海子诗歌的局部而浅表的模仿。当然，海子对存在的追问以及他诗歌中所透出的高迈风格、神启意味、语言魅力等，确实很具魅力，对于整体上推进当代诗歌写作境界也确有助益。在众多因素的作用下，以至于在90年代而下的诗歌中出现了一个“唯存在论的主题情结”，海德格尔等存在主义哲学家的诗学观念渐次取代此前其他诗学思想而被奉为当代诗学的圭臬。这样一种趋势既给当代诗歌的发展和精神提升提供了强大动力，同时也使当代诗歌写作陷入了一个“唯存在论”的困境，下面我将对这一困境与悖论再作一分析。

“神示”的空洞与虚无是这种主题倾向首先无法规避的困境。所谓“神示”，在诗歌中实际是一种比喻式的说法，是指写作者所抵达和据守的一种心境。假如诗人仅停留于世俗化的感受，当然不会有“神的临场”，而假如诗人在越出世俗经验与此在的茧壳，感受到某种豁然的灵境或闪电般的顿悟之时，便会近似于得到了“神性的光耀”。从这个意义上说，诗人必须以一种近似于宗教情感的立场进入诗歌，才能获得某种神性的启悟。然而，这只是一种努力的方式，诗人的作品中是否真的会出现类似的情境，还要看诗人的想象力、才华和语言，并非所有具备宗教情怀、有超越世俗意愿的诗人的作品都能够获得神性。因此，诗人一方面要在内心世界中努力提升自我，另一方面还要升华自己言说的语境，使用更具有超越性的语言。说到底，最根本的还是源于诗人的心灵素质，一切仅在言辞上存在的“神祇”都只能是一种苍白无力的虚影——90年代以来这种诗人实在是太多了，但真正具有“神性”气质的写作并不多。海子之所以最终走上了殉身之路，除了性格原因、心理背景和某些直接的生活诱因以外，我以为很大程度上是来源于他精神的极度疲惫——当海子越加在一种神圣体验中逼近那种“存在的真理”，并为之激动不已的时候，现实与幻境的落差就越使他陷于心灵的分裂，最终他不得不通过殉身来实践他的宗教情怀，完成他的充满神圣意味的创作。由于他的死，他的作品也得以被神圣之光照亮。

海子的创作与人生实践表明了两个事实，一是只有以彻底决绝世俗的宗教般的决心进入诗歌，才能真正通过它而感验到那由“神的在场”所决定的“存在真理之光”；同时，一旦如此，也将会导致诗人精神的危机，因为对存在的追问最终只能导致对世界与人生的虚无主义认识。在坚定的信仰与虚无的认知之间，诗人要抗拒心灵的危机与精神的崩溃，只有以死解脱。许多当代诗人的自杀和生活悲剧都应有这种内在原因。

而且从某种意义上说，也只有死亡——通过自杀而牺牲的方式，能在瞬间将生命燃成永恒的神圣之光，将自己的作品作最后的超度，使其具有神性光彩。但这样的惨剧又是事实上谁都不愿看到、更不愿意实践的，即便发生了，人们也不会再将其当作“一次性诗歌行动”来看待，神示的空洞最终成为了廉价的时髦。在许多青年诗人那里，营造某种神祇的影像或神话式的语境便成为他们孜孜以求的目标，因此，关于土地、女神、存在、神殿、村庄……以及某些历史文化遗存，便反复出现在他们的作品中，成为他们使用频率最高的意象群落，而“在场”、“缺席”、“在世”、“遮蔽”、“澄明”、“晦暗”……这些海德格尔式的术语，也便成了他们阐释自己作品和艺术追求的最常用的词语。

但是，一个根本的矛盾仍横亘其中，即：这些言说本身的执著在多数情况下都被证明是苍白和空洞的，因为它们不是来自内部的精神世界而是源于语言的装饰，尤其是当人们将此与许多青年诗人十足世俗的生活相比照，它们甚至还构成了某种可笑的“自我反讽”状态。

上述困境可以视为我们的一个“追问”：对以诗歌形式追问存在的存在者的追问。撇开这个问题不究，近年来先锋诗歌对存在主题的热衷还导致了另外一个困境，那就是对现世的疏离，和对原有诗歌人本主义立场的背叛。存在主义哲学的内核是关于个体生存本质与意义的诗性探究，而19世纪以来西方现代诗歌的两大主题，却是对社会的批判和对人本主义精神的张扬，这两大主题所对应的是对大众生活的悲悯、同情和对人的生存状况的忧患，就像本雅明所称赏的波德莱尔的诗中频繁出没着“人群”、“大众”一类字眼一样，对大众生存、社会公正和人的尊严的关怀，成为它们主题依存的主要支撑。即使是在当代西方诗歌中也仍然充满了知识分子对人性的张扬（如金斯伯格），对祖国文化中伟大的人文传统的感验、复活和颂赞（如塞菲里斯、埃里蒂斯），对社会正义的坚信与颂扬（如夸西莫多、布罗斯基等）。从本质上说，他们的作品都不能算是纯粹个人化的存在经验的书写。对当代中国的诗人来说，他们不仅需要存在主义立场，更需要人本主义和基本的社会责任感、历史良知和批判精神，而这些正由于某些先锋诗人对“神性”、“神启”、“存在真理”的过分强调与推重而被削弱。因为尽管从表面上看，先锋诗人的作品大都还以“民间形式”存在着，但从实质上看，他们已具有了某种一维的前指性的“先锋”情结，他们的理论视野和艺术追求都显得过于狭窄，他们所强调的“纯粹”已陷于单调和苍白，他们的抽象与哲思已变得空洞而不可思议，他们从博尔赫斯、佩斯、帕斯等人的诗中所读到的更多的是个人化、语言和技术性的东西，是关于自然和人的本质的抽象的冥想。而这些实际上又与之前为诗人周伦佑所批评过的“白色写作”毫无分野。“白色写作”不是指哪一个诗人或哪一些诗作，而是指一种趋向，它把“纯粹”视同于“中性”，把“闲适与纯粹混为一谈，以为避开忧患、深度、绝望以及存在的全部尖锐性，诗便纯了”，他们“把写作当作一种逃避行为”，逃向田园、山林……[①]我们无法否认这些诗在深入人类经验、心灵结构、存在之思以及在苦苦探寻其言说方式、探寻突破黑暗遮蔽的言说过程中所达到的空前的深度，它们作为单个的艺术品存在都表现出极为成熟和精致的艺术水准，但也正是这些作品整体上形成了今日诗歌的苍白的状态。由生存进而发展到存在，意味着诗人已逐步放弃了倾向性的介入与精神上的抗争的立场，这是存在主义哲学立场的一个必然的悖论。

另一方面，存在主义立场还导致了当代诗歌的一个“唯语言论情结”的自我困境。从一定意义上讲，存在主义也是一种“语言本体论的哲学”，海德格尔说过，语言即是“存在的居所”，它对能否揭示存在的真理具有直接的作用。由于这一启示，当代的先锋诗人都把语言放在了写作的首位，这无疑是积极的，对于整个当代诗歌艺术的提升具有至为关键的意义。然而海德格尔的一系列关于语言及其和言说、存在之间关系的论述，又是一种纯粹哲学意义上的体验和冥想，对于诗歌写作过程中的语言操作并无多少直接的指导作用。而把海德格尔的语言观奉为圭臬的先锋诗人们，则千方百计地将这些至理圣言贯穿到自己的创作之中。对事物的言说

---

① 参见周伦佑：《红色写作：1992年艺术宪章或非闲适诗歌原则》，载《非非》复刊号，1992。

的“澄明”欲望使他们变成了一些语言的自恋癖者，言说变成了语词的游戏，变成了一种纯粹体验中的自述，变得反复絮叨、冗长繁缛，变成了喃喃自语，逃避“遮蔽”却变成了语言的奴隶，写诗变成了一个纯粹语言学的活动。试读周伦佑的一首《想象大鸟》中的句子：

鸟是一个比喻。大鸟是大的比喻
飞与不飞都同样占据着天空
从鸟到大鸟是一种变化
从语言到语言只是一种声音
大鸟铺天盖地，但不能把握
……直截了当的深入或者退出
离开中心越远和大鸟更为接近

我无意压低这首诗在语言上刻意的思辨式风格，它也并非没有意义，但这样的诗句事实上不但没有达到“澄明”之境，反而多有自我遮蔽之嫌。再如唐亚平的一首《形而上的风景·八》：“纯粹的树/无花无叶无果/……诗人，你面壁而坐/你说，你做什么//用语言赞美语言/用语言消化语言/用语言创造语言……”这种言说甚至成了诗人对自己言说过程本身的一种描述，这类作品在先锋诗人的作品中实在是太多。

在大量的先锋诗歌作品中，我们可以看出诗人对语言自身执著的探寻精神和超凡的创造才能。但当这样的言说方式成为一种风气、成为一种语势套路的时候，“对语言的挣脱”的努力便在实际上走向它的反面，当他们一味沉入这种反复连绵的语势并自得于这种“挣脱”过程时，写作也可能成为一种空洞的形式，耽溺于言说过程中的机智，情感的倾诉便成了一种花哨的语言表演。

唯语言论情结的另一个悖论，表现在语词运用和语感的单一化、趋同化和“流行病化”上。海德格尔曾专门论述过“大地”和“神殿”同艺术作品之间的关系，大地是万有的源泉和存在的寓所，万物对大地都有一种“归属性”，“大地的本质就是它那自足的仪态和自我归闭……它在与世界的相互作用中将自己揭示出来”。而“神殿”作为一种“场所”对艺术作品的语境有一种“收集”作用，将作品收拢到它的神性之光的照耀之中。由于两者的作用，艺术作品便具有了一种“返回”本源和使存在“敞开”的神性。[①] 而卡西尔更进一步指出了“神祇”与“语词”之间的关系。语词（逻各斯）为什么在语言中会具有某种“魔力”，那就是因为言说者汲取了“神的存在和意志的力量”，因为“神名似乎才是效能的真正源泉”[②]。在海子的诗中曾大量出现关于自然本源事物（如草原、雪山、水、岩石、鲜花、星辰）的大量语象，这类词语的确具有神奇的力量，它们使海子的作品充满原创色彩、神秘气息的超越的魅力，体现了所谓“神的在场”的语言、语境、语意所带来的神奇的激活作用。这一语言的“魔法”当然也为许多诗歌写作者所发现和模仿。因此，在一度时间里，我们看见了所谓“新乡土诗”中“麦子”、“女神”、“火焰”、“村庄”、“庄稼”、“家园”、“洪水”等词语的蜂拥泛滥。这其中许多质量平庸的作品的作者并没有意识到，在通往存在彼岸的界河中，仅仅有这些散落的沙洲是不够的，更重要的是诗人必须有超越存在者——即世界表象——而逼近世界本源的体验力，这才是真正的桥梁，仅靠词语本身并不能最后形成神圣和超迈的语境。另一方面，由于众多后起的先锋诗人对海子，对存在主义哲学观、语言观的认同，也导致了他们在表达上的互相模仿与个性的匮乏。

## 三、先锋小说中的存在主题

80年代后期兴起的先锋小说运动，一方面对历史表现出浓厚的兴趣，另一方面也对当代的个体人生、生存情状、人性境遇给予深切关注。对这批作家来说，一般意义上的社会主题已经无法满足他们的思想与哲学诉求，同时他们也不像稍早前的“新潮小说”与“寻根小说”的大部分作家那样，热衷于宏大的文化隐喻、生命主题与历史诗情，在艺术格调上也不再迷恋庄严崇高与抒情风格，而是将冷峻尖锐的笔触直接指向了世俗生存中的个人，指向他们凡庸、焦虑、充满苦恼的内心生活，试图揭开他们生命本身的黑暗、恐惧、荒谬与荒凉。由此，先锋小说的另一种典范的主题形态诞生了：这

① ［德］海德格尔：《艺术作品的本源与物性》，见蒋孔阳主编：《二十世纪西方美学名著选》（下），上海，复旦大学出版社，1989。

② ［德］恩斯特·卡西尔：《语言与神话》。

就是表现存在者的意义悬置、生存诘问、人性困境及其意识黑暗等复杂精神指向的书写。

之所以会出现这种巨大的转折，是因为整个文化背景出现了某些微妙的变化。一方面在 80 年代后期，大众与商业文化的发育使原有的启蒙主义文化语境不再那么纯净，个人的生存问题开始在重大的社会问题的遮掩中得以上升，探索这些问题成为非常迫切和新鲜的人性与哲学命题；另一方面，经历了 70 年代末以来近十年"宏伟主题叙事"的疲惫之后，某种热情的衰退，也使作家转而更倾向于以"个人"为本位进行更为冷态的生存追问；第三，更重要的是，由当代中国文化的"现代化焦虑"情结所决定的一种"唯新论"逻辑，正在促使当代中国的文化哲学思潮出现整体的转型，换言之，原有的启蒙主义价值体系正在受到存在主义的怀疑、诘问和挑战，尽管从社会情绪和公众心理的角度看，启蒙主义的热情仍然高涨，但一批青年作家则以其"先锋"的姿态，先行一步而楔入了存在主义主题写作。文化精神上的某种"超前"，正是这些作家在他们初出茅庐时令人感到陌生而新奇、并被比附于西方现代小说而名之以"先锋小说"的原因。

事实上，如果我们追溯缘起，从 1985 年残雪等人的小说中就已经可以看到存在主义主题的萌芽了，在她当时为数不多却独树一帜的作品中，生存的焦虑、恐惧，人与人之间的猜忌、窥视、居心叵测的算计，人对环境的倍感压抑，人的弱小、变态、苦闷等，都曾给人留下惊心动魄的印象。在《山上的小屋》这篇不及三千字的短篇中，残雪描写了一个没有个人自由、没有心灵隐私权利、周围环绕着可怖的狼嗥的家庭，"我"在恐惧和焦虑中渴望能有一座可供独居的"山上的小屋"，因为母亲和家人"总是趁我不在时把我的抽屉翻得乱七八糟"，她总是"恶狠狠地盯着我的后脑勺"，"每次她盯我的后脑勺，我头皮上被她盯的那块地方就发麻，而且肿起来"。父亲盯"我"的眼神也让"我感觉到那是一只熟悉的狼眼。我恍然大悟。原来父亲每天夜里变为狼群中的一只，绕着这栋房子奔跑，发出凄厉的嗥叫"。在这样的环境里，主人公总希望能逃出去，但逃往何处呢？那座幻觉中搭建在山上的小木屋中也"有一个人蹲在那里面，他的眼眶下也有两大团紫晕，那是熬夜的结果"。生存的环境已经注定是像地狱一样拥挤、黑暗、阴森和压抑，"我"同样也对父母构成了侵害，弄出的响声和房间中的光亮总是令他们失眠，父亲甚至为此还"动过自杀的念头"。最后，当我爬上山去的时候，却"满眼都是白石子的火焰，没有山葡萄，也没有小屋”。

这是一篇整体上充满卡夫卡式的“寓言”意味的小说，“抽屉”象征着个人的思想和内心世界，它“永远也理不清”；“山上的小屋”则意味着人的理想中独立的存在空间，但它实际上并不存在，即使在幻觉中出现，它也早已属于他人了，且他人在其中也并不幸福。这个拥挤、冷酷和充满猜忌的“家庭”，实则是现实中人的生存空间与存在状况的生动写照，其中充满着萨特式的焦虑与“恶心”，传统的宗法温情、现代的家庭伦理、人伦中永恒的亲和力与博爱……在这里全然不见了，而“他人即地狱”的冷酷预言却适用于每一个人。在这种无望与荒谬的生存中，任何试图“清理”和“走出”的努力都如加缪笔下的西绪弗斯一样，陷于妄想和徒劳。

这很像是萨特在评述法国的“新小说”作家娜塔丽·萨洛特的《一个陌生人的肖像》时所描述的那种状态，它的笔法完全基于“一种虚构”，“她描绘了一个狂热的业余侦探，他对两个普通人——一个老父亲和一个不太年轻的女儿——着了迷，窥伺他们，跟踪他们，有时通过一种思维逻辑的方式远远地揣度他们，但对他要寻找什么和他们是什么人却始终不甚了然”。“这个灵魂的侦探在‘外面’撞上了这些‘巨大的食粪虫’的甲壳，隐隐约约感到了‘内心’却永远也碰不到它……”① 在残雪的所有小说中，我们都会看到类似于萨洛特的这种“把满身流着黏液的、由于一种形象的巫术般的效力而几乎没有碰过的魔鬼交给了我们”② 的叙述主题与风格。萨特所称赏的萨洛特式的“致力于描绘不真实这个令人安心和荒凉的世界”，以及“完善了一种在心理学之外而能在人的存在本身之中触及他的现实性的技巧”③，在残雪的小说中我们似乎同样能够看到。

在1985年出现的另外几篇“仿嬉皮士”小说中，似乎也可以看到某些存在主义哲学的影子。存在主义者对“个人自由”的极端化强调，在西方曾导致出现了现代颓废主义的“嬉皮士运动”、“垮掉的一代”和“黑色幽默”等文学现象，而1985年出现的刘索拉的《你别无选择》和徐星的《无主题变奏》等小说中，就明显地带有这种反主流的“存在的危机”意识，在个人主义的价值坐标中，所有的传统价值都受到了嘲弄和怀疑。

---

① ［法］萨特：《〈一个陌生人的肖像〉序》，载《文艺理论译丛》（2），426、431页。

② ［法］萨特：《〈一个陌生人的肖像〉序》，载《文艺理论译丛》（2），431页。

③ ［法］萨特：《〈一个陌生人的肖像〉序》，载《文艺理论译丛》（2），431页。

马原等人最早只关注于小说形式的实验，但其稍后的作品中关于人的存在及其行为的真实性与可信性命题的探求，便透示出一缕存在主义的哲学观念，如《虚构》等。这篇小说亦可谓是关于人的存在本质和存在情状的一个寓言，健康的人和麻风病人之间、真实和虚构之间、美丽与丑陋之间、欢愉与恐怖之间、存在和不存在之间，似乎并无一步之遥，它们本身就纠缠于一起，无法被证实和证伪。

这样看来，存在主义的主题或者要素在“先锋小说”之前的“新潮小说”中就已经出现了。这并不奇怪，事实上在西方学者那里，他们普遍认为现代主义小说中都具有存在主义的主题或者影响，“一方面，‘存在主义’这个词指的是某些文学作品的内容”，“另一方面，实际上几乎所有现代文学都越来越走向探讨人的存有，而不是说明人的生活”，“卡夫卡或贝克特不是存在主义者，但是他们同萨特都是从同一根源出发探索的……要是把《恶心》这样一部作品同卡夫卡或贝克特的小说创作作一对比，事情就很清楚，本体论的想象比存在主义的论辩对文学创作更为适宜”①。也可以这样说，现代主义小说的主题特征之一，就是通过形象与想象的方式对现代人关于存在的观念进行表现，它本身就孕育着更为形象和直观的存在主义哲学。比如陀思妥耶夫斯基，在西方的理论家看来就不只是一个作家，也是一个存在主义者，一个存在主义哲学的代表人物。这一点，国内的学者也持相似的看法，如在 80 年代最早推介西方现代派文学的袁可嘉就曾指出，现代派文学运动的后期，20 世纪 30 年代以来，“以存在主义哲学为基础的现代派文学的新品种”，“在战后的悲观气氛中占领了文学舞台的中心地位。荒诞派文学、新小说、垮掉的一代和黑色幽默虽然各有特点，却无不带有存在主义的烙印”②。同样，在 1985 年前后中国的现代主义小说运动中，存在主义哲学主题的萌芽和出现也势出必然。

然而毕竟在 80 年代中期出现的文学思潮与运动，还强烈地体现着启蒙主义的激情与改造社会的文化精神，因而某种关于存在的悲凉诘问与个人体验就无法上升为主导性的文化潮流。只有到了 1987 年以后的先锋小说作家那里，关于“存在的思考”才成为一个自觉

---

① ［美］W. 斯特劳斯：《二十世纪世界文学百科全书》，第 11 卷，362～365 页，纽约，1973。

② 袁可嘉：《外国现代派作品选·前言》，第 1 册（上），4 页，上海，上海文艺出版社，1980。

和适宜的主题。从文化自身的开放性与兼容性来看，也只有到这时期，富有极端个人主义色彩、非理性的悲剧倾向、反主流价值的文化精神的存在主义才能被容许在文学主题中“正面”出现，并被予以认真的关注和探讨。

总体上看，先锋小说的一个根本性特点，是将此前的重大的“群体性叙事”——如“寻根”文化叙事——转换成了细微的“个人性叙事”，即使是写“历史”，也是一种个人化和心灵化了的历史。它以鲜明的个人化的叙事方式关注着以“个体”生命为本位的生存状况与活动，仅从这点上看，就注定了主题的转向和同存在主义观念的暗合，这也正像西方学者对存在主义特征的阐述，“由于存在主义之强调个体，强调自由主体，所以，存在主义也是对现代文明中把个体转变为像纳税人、投票者、公仆、工程师、工会会员等社会机能或许多机能之一般趋势的反抗……可以说，它代表了自由人对集体或任何非个人化趋势之反抗的重新肯定。”① 对个人化与个性化叙事，以及以个体生存、心灵与命运为自足叙事内容的先锋小说，因而也孕育着一种内在的存在主义主题倾向，这也是很自然的事。

基于以上原因，我们或许就很难在先锋小说中概括出一种或几种“主题类型”，因为事实上存在主义哲学本身就是复杂矛盾和自我悖反的。先锋小说主题与叙事的个人化倾向也注定了我们只能对他们进行单个的评述。

首先应当提及的作家是余华。在所有的先锋小说作家中，余华应算是在主题与叙事上都最为“冷酷”的一个。这可能与他的个人经历有关，在一篇《自传》中他写道，他的童年记忆是从浙江海盐县的医院生活开始的，在那里，他过早地熟知了“死亡”，做外科医生的父亲总是满身血迹地穿梭于病房、手术室和家中。读小学四年级时，他的家就住在医院太平间的对面，“差不多隔几个晚上我就会听到凄惨的哭声”，对死亡的好奇使他常常发生对这个特殊处所的观察兴趣，他写道：

> 应该说我小时候不怕看到死人，对太平间也没有丝毫恐惧，到了夏天最为火热的时候，我喜欢一个人呆在太平间里，那用水泥砌成的床非常凉快。在我记忆中的太平间总是一尘不染，

① ［美］考卜莱斯顿：《存在主义导论》，见考夫曼编著：《存在主义》，338页。

周围是很高的树木，里面有一扇气窗永远打开着……

当时我唯一的恐惧是在夜里，看到月光照耀中的树梢，尖细树梢在月光里闪闪发亮，伸向空中，这情景总是让我发抖，我也不知道是什么原因，总之我一看到它就害怕。[①]

这样的一种童年经历与记忆，自然使余华过早地陷入了关于生与死、存在与不存在的疑惑与思考，他在白天进入太平间乘凉的“大胆”和夜间的“恐惧”，是一个少年关于死亡经验与想象的不可分割的两个方面。这种复杂的经验与想象作为余华平生最深刻的生命经历，在他的第一部长篇小说《在细雨中呼喊》（1991）中得到了完整的表现。它以一个对童年生活进行追忆和重新梳理的视角，反复地书写了关于时间、生命、性意识、死亡这一类具有生存本质意味的主题，尤其是他在多处，大段地以一个少年的体验视角，正面地描写关于死亡的印象和“死亡降临”时的恐惧。在这里，儿童因为其距离死亡的遥远反而更能激起对死亡的大胆寻索，成年人就往往出于恐惧而回避之。因此，小说中对死亡的描写尤其充满了精神的历险性和感受的深度。如小说先后写到了陌生人的死、弟弟的死、小朋友的死、外祖父和祖父的死等，而每次目睹死亡的景象都使主人公“我”受到强烈的震撼和启示，引发其思考。在小说的开头，余华就重温了他类似于在《自传》中所提到过的童年的那种关于死亡的经验：“1965 年的时候，一个孩子开始了对黑夜不可名状的恐惧，我回想起了那个细雨飘扬的夜晚，当时我已经睡了……”接下来是这样意味深长的句子：

……屋檐滴水所显示的，是寂静的存在，我的逐渐入睡，是对雨中水滴的逐渐遗忘。

几乎是诗的语言了。这是一个孩童的生命状态，他事实上并没有切身地感知过死亡，按照海德格尔的话来说，在没有感受到死亡之时，一个人实际上也就遗忘了存在，而存在则是“提前到来的死亡”，这正是许多作家常常通过对死亡景象的描写而触及存在命题的原因。如何切入并感知死亡的意义？海德格尔认为，这往往要依靠

① 见《余华作品集》第三卷附录《自传》，北京，中国社会科学出版社，1995。

"他人死亡的可经验性"，每一个人对自己必将来临的死亡可能"秘而不宣"，而他人的死亡就更加"触人心弦"，"在他人死去之际可以经验到一种引人注目的存在现象，这种现象可以被规定为一个存在者从此在的（或生命的）存在方式转变为不存在"[①]。余华正是通过大量的这类场景的描写，切入了他对死亡与存在的某种哲学探讨。当这个六岁的孩童第一次近距离地目睹了"死亡"——"一个陌生的男人突然死去的事实"，他看见的是这样一幅情景："他仰躺在潮湿的泥土上，双目关闭，一副舒适安详的神态……我第一次看到了死去的人，看上去他像是睡着的。这是我六岁时的真实感受，原来死去就是睡着了。"

由此，余华成了先锋小说作家中对死亡进行直接与正面描写最多的一个。我们甚至还可以看出他在这方面的某种偏执。在《在细雨中呼喊》里，我们可以反复看到这种场景。当少年苏宇忽然因为脑血管破裂而即将死亡，并面对并未觉察的家人的漠然时，余华反复地描写了他在生命垂危之际的"求救"：

> ……我的朋友用他生命最后的光亮，注视着他居住多年的房间，世界最后向他呈现的面貌是那么狭窄。他依稀感到苏杭（其弟）在床上沉睡的模样，犹如一块巨大的石头，封住了他的出口。他正沉下无底的深渊，似乎有一些光亮模糊不清地扯住了他，减慢了他的下沉。
>
> ……苏宇听到了一个强有力的声音从遥远处传来，他下沉的身体迅速上升了，似乎有一股微风托着他升起，可他对这拯救生命的声音（父亲的喊声），无法予以呼应。
>
> 一切都消失了，苏宇的身体复又下沉，犹如一颗在空气里跌落下去的石子。突然一股强烈的光芒蜂拥而来，立刻扯住了他，可光芒顷刻消失，苏宇感到自己被扔了出去……
>
> 那是最后一片光明的涌入（弟弟开门），使苏宇的生命出现回光返照，他向弟弟发出内心的呼喊，回答他的是门的关上。
>
> 苏宇的身体终于进入了不可阻挡的下沉，速度越来越快，并且开始旋转。在经历了冗长的窒息以后，突然获得了消失般的宁静，仿佛一股微风极其舒畅地吹散了他的身体，他感到自

① ［德］海德格尔：《存在与时间》，286页。

己化作了无数水滴，清脆悦耳地消失在空气之中。

或许这就是海德格尔所说的那种“此在”即将消失时所必将出现的“生存论的死亡分析”[1]。叙事者少年“我”从这样的死亡场景体验中，获得了对“存在”的某种认识，以及恐惧中的某种宽慰。

余华似乎还特别执著于描写暮年者对“死亡即将来临”的恐惧，《在细雨中呼喊》里的“祖父”，在《现实一种》中的“母亲”，他们实际上都是生活在“提前到来的死亡”中，“祖父”在垂死之时总是做出一些极为古怪的行为，他老是在重复说我要死了，并故意不吃东西；“母亲”总是抱怨说，她听见自己体内那种折断筷子一般的骨头断裂的声音。存在与死亡的斗争与恐怖在他们身上，出现了平静又令人惊心动魄的景象。

大量地叙述死亡的事件与主题，使余华的作品总是给读者以十分残酷的“存在的震撼”与警醒。《死亡叙述》、《往事与刑罚》、《河边的错误》、《世事如烟》、《命中注定》、《一个地主的死》等等，几乎都是直接描写死亡景象、事件或主题的。这可以使我们看出童年生活经验对于他深入灵魂的影响。在《现实一种》里，我们甚至可以看到他恣意渲染死亡的某种执意的残酷乃至残忍，他以“当事人式的”第一体验者的笔调“模拟”山岗将要被执行枪决时的恐惧，以及死后肢体被分割解剖时的情景，以及他化作鬼魂还家时的幻影，这些情景强烈地深化了这篇作品所揭示的人性之冷酷和生存之荒谬的主题。

事实上我们还可以通过一段“创作谈”，来印证余华所受到的存在主义哲学观念的潜在影响。海德格尔在他的最重要的哲学著作《存在与时间》中曾详尽论述过时间的三维性，“将来”、“曾在”、“此在”，由于人对生命的“关心”，所以时间的基准成了未来，“现在”是已到来的未来，“过去”是经由过的未来。“回顾往事，对以往的事情负责，总因为生存还没有结束，往事是由明天的光线照亮的。”[2] 而余华的时间观也呈现了这样一种结构，他写道：“在我越来越接近三十岁的时候……我开始意识到那些即将到来的事物，其实是为了打开我的过去之门。似乎可以这样认为，时间将来只是时间过去的表象。如果我此刻反过来认为时间过去只是时间将来的表象

① ［德］海德格尔：《存在与时间》，295 页。

② 陈嘉映：《海德格尔哲学概论》，121 页，北京，三联书店，1995。

时，确立的可能也同样存在。我完全有理由认为过去的经验是为将来的事物存在的，因为过去的经验只有通过将来事物的指引才会出现新的意义。”[①] 相似的时间意识使余华的小说常常透示着特别敏感、尖厉并强烈弥漫的生命关切与存在意蕴。

我们当然很难推断余华的这段话是否与海德格尔的论述有关系。《存在与时间》的中文本最早于 1987 年出版，余华的这段话出自他在 1989 年的一篇随笔。理论上当然存在着可能的“影响”关系，但同样也没有证据表明余华一定是读了海德格尔的书才说出了这番话，或许“所见略同”或者间接的潜移默化的影响也是可能的。不过，这种“惊人的相似”确乎表明，中国当代作家开始将存在主义哲学变作他们的认识论与理解方式，甚至世界观了。

不过，余华小说中的存在主题也并不仅限于其时间意识和对死亡景象的专注，对于生存本身的悲剧认识、荒谬性与偶然性、宿命性的体验把握在其作品中亦占有重要的比重。如他 1995 年问世的长篇小说《许三观卖血记》，在本质上也是一个关于人的存在的隐喻，不断地靠“卖血”——即“存在的部分的消失”——来保证并“感知到其存在”，直到这种“以透支生命来维持生存”的行为成为习惯和“嗜好”，最终走向生命的终结与存在的消亡。这同样是一个“关于存在的巨大的寓言”，一个“完整的”“象征的存在”[②]。在《世事如烟》等作品中，余华又刻意展现了存在本身的某种虚幻性、偶然性与命定性，人事实上已被删减和省略为数码符号，“一切都像是事先安排好的，在某种隐藏的力量指使下展开其运动……如同事先已确定了的剧情”[③]。许三观们的命运，同加缪笔下的西绪弗斯又有什么不同呢？

海德格尔所反复论述的“烦”与“畏”，事实上也正是《在细雨中呼喊》、《现实一种》等作品的主题。生存本身的巨大焦虑迫使主人公发出了种种令人颤栗的“呼喊”，当余华自己也为他所偏执的这种主题所心惊和畏惧时，我们便看到了他的另一类作品——《活着》，将时间压缩为一维，现世的艰难挣扎更能够抵挡和解除人生的苦难，所以《活着》使余华越出了内心的存在关切与焦灼，而“写人对苦难的承受能力，对世界的乐观态度。写作过程让我明白：人

① 余华：《虚伪的作品》，载《上海文论》，1989 年第 5 期。
② 余华：《虚伪的作品》。
③ 余华：《虚伪的作品》。

是为活着本身而活着。而不是为活着之外的任何事物所活着。我感到自己写下了高尚的作品”[①]。

先锋小说的另一位代表作家格非，同样也是特别执著于存在哲学思考的作家。但他与余华对死亡主题的偏执不同，他所要讨论的更多的是存在的某种“可疑性”。“存在还是虚无”，这是格非所乐于追问和描写的母题，现实的某种“莫须有”性和存在的命定性与多变性，使他笔下的故事常带上扑朔迷离的梦幻色彩，梦幻与现实的交叉互容，同样强化了格非小说主题中对存在的质疑与追问的意味。

“暴露虚构”是人们评论格非小说的“叙事策略”时所经常使用的一种说法，但事实上这种方法的作用并不仅限于叙事本身，而是强化了其主题或观念的需要。“乌攸”（即“乌有”？见《追忆乌攸先生》）、“李朴”（即“离谱”？见《褐色鸟群》）等人物和《夜郎之行》中所假托的地名，类似这样的叙事符号，在格非小说的主题设置中显然起着不可低估的作用，它们强烈地指证着格非对现象的怀疑：“现实是抽象的、先验的，因而也是空洞的。”[②]《追忆乌攸先生》在轻描淡写的笔调下所揭示的是一个血淋淋的悲剧，“乌攸”是乡间的一个似有若无的读书人，他生存的情境完全是怪诞和荒谬的，与知识和书籍是格格不入的，在这样的背景中，他糊里糊涂地代“头领”受过，被诬为强奸杀人犯处以死刑，而“群众”则如鲁迅笔下的愚民，只是满怀兴奋地看热闹，将这一起奇冤演义成了一场热闹的喜剧。如果说在这篇小说中，作者除了表现生存的荒谬与困惑之外还表达了某种社会道义的主题的话；在此后的《褐色鸟群》、《陷阱》、《没人看见草生长》等作品中，则很纯粹地表现了存在的恍惚、偶然、荒诞和可疑，可以说，他是一个关于“虚无或非存在”的勘探者，如同萨特一样，他将“物的存有和人的存有互相脱离”[③]的状态，以及人的存有本身的互相脱离，做了相当传神的描写。在这样的“错位”式的情境中，人物仿佛已变成若有若无的鬼魂，身历的事件则比传闻还要虚渺，人就是生活在这样的“从未证实”过而又永远走不出“相似”的陷阱的一种假定状态中。《褐色鸟群》就是这样一篇寓言，“我”在两种不同的境遇中遇到同一个似曾相识又毫无

---

① 余华：《活着·前言》，见《余华作品集》，第2卷，293页，北京，中国社会科学出版社，1995。

② 格非：《边缘·自序》。

③ 参见［美］W. 斯特劳斯：《存在主义》，载《文艺理论译丛》(2)，459页。

关系的女人，第一次仿佛是在梦中，我在追逐“她”的时候弄不清是我自己还是她坠入了一座断桥之下，葬身于一条河中；第二次仿佛是真实的目击，这个受男人虐待的女性再一次出现在“我”的面前。不久她的丈夫酗酒堕入粪池而死（是不是真死？“我”仿佛看见“他”在被钉入棺材前还用手解颈上的衣领扣子），她就与我结了婚。而现在事实上我并无妻子，住所中只有另一个来访者“棋”，她的参与，似乎不断地对“我”所讲述的上述那个荒诞离奇的故事起到某种“证伪”或解构的作用，使这显示为一个纯粹虚构的梦幻。但当棋后来再一次路经我的处所时，我却发现，她并不认识我，同时也不承认来过这里。到底什么是真的？这是小说给我们留下的一个回味深长的启示和疑问。这也很像发生在两千多年前的那个“庄生晓梦迷蝴蝶”的存在疑问，存在与虚无、经验与超验、真实与梦幻之间在某些时候常发生混淆和颠倒，这正是存在之于意识的某种不可把定性的可疑性。

几年之后，格非的创作出现了某种转变，正如他自己所说，“试着抛开了那些所迷恋的树石、镜子，以及一切镜中之物”①。他避开了茫然的可疑，而选择了某种揣测和判断，在《傻瓜的诗篇》和《湮没》中，他开始探讨揭示“文化与存在的境遇”②，揭示某种当代文化情境中人的精神状态、存在悖论与困境。在这方面，《傻瓜的诗篇》是一篇具有多重隐喻与讽喻意味的杰作。它通过精神病人莉莉和她的医生杜预的角色“置换”，颇具深意地揭示出人性存在的某种永恒的病态本质，以及在当代语境中文化与人的精神的某种颠倒逻辑。颇具才华又形容猥琐的青年医科大学生杜预，因为被分至精神病医院工作而倍感压抑与焦虑，后来当他试图利用身份之便，从一位漂亮的女病人——女大学生、也是“诗人”的莉莉身上获取某种“便宜”和安慰的时候，莉莉却因对他倾吐了她积久以来的诸多不幸遭遇（父亲的乱伦之举、她自己的弑父和中年警察的玩弄等），释解了内心中的压抑而恢复了精神健康，而杜预却由于失去再次占有莉莉的机会，而陷入了更深的焦虑与精神苦闷之中。终于，在莉莉康复出院之际，不可救药的杜预彻底发疯，并被强迫施以残酷的“电击疗法”。在这篇小说中，“精神病院”不仅是一个故事发生的场所，而且是一种叙事的语境，一个关于存在与意识的关系及其“场”的

① 格非：《眺望·自序》，南京，江苏文艺出版社，1996。

② 格非：《眺望·自序》。

隐喻，而杜预所从事的关于“精神病传染的研究”则更尖锐和深刻地隐喻着这一语境中人的精神悲剧，这种“传染”是不可抵抗的。这篇小说由此衍生出了极其深远的存在主义哲学意蕴：一个正常人与一个精神病人之间、正常的意识与病态的意识之间有什么必然的界线？它们不过都是存在的不同侧面罢了。小说的结尾处写道：

> 当杜预在几个医生的簇拥下被送进电疗室的时候，他忽然感到了一种从未有过的自由自在。他的眼前又一次浮现出了童年时的那个阳光缤纷的下午。他似乎觉得自己一生的经历都带有一种虚假的性质，有如梦境一般，和想象与幻想牵扯在一起。他分不清哪些事情是真实的，哪些事情没有存在过。……

相比格非，苏童和叶兆言似乎是“分解”了他的主题，苏童多以某种诗意的方式表现存在状况的迷失和可疑，叶兆言则又突出了人性的固有弱点所带来的存在困境，表现人性的压抑与渺小。一个执意于童话式的表现，一个则倾向于心理分析，可谓相映成趣。

先看苏童。在所有先锋小说作家中，苏童似乎是最具叙事天赋的一个，他总是从容不迫，把故事讲得温婉凄迷、充满诗意。这样的禀赋使他在建构自己的作品时常常只留意人物和故事本身，其内涵或主题意蕴便不那么裸露，但在他早期的作品中，一种苍茫而接近幻境的存在体验也常常主宰他的写作意向，如《你好，养蜂人》、《稻草人》、《狂奔》、《我的棉花，我的家园》等，这些作品大都采用某种类似“童年经验视角”的叙事角度，以使所讲的人与事呈现出无法由理性判断的“如梦如烟”的、“非成人逻辑”的状态，以此来表达一种存在的疑惑。如《稻草人》将一桩发生在田地里的杀人案件，同一个儿童拔掉稻草人的小恶剧做了含混的叙述，而后这个儿童又被另外两个儿童当作了杀人犯，在争斗中被打死，真实与幻象、存在与虚无就这样被轻易地混淆和移位了。在《狂奔》中，苏童又写了一个少年对于死亡的象喻——棺材的恐惧与体验，他惧怕这一盛有“死亡预感”的器具，然而却无法从意识中抹去它的阴影。棺材本是为垂死的祖母准备的，却使他在同做棺材的木匠的一次戏耍中“死”了一回，并最终导致了母亲的突然死亡。存在的消失就是这样的迅疾、偶然和不可抗拒。可以说，在苏童的众多以“南方”和“香椿树街”为叙事空间的小说中，童年视角中的物换星移、世事沧桑以及人世的不可捉摸、命运的偶然、荒谬和不可把定是其共同的主题。苏童说，“我记录了他们的故事和他们摇摆不定的生存状态”，那些“在潮湿的空气中发芽溃烂的年轻生命”以及“突然降临于黑暗街头的血腥气味”①。

《你好，养蜂人》大约属于另一种存在的寓言，它试图表达“寻找的茫然”这样一个主题，被追寻者似乎是存在的，似乎无处不在，在偶然中很容易被看到，但当试图去真正地寻其踪迹的时候却又不可企及，寻找者和被寻找者永远处于不同时空的“错位”状态。

相较苏童的“诗性追忆”，叶兆言的视点更多地停留在当下和此在，以及世俗生存中人的精神状况，人性的压抑、变态和渺小常常成为他小说的主题，而这也是萨特等西方存在主义作家所经常和主要表现的内容。萨特的《墙》、《密友》、《恶心》等小说都着力于书写“一些个人的隐私关系，表现人的孤僻”等“生物主义”的特性，② 许多受到存在主义哲学影响的作家都“在艺术创作思想方面向弗洛伊德主义渗透”③，包括在中国40年代上海的一些被认为是受到了存在主义影响的作家，也曾对潜意识心理分析表现出过浓厚的兴趣。从这一点说，叶兆言对当下境遇中人的种种精神困境与生存状况的描写，也透射着某些存在主义哲学的意蕴，如他早期的《去影》、《艳歌》、《蜜月阴影》、《绿色咖啡馆》等都带有某种生存或精神寓言的意味。在《去影》中，叶兆言以极细腻的笔法写了一个青年工人迟钦亭透过玻璃缝隙偷窥其师傅张英洗浴的过程，生活本身的平庸、压抑和琐屑导致了这样的变态行为；《艳歌》叙述了一对恋人从读大学时的不无浪漫诗意到工作、结婚、一起生活之后的厌倦、苦闷和无聊，揭示了世俗生活的恒在困境。

除上述作家以外，应提到的还有孙甘露。从叙事的形式与方法上看，孙甘露似乎表现得更加“先锋”，更富有解构主义的文本倾向和寓言意味，这使得他的小说中的背景故事显得更加飘忽不定，人的命运与生存境遇也更加迷茫虚渺和不可捉摸，这十分典型地表现在他的长篇小说《呼吸》中。这部作品以如烟如梦的笔调，叙述了一个有过非凡经历又没有固定职业的画师罗克同五位身份职业各异

① 苏童：《少年血·自序》，南京，江苏文艺出版社，1993。

② ［苏联］安德列耶夫：《萨特及其存在主义》，见《文艺理论译丛》(2)，468页。

③ 毛崇杰：《存在主义美学与现代派艺术》，24页，北京，社会科学文献出版社，1988。

的女性之间的性爱交往的故事，他们互相寻求又互相背弃，在错过中渴念又在欢聚中厌弃，他们活得似乎很自由又很空洞，似乎富有机缘又颇为命定，走不出永恒的陷阱或圈套。他们沉溺于此在，又似乎对时光和生命怀着深深的感伤与追寻，“一切都是烟云，一切都是命运，一切都是没有结局的开始，一切都是稍纵即逝的追寻”，似乎用北岛的《一切》中的这几句诗来概括其主题也是合适的。从另一方面看，这部小说中叙述语言的悬浮、游走和不规则的溢出状态，也强化了一个“存在的虚妄”的主题，正如作家在“提要”中所提示的，这部作品的“语言服务于结构，而不是服务于意义”，它的一个重要的主题就是“通过对言辞的强化而证明他的虚妄。没有家园，包括语言，没有寄宿之地。一切仅是一次脉搏，一次呼吸”。这无疑可以看做是一种典型的存在主义艺术观了。

总体上看，存在主义观念构成了先锋小说的一个重要主题。与这一主题观念相适应，这些作品大都在艺术上采用了“非全知”的“怀疑”性的和梦幻性的叙事方法，而这种带有“不可知论”色彩的视角，同时又成为了作品关于存在的追问与怀疑的一部分。也可以反过来说，正是由于这些作品采用了这一反传统认识论与理性统治的叙事方法的新视点，才使得它们在观念上更接近存在主义。

另一方面，我们也应看到，存在主义观念在使当代小说发生了深刻质变的同时也不可避免地给它带来了负面效应。由于作家大都在存在主义哲学思想的支配下沉溺于个体生命经验的书写，因此，小说的社会意蕴和触及当下现实的力量都发生了萎缩，作家本身的人格力量也变得空前弱小甚至病态。存在主义必将导致消极的感伤主义，以个体生命为单位的存在者的一切精神弱点，如悲观、沉沦、私欲、变态等，也必然反映在他们的作品中。同时，即便是有批判的深意在——如余华的《往事与刑罚》一类作品——但也因为叙事难度的过度张大，而使得普通读者难以进入和体察，所以，余华将自己的写作谦比为“虚伪的作品”，或许不是矫情，而是一种诚实的判断。

## 四、文化接力者的生存寓言

首先需要说明的是，这里所说的“文化接力者”并不是一些标准的“存在主义者”，他们只是用自己的作品关注或探讨了关于存在和生存的主题。

当许多新起的青年作家执著地将他们的笔触投向个人性与内心的存在体验与个体生命的终极追问的时候，另一些稍长于他们且比他们成名更早些的作家，如张承志、张炜、史铁生等，则仍怀抱着某种作为启蒙者或人文知识分子的“精神接力者”的理想和抱负，他们当然也随着当代文化与文学思潮的发展变迁，而走出了社会与文化启蒙者的角色，而更多地关注当代人的生存境况，但他们的视野却毕竟要更加宽阔些。他们或者以对抗于现代人生存的物化倾向的某种精神与宗教理想作为价值标尺，或者以回首过去，坚守传统价值的立场，对当代人的生存异化予以批判和警示，或者以悲剧性的笔调正面描写当代情境下人的生存、特别是知识分子的生存困境，或者在描写出人性共有弱点的同时试图寻找精神的超越和灵魂的自我救赎。表面上看，他们的叙事方式、文本特征似乎不那么“前卫”，但他们所思考的问题却也是关于当代中国人的精神与生存的最根本和最迫切的问题。尽管他们同以个人生存体验为主要写作空间的新潮先锋作家所持的价值准则颇为不同，但同样也可以看出某些存在观念在他们作品主题中所留下的痕迹。可以说，他们是把先锋小说家们关于个人生存境况的审视与追寻扩展到了时代、种族和类的人，他们似乎更多地思考着种族存在的意义，思考着精神和信仰在我们这个时代的溃败，思考一种文明方式的衰落，思考人性的丑恶与拯救。而这些都与存在主义者，尤其是与海德格尔、加缪、萨特等人的思想之间有千丝万缕的联系。因此，我还是从这个意义上将之放入本章的背景和框架中来予以讨论。

张承志是首先应提及的一位。这位成名于80年代初，在90年代又最先辞去公职，浪迹民间、游历黄土高原并在精神上皈依了伊斯兰教的作家，已构成了当代中国文学中最独特也最富争议的精神现象之一。

早在1987年，张承志发表的第一部长篇《金牧场》，就已表现出强烈的宗教情感与“终极关怀”色彩。这部“向我们激烈地显示了一种生存指向”[①] 的作品，将历史与现实的两种空间，将个人经历与历史事件以复调形式叠合于一起，展现了过去和现在的不同时空中人类相似的精神与生存悲剧。主人公经历了从“红卫兵长征”到插队内蒙古，再到考察研究古代历史，到作为访日学者的生活历程，

---

① 赵玫：《向着自由的长旅——读张承志的长篇小说〈金牧场〉》，载《文艺报》，1987年7月4日。

其目光所及人类精神的各个领域，从古代英雄寻找金色草原理想天国的壮举，到20世纪的热血青年为了红色乌托邦而洒下的鲜血，从中国爆发的红色风暴，到曾席卷全球的60年代世界左翼运动（包括日本青年发起的所谓“全共斗”），从主人公作为一个盲目热情的参加者，到作为一个回首和研究历史的冷静思索者，小说为我们揭示了两个充满诗意、激情和哲学思考的重大主题：一是对人类前赴后继不屈不挠地追寻献身于理想事业的神圣情怀与不朽的精神业绩的颂赞，二是对人类注定“没有归宿”、没有理想乐园的生存困境与悲剧的揭示。无论是古代英雄，还是当代青年，他们悲壮的努力注定是没有结果的，就像阿勒坦·努特格——意即“金色的草原”——注定不会属于荒原上的流浪的部族一样，归宿只有在不灭的信仰与永恒苦难的执著追寻之中。张承志没有从一般的社会学意义上去对20世纪中国发生的事件进行评价和测定，而是从人类存在的精神根底上来哲学化地认识这一切，这使《金牧场》这部作品成为当代文坛上具有“终极关怀”与追问意义的典范文本。

1991年问世的张承志的另一部长篇《心灵史》，是更为彻底地表达他对生存与信仰、宗教与苦难的全面勘察与思考的作品。这部集历史考据、调查手记、民间传说、宗教颂辞和作家自己的亲身体验、澎湃激情甚至诗体抒情于一体的作品，以悲壮的笔调讲述了甘宁青黄土高原上生存条件最为恶劣的西海固地区的回民，在历代统治者的杀戮、流放、镇压的血腥暴力之下，在缺乏最基本的生存条件的恶劣的自然环境里，苦苦搏斗的生存历史与不屈不挠的心灵史。在这部充满苦难的历史中，张承志满怀敬意地书写了他们神圣的宗教感情乃至勇敢无畏视死如归的殉教精神，没有这样的感情和精神，他们是无法生存到今天的。这种感情和精神就是“哲合忍耶”。“哲合忍耶”也就是这个“为了内心信仰和人道受尽了压迫、付出了不可思议的惨重牺牲的集体”①。“怀着强烈的殉教感情与渴望奇迹的哲合忍耶常常不为人理解，然而没有哲合忍耶式的体验，大西北就是一片丑恶难看的弃土。”（《第一门·圣域》）宗教是哲合忍耶人唯一的生存支柱、精神源泉与归宿。

《心灵史》是一部书写生存奇迹和弘扬宗教精神的书，但同时也是一部充满着哲学追思与启示的书，它使人们思考，人依据什么而

---

① 张承志：《走进大西北——〈心灵史〉代前言》，见《回民的黄土高原·回族题材小说选》，241页，西宁，青海人民出版社，1993。

存在？在西海固人生存的悲壮历史与不屈信仰面前，张承志感动而且认同了他们，皈依了他们的信仰：

> 默默体味着你的存在
> 如黄河岸上看水的一块锈石
> …………
> 深沉的万籁俱寂中，无限的永恒宇宙中，此刻再也没有物类，没有其他真实。
> 真静啊——连时间也消亡了，只有你，只有我，你存在，我活着。（《后缀》）

神性的启示使哲合忍耶、同时也使张承志洞见了另一存在的意义，这就是曾为雅斯贝斯所揭示的那种“超越性”，“虽然在世界中，对我们而言，只有人才是实在的，但是这并不排斥下述的事实，即正是这个对人的追求而走向超越性，只有神性才是真正的实在，但是唯有在世界中，我们才能接近这个实在”①。世俗的巨大的苦难经历，反而将苦难中的人的挣扎引向了超越，并由此体验到神性的存在，使之成为生存的力量源泉。

同张承志相近似，张炜也在90年代的创作中反复表达了对民族生存的忧患与思索。他的这一主题具有双重性，一方面是对于古老和诗意的农业生存方式与生存状态的眷怀，这种人类同大自然亲和一体、符合善与道德原则的生存，正在受到现代工业文明的疾速的破坏与毁灭；另一方面，他还从哲学的高度探讨了作为生存的归所与存在母体的“大地”的内涵，现代人的心灵正在因为远离大地而变得枯竭、肤浅的缺少神性。这样一个双重性的复合主题，使张炜在90年代以来的写作中显得特别深厚和引人瞩目。

首先应提及的是《九月寓言》（1992）。在这部获得了广泛赞誉的长篇中，张炜诗意地描写了农业自然和永恒大地上的一切美好事物，同时也怀着深长的忧思与悲愤描写了它的灾难与破毁。可以说，它是一个“关于生存和存在的双重寓言”。生存，即关于农业景象与内涵的书写，我曾将它称为“农业文化的悲壮史诗”②，因为很明显，

---

① ［德］雅斯贝斯：《关于我的哲学》，见考夫曼编著：《存在主义》，144页。

② 参见拙文《野地神话与家园之梦——张炜近作的农业文化策略》，载《小说评论》，1994年第3期。

在小说中那些村庄历史、神话传说、自然环境、童年记忆、土地劳作、农人命运等，以至于那些与大自然相关的植物与兽类，那些神秘且充满泥土气息和植物芬芳的乡村田园的氛围，实际上都是与现代工业文明相对应的农业文化景观。小说书写并赞美了这美好而自足的一切，当它没有受到工业文化的污染与破毁之前，它几乎是一种永恒的生存形态，它有自己永恒的神话与现实、欢乐和悲伤，在无数的黑暗而神秘之夜，村庄上发生着一个又一个爱情故事，一幕幕悲剧与喜剧在这里轮流上演。他们不依赖于任何外在的力量，除了土地，任何灾难都对这些被称为“挺鲅”的人无能为力，发霉的地瓜食物在使他们强烈地反胃、不断吐出令人揪心的“苦”字的同时，又赋予他们无尽和不屈的生命力，一代代前仆后继。他们以大苦大乐、大悲大喜之心对待一切世事风云，在土地上生存和繁衍着。但是他们没有想到，工业文明正在从他们劳作和栖居着的土地之下毁掉他们生存的根基，一个小煤矿在这里毁了他们的一切——挖空了他们的土地，改变了他们的生活方式，引诱了他们纯洁的姑娘，污染了他们的语言，让他们的小村轰然陷落——最终毁了他们的家园。在这里，张炜以象征的也是深刻的方式，隐喻了我们时代一场不可避免的历史巨变，两种文明方式、生存方式之间没有硝烟的搏斗与战争，唱响了一曲农业文化的挽歌，他清楚地知道历史前进所必然付出的等价代偿是一场多么大的悲剧。农业文明有着种种愚昧和落后的特性，“现代化”是我们民族世代的梦想。但一种事物在它将要消失的时候，它的价值——它原来的不可替代的价值就会上升为巨大的精神遗产。一个高瞻远瞩的作家不能不关注和考虑这一切，面对着工业文明对大自然的毁灭性破坏，他不能不思考：难道这就是历史进步的含义？如果必须要以这样的付出为代价的话，那么这种进步还有什么意义？人类在失去了与大自然和谐共处的农业家园之后，世界上一切美好的精神遗产将怎样留存下去？在巨大的精神改变中，人类将到哪里去寻找他们生存的依托与意义？

《九月寓言》所给予人们的思考是根本性的和丰富的。上述关于农业神话和生存寓言的意蕴仅是它的表层，在这个表层文本的背后，还有一个更为巨大更为整一和抽象的关于存在的“大地寓言”。在这点上，张炜表现出对存在主义哲学特别是海德格尔式的存在诗学的亲和，他的这种观念体现了他作为诗人的气质与禀赋，这也有些类似海子诗中那种民间和大地的观念，大地是存在的居所，是万有的和谐统一与母本形式，而大自然和农业生存景象又是它最贴近的表象形式，因此透过对土地、乡村和劳动的描写，张炜又表达了他对人类“跟大地重新建立起根本性的联系”的期望与思考，促使人们“进而反省人类在整个宇宙结构中的恰当位置，反省人类对待自我之外的生命和事物的态度和方式”①，而不至于成为大地的不肖之子和人类中心主义的施暴者、掠夺者。这种思想也同时贯穿在他的《我的田园》、《柏慧》、《如花似玉的原野》等长篇中。

另一方面，大地还构成了张炜“最高的抒情对象”，这在当代小说家中也几乎是绝无仅有的。以深在的理性牵念守护着大地，以活跃的感性诉说描绘着大地，由此，张炜为自己的作品建立了辽阔无边的背景，大地成为他作品中的宗教，大地的神性不仅使小说的叙述被染以神话色调，而且使小说中出现的一切事物都带上了灵性。由于确立了这一观念，就使得《九月寓言》带上了浓厚的抒情色彩，“使他的生存经验与更广阔的艺术与存在同构在一起”②。这是使这部作品激情洋溢、境界高迈的真正原因。

在《九月寓言》之后，张炜所关注的中心又从存在移向更为具体的现实和历史，在《柏慧》和《家族》两部长篇中，“大地”似隐向了远处，有的评论者对此表示了不解和失望，但将两者联系起来看，它们则是张炜在皈依他的“大地乌托邦”、踏上其“忧愤的归途”之前和之中的回首与发言，两者或许并不矛盾。在这之后，张炜的言说仍将背靠他的“大地乌托邦”，这是由他的诗性气质所决定的。这一点，或许在未来会得到证实。

另一个应提及的作家是史铁生。在当代作家中，最锲而不舍始终一贯地追问着存在、死亡、宗教、生命、意义等“终极问题”的恐怕要首推史铁生了。他自二十一岁患疾不幸双腿瘫痪，巨大的厄运使他在怀疑和绝望中对人生获得了独特的视点和认识，使他在对生命、世界怀着一种巨大的悲剧与创痛的体验的同时，也渴望着超越与超度灵魂，他之所以写作就是“为了不至于自杀”③，因此，生与死、喜与悲、得与失、苦与乐、绝望与信仰、困境与超越，这些构成人生内容的一系列矛盾，始终是他的写作所关注的主题。

史铁生早期的作品比较倾向于写实，从 1985 年的《命若琴弦》

① 张新颖：《大地守夜人——张炜论》，载《上海文学》，1994 年第 2 期。
② 谢有顺：《大地乌托邦的守望者》，载《当代作家评论》，1995 年第 5 期。
③ 史铁生：《答自己问》（创作谈），载《作家》，1988 年第 1 期。

开始，则更多地走向了一种寓言化的写作。《命若琴弦》是一个关于人的宿命与抗争的寓言，一老一小两个瞎子艺人，靠弹琴说书谋生，老者虽然已经悟透了人生，可他还和小瞎子一样期盼着有一天能够看见世界，他们笃信着由师祖那里传下来的一剂药方，吃了用一千根弹断的琴弦做“引子”的药后，“就能看见东西了”。师祖一生根本就没有熬到弹够一千根弦这一天，而师傅熬到了，可他高高兴兴去抓药时，才知道那药方不过是一张白纸。在绝望中他想起了他的师傅临死前说的那句话，“人的命就像这琴弦，拉紧了才能够弹好，弹好了就够了”。他悟到了：“目的本来没有”，人不过是用一生的努力去实践他的宿命，这本身就是抗争。然后他告诉自己的徒弟，要想治好眼睛，要弹断一千二百根弦才成。

《命若琴弦》所表达的，可以说是史铁生作品中一个具有“原型”色彩的主题，他所力图表现的人的普遍的生存悲剧，以及“人的广义残疾——即人的命运的局限”① 的思想，都隐含在这部作品中。这个“原型”便是像有的评论家所概括的，是那种加缪式的“当代西绪弗斯神话”②。

“广义残疾”是史铁生观察人生的一个基本视角，他的作品中的人物多数都与残疾有着各种各样的联系，残疾——追寻——走不出命定但又不会屈服，构成了他笔下的人物的性格和行为逻辑。如《原罪》中那个渴望永远给孩子们讲述“神话”的瘫在床上的十叔，《宿命》中那个被罪恶的“一秒钟”所带来的车祸变成了残疾并“种在了病床”上、每天在噩梦或美梦中辗转的“我”，《山顶上的传说》中那个跛腿走遍整个城市的寻鸽人，《来到人间》中那一双忍受着巨大的精神痛苦去爱自己的侏儒女儿的父母，还有那个从小就受到讥讽、轻蔑的不幸的孩子，《足球》中那群在轮椅上拼命为球队助威的足球迷，等等，他们都是处在无望中的奋争者，这就是命定，而人的境遇大抵如此。

史铁生还关注人在当代社会境遇中的生存悲剧，如《关于詹牧师的报告文学》中对一个曾经才华横溢、获得过史学和神学两个硕士学位的老知识分子在解放后几十年的政治风雨中被完全扭曲了人

---

① 史铁生：《给〈文学评论〉编辑部的信》，1988 年 9 月 20 日，见《我与地坛——史铁生散文小说选》，310 页，北京，中国社会科学出版社，1993。

② 吴俊：《当代西绪弗斯神话——史铁生小说的心理透视》，见《我与地坛——史铁生散文小说选》，293 页。

格和行为的描写，特别是对他的被扭曲了的思维方式与语言方式的描写，可谓入木三分。但史铁生更多地是从哲学或信仰的高度来探讨人的存在意义与生存本质的，如 1988 年的《一个谜语的几种简单的猜法》、1992 年的《中篇 1 或短篇 4》、1996 年问世的长篇《务虚笔记》等作品中，所表现的大都是这类主题。《一个谜语的几种简单的猜法》看上去很“玄奥”，它设置了一个既无谜底也无谜面的谜语。“仅知道三个特点：一、谜面一出，谜底即现；二、已猜不破，无人可为其破；三、一俟猜破，必恍然如其未破。”而这实际上对每个人而言，每个人的人生都是这样一条谜语，无法“猜”出，乃是人先天的局限，也是他赖以维系自己人生的前提。这似乎是很绝望的，但史铁生似乎又从未这样简单，在他的长达四十五万字的巨制《务虚笔记》中，他更深入探讨了人面对宿命所永不停歇的梦想与追寻的本能。

# 第六章　存在主义文学思潮：思索当下生存的一支

如果我能要求在我的坟墓上有一个墓志铭，我唯一的希望乃是“那个个人”（“That Individual”）……我以“个人”的范畴标明我的文学作品之始，而且，这一直是一个典型公式。……若是如此，则我屹然站立，我的作品亦将与我一同屹然站立。

——克尔凯郭尔：《“那个个人”》

快乐和荒谬是同属大地的两个儿子，它们是不可分的。

——加缪：《西绪弗斯的神话》

## 一、另一个背景：“从群众中回家的个人”

一切都像“五四”退潮后的情形一样，八九十年代之交的中国，在经历了巨大的文化转折之后，社会心理也随之发生了一个转折性的变化。历经了启蒙主义的精神高涨，一个充溢着理想、神话、激情与梦幻的时代结束了，人们满身疲惫，各怀心事地回到了个体的情境之中，开始面对现实。高蹈必然导致跌落，热情必将带来失望，乌托邦必然会导致精神溃败后的实利主义，群体解散后必然会导致个体的失落、苦闷和孤独。随着社会整体价值与语境的变迁，商业文化价值开始上升为90年代的精神主宰。曾因为人们满腔热忱地回首过去或遥望未来而被忽略了的现实——毕竟还不那么令人乐观的贫瘠而冰冷的现实——经过另一种语境放大之后，严峻地摆在了每一个人的面前，使人们不得不冷静下来，审视自己当下所置身其间的生存处境与状况。

这就是80年代后期到90年代当代中国的文化情境，它历经了一个从“群众”到“个人”，从公众空间到私人空间，从群体共鸣到个体体验，从关注社会历史到关注个人生存，从关注外部世界到关怀自我内心等一系列的变化。这样一种转折，可以说为存在主义思潮提供了前所未有的土壤。克尔凯郭尔曾形象而精辟地描述过存在主义的认识论特征同此前一切哲学认识论特征的不同，那就是“个人从群众中回了家，变成单独的个人”，在他看来，“群众乃是虚妄”，因为“事实上为真理作判断的公众集会已不复存在”，与其去迷信“抽象的、虚幻的和非人格的群众”，不如“去尊重每一个人——确确实实的每一个人”，“这乃是敬畏上帝并爱自己的‘邻人’的含义”，“是绝对地表现了人类平等”①。同时，也只有单个的个人，才有可能形成接近“真理”的有意义的认识。可以说，“个人”或者“个人化”的认知和经验方式，是存在主义者所共同坚持的认识论方法和立场。这种立场恰好同启蒙主义的“公众真理”的观念形成了鲜明的对照。80 年代后期以来中国文化情境的变化也恰好反映了一种从启蒙主义到存在主义的运变逻辑，这一运变，正是具有存在主义哲学倾向的文学思潮出现的文化背景与社会心理依据。

另一方面，大众与商业文化的瓦解力量的形成，与意识形态中心及原有权力文化的被悬置和解构，使得以个人为单位的认识活动成为可能。在原有主流文化的结构中，存在主义同其他西方的“非理性”哲学思潮一样，无疑是被批判的对象；在 80 年代前期的启蒙主义文化情境中，存在主义哲学虽然被作为西方的新思潮而加以引入和介绍，并被作为整个文化启蒙运动中的一个单元而风行一时，但事实上，它只是作为“知识”，而并未作为“价值观”和“认识论”方法进入人们的内心。只有在 80 年代末的文化断裂以及稍后的大众商业文化逐渐形成之际，在意识形态中心向市场时代中心解体与“转型”过程中，知识分子和写作者才同大众一样，开始面对个人的生存问题。文化的解体所带来的不仅是主体更大的自由度，同时也使整个知识分子文化同意识形态、大众商业文化之间产生了分化、脱节、游离和对立，结束了知识分子文化长期以来依附主流政治或借助大众名义来说话的历史。使它被迫转而以纯粹职业化、专业性的角色，以分裂为单个个体（即克尔凯郭尔所说的“That Individual”）的角色，来介入生存的体验和写作。“被抛入”（海德格尔语）至个人角色固然是他们所苦恼和不愿的，但也是无可抗拒的一

① ［丹麦］克尔凯郭尔：《“那个个人”》，见考夫曼编著：《存在主义》，93～95 页。

种命运的安排。

启蒙主义在80年代的高涨与持续受挫，以及进入90年代以后迅速成长壮大起来的商业文化怪物对知识分子文化的疏离与排斥，使得艺术在这个年代受到了双重的挤压：一方面遭到权力意识形态的放逐，另一方面又受到大众商业文化的挤兑与嘲讽，大众精神需求迅速倒向了以娱乐与消遣为特征的商业文化，严肃文学与知识分子逐渐处于“无人喝彩”的尴尬境地，集群性的文学活动与行为便逐渐开始向“个人化”的写作行为演变。用陈思和的话来说，他们经历了由“庙堂”到“广场”再到“岗位”的历史性的命运变迁。这样一种命运，似乎已不可避免地将知识分子和写作者引向了以绝望、荒谬和自虐为特征的存在主义者的体验角色与境地之中。对这样一种情境，作家带有强烈感性色彩的描写，似乎比学者和批评家的分析来得更生动和直观，小说家徐坤在1994年发表的一篇题为《先锋》的中篇小说，就以反讽和嘲弄的戏剧性与喜剧性语调，对当代激进迭变的文化精神、艺术思潮以及当代艺术家与知识分子的现实境遇与精神状态作了尖刻而生动的描绘：在不但象征了中国古代文明和近代历史的崩溃，而且还暗示着当代中国启蒙主义文化之溃败的圆明园废墟上，一群名叫“撒旦”、“鸡皮”、“鸭皮”、“屁特”的艺术家，在自身的贫困和他人的嘲笑中营建起一个充满自我谐谑的“艺术王国”。在这里，一切人类文明和现代艺术的观念不只是处在颠覆与解构的状态，而干脆就是溃败、堕落与游戏的状态，一切指称都演变成了刻意的和丧心病狂的“不确定性”与“互文性”的误读与游戏。在反讽式的语境里，他们拼装着他们的所谓“后现代主义”的艺术观念、形式以及文本。徐坤十分生动地勾画出了他们置身于一片文化废墟之上的当代命运：“……废墟以那样生动的存在无情地剥落了画家的矫情的伪装，照得他们近乎赤身裸体，当时让他们感到四肢无力，原来废墟是真实存在着的。它充满着并贯穿了他们诞生与生长的这个世纪。废墟就是废墟，废墟不是他们在脸上刻意修剪出的那种参差不齐脏兮兮毛烘烘的玩意儿。废墟成为一种象征和隐喻，昭示着一个古老而又永恒的命题。废墟竟是那么一种有着无尽含义的东西，它存在着，人们却忽视了它，一直都没有去破译这个谜……”在这样的境遇与命运中，“先锋”艺术家们所认识到的“真理”便注定是破碎不堪的误读与解构主义的游戏。作者以假托和戏谑的“辞书”形式解说了这帮“先锋”艺术家们所创作的

"废墟画派"：

> F：废；废都；废墟；废墟画派：崛起于二十世纪八十年代中期。代表人物：撒旦、鸡皮、鸭皮、屁特。代表作：《存在》、《我的红卫兵时代》、《人或者牛》、《行走》。影响或者贡献：唱念做打俱佳，呈前卫状，做先锋科。在纯洁绘画语言方面开创了中国后现代艺术的先河。（跨世纪出版社，《中华大百科全书·文艺卷·F类》，2001年版，第1999页。）

明显是用了谐谑和寓意的方式，来讽喻这代艺术家与知识分子的前世与今生，来暗示他们复杂而纠缠、矛盾又悖反的世界观与艺术趣味。徐坤颇具匠心，花费了很多笔墨描写了首要人物"撒旦"的一幅名为《存在》的"代表作"，它是一个"用一堆砖头支起来的一个金属画框，一个四方形的巨大空框"。每个观众在任何时候从不同角度都能看到一幅完全不同的"艺术作品"，旁边还加上了"作者题跋：一切的虚无皆是存在。一切的存在皆是虚无"。这一"莫须有的作品"，确乎十分深刻而巧妙地隐喻了当代文化与艺术思潮自身的悖论与两面性：它们正以前所未有的"新锐"面目表达着含糊苍白、空洞虚假的内容；或者说，在当代语境中的艺术，所谓深刻与肤浅、厚重与轻薄、意义与空白、有寓意与无所指——一句话，所谓"存在与虚无"，已完全成为它们同一共在的双重性质。或者亦可以说，作者在这里的这番描写，形象地喻指和概括出了这种由存在主义哲学支撑的文学思潮本身的精神两面性与价值二重性。

"回到个人"无疑是当代文化思潮所体现出的一个总体的价值趋向，然而这一趋向在不同的时候仍表现出较大的差异性。在80年代后期，尽管"个人性"已不断上升为重要的价值标尺，个人的生存已上升为突出的问题，但在启蒙主义文化使命的总体性覆罩中，个人性的生存问题还不具有单独的合法性，必须借助它对众生和社会的普遍性喻指来取得意义。比如，"新写实"作家就大都强调他们并不单是为一家和一个人的生存而写作，而"总想写个大世界，写最大多数人的生活"[①]，"总想寻找农民赖以生存的几根柱子"[②]。很显

① 池莉：《两种反抗》，见《预谋杀人：池莉小说近作集》，372页，北京，中国社会科学出版社，1993。

② 刘恒：《伏羲者谁》，载《中篇小说选刊》，1988年第6期。

然，早期“新写实”作家的作品（其实都是“被追认”的——“新写实”的被命名是在1989年之后的事情，但它们被追认的作品则是从1987年算起的）仍是通过个人生存境况的表象，来揭示社会生存和人生的某种困境，它常常突出“生存的艰难”这样一种主题，在艰难中感受到永劫的重复与无意义的生存，然而和荒谬感相比，艰难似乎仍是主要的。到90年代，这种情形就开始有了新的变化，“个人化”的经验内容、审美标尺、叙事角度已堂而皇之地成为写作的要素，个人性的世俗生活在进入文学作品时已完全具有了“自足性”的本体意义。一批曾在80年代用诗歌叙述过平民性个人化的喜剧性生活情景的诗人（如韩东、朱文等），又开始用小说的形式更加细节化地展开这些生活情景的描述，并渐成气候，成为以个人为存在单位的“游走的一代”，他们与另一些更年轻的从当下的都市商业文化背景下成长起来的新一代作家（如邱华栋、刘继明等），共同构成了“新生代”的创作景观。

另外，一批新的“女性主义”作家也在同样的文化背景上成长起来，并日益表现出女性的“私人化”、“私语化”的写作倾向，尤以陈染、林白为代表，他们对私人生活空间和女性个体内心世界的隐秘景象的描绘，也逐渐得到了广泛的认可。从王安忆、残雪到陈染、林白，女性生活与心灵的书写更加走向了个人世界。

## 二、“新写实”及其界邻者的生存图景

南京的《钟山》杂志自1989年的第3期开设了一个“新写实小说大联展”的栏目，这应是“新写实小说”这一名称的来历。这个开头与稍后的政治事件造成的历史断裂之间显然并无关系。刊物的编者在“卷首语”中这样阐述他们所倡导的“新写实小说”的含义：“不同于历史上已有的现实主义，也不同于现代主义‘先锋派’文学，而是近几年小说创作低谷中出现的一种新的文学倾向。这些新写实小说的创作方法仍以写实为主要特征，但特别注重现实生活原生形态的还原，真诚直面现实，直面人生。虽然从总的文学精神来看，新写实小说仍划归为现实主义的大范畴，但无疑具有了一种新的开放性和包容性，善于吸收、借鉴现代主义各种流派在艺术上的长处。”显然，这一说法的出现有两个基本背景：一是原有的“现实

主义文学”已然不符合读者的新需求，二是“先锋文学”的形式追求与难度书写对一般读者来说又太难。这就要求有一个“折中”的方案，而“新写实”既有比较传统的叙事规范，同时又能够表达变化了的文学观念，所以是一个很好的选择。

显然，“新写实”的说法有很强的策略性意味。即便没有特定政治事件的背景，新写实小说也会出现并产生广泛影响。但是突发的历史转折赋予了它更大的使命：在文学新思潮面临着种种质疑的时候，它“被选择”为了 90 年代初最富有合法性身份的文学主流。这显然是一个妥协的结果，因为文学很难走回头路，但在必要的时候可以且必须“迂回”一下，“新写实主义”的迂回性挽救了文学，也保护了作家。说到底，“新写实”之所以得到多数作家和读者的认可和精神上的回应，是因为它所起的作用和“五四”新文化运动退潮之后的文学是一样的——书写的是灰暗的日常生活，表达的是黯淡的精神情绪，再度返回世俗与欲望世界或坠入“历史”虚拟空间的一种无奈，种种价值降解后的“小市民意识形态”的凸显，还有现实感很强、富有精神隐喻意味的压抑、萎靡、堕落和变态的种种情绪。为什么池莉、方方发表于的 1987 年、1988 年的《烦恼人生》和《风景》等作品再度“被发现”，并且被作为“新写实前史”的代表性作品而过度诠释？为什么刘震云的《一地鸡毛》、《单位》、《官人》等一类描写小人物的灰色生活的小说被反复放大了其意义？概由于它们和“90 年代”之间的某种隐秘呼应、回应与契合的敏感关系。甚至，为了使“新写实”的内涵和外延得以充分扩大，批评界还不分青红皂白地把许多虚拟性的历史叙事与书写当下社会生活的小说一起，装入到它的篮子之中，把余华的《在细雨中呼喊》、苏童的《米》、刘恒的《伏羲伏羲》，还有叶兆言的大量历史小说也放到了这个序列中。而事实是，这个时期“先锋小说”仍然在创作，其叙事大都是在历史空间中展开，而“新写实”显然更强调“当下”，只是为了强化这一潮流的规模与重要性，批评界故意扩展了其内涵与外延，把许多本不属于“写实”的“先锋小说”、“新历史小说”也都硬塞进来。

如何看待“新写实”这一说法的策略性与实质性的含义？很明显，在 80 年代后期文学思潮日新月异的总体背景下，“写实”无论如何“翻新”，都是相对“守旧”的一个，但在 90 年代初的文化氛围中，与“新潮”、“先锋派”、“现代主义”相比，它却显然更符合主流政治的要求。但不管怎么说，它与旧式的“现实主义”小说却无论如何绑不到一块儿。因为，旧式现实主义写作的认识论基础是唯物主义，或狭义化和庸俗化了的唯物主义与阶级论观念，它是为主流文化甚至是主流政治而写作的；而“新写实”的认识论基础则更靠近“现象学”和存在主义哲学观念，它是为最基本的生存单位——“个人”而写作的。在前者那里，作者所信奉的是具有普遍意义、“本质”概括力量的“典型”形象，而在后者这里，作者所看重的则是具体的“个人”的心灵与活动，没有先于存在的本质，没有大于现象的规律。从这个意义上说，“新写实”不止与“先锋小说”同属于一对“连体的双胞胎”，与存在主义的哲学思想与文学思潮之间，也同样存在着千丝万缕的联系。

“现象学”观念可以说是新写实思潮出现的哲学根基或价值背景，而它同时也是存在主义哲学的近缘，如海德格尔就曾师从现象学哲学家胡塞尔，并深受其影响。在胡塞尔看来，“事实和本质是不可分离的”，“每一个别存在都是偶然的……但这种被称作事实性的偶然性的意义是有限制的，因为它与一种必然性相关”。而且这种必然性还不仅是指它的存在事实本身，“而是具有本质必然性的特性，并因此具有一种涉及本质必然性的关系”①。这也即是说，所谓本质并不是从这一事物或那一事物中提取“综合”而得出的经验结论，而是存在于每一事物或现象中，每一事物和现象本身都具有一种通向本质认识的可能。而这种认识论途径与方法同传统的唯物主义认识论通过对众多现象的总结而获取本质的区别，也正好是“新写实”方法同传统现实主义典型方法之间的区别，它为作家直接面对生活、现象本身，直接书写和实录偶然的和未经“典型化”、“艺术提炼”的生活的“原生态”，表现小人物的个人生活场景，提供了强有力的哲学支撑。

另一方面，新写实思潮也认真地关注当下的生存问题，它似乎故意回避了“终极”、“意义”、“价值”等存在的根本问题，在这点上它不同于先锋诗歌和先锋小说那种多通过对历史和文化的探究，以隐喻的方式予以追问、寻找答案，它似乎刻意远离了悲剧与死亡、困惑与绝望、思索与寻找这些问题，回避了“为什么生活”这样的问题，而直接切入了当下的生存景象的书写。这当然并不意味着这

① ［德］胡塞尔：《纯粹现象学通论》，49～50页，北京，商务印书馆，1992。

些持“新写实”写作态度的作家在思想的深刻程度上与“先锋作家”存在多少差距，而仅仅是表明他们所持的方法和看问题的角度有所不同而已。事实上苏童、叶兆言等人的不少作品，就被指认为是“新写实”小说，而刘恒、方方、池莉的不少作品却又十分接近“先锋小说”，所以区别只是美学趣味和观照角度的不同。或许可以这样理解，新写实小说的出现，是对80年代中期以后文学在艺术上的迅疾变革和在内容上的“远离现实”这一矛盾现象的一个有意识的补正？“新写实”旗号的主要炮制者《钟山》杂志曾在“大联展”中这样界定它的特点，“不同于历史上已有的现实主义，也不同于现代主义‘先锋派’文学，而是近几年小说创作低谷中出现的一种新的文学倾向”，它们“仍以写实为主要特征，但特别注重现实生活原生态的还原，真诚直面现实，直面人生。虽然从总体的文学精神来看新写实小说仍可划归为现实主义的大范畴，但无疑具有了一种新的开放性和包容性，善于吸收、借鉴现代主义各流派在艺术上的长处”[①]。这一解释的确指出了新写实小说的一些重要特点。如写“原生态”、“直面人生”等，但却没有从艺术精神的内核上对它作出深刻的解释。事实上，现在看来，新写实小说并不是当代文学艺术变革进程中简单的回流和转向，相反，它是一种新的试探和实验，即，寻求先锋艺术究竟在多大程度上切近人的当下生存问题，它能否以可被常人接受的寻常面目出现，能否在实现了某种精神与艺术探险的同时，又有力地楔入到当下的生存状态与文化情境之中。事实说明是可以做到的，新写实小说正是这一实验的产物，它的目的性与策略性均在于此。

也正是基于这一点，新写实与先锋小说虽然一个侧重于“原生态”的写真实录，一个沉溺于编制历史与当下生存的“寓言”，但它们两者之间在文本特征上却只有一步之遥。许多作品在被评论者指称时，常常出现互为交叉界限不清的情形，不少作家在此一背景下被指认为“先锋小说家”，在另一语境中又被当作“新写实作家”。即使是池莉、刘震云等被界定为典范的新写实作家，在进入90年代之后，也写了许多与他们前期的写实风格迥然不同的作品。刘震云的《故乡天下黄花》和《故乡相处流传》等还是颇具先锋意味与“解构”性文本倾向的“新历史主义小说”；池莉也写了《你是一条河》、《预谋杀人》等充满陌生与新锐之气的作品，据她自己说，这

① 《新写实小说大联展·卷首语》，载《钟山》，1989年第3期。

是对自己的一种“专业性”的“反抗”，似乎是以此证明自己不但能写“日常琐碎事”，也能写出“打动人的历史感”，能“什么都写，写什么就写得像那么回事”[①]。而作为“经典”先锋小说家的苏童也尝试着写过《已婚男人杨泊》和《离婚指南》等世俗意味很强、当下情景感鲜明的作品，他的长篇《米》亦曾被指一些批评家认为是“新写实”小说。在有的评论者那里，甚至还把包括铁凝的《玫瑰门》、李锐的《厚土》、王蒙的《恋爱的季节》和陈忠实的《白鹿原》等“历史叙事”的作品也置于“新写实”这一写作流向中来考究。[②]这固然是不尽确当的，但也从另一方面说明了这两者之间千丝万缕、互为呼应的“孪生”关系，说明在理解“新写实”思潮的属性时，人们并未将其看作是与先锋小说的现代主义倾向相对立的倾向，是传统现实主义的单面的“复活”。在这一点上，“专司”先锋小说评论的陈晓明的见地似乎比较深刻，他认为，所谓“新写实”只不过“是一个含义复杂而暧昧的象征符号”，它是“一次假想的进军，它既没有明确的目标也没有行军路线，但也正因为如此，它给每一个写作者以足够的自主性，‘旗帜’在这里不过是划一道最后的警戒线。在‘规范/创新’的中间地带，‘新写实主义’似乎乐于为当代文学提出一块安全的领地——用哈贝马斯的观点看，文学话语在这里找到了进入社会化实践的‘合法化’（Legalization）方式。”这意味着它以“将异端化为正统”的方式，给一直“期待自我救赎”又“一直在铤而走险地从事形式探索的先锋派”以一个“改邪归正”的途径与名号。[③] 因此，这一思潮或运动的本质实际上在于，它最终为自己找到了“写实”这样一个合法性的名义。这自然也意味着，“新写实”小说思潮仍然是先锋文学运动中的一个分支，或者至少是其在特定阶段的一个委曲求全的策略性的变体。

从这个角度，我们便也不难理解新写实小说在1989年以后的被命名与被炒作的热点状态。虽然在1987年前后，随着池莉的《烦恼人生》、方方的《风景》、刘震云的《塔铺》、刘恒的《狗日的粮食》和《伏羲伏羲》等作品的问世，人们已对这一新的创作流向有所关注，但这些关注似乎又很模糊，未能把握住问题的实质。而在1989

---

① 池莉：《两种反抗》，见《预谋杀人：池莉小说近作集》，372页。

② 参见张德祥：《“新写实”的艺术精神》，载《文学评论》，1994年第2期。

③ 参见中国社会科学院文学所当代文学研究室：《“新写实”小说座谈辑录》，载《文学评论》，1991年第3期。

年以后有了较大改变的社会与文化情境中，人们惊喜地发现并争相使用这样一种称号便是势出必然的了，“新写实”小说如雨后春笋般造出了另一充满生机的活跃景观，池莉的《不谈爱情》（1989）、《太阳出世》（1990）、《你是一条河》（1991），方方的《白驹》（1989）、《落日》（1990）、《祖父在父亲心中》（1990）、《桃花灿烂》（1991）、《纸婚年》（1991），刘震云的《头人》（1989）、《单位》（1989）、《一地鸡毛》，刘恒的《逍遥颂》（1989）、《连环套》（1989）、《教育诗》（1991）、《苍河白日梦》（1993），叶兆言的《艳歌》（1989）、《挽歌》（三篇，1991，1992）、《关于厕所》（1992），范小青的《顾氏传人》（1989）、《光圈》（1989）、《栀子花开六瓣头》（1989）、《杨湾故事》（1990）；除此之外，还有李晓、周梅森、朱苏进、储福金、蔡测海、赵本夫、吕新、程乃姗、田中禾等一大批青年作家也以他们的作品加入这一写作流向。总体上看，在 1993 年以前，“新写实”小说所形成的阵容堪称是当时最为庞大的。同时，它也成为 1991 年至 1993 年几年间评论界最为热点的话题。

关于新写实小说的内容特点，评论界早已做过广泛深入的探讨。不过，限于当时的语境与短距时限，现在回顾起来似存在如下不足：一是未将新写实流向与先锋实验流向（特别是其中的“新历史主义”小说）予以认真的区别，在许多评论者甚至一些专事先锋小说评论的“先锋评论家”如陈晓明等人那里，新写实小说与新历史小说也被置于同一现象进行考察①，对于更多的评论者来说，他们对新写实小说的指称，就更带有一种包容一切的“泛化”倾向；二是多限于文本形式、叙事趣味的探讨，对新写实小说所蕴含的回应当下文化境遇的精神内蕴与艺术策略的内在特质未予深入讨论，而在这一点上，似乎又只有陈晓明等人的论述较为切中实质，较为透彻。他将新写实的内容与文本特征简要概括为以下五个方面：

> 1. 粗糙素朴的不明显包含文化蕴涵的生存状态，不含异质性的和特别富有想象力的生活之流。
>
> 2. 简明扼要的没有多余描写成分的叙事，纯粹的语言状态与纯粹的生活状态达到统一。
>
> 3. 压制到“零度状态”的叙述情感，隐匿式的或缺席式的

① 参见陈晓明：《反抗危机：论“新写实”》，载《文学评论》，1993 年第 2 期。

叙述。

4. 不具有理想化的转变力量，完全淡化价值立场。

5. 尤其注重写出那些艰辛困苦的，或无所适从而尴尬的生活情境。前者刻画出生活的某种绝对化状态；后者揭示生存的多样性特征，被客体力量支配的失重的生活。①

上述概括显然已包含了对新写实小说意在揭示当下生存与存在状况的理解与体认。这说明评论界对“新写实”作家的写作立场与认识论方法，已有了更深入的理解。有的评论者还更为直接地指出，“新写实作家们并不仅仅停留在生活现象的表层。而是不懈地在那里寻找生活的真谛”。“这种寻找，其实便是对生活本质的发现。”“对生活本质的认识，使作家们对题材的选择不再局限于重大社会事件上，而是归结到人们生存发展的基本问题上。”② 这些论述都逐渐接近了问题的实质。

新写实小说根本而独特的意义何在？在今天的角度看来，这意义即是它通过对当下此在生存景象的生动的“放大式”的描写，在刻意删除了对所谓存在本质的形上思考的同时，从另一个方面——通过感性的生存景观，揭示出当代知识分子在变化了的社会情境与文化语义中，对存在意义的新的思索和理解。为什么在80年代初王蒙、张贤亮们的小说中，曾经书写过以往年代里充满悲剧与苦难的生存，但却仍在其中透出对生存价值与意义的追寻，而在“新写实”小说作家笔下显然已经大为“进步”和改观了的生活景象中，则充满了无奈、迷惘和放弃思索与追问的情绪？这显然是由于写作者哲学观念与价值立场的深刻转变，是存在主义哲学思想在当代文学中某种渗透和影响的结果。

通向存在的思索，并不仅限于形而上的冥想与玄思，在更多的时刻，形而下的感性即景比观念更能够昭示存在的本然与情状。萨特即是这样的作家，他不但在自己的作品（如《恶心》、《墙》、《理智之年》等）中刻意书写这种生存的自然情状，以“极端自然主义”的眼光与态度，在“生物主义的、最原始的、动物性的、肉欲的水平上”，“描写一些个人的隐私的关系，表现人的孤僻”，“彼此的格格不入”，他们是一群“普普通通的人”，也是“互相制造骇人听闻

① 陈晓明：《反抗危机：论“新写实”》，载《文学评论》，1993年第2期。

② 金健人：《新写实小说选·导论》，杭州，浙江文艺出版社，1993。

的痛苦、把生活变为地狱的人”，书写了“‘自在’世界同‘自为’世界的对立”，“表现了人怎样变成‘自在’之物，变成在无法回避的死亡面前土崩瓦解、垂死挣扎的肉体”[①] 的过程……同时，他也反对别的作品一味表现“永恒的观念”，而不是去书写那些“有生气的东西”，他批评弗朗索瓦·莫里亚克的小说由于观念的作祟而导致的空泛与停滞，“乞求于虚假的手法”，“向壁虚构自己的作品”，他的小说中看不见“时间壮观的流动”，总是试图借助“上帝的目光穿透事物的表面”，而艺术的本质却在于它是“靠表面而存在的”，萨特说，“我……深感失望，我没有哪个瞬间被吸引过，没有哪个瞬间忘记过我自己的时间，我存在着，我感到自己的生存，有一点打呵欠……”[②] 在“新写实”小说中，作家们大都自觉地注目于鲜活和富有“生气”的生活表象，自觉摈弃纯然虚构的叙述，甚至采取近乎“纪实的方式”，“复制”当下语境中的某一生存景观，他们的人物完全流动于时间之中，沉浸在生活的浊流之中。像池莉的《烦恼人生》、《不谈爱情》、《太阳出世》三篇“市民生活系列”，刘震云的《单位》、《官人》、《官场》、《一地鸡毛》等机关小职员生活系列，还有方方的表现城市贫民生活的《风景》等，都完全把目光投注于寻常百姓的生存景观，人物生动地流动浮沉在“此在的时间”之中，他们是忘我投入的生存者。作者或以仿照生活时间流的形式，以纯客观化的笔调记述他们的一段行踪，如《烦恼人生》即是“记述”了机械操作工印家厚在一天里的经历：从半夜被儿子起床撒尿惊醒，到乘公共汽车去上班，去幼儿园送孩子，在班上被意外地降了奖金的等级，在工厂的劳作、扯皮、发牢骚，送儿子进幼儿园时的一点点小欲望小心理冲动，最终晚上又回到拥挤但温馨、烦恼但又离不开的斗室小家里……种种忙碌奔波、争吵烦扰，人物并没有把握自己命运的权力和能力，只能浮沉在这种被生存所规定了的流程之中，这就是生存的本相，这样的一个人的“一天”，事实上就是他一生的缩影。此在和永恒之间完全处于重合状态，这不也正是加缪所描写的那种西绪弗斯式的命运与人生吗？

在另一篇《太阳出世》中，池莉以同样的纪实笔法，写出了一对平民出身的城市青年男女从未婚先孕，到举行婚礼，在婚礼过程

---

① ［苏联］安德列耶夫：《萨特及其存在主义》，载《文艺理论译丛》（2），468页。

② ［法］萨特：《弗朗索瓦·莫里亚克先生与自由》，载《文艺理论译丛》（2），297、318页。

中出的一系列麻烦。从婚后凡庸的生活、差一点打胎，到终于决定保住胎儿，十月怀胎中的种种辛苦、等待和喜悦，一朝分娩之后全家的欢欣，接下来是哺养孩子的种种操劳，缺奶的焦急，生病时的紧张，找保姆的一波三折……在忙乱中应付，在辛劳中体验人伦之乐，这就是普通人的人生，它让人感到，所有的人生大致都是相同的。如果说池莉还由于她将叙事人同小说中的人物做了合一式的处理，而常常使人沉浸于此在生存过程与景象之中的话，那么方方的《风景》就更使人警醒，并对这种生存的本质保持了冷峻的旁观与思索。在《风景》中，方方特别机智地设计了一个“他者化”的叙事人视角，“河南棚子”这个十一口之家中早已“死去”且被父母埋在窗下的“老八”，他在另一个世界——早已摆脱了这个贫穷、苦难、充满愚昧和暴力的世界的另一“存在”（死亡）中“冷眼看风景”，生者与死者之间，此在与消逝的永恒之间，“存在”和“不存在”之间的关系，通过这样一个特殊的叙述视角而被富有哲学启示地予以深刻揭示。它们两者之间，生存者实际上比死者更加艰难和不幸，而死者却仿佛怀着某种早已解脱了苦难和不幸的“侥幸”与欣慰，对生者满怀着深切的怜悯。

在另一些作品中，作者则常常采用“放大”此在某一瞬间或过程中景象的方式，来凸显生存的本相，书写无谓、无聊、无目的的生存者的荒谬性，如在《一地鸡毛》中，仅围绕“豆腐事件”，作者就花费了大量笔墨。机关职员小林每天早上起来第一件事，就是去公家的副食店排队买豆腐，一天他因为赶车，匆忙之中忘记把豆腐放入冰箱，结果晚上下班回家豆腐变馊，引起夫妻的一场争吵。这一细节本为小事，但在此刻却被作者有意放大，中间又加上小林买豆腐的悠久历史，瘸老头进门查小林老婆“偷水”的问题，加上小林在单位因考勤一事的怄气，家里小保姆的懒惰和难伺候，再加上老婆旷日持久的工作调动问题，等等，一件小事勾起一堆乱麻，搅得一地鸡毛。看起来生活的困顿拮据、紧张操劳是这一事件的内因，但小说在这里所要表现的却不仅仅是生活的贫困而导致的黯淡，而包含着生存本身的卑琐和无意义。人事实上就是在为了基本的衣食在烦恼和奔忙着，除了在这一过程中庸庸碌碌地挣扎，在每一具体的生存环节上斤斤计较着，哪里还有什么存在的本质与意义？

叶兆言的《艳歌》也表达了同样的主题：一对大学时期充满浪漫幻想的恋人，在结婚之后却陷入了无休止、无意义和无乐趣的操劳，疲惫和隔膜，乃至厌恶与争吵，最终陷于婚姻濒临瓦解的危机。

在这篇小说中，作者围绕着夫妻俩的一场怄气大作了一篇文章，妻子偷拆了丈夫的女弟子的来信，并且有意以与男同事接近的方式来刺激丈夫；而丈夫虽然厚道，内心中却也不免有移情别处的潜意识活动。“一地鸡毛”式的生存困境与“围城”式的情感困境在这篇小说中得到了结合。叶的另一篇《去影》与刘恒的《伏羲伏羲》似有异曲同工之处，它们的人物虽大为不同，主题侧重也各异，但却都包含了对人的性压抑与性变态所造成的生存痛苦的书写，这些压抑和痛苦都是所谓社会道德与伦理规范造成的，它们同样构成了人的存在困境。它们都刻意工笔细写了一个“窥视”的细节，青年工人迟钦亭对年长于他的女师傅张英洗澡的窥视与《伏羲伏羲》中杨天青对其年轻婶子王菊豆如厕的窥视过程，都堪称是潜台词极为丰富的精工之笔。伦理道德的压抑同人的自然欲望在低下的生存处境中狭路相逢，爆发出令人触目惊心的悲剧冲突。

尽管所有新写实作家都刻意以小人物和凡庸的社会场景作为自己的表现对象，但他们也同样力图在细小的表象场景的摹写中透出更为深层的精神思考与生存关怀，一如池莉所说，“我总想反抗自己，总想写个大世界……让一个民族一个国家的生死存亡从最大多数人们的命运中点点滴滴地反映出来”[①]。刘恒在《伏羲伏羲》的创作谈中也说，“写完《狗日的粮食》之后，脑子里始终埋伏着一种感觉，顺着这条感觉的绳子往混沌的远处爬，想寻找农民赖以生存的几根柱子，粮食算一根，再找找到了‘力气’，发现了司空见惯而又非同一般的‘性’，找到了‘性’的位置”[②]。陈晓明在评述刘震云的小说时，也颇为敏锐地找见了他作品中一个特别的主题，“他的‘权力意识’——意识到权力是如何支配人的全部生活的”，他“对小人物或底层人的生存境遇和生活态度的刻画……并不仅仅来自对‘黑色幽默’小说的借鉴”，而是试图“解开人类本性与制度化的存在结合一体的秘密”，这种“制度化的存在”即福柯所说的无处不在的“权力”，刘震云正是试图通过“反讽”的手法，以其“对权力的庸俗化方面及其支配日常生活的存在方式的观察”，写出了当代中国人从生存到精神的困境。[③] 可见，关于生存和存在的根本问题，是新写

① 《两种反抗》，见《预谋杀人：池莉小说近作集》，372 页。

② 刘恒：《伏羲者谁》。

③ 参见陈晓明：《“权力意识”与“反讽意味”——对刘震云小说的一种理解》，见《官人·跋》，武汉，长江文艺出版社，1992。

实作家观察和描写生活的基本角度和核心主题。从这个意义上说，他们的小说既是当下生存景象的写真，同时也包含着作者对恒在生存本质的隐喻式的指涉和反思，是关于生存和存在的另一种“寓言”。这一方面是由现象学和存在主义的哲学背景所支配的，同时也是他们刻意区别于“先锋”写作文本过于陌生化的另一努力。现象学美学家认为，“再现的客观情景所能完成的最重要的功能，就是显示和表现出确定的形而上学性质”。“自然，形而上学性质不能在这里得到实在化；恰好是由于再现的情景在实体上的不同类才使得这种情况不能发生，但是形而上学性质却得到具体化并显示出来，这些性质还同再现的客体共有其存在方式。”① 这意味着，写作者的某些观念并非仅仅依靠“虚构”来表现，而对客观情景的“再现”同样可以实现对于形上观念的表达，因为不但“形象常常大于思想”，而且特殊的语境与参照物更会加强这种表达的观念色彩，80 年代后期而下的社会文化思潮总体的“转型”性质，与人们对于这一新的生存境遇的思索与探寻的普遍兴趣，以及存在主义哲学思想在当代精神价值构成中的强劲参与和影响，都使我们无法舍弃这一特定背景，而去孤立地审视“新写实”小说的文本性质。事实上，“寓言”和某种观念化的或“形而上学性质”的主题，并不一定非得借助“寓言式的荒诞不经”来呈现。萨特就曾经批评过弗朗索瓦·莫里亚克小说过重的观念色彩，他自己的写作也非常具有细腻的“自然主义”的“仿真”性质，但他的小说同时也是寓言，“最极端的自然主义的形式同现代化了的神话的抽象形式结合在一起了”，“被自然主义地摹写下来的存在同意识的不受发展制约的抽象范畴联系在一起了”，而“这一结合的前提就是作为形而上学的‘生命哲学’的存在主义的实质本身”②。事实上，看看《风景》、《烦恼人生》、《一地鸡毛》、《伏羲伏羲》等这些小说，仅仅从其题目上就可以看出其被“抽象”化了的寓言意味，甚至在《风景》的“题记”中，方方还写下了波德莱尔的诗句，以作为某种“有深意存焉”的注释：“在浩漫的生存布景后面，在深渊最黑暗的所在，我清楚地看见那些奇异的世界……”这意味着，在方方的观念里，这“风景”绝不仅仅是“河南棚子”中一家人的风景，它是众生艰难的生存本相的一个象征。

---

① 参见［波］英伽登：《文学的艺术作品》，见蒋孔阳主编：《二十世纪西方美学名著选》（下），262 页，上海，复旦大学出版社，1988。

② ［苏联］安德列耶夫：《萨特及其存在主义》，载《文艺理论译丛》（2），469 页。

另一方面，“新写实”作家也常常通过对存在意义的某种“忽略”和有意“空缺”，来体现他们对小说不堪重负的某种“解救”的策略。这一方面构成了他们同此前具有启蒙精神情结的作家的区别，同时也试图造成他们与同期存在的先锋小说的“精神叙事”的区别，即造成“表象叙事”和“物态叙事”的效果。他们往往刻意沉溺和停留于世俗的景象与过程之中，刻意放大某一具体时空的“此在”特征，突出生存和人物行为的某种无目的性和非逻辑性（如池莉的《白云苍狗谣》、《冷也好热也好活着就好》等所刻意表现的谐谑与苟活的倾向），以此在表层语义，在文本中造成对“彼岸”、“终极”、“存在”、“目的”等观念和主题的消弭与瓦解效果，文本和其中人物的精神特征，似乎正在努力回避某种关于生存的目的性与意义的疑问，生存的家园就是现实的每一种偶然形式，及其存在的过程本身。这样的叙事方式或“策略”在许多情形下造成了“新写实”小说的“情景喜剧”化风格，刘震云和池莉的小说基本都属此种风格，苏童的《离婚指南》似乎也是这样一场喜剧。当男主人公杨泊在试图走出厌倦的家庭生活，宣布与妻子朱芸离婚时，他便陷入了一场注定要失败的“战争”——先是双方僵持的“冷战”，而后是朱芸三个兄弟的一顿痛打，再后是朱芸巧施女人的种种“软手段”，甚至于还以服毒自杀相威胁，之后朱芸又找到杨泊的女友俞琼大打出手，划伤了她的面容……杨泊饱受了“离婚大战”中的种种苦楚，最终又返回了他的家，安心做起了他并不愿做的父亲和丈夫，并且在某一天从书店的柜台上看见了他的朋友老靳的“新著”《离婚指南》，那实际上是对他的生活经历和他早已做好了的“构思”的剽窃。这篇小说就其故事的结构而言是喜剧性的，但这种喜剧的效果却并不能引人发笑，而是令人发出深长叹息。《烦恼人生》和《一地鸡毛》也是这样。这些作品表面上以喜剧的方式展示人物的悲剧境遇，虽有意摘除了对存在意义的追思诘问，但却在生存的无望与荒谬中给人以悲剧的震撼与启示，有意消弭和拆除文本的“深度”，使存在的意义产生“空缺”，起到的作用却正好相反，愈发引人叹息和思索。这也应是“新写实”小说在表现生存和存在主题时的一种“普遍策略”吧。

除了上述较为新潮的青年作家以外，一些较为传统的现实主义作家，如高晓声、何士光、赵本夫、朱苏进、黄蓓佳、田中禾、张廷竹等，和一些较为活跃趋新的中年作家如王蒙、谌容等，也曾自觉不自觉地“加盟”过“新写实”写作，赵本夫等人甚至还堪称是

“新写实”的开创性作家，他的《涸辙》（1987）、《蝙蝠》（1988）、《走出蓝水河》（1989）等曾被评论界作为早期的“新写实”小说例证而予以论述；谌容的《懒得离婚》（1988）、《啼笑皆非》（1989）等更是被作为典范本文常予征引；王蒙的《现场直播》（1990）甚至直接出现在《钟山》的“新写实”联展中。总体上看，他们都写出了历史或当下人们的生存境遇的种种侧面，只是与之前的新潮作家相比，他们对作品潜文本的设置和深度开拓的自觉性相对要弱一些。

“新写实”作为一个写作运动或一股思潮，对于加强文学在不断变革的前提下同现实人生之间的联系，使之更加关注当代人的生存状况方面，的确起到了新潮先锋小说所没有起到的作用。它的优势正如有评论者所概括的那样，“一是贴紧现实人生，二是博采众家之长”，同时又透过表层而关注到“人类生存发展的基本问题”①，它关注现实，取材表象，同时又表现出深层寓意的自觉，因此，他们笔下的“所谓‘生存之实’就是形而下的存在，就是感知了的、经验过的生存体验，是现象的实在”②。他们通过现象而不是逻辑而抵达存在的真实，他们再也不像以往的现实主义写作那样，回避最普遍和最广泛的生活的事实，不再以某种“必然”和“规律性”的观念，以虚构的“典型”来压抑和代替偶然与无限多样的“可能性”，这应当视为当代文学的一个重要的进步。

但是，新写实创作的局限性也十分明显，它有意标举的旗帜导致了某些过分策略化和实用主义的写作态度。在“新写实”这一旗帜下，似乎作家的笔法越是琐细、零乱和无想象力，就越能体现出“新写实”的特征，“原生态”、“零度情感”等说法也使得叙述本身沉闷而缺少灵动迷人的魅力。本是为了接近读者，实质上却在许多情况下失去了读者。另外，由于作家过分放大并将描写的注意力集中到那些局部现象上，一旦时过境迁，这些小说便将迅速由翠绿而变为枯黄。

## 三、从“新状态”到“新生代”

1994年4月，一向善于构造“概念”和引发事件的《钟山》和

① 金健人：《新写实小说选·导论》。
② 张德祥：《“新写实”的艺术精神》。

锐气十足的《文艺争鸣》杂志一起，在北京召开了关于“新状态文学”的小型座谈会。与此同时，两家杂志又以集中的篇幅发表了一系列有关此论题的讨论文章。南有王干，北有陈晓明、张颐武等青年评论家的摇旗呐喊，同时又有包括雷达、白烨、张韧，以及丁帆、王彬彬等人在内的一大批评论家的呼应，“新状态”在“新写实”陷于沉落、当代文坛出现了短暂的失语与“无名”的平静之后，宣告诞生了。

然而，什么是“新状态文学”呢？从倡导者和参与讨论者各执一词众说纷纭的情况看，它的确是一个没有明确内涵与外延的概念。每个评论者都有自己的理解角度，张颐武将之描述为“寓言化”写作终结的必然产物，他认为“五四”以来中国文学的“现代性”写作一直是一种“寓言”性的写作，其文本具有表层和潜层的两重性，而“新状态”小说正是“超越了寓言化写作，直接切入了‘状态’”，“它只是置身于当下之中的反应”，“是对自身和周围的一切即兴的抓取”①。陈晓明则将其描述为“新都市文学”的崛起，因为都市的“欲望化的表象构成了这个时代生气勃勃的景观”，这种景观实际上也就最生动地代表了当今现实的“状态”；另一方面，这些表现“市民社会”（如王朔）、“城市黑幕”（如何顿）、“商业社会”（如述平）、“白领阶层”（如张欣）、“单身贵族”（如钟道新）等新的都市人生与社会现象的作品，也很自然地使“九十年代的所谓‘纯文学’向大众文化靠拢”，“越过界线，填平鸿沟”②。另外的一些评论家则站在相对“超脱”的位置上来看待和阐释之，或者提出建设性的意见，或者提出批评性的意见。如雷达一方面对这一提法予以肯定，“是时代、社会、人生的新状态决定了文学的新状态”，另一方面他又认为新状态文学应定位在“写生存状态的文学”这一意义上，它固然应关注当下出现的一切物质化商业化的景观，但又应有“强烈的人道精神的贯注”③。张韧对“新状态”的应有之意作了三个方面的阐述，一是“意味着作家自我的回归”，“将写作视为个人的情感宣泄、心灵的充实、精神的自由和人生的一大快事，”而不是“救世、启蒙、人道主义”等神话；二是“从云端回到大地，从彼岸回到此岸”，使

① 张颐武：《反寓言/新状态：后新时期文学的新趋势》，载《天津社会科学》，1994年第4期。

② 陈晓明：《走向新状态：当代都市小说的演进》，载《文艺争鸣》，1994年第4期。

③ 雷达：《论世纪眼光与新状态文学》，载《文艺争鸣》，1994年第5期。

写作从高蹈的趋新求异中回到“综采”整合的状态；三是写生存与写人生的二者融合，同时“对生存的人灌注人文精神”①。丁帆也有感于“新状态”这一概念的模糊不清，对其理论内核作了更为具体的阐释，一是“将作家自身生存体验的情感状态如实地有机地反映到作品之中去”，“通过自我体验的过程来呈现现实的生存状态”，二是“强调书写九十年代中国社会经济和文化变迁所导致的人的生存和情感的当下状态”。但另一方面他也认为“新状态”“只能作为一个包容性很强的口号”，“去拥抱一个开放的、多极化的文学世界，却不能用一个较宽泛的理论构架去实现它建构体系的梦想”②。

与上述推动和呼应者同时，不少评论者也对“新状态”的提法提出了率直的甚至不无尖刻的质询与诘问，认为这一提法存在着种种空洞、勉强、虚浮和自相矛盾之处。作为这一概念的“始作俑者”的王干就此又作了“答辩辞”式的说明，他承认“‘新状态’并不是一个完整的理论大厦，也并不是一个可供具体操作的小说创作图纸”，它“是一种我们思维的新维度”，“努力从整体上去理解把握描述当代文学、当代文化的当下状态”。这诚然是客观的，基于此，他又对新状态的理论内涵作了含糊其辞的解释，指出，“它是当代各种文学关系的总和”，因为它试图或正在“实现这样的几个双重超越：对中西文化局限的双重超越，对精英文化和大众消费文化的双重超越，对先锋派和新写实的双重超越，对启蒙文化和反启蒙文化的双重超越……因为是各种文学关系的总和，所以我们很难说它是某种理论、某种主义、某种方法、某种流派”③。这种解释很像是对黑格尔那句“凡是存在的都是合理的”的名言的套用，其意思大抵是：凡是当下正在出现的新的文学现象、新的格局与状态，都是“新状态”。

尽管王干和其他倡导者们始终未能完全完整地说清“新状态”的理论内涵，更无从去划定其外延，但在取得了时间距离的今天，我们大抵可以从众人的论述中概括这样几点意思：第一，所谓新状态实际上可以解释为80年代以来文学的激进变革状态与内在紧张关系的消除，是文学结束“疾跑”而开始“散步”的一种新的存在模式。它在整体上体现了文学原有的尖锐矛盾、二元对立、多向冲突

① 张韧：《作家的自我回归与文学的命运》，载《文艺争鸣》，1994年第5期。

② 丁帆：《无状态下的“新状态”呐喊》，载《钟山》，1994年第5期。

③ 王干：《“新状态”是各种文学关系的总和——答记者问》，载《作家报》，1994年10月8日。

的状态的消失，而代之以兼容、多元并存（有时是在互相对立中得到存在的依据，如“重建人文精神一族”与“海马歌舞厅顽主们”之间的对立）和共同发展。第二，从写作立场的角度看，写作者从以往关注的历史或理想的乌托邦回到当下的现实境遇与人的生存状态，从“寓言”性的写作到“写真”性的写作，从注重潜文本到注重表层叙述的本体性，从历史或启蒙叙事变成个人生活的体验性叙事，注重此在性、亲历性、平民性、个人性，存在的表象即存在的真实，从这点上说它与“新写实”有一脉相承之处，但又舍弃了“新写实”的某些隐喻性和策略性的写作特征。第三，从理论策略上看，它是对80年代以来一贯的“断代式”命名策略的延续（如“朦胧诗”以后有“第三代”，“新潮小说”之后有“先锋小说”），是对文学历时范畴的某种夸大式标出，是一个既成的可以装下更多刚刚问世的创作现象的方便的“布袋”，是刊物包装作家、推出新人的便捷有效的方式，等等，基于此，“新状态”的提出是不无道理的。

然而，这一概念的命名者们却犯了两个关键性的错误，一是没有从本质性的内涵特征上去加以涵盖，所以“新状态”只是一个外部性的描述而不是一个本质性的概括，它不像“新写实”那样成功地而且根本性地抓住了一种文学现象的内部本质，“新写实”是“写实”的，同时又是一种区别于传统“典型观”和社会学认识论意义上的写实，而是一种“现象学”意义上的写实，区别于乌托邦写作的一种刻意琐细化、鄙俗化的策略性写实。“新状态”只是仅仅抽象且含糊地指涉了现象，而没有简约准确地概括出其特有的意义与内涵。另一方面，或许出于本身认识的模糊，或许出于对反对者批评的某种“恐惧”心理，过分宽泛地陈述其特征，几乎未有界线地把当下各种文学现象一股脑地收罗进来，从而使之成为一个无所不包的不确定、无特指的理论包袱，失去了命名的意义。因此，也难怪人们对它诘疑、厌倦和不信任，这一概念终于未能像“新写实”那样差强人意、先受阻后约定俗成地被人们广泛接受，而是很快地就被抛弃了。

事实上，“新状态”也许就是评论界在面对90年代而下文学整体的调整和转型过程中必然体现出的暧昧与模糊的一个暂时的指称策略。它很快就又有了几个比较客观具体和界线明确的写作流向与群体，如“新生代”（或称“晚生代”）、“女性主义写作”、“现实主义复兴”等等，在1994年前后，它们曾被烩于一勺。从多数评论界所论及的作品例证看，他们对于不同的写作流向确实缺少应有的区分，他们先是将北京作家毕淑敏等人标举的“新体验小说”作为前引，尔后又将王蒙的《恋爱的季节》、刘心武的《风过耳》、王安忆的《纪实与虚构》、朱苏进的《接近于无限透明》等作为一个集合，一些评论家又更加标举一批都市小说作家和“晚生代”作家，将致力于“都市小说”写作的刘毅然、吴滨、林坚、罗望子、叶曙明、何顿、述平、钟道新等都划入了“新状态”行列。[①] 甚至将林白的《一个人的战争》、陈染的《与往事干杯》等也列为“以当下的‘状态’为中心”的作品。[②] 甚至马建、韩东、海男、鲁羊等人的作品也都被归为此类。这不能不让人感到含混和牵强。《文艺争鸣》在编发“新状态文学特辑”的“编后话”时说，“‘新状态文学’作为一个口号是给当代文学的一个‘说法’”，因为“文学出现了新状态”，“但它究竟能说出这个时代多少？没人作出承诺。它只是提供了一个可供言说的话题，一个尝试‘说出’的空间”[③]。可见，“新状态”实际上是对一种“将明而未明”的情形的笼统称谓，它没有、也无法说出这个时代文学的复杂而具体的特征。难怪它一“出笼”就受到了广泛的质疑。

或许“新状态”这一概念和理论的炮制是不那么成功的，但文学在整体社会语境的变迁中的发展——或者说出现了新的格局和“状态”，却是事实。在取得了时间距离的今天，我们实际上已不难看出，由于1992年以后市场经济步伐的陡然加速、社会整体的价值尺度出现了急骤的转换，80年代延续下来的一整套启蒙主义中心的观念，被商业化、实利化、物质化和喜剧化的社会语境迅速“悬置”和瓦解了，而80年代后期逐渐滋长起来的以“个人”和“自我”为本位的反启蒙、反中心、非主流的存在主题叙事，却获得了更加广阔的合法空间。因此，以表现都市欲望化的生活景观的新主题，和以解构既往一切叙事模式为能事的新的写作因素，则获得了空前的增长。在“新写实”中弥漫的那些灰暗情绪，被代之以主动寻求颠覆性价值的冲动所替代。很显然，物质与欲望的合法性被空前地提

① 参见陈晓明：《走向新状态：当代都市小说的演进》，载《文艺争鸣》，1994年第4期。

② 参见张颐武：《反寓言/新状态：后新时期文学新趋势》，载《天津社会科学》，1994年第4期。

③ 《新状态：文学如何去言说时代》，载《文艺争鸣》，1994年第5期。

升了。

然而，事情又不是绝对的，原有文学观念仍在顽强地坚守和抵抗着。在这样的冲突与喧嚣中，各种写作流向为了强化自己的声音又不得不以夸张和放大自己的写作个性为策略，以显示自己的存在与价值，这样实际上就出现了王干所说的那种“相互对立、相互对应、相互对抗又相互依靠的诸多文学关系”，出现了它们互相对抗、化解和融合的局面。在这个格局中，最重要的无非是这样几个现象：一是一些成名作家的转向和调整，如王蒙，他的《恋爱的季节》实则是对他写于50年代的长篇处女作《青春万岁》的滑稽模仿式的重写，是一个“解构主义”意味的文本；王安忆，她似乎已走出了作为文化寓言的“宏大叙事”的写作模式，而操起了“当下语言/生存的直接性反映”[①] 的写作方式，她的《纪实与虚构》不但在文本构成上采用了颇为新潮的拼合方式，而且表现出强烈的存在主义主题意向，正像小说的序中所说，她就是要探讨她的主人公“生存于这个世界，时间上的位置是什么、空间上的位置又是什么，与她周围事物处于什么样的关系”。二是一些在当代生存意识、生存体验和传统的现实主义之间找到自己位置的作家，如由《北京文学》推出的毕淑敏等“新体验”作家，他们力图敏感地描述出当下人的生存环境，以及人在这个不断变化的环境中的体验与感受。与此相近的还有一些立足于书写都市生活景观的作家，如张欣、何顿、述平等，他们更加敏锐和不带定见地切入都市生活情境之中，同时在观念上也更加接近于一批“生存主义者”。如何顿的《生活无罪》、《弟弟你好》等小说，都是刻画了一些从追求知识到追求金钱的青年人的精神历程，他们从教师、业余画家最终“堕落”成为跑堂仔和票贩子，“义无反顾地走进了金钱、暴力、迷人的诱惑所构成的另一世界”，并在金钱和物质的享乐中找到了寄托和自尊。三是被称为“六十年代作家群”、“新生代”或“晚生代”的一批，与之同行的还有以陈染、林白、徐坤、海男等为代表的女性主义写作，他们（她们）与以都市生活与欲望为写作内容的第二类作家也是相互交叉的，但似乎不那么专注于表象化、场景化的都市生活本身，而是更为纯粹的个人经验视角的存在审视与精神寓言。由于这种形而下与形而上、故事与寓言的不同追求，使他们很快从理论家们所描述的集合性的胶着

① 张颐武：《反寓言/新状态；后新时期文学新趋势》，载《天津社会科学》，1994年第4期。

的“新状态”中分化与独离出来，成为引人注目的景观。

这样，我们审视的目光也很自然地转向了“新生代”。

从各方面看，在1995年以后开始被评论界“确认”并予以重点关注的新生代，应当是先锋性写作思潮的“正宗”继承者，现在，他们的确已取得了这种“权力”。“新生代”这一名词实际上是对80年代超越“朦胧诗”一代的“新生代诗”的借用，如果放到某个具体的作家身上便不无荒诞意味——十年前韩东就是“新生代诗”中的代表性诗人了，十年后他又被称为“新生代”的小说家。或许有评论家已意识到这种命名方式的勉强，又颇费心机地将之命名为“六十年代作家群”，但这一名命实际上也缺少艺术或审美的内涵，并无法划出边界，也不能在纵向上搞清楚与“先锋小说”和“新写实”的逻辑关联，因为事实上“先锋小说”和“新写实”作家们也大都出生自60年代，而“新生代”的韩东、张旻等人的年龄实际上比苏童、格非等还要大些（苏童和格非分别出生于1963年和1964年，而张旻和韩东则分别出生于1959年和1961年），因此，即使是“晚生代”的说法也是不准确和滑稽的。

但不管怎么说，“新生代”似乎是一个既成的说法，评论界也比承认“新状态”痛快得多地承认了它。因为从时间逻辑上命名似乎是一种习惯，作为现象，它比先锋小说出现的要晚，在时间表上它是“新”的，而对于当代中国文学的先锋运动而言，“新”就是价值，就是递变序列的一种动态标志，就是权力。

作为一个写作集群和艺术流向，“新生代”的确立和引起关注大致是在1994年，批评家们事实上是在论述“新状态”时较多地谈论了“新生代”。在这一名称下，评论家们认可的作家大致有：江苏作家群的韩东、朱文、鲁羊、毕飞宇、吴晨俊，北京的邱华栋、丁天，上海的张旻，湖北的刘继明，广西的东西、鬼子、李冯，广东的张梅，湖南的何顿，甚至还有福建的北村，东北的刁斗、述平等。

有关“新生代”的创作特征，新潮批评家已作了许多阐释和归纳，如在精神上“走出八十年代”，在题材上“向‘城市’转移”，在主题上“欲望造就的文本”和“平面写作”，在叙事策略上的“大众之眼与个人化叙述”① 等；有的还更为具体和展开地讨论了其“表象化书写与本质性叙事”、“故事的奇观性与多元性叙事”、“女性主

---

① 李洁非：《当代小说文体研究·新生代小说（1994—　）》，载《当代作家评论》，1997年第1期。

义话语与开放性叙事”[1] 等文本特征。尽管有如此种种区别于此前文学的“新”意，但我仍然认为，从思潮性质的角度看，“新生代”仍是产生自80年代后期的关注当下生存的文学思潮的延续。对终极价值的怀疑，对存在意义的逃避，对现实和此在生存活动与场景的专注、对个人日常经验书写的热衷，这些都显示了他们对先锋小说与新写实的双重继承性及其对个体化、个人性视角的强化。同时，他们又以更加贴近和参与的姿态，切入到此在的社会情境与生存境遇之中，切入到“现在”——此时此刻的人生体验之中，这是他们与前者的区别。从形上到形下，从历史寓言、存在本质的揭示到此在状态的直接描绘，这是他们刻意追求的境界——“没有人相信精神生活存在的可能性与必要性。一切都变成‘现在’——没有历史，没有未来，没有内在性的‘现在’，就是人们存在的精神乐园。”[2] 或者也可以说，他们似乎正有意隐去前因和结果，而只展示过程，从而突出了“现在”，而刻意隐去了结果和本质，淡化了作品作为“潜文本—寓言”的特点。

然而，这又只是一种表面的特征，如果“新生代”果真只是一群现实地面上的爬虫，他们也就配不上称什么“新生代”了。他们所做的不过是将“新写实”所表现的那种荒谬的生活喜剧，做了更加平和与艺术的处理，结束了人物与环境的冲突（如《一地鸡毛》），抛弃了正统的市民情绪及其生活道德（如池莉的三篇市民系列小说：《烦恼人生》、《太阳出世》、《不谈爱情》），同时避开了先锋小说那种对死亡主题的热衷（如余华），摈弃了文本构造中过浓的形而上色彩的追求（如格非）以及过于优美和感伤的古典和浪漫情调（如苏童），而使当代生活以其原本的色调与状态进入读者的视野，使人物坦然而主动地投入到这种并无“意义”的喜剧之中，而其主题的深度和所引发的人们的思考，仍然是深刻而绵长的。

“新生代”小说尽管有着复杂多面的特点，但根本的特点仍在于存在/解构、荒谬/喜剧、行为/怀疑等互为复合或悖反的主题与文本特征。

首先，存在主题的寓意与解构主义方法的复合是一个最鲜明的

---

① 陈晓明：《先锋派之后：九十年代的文学流向及其危机》，载《当代作家评论》，1997年第3期。

② 陈晓明：《先锋派之后：九十年代的文学流向及其危机》，载《当代作家评论》，1997年第3期。

特征。存在主题这一点比较复杂，在哲学上难以说清楚，与其说是本体论意义上的怀疑论与否定论者，不如说是主体意义上的虚无主义者。不过，当它与解构性的叙事结合在一起时，就更加凸显出存在的虚幻与可疑。在张旻的小说中，它主要体现为一种“情幻”，在《自己的故事》、《校园情结》、《情幻》诸篇中，性爱被描绘成为一种游移在真与假、有与无之间“似曾发生”又无从对证的记忆。它们不但意味深长地揭示了人性中渴望异性、渴望在婚姻以外寻找爱情与刺激的种种隐秘情结，而且也揭示出生命与存在本身的遮蔽与恍惚，“没有什么是可以抓住的”，人生就是在亦真亦幻的闪念之中穿越的。正因为这样，所有被道德认定为“非法”或“越界”的行为，也就都具有了某种合理性。在叙述过程中，张旻常常是采用人物的“臆想”来虚构莫须有的情节，尔后再用真实发生的事件去印证之；或是先作为真实来叙述，继而又故意证明这是虚构，以此来达到叙事的自我颠覆与解构，一方面消除其不无“淫思秽想”的叙事的负作用，另一方面又使故事充满有趣的张力。

与张旻刻意制造存在的幻境不同，韩东所刻意表现的是存在的简单、单纯。他省却了故事复杂的演绎，而把人的生存和经验提炼成简单的线条，“不过如此”，这很像是他写《有关大雁塔》、《你见过大海》那一类诗的那种态度。在存在主义小说家那里，“窥视”是一种具有哲学含义的行为，萨特曾以此来隐喻他所论述的人与人的基本关系。“新小说”家也常以此作为其探讨人的境遇与本性的途径。用萨特称赏娜塔丽·萨洛特的话来说明韩东小说的特点，我以为也是合适的：“……在使人猜想一种难以把握的真实性、证明特殊和一般之间这种不停的往复运动、致力于描绘不真实这个令人安心和荒凉的世界的同时，她完善了一种在心理学之外而能在人的存在本身之中触及他的现实性的技巧。”① 在小说《母狗》中，韩东利用一个并不新鲜的“知青题材”，提炼出一个相当精致的故事：下乡女知青小范美丽的躯体被小学教员余先生诱骗，而这一场景又被窥视者细巴看到，并致使村里的人将之演绎成不堪入耳的下流笑料，事实上全村庄的人都通过这种下流的语言“窥视”了小范，这是致使她自杀（未遂）的真正原因。它是特殊的，但又是极为普通的，像历史上发生的所有类似悲剧一样。萨特说，“只有在他人面前，我才

① ［法］萨特：《〈一个陌生人的肖像〉序》，载《文艺理论译丛》(2)，431页。

是有罪的"，"我们已经当着他人的面被扔进了这个世界……什么事情——甚至自杀——也不能改变这一根本的境遇"[①]。韩东这篇小说简单中的深刻正在这里。在另一篇《房间与风景》中，韩东以更带寓言意味的笔法，书写了现代城市文明与人的窥视欲望之间的因果关系，楼房越盖越高，而居住者原本隐秘的私人世界便"暴露"在他人的视野之中，在这种被暴露和被窥探的处境中，女主人公恐惧而且焦虑，男主人公则铤而走险，枪击窥视者，最后的结果是他们不得不终日隐藏在厚厚的窗帘背后，他们早产的孩子则成了先天失聪而视力超群的畸形儿。

运用解构主义文本策略最为放纵的是朱文，他无所顾忌地亵渎一切，同时又特别敏感地抓住当代的细节性生活景观。有论者这样评论他："在朱文的小说中，旅行、死亡，诗人、鸟东西，男人、女人，手淫、性交，这些词语的高密度出现，不仅透示着一种神秘莫测的欲望气息，而且暗示着由欲望与扩张所构成的'距离'之间的关系，皆处于同一平面上。这样一种生存状态，具有极强的消解性力量，对过去我们习惯将过去、现在和未来联成一体的时间观和价值观来说，这种生存观更注重人的即时性生存姿态。"[②] 的确，朱文总是把"没有过去也没有将来、没有爱也没有恨、没有近处也没有远方"（朱文：《傍晚光线下的一百二十个人物》）的此在场景呈现在读者面前，使其在不经意间感受到存在的卑微、琐屑、宿命与荒谬。而且不止如此，朱文特有的前卫姿态与解构性写作的文本策略，还使他的小说更具有了冲击性的意趣与活力。在《吃了一个苍蝇》中，朱文不无"恶作剧"心态地书写了两种人生态度，"优等生"李自走上社会之后，一切以社会的庸常而老道的方式设计人生，很快娶妻生子，熬上了一官半职，而与他同学的"我"则是沾了与他"搭配"的光，才勉强捞到一个工作，可"我"整个地是"一堆垃圾"，不务正业，不谙世俗，故一事无成，连老婆也未觅到。李自处处摆出当年做"班长"的姿态，帮助设计"我"的人生，从"我"的失败与落魄中找到成功者的感觉。但却未料到，在三年中"我"却一直与他的妻子王晴通奸。这样一种关系既隐喻着我们时代两种价值与文

---

① ［法］萨特：《与他人的具体关系》，见《存在与虚无》第三部分第三章，引自《文艺理论译丛》（2）。

② 吴炫：《距离的诱惑——朱文小说印象》，见《我爱美元·跋》，北京，作家出版社，1995。

化流向的纠缠与对抗，隐喻着后者对前者——非主流对于主流社会——的游戏与嘲弄，同时，也在普遍的人性意义上揭示了存在主义者所指认的那种人与人之间互为敌人的关系。在小说中，朱文还颇具游戏意味地将《哈姆莱特》中的一些场景和台词，与“我”和李自的妻子王晴通奸的场景与对话作了暴力式的拼接，以鄙俗的人物行为来戏仿古典时代庄严与优美的故事与场景，由此透示出现代人荒谬、恶毒、堕落和无意义的生存状态与行为逻辑。《我爱美元》是朱文受到广泛批评和引起争议的小说。但迄今为止这些争议大都流于表面文章。在我看来，这篇作品的主旨似不在于以某种夸辞宣扬“金钱至上”的观点，而是意在对“父辈”的身份和价值观念进行嘲讽和颠覆。小说主人公“我”对来访的父亲的几番戏弄——先是在看电影时给他找“陪看小姐”，后是在“金港夜总会”怂恿他嫖妓，并且还不避父子之忌——使“父亲”在“儿子”面前的尊严荡然无存，这种无视父辈威严的“渎父”之举，在以往小说中是可谓前所未闻的，不啻是别一种形式的“弑父”。同时，小说对这位在放纵乖张的儿子面前显得那样惶惑茫然、无以应对的“父亲”关于文学的一些“观念”也进行了嘲弄，随便挑选一段对话：

“生活中除了性就没有其他东西了吗？我真搞不懂！”父亲把那叠稿纸扔到一边，频频摇头。他被我的性恼怒了。

“我倒是要问你，你怎么从我小说中就只看到性呢？”

“一个作家应该给人带来一些积极向上的东西，理想、追求、民主、自由，等等，等等。”

“我说爸爸，你说的这些玩艺，我的性里都有。”

这段话如果不能作为“新生代”的，起码可以作为朱文小说观念的一种形象表达，他的写作姿态似乎正像他的这位主人此刻的心态：“心里空洞极了……深陷于一种难以摆脱的无意义之中。每当有人用父亲一样的立场评价我的作品，我就有一种与这个世界通奸的感觉。知道吗？你们让我觉得自己是一个内心充满疑虑、焦灼、不安的通奸者。但是我现在准备继续充当这个角色。”说白了，作品中的这段话也是朱文面对传统启蒙主义文学观念的一种真实的困惑，以及试图瓦解之的写作策略。从这点上说，《我爱美元》就不能说是一个单纯张扬金钱、宣泄欲望的作品，而有着潜在的象征内涵，它既折射了我们复杂的时代与多重的价值冲突，同时也折射了当代文学审美观念的冲突、瓦解与递变。“我爱美元”这样的字眼堪称是“反启蒙叙事”的旗帜，是对一切精神信仰的最后瓦解。正如加缪在《西绪弗斯神话》中所说，快乐和荒谬是同属大地的两个儿子，它们是不可分的。新生代小说家们在展现他们的生活喜剧和人物的快乐原则的时候，事实上也把这一切引向了荒谬之境，这是使这些闪回着喜剧情景的小说最终通向深刻的悲剧、通向西绪弗斯式的荒谬的存在处境的一个根本原因。荒谬，使它们摆脱了一般的生活喜剧与世俗情感，而抵向了存在主义的深邃体验。在《我爱美元》中，当“父亲”和“我”一前一后走出一家不无刺激的“温州发廊”，刚刚享受了发廊小姐的某种“特殊服务”的父亲，戴着一头刚刚用“一洗黑”染过的黑发、不无青春朝气地走在前面时——

……我禁不住鼻子一酸。我的儿子将在我的身后，看着我的背影，我孙子将在我的儿子的身后，看着我儿子的背影，当然我孙子的背影还要留给他的后来者。我们连成一线，就成了我在老家见过的那种拉网，各个时代的女人们就像色彩斑斓的热带鱼那样穿梭其中，有时我们有所收获，有时什么也捞不到，我们说不出其中的幸福，也道不出其中的悲哀。

这简直就是另一幅西绪弗斯的图景，存在的悲剧本质就展现在它的喜剧性的重复之中。在邱华栋的小说《生活之恶》中，这种类似的生存荒谬也得到了戏剧性的展现。三对男女，或夫妻，或恋人，或情人，他们在各自拥有对方的同时，又出于各种目的或欲望去“另作他求”。结果在这三对男女中形成了一个“循环”式的格局：

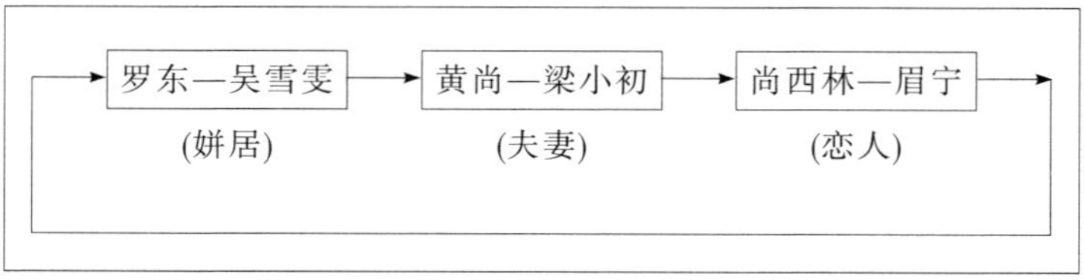


他们之间所发生一切被小说家用“洗牌”一样的方式切碎又拼接起来，使每个人都成为“婚姻锁链上的一个小丑”（黄尚语），他们互相追逐，又互为围城。最后，报社编辑黄尚与妻子梁小初离婚，与假装为纯情女子的高级妓女吴雪雯结婚，而吴雪雯很快暴露出自己

的自私与丑恶，用丝袜勒死了黄尚与前妻的女儿琳琳，她自己也被作为杀人犯枪毙。这篇小说向人们表明：两性关系中一切形式都是围城，看起来很诱人，但每一种都不能满足人的欲望；而且，一切试图走出围城的努力都是徒劳的——或走入另一围城，或走入一个“互为围城”的命定的链条之中。这就是人命定的存在困境。

新生代小说家对当下生存的思考还表现在许多方面。邱华栋总是致力于讲述华丽的都市文明与生活方式对人的虐杀与威压，这在他的代表性作品《把我捆住》、《环境戏剧人》等小说中都已得到了充分表现。《环境戏剧人》可谓是一个关于“都市杀人”的寓言，“我”试图弄清一个叫做“龙天米”的城市女性的死亡之谜，似乎总有线索，但又总也无法弄清。是谁杀死了她？大约是都市这个“环境”，一个抽象的杀手，但每个人又都是这环境的构成者。刘继明的小说《我爱麦娘》，也是一个关于当代文化变迁与人的生存状态的寓言，一个名叫麦娘的女子在一个海滨渔村投资建了一个按摩院，这种不无暧昧色彩的“现代文明”，给村里人一向平静的生活带来了新鲜的刺激，但他们不像那些在附近干活的建筑工人那样很自然地接受这种新事物，而是在观望和揣测，于是关于麦娘便有了种种传说，她美丽绝伦又患有梅毒，令人向往又使人生疑，她同各种各样的人来往，但大都又无法摸清她的底细。最终按摩院突遭大火，麦娘去向不明。这篇作品写出了传统生存方式与观念在城市化的生存环境的变迁中的惶惑与不安。

不少批评家在论述90年代而下的小说时曾使用“深度拆除”等字眼，有的还用“反寓言”来概括“新状态”而下的小说特征，而事实上问题显然没有这么简单。尽管新生代的小说家们有意淡化或削减以往小说写作的宏大抱负和深度主题，使他们讲述的故事更轻松并且具有“本体”意味，但他们小说的观念性质与寓言色彩依然很重。换句话说，他们依然十分看重通过故事来影射或隐喻人性的某种困境、当下生存的某种荒谬与悲剧。因此，他们的大部分作品仍带有寓言的性质，如上面提到的《我爱麦娘》、《环境戏剧人》，等等。邱华栋的大多数作品都具有寓言色彩，其浓郁的观念色彩、特有的戏剧性与形式感都明显强化了这种意味；深受卡夫卡影响，始终以“局外人”的某种姿态谈论“对世界对生存境况的感受”① 的张

---

① 李劼：《怜悯·淡泊·田野和放风》，见张旻：《自己的故事·跋》，北京，作家出版社，1995。

旻，其小说也同样充满寓言意味，他的小说写得真实朴素而又恍惚如旧梦、自然恬淡而又不无玄思，总是蕴涵着对人生对生存的某种提炼与概括。《校园情结》似乎是对无数发生在校园中的生活事件的一种抽象，它所叙述的那段“似真似幻”的情缘，虽然在“校园”这样一个场景中显得有几分“局外”和偏远，但却又如烟如梦地透示着一种隐喻力量，隐现着一种特有的已缥缈难寻又刻骨铭心的隐秘记忆。正像作者在小说的“题记”中所写的，“当我们回忆往事时，曾发生过的事件不能不淹没在愿望中的事件里，回忆成了一种似真似幻的虚构——真的未必是真（因为它并非是人心之所愿），假的也未必是假（因为……）”。这里，小说“虚化”的叙事效果也使之看起来更像是一篇寓言。《自己的故事》也是这样，关于爱欲的记忆与现实、幻想与愿望、经验与超验被编织在一起，不仅成为个人情感的讲述，更深刻和普遍地隐喻了人类爱欲的心理方式和精神结构。

除了张旻，韩东的小说在其洗练纯净和富有某种哲学含量（如他的诗一样）上，似更加接近于寓言；另一个作家鲁羊则自己就标举起“新寓言主义”① 写作的旗帜；就连离“形而上”写作最远的朱文，其小说有时也不免带上几分寓言的意味，如《五毛钱的旅程》、《两只兔子，一公一母》、《单眼皮，单眼皮》等，只是他的小说的潜文本更具有一种自我的解构力而不是聚合力，不那么容易抽象概括而已。

## 四、历史蜃楼的崩溃与堕回地面的舞蹈

对“存在”的探寻实际上并不仅限于当代时空，事实上，在历史空间里也同样展开着作家对存在的哲学思索，对于有些作家——如余华和格非——而言，“将历史提炼为哲学”是他们最为擅长的。萨特就说，“作家也是属于历史性的；正因为如此，一部分作家才渴望用跳进永恒的办法来摆脱历史的羁绊。在那些投身于同一历史并且也同样为创造历史而作出贡献的人中，通过书的媒介而建立起一种历史的联系”。“作家怂恿我们去争取的那种自由，并不是自由存

① 王干：《枪毙小说——鲁羊存在的可能》，见鲁羊：《佳人相见一千年》，北京，作家出版社，1995。

在的纯粹抽象的意识。……它是从一种历史处境中争得来的。……作家把它变得生机勃勃，并且把他个人的自由也注入其中。”[①] 在萨特这里，历史实际上成了写作者“自由”的精神家园，它体现着写作者“重新修复”历史的意志与责任。这样一种历史观同西方当代的“新历史主义”之间可以见出某种深刻的内在联系。在弗雷德里克·杰姆逊所评述的几种新历史主义之中，就有以狄尔泰、克罗齐、柯林伍德等人为代表的“存在历史主义”，它的特点是“不涉及线状的、进化论的、或本原的历史，而是标明超越历史事件的经验，或者说，作为历史性（historicity）的经验是通过现在历史学家的思维同过去某一共时的复杂文化相接触时体现出来的”。“经验纠正了过去本身。历史主义者使死者复活，再现了昔日文化的神秘色彩。”[②] 克罗齐的名言“每一种真正的历史都是现代史”[③] 也正是这样一种含义，即，一切成为文本的历史都渗透着当代人的观念，都是当代人的存在状况的历史映像。前文所述的“新历史主义文学思潮”一章已对此进行了详尽的讨论，不再一一赘述。简言之，新历史主义的文学观实际上深受存在主义的影响，某种意义上也可以说，新历史主义也是一种“历史空间中的存在主义”。新历史主义理论的逻辑起点是基于对于历史文本与历史存在之间的关系的怀疑，即“历史上究竟发生了什么”这样一个疑问，人们不相信传统的历史观念指导下所编制出来的历史文本就是“真正的历史”，因为“作为文本的历史”是永远不可能对等于“作为存在的历史”的，这种历史的“不可知论”观念同时又反过来为历史学家和作家编制历史文本时的某种主观性、“修辞想象性”提供了合法性的依据。而最先对传统历史观提出怀疑的也正是存在主义，雅斯贝斯在他的《智慧之路》中曾这样说，“历史并不具有意义，没有统一，也没有结构”，它不过是“一团乌七八糟的偶然事件”，其根本是人在这一“舞台”上的活动，“在这个舞台上，人能够显示他是什么，他能做什么，他能成为什么，他擅长什么”，“从这里，神性的存在得以被揭示”[④]。这种观点与我们前面所论述的新历史主义小说“将纵向的历史拆解为共时态

---

① ［法］萨特：《为谁写作?》，见《什么是文学》(1947)，载《文艺理论译丛》(2)，377页。

② ［美］弗雷德里克·杰姆逊：《马克思主义与历史主义》，见张京媛主编：《新历史主义与文学批评》，27页。

③ ［德］克罗齐：《历史和编年史》，见《现代西方史学流派文选》，334页。

④ ［意］雅斯贝斯：《人的历史》，见《现代西方史学流派文选》，37、43页。

的人性”的特点是多么相似。

在相当长的时间里，先锋文学运动一直对历史领域保持着浓厚的兴趣。深受存在主义哲学思想影响的先锋小说作家们，一方面关注着当下现实的生存状况，一方面又深入到过去古老时空中探寻种族生存的历史、人性的境遇，及其与今天的关系。之所以如此，是因为先锋文学运动在其发育过程中，需要借助一个庞大的“虚拟实体”，来演绎一种“陌生化”且具有美感的叙事，以与“现实主义”——即当前化语意中的陈旧呆板且诗意匮乏的写作习惯相对抗。因为在初期，先锋文学首先需要反抗的，就是这种带着浓厚的旧式意识形态痕迹与阴影的当前话语写作，这一点，在80年代初的“伤痕”、“反思”、“改革”等“主流叙事”中可以看得很清楚。尽管不少作家已致力于在叙事中注入“意识流”等现代小说因素，但由于上述缺陷，这种叙事很难真正获得“现代性”。在此情境下，历史题材由于它本身对于当下时空的疏离和对立性质，便成了许多作家进行文本变革的最好的自由空间，所谓“寻根文学”的出现即与此有密切关系，稍后的“新潮小说”也有大量的作品是依托民俗或历史来构建其叙事的。因为在这一空间中，作家一方面可以更为自由地展开文本实验，同时也可以更为自由和富有“历史深度”地进行文化与人性的精神探索。基于这一背景，历史主题在相当长的时间里占据了先锋文学写作的主要空间，从“寻根文学”运动到“新历史主义”小说，作家们精心建构了一座座负载着他们的文化探寻、人性思索和生存勘察的历史蜃楼。

很显然，历史主题与历史话语在先锋文学的运变进程中起了极为重要的作用，它使先锋文学经历了一个持久的高蹈时期，使之呈现了激情、幻想、邈远、幽深的风格和景观。从整个文学的历史看，怀恋遥远的过去和直书当代的现实，可以说是文学写作与运动的两个基本空间和指向，历史话语和当前话语是两种基本的话语方式和写作语境，前者必然连接着激情、梦幻、想象和诗性，后者则必然表现出朴素、直白、真实和平面等性质。对于当代中国的先锋文学运动而言，没有历史情怀的一极是不可想象的。然而在90年代的写作中，历史意识与热情却的确呈现了不可挽回的颓衰之势。1993年以后，除了间或有一些长篇历史小说（其中具有“新历史主义”倾向的并不太多，如《长恨歌》、《丰乳肥臀》、《家族》、《1937年的爱情》等）问世以外，当代小说和诗歌的写作基本上完全堕回了现实的地面，历史记忆和怀古情结在他们心目中越来越淡忘成了细弱的游丝。

当前语境终于再次上升和膨胀为覆遮一切的言说场所。为什么会如此快地出现了这样一种局面？首先，这是新历史主义思潮自身弱点所造成。前文已论及，新历史主义者继承了启蒙历史主义者即“寻根”作家们对历史执著的热情，同时又放弃了前者不堪重负自相矛盾的抱负，即通过重新观照历史文化以为当代的文化重构找到途径的虚妄目的，将历史看成是永恒人性和存在的示演空间，看作纯粹的审美对象物。但是这样一来，由某种近似于雅斯贝斯式的历史偶然论和海登·怀特式的历史不可知论（历史只是一种“修辞想象”）所导致的一种普遍的虚构倾向，最终也把新历史主义引向了一种“历史话语的游戏”。不管是“今天同过去的对话”，“将历时性特征作共时性的拆解”、“将历史事件提取为历史的原素”，以及关于“历史资料的并置或交叉文化蒙太奇”的种种观念，最终都变得过于随便、任意和不可靠。这样，新历史主义所与生俱来的游戏倾向最终又瓦解了它自身。另一方面，由于社会从意识形态型向商业物质型、从计划体制型向市场经济型的转变，当前社会生活的巨变性与重要性都促使文学走出精神的乌托邦并面对当下的现实，写作者的自身境遇似乎也深刻地经历了一个从精神到物质、从高蹈到下落的过程，不可能不转向对现实存在的认真关注。

历史蜃景和历史话语的衰落预示了两种可能的前景：一是继续在彻底形式化、假定化了的历史空间里展开叙述游戏，二是回到真实的地面，回到当下话语情境之中。这两种前景都预示了存在主义文学观念的沉落和式微。因为不管怎么说，存在主义哲学思想是一种认真的“终极关怀”和追问，具有形而上探讨的倾向和意味，它与悲剧和荒谬相邻，与死亡和原罪靠近，它既是图景又是寓言，具有“深度寓意”的文本特性。然而这种历史空间中的游戏最终却与商业社会中的市场法则相联姻，变成了大众文化消费的惯常形式，同由于引进港版电视剧《武则天》、《戏说乾隆》、《秦始皇》等历史娱乐片所引起的“大众历史消费热”之间失去了界线，同古已有之的在商业消费规则和大众文化需求下炮制的野史外传、帝王秘纪、名人逸闻、江湖传奇等等泥沙俱下的所谓历史——商业文本之间失去了界线；而后者则更变成了当下生活的“情景喜剧”，除了少数仍旧坚持人文立场和精神高度的写作者——包括“新生代”或“晚生代”中的部分写作者仍在他们的写作中体现着勘探存在的某些深层寓意之外，多数写作——包括1995年而下兴起的“现实主义”写作，仅仅是以嬉戏和表象形式从各个角度绘制了一幅世纪末情境中的世俗商业、大众消费的“人间喜剧”，其中的各种斑斓图景而已。

历史蜃楼的崩溃和重新堕回地面，也从一个方面表明了先锋文学运动与思潮的衰变和式微。事实上，正是因为以新历史主义小说运动为标志的先锋小说（当然也包括其思索当下生存的一支）在1992年以后的日渐沉寂，《钟山》、《文艺争鸣》等刊物才有点迫不及待地在这一空白背景上制造了“新状态”的热点，“新状态”所谓“对诸多文学关系的综合与融合”（王干语），实际上正表明了一个充满张力与创造性的时代的结束，是对先锋沉落、差异性消失、写作重新又向当下语境和当前语意投降这一事实的“装饰性描述”，它以仍带“新”字号的命名方式，赋之以某种合法性与优越权。在这样一种“状态”中，历史感和回首沉思的愿望几乎已荡然无存，同时也没有翘首未来的激动和憧憬。时空的感觉似乎已被摘除，人们对生活的把握似乎已没有明确的主体意识，只有一味地沉溺和投入、认可和顺从。

除了“新状态”的话题，1994年，忧心忡忡和满脑子功利欲求的批评家们，又煞费苦心地炮制了一系列花样繁多而又松散勉强的概念：“新体验小说”、“新都市小说”、“新市民小说”、“六十年代作家群”、“文化关怀小说”，甚至还有“新闻小说”、“TV小说”，等等，[①] 但这些名词最多不过使人想到办刊者的经营或“包装”策略而已，它们如同“新状态”这个更大而化之的名词一样，难以改变文学和小说堕回现实地面后散乱的事实。这种散乱同文化启蒙运动的彻底瓦解、当代知识分子的分化蜕变以及先锋文学理想的消殒之间，似乎又呈现了某种互为印证的关系。青年作家徐坤的一篇题为《鸟粪》[②] 的小说极其生动和富有反讽意味地反映了这一崩溃的景观：当年为艺术大师罗丹所雕塑的名作《思想者》，而今被移置到中国的都市广场上，可围绕着它所发生的一切却并没有像移置者所期待的那样辉煌，它所遇见的是种种对它的误读揶揄、施虐和亵渎，是把它

---

① 《青年文学》打出了“六十年代作家群”的旗号；《北京文学》在1994年第1期中推出“新体验小说”，加盟者有陈建功、郑万隆、刘震云、刘毅然、毕淑敏等；《小说林》新辟“TV小说”；中央电视台与春风文艺出版社共同策划了“LTV”电视文学，等等。

② 见《青年文学》，1995年第4期。

当作新奇怪物和栖身之地的鸟群的欢迎，是浮浪的城市女人直接把手伸向它裸体的私处的尴尬，是无知的城市盲流和打工者的残酷肢解，是警察警棍的粗暴殴打和电击，是无边无际腥臊肮脏的鸟粪的覆盖……“思想者”在 90 年代所经历的一切，同时形象地说明了启蒙主义思想运动和先锋艺术运动在商业文化语境中的境遇和命运。

历史情怀所驱动下的关于种族文化与生存命运的写作已近终结，以寓言的形式思索当下情境中人的存在及其困境的写作也走向了衰落。尽管在韩东、鲁羊、刘继明、邱华栋等人的小说中，仍不断有对商业文化语境下人的生存困境的寓言式的描述与揭示，但就整体的状况而言，90 年代中期的写作正在全面走向平面化的时代；固然又有以刘醒龙、谈歌、何申、关仁山等为代表的“新现实主义写作”的翩然鹊起，且表现出较为严肃的感怀现实、匡时救世的批判意识，表现出对当下社会现实的参与意识，并得到了创作界与批评界的广泛反响，但毕竟这种写作流向又呈现出平面化和“返回式”的趋势。一是过分拘泥于当下生活的表象真实，虽然对“转型”时代特殊的现实情境与生活氛围不无传神的描述，但对于在这种背景上活动着的人物及其内心世界却缺少真正的理解和表现，使这种生活的事实变成了没有灵魂、没有历史感的散碎细节，比如为人们关注一时的谈歌的《大厂》等系列工厂生活题材的作品，刘醒龙等人的《分享艰难》等乡镇生活场景的作品，都曾触及当时社会变革中的某些现象与问题，但很明显，这种触及是比较表面的，缺少在更为广阔的历史进程中对之进行把握的意图与胆魄。在这点上，他们还不能与巴尔扎克式的现实主义编年史写作那种深刻的历史眼光相比。巴尔扎克不但写出了资产阶级是如何一步步依靠散发着罪恶与血腥的金钱的力量打垮贵族阶级的宗法秩序而确立自身地位的，而且还画出了拉斯蒂涅、纽沁根和吕西安们的灵魂。他对历史变动中的人性与心灵的深刻刻画，使之成为历史的活的见证。而在“新现实主义者”们的笔下，则不但缺少了从制度内部进行批判的勇气，而且在表现现实与刻画人物方面也还只停留在局部和表象上。比如《大厂》中，人物差不多只是起到了一个“串连”事件的作用，他们是一些面容清晰而内心模糊的“串门人”，因此他们的命运就很难具有深刻的时代和人性内涵，也很难引起读者的震动。从 1995 年的《年底》到后来的《大厂（续篇）》，谈歌实际上一直没有走出在一个平面上“重写”的境地，这是不能不让人深思的。另一方面，作家在进行所谓现实主义写作中作为人文知识者的写作立场的空缺，也是十分致命的弱点，人文立场的弱化乃至缺席使这种“现实”的书写（以及某种程度的批判）变得无所依傍、态度暧昧、非常可疑。甚至“分享艰难”这类具有某种象征色彩的“关键词”已受到了批评界广泛的质疑。无论如何，这是写作者主体精神弱化的一个例证。上述局限使这一时期出现的现实主义写作无法在短时间内摆脱在平面上游移徘徊的局面。

从另一角度看，当前的现实主义写作基本上表现为一个传统文本的“复活”和续接，而不像之前的“新写实”那样是在先锋文学思潮与当下现实互相兼容的“边缘”处找到自己的位置，它同先锋文学的延展脉络之间基本上是隔膜的，倒是许多原先的先锋作家开始“返朴归真”，加强了小说创作与现实之间的联系（如格非的《欲望的旗帜》），或将小说写作更加靠近世俗真实（如余华的《许三观卖血记》）。然而，这同样也反过来证实了先锋文学思潮在文本试验与美学探究上的沉落与式微。

# 第七章　女性主义文学思潮

当我说“妇女”时，是指在同传统男人进行不可避免的抗争中的妇女，是指必须被唤醒并恢复她们的历史意义的世界性的妇女。

——埃莱娜·西苏：《美杜莎的笑声》

这是最初的黑夜，它升起时领我们进入全新的、一个有着特殊布局和角度的，只属于女性的世界。这不是拯救的过程，而是彻悟的过程。

——翟永明：《黑夜的意识》

作为一名女性写作者，在主流叙事的覆盖下还有男性叙事的覆盖，这两重的覆盖轻易就能淹没个人。我所竭力与之对抗的，就是这种覆盖和淹没。

——林白：《记忆与个人化写作》

## 一、背景：女权抗争的需要与结构主义的启示

在20世纪初，中国的妇女曾经历过一场波澜壮阔如火如荼的解放运动。伴随着轰轰烈烈的五四运动，中国的现代妇女——许许多多的知识女性高举起自由与个性解放的旗帜，从最为深重的社会压迫、道德禁锢和男权统治的黑暗中冲出来，发出了沉默数千年后真正属于她们自己的声音。以此为起点，现代中国的女性走上了她们曲折而漫长的解放之路。而女性写作便成了她们这一悲壮进程的记录、表达和见证。

但是，这个世纪中国妇女的解放从一开始就孕育着两种逆向和悲剧的因子。一是走出家庭后的迷惘与失败。在最初，冲出封建家

庭的束缚，追求自由与幸福爱情曾是一个激动人心的神话，仿佛一旦迈出门槛，自由即可实现。易卜生的《玩偶之家》和胡适的仿作《终身大事》都曾因为承载或者表达了这样一种信念而引起过轰动。然而问题远非如此简单，当整个社会尚未实现变革之时，妇女走出家庭并不能获得社会从生存到道德的合法保护，相反还会导致更大的社会或精神悲剧，难怪鲁迅当时就发出了“娜拉走后怎样”的疑问，“不是堕落，就是回来”①。许多作品如鲁迅的《伤逝》、庐隐的《女人的心》、曹禺的《日出》等，都从不同方面揭示了这样一种“走出家庭”以后的悲剧。另一种情形是，由于“个人反抗”本身的弱小性，许多女性便将自我的解放汇入了宏大的社会运动之中，这一点曾使她们在追求个人理想的道路上找到更高的“合法”意义，并获得了自身的保护。如五六十年代建构起来的红色叙事，常常是以这样的模型来延续这个未完的主题，《青春之歌》中的林道静就是这样一个典型。的确，现代中国的民主革命确曾给许多女性带来人生的转机，使她们找到了一种社会归宿，但这其中也并非没有悖反于她们理想与初衷的悲剧性，在许多情形下，“革命”这一至高无上的名义也使妇女再次失去了自己的性别身份，甚至女性的自由。在“革命”的名义下，她们有时可能会成为一种搭配物或牺牲品——她们必须牺牲自己的情感和性别要求，必须服从“革命道德”和某种现实的需要，张弦的小说《挣不断的红丝线》、鲁彦周的《天云山传奇》，甚至更早的郭小川的叙事诗《白雪的赞歌》、《深深的山谷》等，都曾自觉不自觉地表现过这样的悲剧。另外，宏大的社会政治运动在很长的历史时期赋予妇女以彻底的“平等”地位，使她们取得了与男性同样的权力与社会角色，但这样的“平等”又总是以取消她们的性别特征为代价的，在六七十年代大量的“革命”文艺作品中，女性自身的特征几乎被尽情剔除，变成了没有任何两性家庭背景的“无性人”（如样板戏中的江水英、方海珍、柯湘等），同男性毫无差异甚至在体能上要夸张地超过男性的“铁姑娘”成了女性的范本。所有这些，都使广大女性在走向妇女真正解放的道路上又陷入了自身的迷失。事实上，女性在当代中国之所以被给予“半边天”、“同工同酬”等精神与物质的保障，在很大程度上仅仅是一种“革命”和“阶级”观念的延伸，它并不是以真正在客观上承认女性

① 鲁迅：《娜拉走后怎样——一九二三年十二月二十六日在北京女子高等师范学校文艺会讲》，见《鲁迅全集》，第1卷，159页，北京，人民文学出版社，1981。

与男性的差异性为前提的，而是基于对妇女作为几千年来的“被压迫者”的不幸地位的同情、怜悯与不平。这正像西蒙·波伏娃所说的，“倍倍尔把妇女比于无产阶级是有道理的……但是，无产阶级并不永远存在，妇女却总是存在的。她们是解剖学与生理学意义上的妇女。”“当历史事件和社会变革发生时，她们的依附性却一如既往。”[①] 虽然在观念上已相当“进步”，但实际问题却没得到多少解决，“半边天”仍是一个富有理想色彩的神话。正如有的女性问题的研究者所说：“1949 年以后我国始终在政治和经济上保障妇女的权益，给全体人民灌输‘妇女能顶半边天’，这同样也不能标志着妇女的自我觉醒和整个社会意识的提高已达到一个理想的水平了。实际上我们看到，在这种表面的权益和地位的可靠保障中非但男性意识和观念没能杜绝，妇女的自我意识也趋于涣散和退化，问题的严重程度在某些方面远远超过了目前西方妇女所面临的困惑。”[②] 革命及其与之相应的意识形态虽然给了女性以精神上的合法地位，但却同样也消磨和遮蔽了她们作为女性的性别与自我意识，所造成的事实便是：当代女性在平等和女性尊严的自觉意识上，比之“五四”时代不是进步了，而是倒退了，麻木了。作为作家也同样如此，难怪王蒙为此大发感慨，当 80 年代他与一些男女作家出访欧美，被问及关于女性文学等问题时，“没有一个女作家承认自己关注女权问题”，“更不要说自己是女权主义者了”。王蒙自己则就此问题回答说：“在我们国家，女作家的风格可能一般比较细腻一些，此外，不论在取材还是主题还是使命感方面，女作家与男作家并无区别。”他还不无反讽意味地写道，“至于妇女问题，从根本上说是阶级问题，随着无产阶级领导的人民大众的革命的成功，童养媳没有了，买卖婚姻没有了，妇女有了与男人平等的公民权、财产继承权、教育权与就业权力了……我们还有什么妇女问题呢?”[③] 这段话非常形象地旁证了妇女问题、女性意识在当代、包括在作家心理中普遍被遮蔽的事实。

历史地来看，20 世纪中国女性自觉的历史实际上经历了两个阶段，第一个阶段首先是争取妇女与男性平等的人格权利，即鲁迅所说的，“第一，在家应该先获得男女平等的分配；第二，在社会应获

① ［法］西蒙·波伏娃：《女人是什么》，8 页，北京，中国文联出版公司，1988。

② 刘慧英：《走出男权传统的樊篱——文学中男权意识的批判》，14 页，北京，三联书店，1996。

③ 王蒙：《走出男权传统的樊篱·序》。

得男女相等的势力”[1]。第二个阶段是在前者的平等基础上重新认识女性自身的特异性，反思女性被压抑和被遮蔽的历史，重新认识属于女性自己的历史、心灵、情感、思想、文化以及语言。前者似乎侧重于“女权”抗争，后者则更倾向于“女性”体认。当然，第二个阶段也并不意味着前一个阶段“抗争”主题的完结，在中国社会中事实上还存留着大量的封建残余思想，因此反对歧视妇女这样的斗争依然艰巨。但是在当代，女性的自觉又不应仅仅停留在这一阶段。不过后一个主题，关于女性自身角色的体认却是一个空前复杂的问题，即使是在西方女性那里也充满了陷阱与悖论。从这个意义上说，女性问题与女性意识在当代的文化语境中，才更成为一个具有潜在的复杂内涵的理论命题与文化空间。然而，以上描述只是一个宏观线条，实际上当代中国女性意识的觉醒历程也是循序渐进的，最初的起点也几乎是重复了“五四”时代的主题，最早的一批写作者如舒婷、张洁、宗璞、戴厚英等，她们仍是在为女性的人格权力、人的尊严在呼喊。只是到了 80 年代中期，随着文化哲学思想的传播，女性社会学与女性人类学知识对于庸俗社会学与简单阶级论的超越，随着弗吉尼亚·伍尔芙、西尔维娅·普拉斯、安·塞克斯顿、玛格丽特·阿特伍德以及阿赫玛托娃等欧美女性作家的引入和广泛影响，当代中国的女性写作才越上了一个更高的台阶，具备了同男性男权主义历史及其文化与语言的抗争的自觉。在这一飞跃过程中，翟永明、伊蕾、唐亚平等一批女诗人功不可没。早在 1985 年，翟永明就以她的一篇《黑夜的意识》宣告了女性写作自觉意识的诞生。在最初，她们惊世骇俗的作品曾屡屡受到世人的指责，并一度陷于沉寂。稍晚于她们，王安忆、铁凝等青年女作家也以其鲜明的女性写作立场给文坛带来了剧烈震动。到 90 年代初期，女性诗歌写作又发起了一番冲击，不久，一批更加具有女性自觉意识的女作家相继崛起，陈染、林白、徐坤、海男，她们的作品具备更为强烈的女性主义的观念自觉。同时，另一批早于她们成名的女作家如张抗抗、蒋子丹、迟子建、赵玫等，也以比从前更加自觉的女性姿态投入写作，她们共同汇成了近年来日益高涨和引人瞩目的女性主义文学思潮。

与女性写作相辅相成，80 年代以来关于女性问题和女性文学的

---

① 鲁迅：《娜拉走后怎样——一九二三年十二月二十六日在北京女子高等师范学校文艺会讲》，见《鲁迅全集》，第 1 卷，159 页。

研究，也堪称是一个热点。80 年代初，一批西方的女性主义诗人如普拉斯、伍尔芙等人的作品被广泛翻译和介绍进来。从 80 代中期始，一批国内外的研究论著相继出版问世，曾初版于 1930 年的谭正璧的《中国女性的文学生活》（上海光明书局）改名为《中国女性文学史话》由百花文艺出版社在 1984 年再次印行；1986 年女性主义的经典论著，西蒙·波伏娃的《第二性——女人》由湖南文艺出版社出版，弗吉尼亚·伍尔芙的《妇女与小说》由上海译文出版社出版；1988 年又有两部国内学者的研究著作问世，李小江的《夏娃的探索》（河南人民出版社）、孙绍先的《女性主义文学》（辽宁人民出版社）；1989 年英国女学者玛丽·伊格尔顿编的《女权主义文学理论》由湖南文艺出版社出版；此后重要的研究著作还有张京媛编的《当代女性主义文学批评》（北京大学出版社，1992）等。除此，还有散见在报刊上大量的译介文章，国内学者的研究论述，这些都对推动女性意识及女性写作起到了不可低估的作用。

女性意识的自觉归根结底是语言的自觉，女性写作的自足性与本质也在于它试图寻找并“正在创造着”女性自己的语言，这一点应归功于结构主义的启示。在西蒙·波伏娃那里，她已经意识到女性之所以“从古至今一直属于男人”，是因为“她们没有过去，没有历史，没有她们自己的宗教……她们分散生活在男性之中”[①]，但她还没有从“语言本体论”的角度来认识女性的命运。而更为晚近的西方女性主义批评家们，则多以自文化社会学、结构主义人类学和心理学延伸过来的性具/心理、身体/语言等角度，来认识两性差异与女性特征，认为女性意识确立的根本在于对男性“菲勒斯中心主义”文化与语言的反抗，只有打碎这个男权主义的文化与语言的世界，妇女才能够真正探索她们自身——这块“黑暗的大陆”。由此，“妇女必须通过她们的身体来写作，她们必须创造无法攻破的语言”[②]。这可以说是从“根部”找到了通向和“建立女性世界”的途径。受到这些理论的启示，当代中国的女性写作实际上也表现出两个阶段的不同性质——在 80 年代只是在借用男性的叙事，常常是在一种“宏伟主题”下进行写作，与男作家“一起写‘四人帮’的肆虐，写

① ［法］西蒙·波伏娃：《第二性——女人·序言》，长沙，湖南文艺出版社，1986。

② ［法］埃莱娜·西苏：《美杜莎的笑声》，见张京媛主编：《当代女性主义文学批评》，201 页，北京，北京大学出版社，1992。

我国知识分子的命运，写公社的悲剧，写官僚主义的麻烦……”① 即使是写女性自身的生活和心理，也还没有多么明确的语言自觉；到 90 年代，多数女性作家已经意识到语言的结构性问题，她们既“接受有缺陷的语言，同时对语言进行改造”②，这种改造的方式就是如埃莱娜·西苏所说的一种与女性躯体与女性欲望及其外部表象相联系的写作，女性特有的经验世界及其方式赋予语言和叙事以全新的意义，这些经验都曾被男权世界压抑、遮蔽和扭曲过。因此，在 90 年代以来的女性写作中我们更多地看到的是女性内心生活——即“潜意识场景”，它们具有强烈的“反经验”色彩，私人化、私语化特征，其叙事风格变得异常陌生，一方面显示出强烈的理论自觉，显现出来自西方女性作家和女性主义理论的共同的强烈影响，同时也显现出鲜明的个人化风格。

90 年代的女性个人写作的确显示了当代中国女性意识与女性文学的成熟，然而，它与西方的女性主义理论一样，也面临着一种由偏执化所带来的危机。因为，女性主义的一切理论观念都是建立在一种相对于男性主义文化/语言世界的前提之上的，它将一切既存的文化都视为男权的产物这一观念很显然是偏执的，这种绝对的女性主义神话事实上不但不能将女性写作带入自由和绝对的艺术写作，相反还会陷它于“彻底的相对性困境”之中，即，只有永远区别于男性经验世界（也即全部历史与文化）的写作才是彻底的女性写作，而这样的写作事实上是不存在、也不可能实现的，并且也必然陷女性写作自身于褊狭与幽闭。正像福柯和德里达所认为的，只有解构一切事物、拒绝建构任何事物的完全否定的女性主义，才是“有效的女性主义”，而如果她继续使用逻各斯中心机制来重新界定妇女，她的抵抗将无效。事实上，女性主义理论内部的矛盾与悖论还不止这些，它自身的发展经历了从“女权”——启蒙主义（人性、人道、女性合法地位的争取等）到“女性”——结构主义、后结构主义（语言、经验、女性意识表象等）的内涵截然不同的阶段，其内部自身就充满了自我解构性，因此，女性写作便不可避免地导向了相对性与策略性，甚至出现了其目的与实际结果相反——本来是反对“被窥视”、结果却变成了更“便于窥视”的“患裸露癖”的文本——的尴尬局面。这一点，后面还将详述。

---

① 王蒙：《走出男权主义的樊篱·序》。
② 张京媛主编：《当代女性主义文学批评·前言》。

## 二、女性主义的诞生与“女性主义诗歌”

在汉墓出土的画砖上，常刻着女娲和伏羲人首蛇身连体交尾的画像：伏羲手中捧着太阳，女娲手中捧着月亮。可见在中国古代神话中，女娲不但是造化万物与人的“神圣之女”，而且亦被视为月亮之神，兼具母性（造物）与女性（性与爱欲）的特征。作为造化之神，女娲在后来的文化中渐渐隐身消失了。她去了何处呢？据有的学者考证，女娲为月神，而《山海经》记载的月神则名常仪，常仪亦即嫦娥，故嫦娥即为女娲变异而来，嫦娥又窃西王母不死之药，奔月而去并因羞愧托身为蟾蜍。[①] 这则神话在我们今天看来，恰好隐喻了古代中国漫长历史中女性文化及其意识的演变过程。在父权制及其文化中，女性意识及其话语由母系时代的显赫一时渐渐遭逐，被压抑到一个黑夜的角落中（注意：黑夜！）并化身为隐蛰于大地之下的丑弱之物。在一部长达三千年的文学历史中，女性的声音可以说是越来越弱，如果说在《诗经》和汉代的古诗、乐府中，我们还偶或能听到这种声音的话，那么在魏晋以后的诗歌或文学历史中，她们早已近乎消失。即便是众多本应属于女性话语的领地，如“闺怨”、“思妇”、“伤春悲秋”等一类主题（当然，这也是女性被强加的），也早已成为男性“仿写”的专利。

“黑夜”的状态，构成了女性被遮蔽、女性话语被压迫而处于沉默的状态，黑夜收藏着女性全部的苦难、欲望、情感和生命，也成为她们的隐喻。这种状态在 20 世纪终于得以突破，在 80 年代，由于得到外来文化的参与和激发，女性话语终于“借诗还魂”，唱响了她洞穿大地和茫茫黑夜的歌声。从这个意义上说，女性意识首先是借助和通过“女性诗歌”而获得自觉和表达的，因此，我们对女性主义文学思潮的审视和讨论，也必须从女性诗歌开始，对于它的开创性的意义与价值必须给予确认。

“女性诗歌”这一词语在当代诗歌的评论中，其含义并不是一下子清晰起来的。在 80 年代初期，它仅仅是对诗歌作者性别的一个区划，基本含义是指“一些女性诗歌作者的作品”，在 80 年代中期，

① 何新：《诸神的起源》，41 页，北京，三联书店，1987。

它的含义渐渐具有了认真和独立的内涵，是指一些以爱情或性爱意识、女性心理为表现对象的、具有一定女性意识与话语自觉的女性诗人的作品，女性诗歌的真正含义开始明晰起来。然而这一时期，由于观念和短视性判断立场的原因，除了少数受西方女性主义诗歌影响的女性诗人以外，人们对“女性自觉”的认识还未获得一个国际性的文化背景与理论视角，人们对“女性（女权）主义”（feminism）的当代含义——指在“后结构主义”层面上的女性主义文化理论[1]——尚不甚明了，所以对八九十年代之交和之后的这一概念的真正确切的理解和使用，在时间节奏上又是晚于兴盛在80年代中后期的“女性诗歌”实践的。现在观之，对它们的确切的称谓，应名之为“女性主义诗歌”，以区别于含义不甚清晰的“女性诗歌”。

然而，一般意义的“女性诗歌”，实际上却是女性主义诗歌的前引，两者有着千丝万缕的承继关系。这正如“女性主义”这一词语的内涵在世界范围内、特别是在20世纪中国所发生的演变一样，“早期的女权主义政治斗争集中于争取为妇女赢得基本权和使她们获得男人已经获得的完整的主体”；后期则是“接受了后结构主义的性别理论”，而“直到现在，前一种斗争仍在继续着”[2]。这就是说，在现今时代，女性主义和女性主义文学仍然包含着广大妇女争取平等独立和人格尊严的启蒙主义内容。早在七八十年代之交，在舒婷等人的诗中，女性的声音已经清晰地呈现在人们的耳际，她的《致橡树》和《神女峰》等作品都强烈地表达了从沉重的道德文化传统中跋涉而来的当代中国女性，对于人格平等与精神自由的渴想与慕求：“决不像攀援的凌霄花/借你的高枝炫耀自己”，“与其在悬崖上展览千年/不如在爱人肩头痛哭一晚”。从这些诗句中，我们不难看到当代女性对自身价值的一种富有反抗与挑战色彩的全新测定。与这些宣言式的诗句相呼应，在舒婷其他的一些爱情诗和关于某些“心灵秘密”的抒情诗里，女性特有的细腻敏感、缠绵悱恻的思维特征与话语风格，也得到了相当自觉和成功的体现，像她的《雨别》、《赠》、《春夜》、《四月的黄昏》等诗都以优美而新鲜的女性气质，令读者耳目一新，让人们看到在深入情感世界的表达中女性体验及其话语传达的超常优势。不唯舒婷，另外的几位诗人像林子、傅天琳、

---

① 参见张京媛主编：《当代女性主义文学批评·前言》，北京，北京大学出版社，1992。

② 张京媛主编：《当代女性主义文学批评·前言》。

王小妮等也在呼应和加盟着这种声音，林子的系列爱情诗《给他》、王小妮的《假日·湖畔·随想》等，不但表现出自觉而独立的女性抒情视角的鲜明特征，而且以其对男性中心主义习惯的某种僭越和挑战意味而引起了读者的哗然，像后者借那位被风掀动了裙子的女性之口所表达出的坚定的女性信念："不，我坦然在人群中穿过，/我为什么要怕/那身前身后的眼睛!"这是当代女性对自己生存权利和特有的性别方式的合法性的勇敢指认与肯定。

但是，从整体上看，80年代初期的女性诗歌尚未从整体的人本主义思潮中独立出来，这颇有点像"五四"时期，人们把"妇女解放"同普遍的人的个性解放当作同一个问题来看待一样，在舒婷等人的诗中，表现最多和最根本的仍是对人的共同命运与权利的思考，而不是一种完整独立的女性立场。这并不难理解，因为这个时期最主要的文化矛盾是作为启蒙主义的人本观念同残存的封建专制主义观念之间的冲突，而女性自觉对男权主义的反抗尚处在潜层状态。

随着文化开放的逐渐深入，在1984年前后，上述情况已发生了质的改变。虽然西方自60年代发展兴盛起来的女性主义批评理论尚未系统引入并产生影响，但一些享有盛誉的女性主义诗人的作品，则已通过各种渠道而得以介绍。如美国的"自白派"女诗人西尔维娅·普拉斯、安·塞克斯顿、加拿大女诗人玛格丽特·阿特伍德等人的作品，渐次给许多青年女诗人以启示和影响①，张真、翟永明、伊蕾、唐亚平、陆忆敏，以及后期的王小妮等，都相继以鲜明的女性立场崛起于诗坛。这一年，29岁的翟永明写下了她才华横溢的20首组诗《女人》，在先锋诗坛引起轰动，而且非同寻常的是翟永明还在这组诗的序言《黑夜的意识》里，以十分成熟的表达公然而明确地宣布了她的女性主义立场：

> 作为人类的一半，女性从诞生起就面对着一个完全不同的世界，她对这世界最初的一瞥必然带着自己的情绪和直觉……

---

① 陆忆敏曾写有一首《sylvia plath》怀念普拉斯："我想为整个树林致哀/用最轻柔的声音/唱她经常的微笑/唱她飘飘洒洒的微笑。"引自《苹果上的豹·女性诗卷》，20页，北京，北京师范大学出版社，1993。沈睿亦写有一首《致安·塞克斯顿》，同上书，41页。翟永明的《女人》组诗前的"题记"也引用了普拉斯的诗句。柏桦曾直接指出，翟永明受到西尔维娅·普拉斯的影响，而且她的影响像"强大的风暴刮过中国的原野"，在不断扩大，文见《今天》，1994年第4期，香港，牛津大学出版社。以上例证足以证明欧美女性主义诗人对当代中国女性诗人的广泛影响。

她是否竭尽全力地投射生命去创造一个黑夜？并在危机中把世界变形为一颗巨大的灵魂？事实上，每个女人都面对自己的深渊——不断泯灭、不断认可的私心痛楚与经验……这是全新的、一个有着特殊布局和角度的、只属于女性的世界。这不是拯救的过程，而是彻悟的过程。[①]

这应该可以看作是当代中国女性主义文学（诗歌）诞生的宣言或标志了。千百年来，女性的存在在男性中心的话语世界里从未走出过被遮蔽的黑暗，她的存在仿佛是一个巨大的黑夜，而这黑夜中的人现在将要以自己的话语来言说自己了。"黑夜意识"和对黑夜的"突破情结"与认同意识也是西方女权主义理论家所谈的重要话题，"巨大的压力一直将她们隐蔽于'黑暗之中'——人们一直竭尽全力将黑暗强加于她身上"，"我对自己说，那位热情奔放、自由自在的妇女在何处？她和以往一样沉溺在自己的天真质朴中，禁锢在她周围的一片黑暗中，被父母婚姻的男性中心主义的铁臂带来的自我羞辱中"。但"潜意识是不可征服的……一旦她们开始讲话，她们就能认识到自己的领土是黑色的。这样我们就把这种黑暗的恐怖内在化了"[②]。我不能断定，翟永明是否读过女性主义理论的创始人之一埃莱娜·西苏的这篇才华横溢的文章，但她们的表述立场是如此的相近。从这点上，说翟永明的《女人》组诗及其序言《黑夜的意识》是当代女性主义写作自觉的一个标志，将是具有典型和象征意义的。

稍后，女性主义诗歌在1985到1986年间出现了第一个高潮期，唐亚平写下了她同样以黑色意象为核心的11首组诗《黑色沙漠》（1985）以及《我举着火把走进溶洞》和《我就是瀑布》（1985）等诗，伊蕾（孙桂贞）写下了她同样惊世骇俗的14首组诗《独身女人的卧室》（1986）以及组诗《黄果树大瀑布》（1985）、《罗曼司》（1986）等，翟永明也相继写下了她另外两个大型组诗《静安庄》（1985）和《人生在世》（1986），另外还有张真、陆忆敏、林珂、王小妮等人所写的数量很多的作品，它们汇成了80年代中期女性主义诗歌颇具冲击力和惊险意味的景观。

怎样看待这些作品与舒婷时代的不同？让我们看一看时人所作

① 翟永明：《黑夜的意识》，见《女人·序》。

② ［法］埃莱娜·西苏：《美杜莎的笑声》，见张京媛主编：《当代女性主义文学批评》，189～191页。

的"点评"："先是有《黄皮肤的旗帜》，现在又有《黄果树大瀑布》，孙桂贞正在改变女诗人传统的形象……与舒婷相比，孙桂贞已不再满足于'是你近旁的一株木棉/做为树的形象和你站在一起'了，她排除了依伴和对应，以一种孤独的生命之树自立。"① 作为女性的孤独和自立，构成了这些女性诗人基本的写作立场。她们的笔不再是男性话语世界的附属与仿写工具，而是奋力伸向了一个从来就处在男权秩序和她们自己的女性蒙昧所共同压抑和遮蔽中的世界。在这一点上，翟永明似更具有一种明确和自觉的判断，她不但奋力呼唤女性诗人终止"成为某些男诗人的模拟和翻版"的写作，而且指明："在女子气—女权—女性这样三个高低不同的层次中，真正具有文学价值的是后者。"她宣告："我更热衷于扩张我心灵中那些最朴素、最细微的感觉，亦即我认为的'女性气质'……同时勇敢地袒露它的真实。"② 袒露女性世界的真实，并表现出空前的勇气和深邃的意识，正是上述诗歌令人震惊和瞠目的特点。或许是为了加强这种冲击力和轰炸性效果，伊蕾的组诗《独身女人的卧室》中反复出现了"你不来与我同居"的句子，而在唐亚平的《黑色沙漠》和翟永明的《年轻的褐色植物》等诗中则大量出现了女性与男性器官的隐喻。在相当长的一段时间里，这些描写曾以"情趣低下"的理由而遭到斥责，但是假如我们不是以过分狭隘的"窥视"心态去理解的话，正是这些作品以策略性的极端化写作强化了女性话语的自觉，并对一元化的男权话语与社会心理提出了富有冲击力和震撼力的挑战。同时，通过这些强化的抒情与呐喊，我们也可以更加真切地感受到被几千年的封建道德传统压抑的中国女性，通过她们的当代身躯所发出的痛切呻吟和哀烈呼声，事实上，仅从性意识的角度去框定它们，不但是一种简单化的曲解，而且更是一种"情趣低下"的男性主义心理在作梗。

女性立场的自觉空前深化和磨砺了当代女性诗人们的触觉，在她们陡变而锐利的意识投射下，一个"女性的精神宇宙"赫然矗立，它再也不是"那种裹足不前的女子气的抒情感伤"，同时也不再停留于"那种不加掩饰的女权主义"斗争的焦躁，而是充溢着"那些最朴素、最细微的感觉"③ 的体验的力量。这种进化和嬗变，我们也许

---

① 雁北点评，见《诗选刊》，1986年第5期。

② 翟永明：《黑夜的意识》，见吴思敬编：《磁场与魔方·新潮诗论卷》。

③ 翟永明：《黑夜的意识》，见吴思敬编：《磁场与魔方·新潮诗论卷》。

可以通过舒婷的一首《啊，母亲》和翟永明的《女人》组诗中的一首《母亲》的对比例证而看得更加清楚。在舒婷的诗里，抒情者是一个充满怀旧情结、感伤情绪和寻求庇护的传统弱小女性的形象："呵，母亲，/我的甜柔深谧的怀念"，"你苍白的指尖理着我的双鬓/我禁不住像儿时一样/紧紧拉住你的衣襟"。而在翟永明的诗里，抒情者却是一个"立于天地之间独自发射出光芒的成熟的女人"[①]，一个不再以软弱和温情作为自己的人格属性、而是以思索和洞察为精神特征的独行者，它借对母亲的一反常理的"怨恨"和怜悯，更充分地诉说了女人的苦难与不幸，而尤具有震撼人心的力量：

> 听到这世界的声音，你让我生下来，你让我与不幸构成
> 这世界的可怕的双胞胎。多年来，我记不得今夜的哭声
> 那使你受孕的光芒，来得多么遥远，多么可疑，站在生与死
> 之间，你的眼睛拥有黑暗而进入脚底的阴影何等沉重
> ……我的眼睛像
> 两个伤口痛苦地望着你
> 活着为了活着，我自取灭亡，
> 以对抗亘古已久的爱
> 一块石头被抛弃，直到像骨髓
>
> 一样风干，这世界

这不只是从未有过的对母亲的"恨"的诉说，而且是对整个女性世界巨大的哲学追问，是一个女性对自身命运的前所未有的深邃思索，这种深刻、锐利和对传统女性观念的颠覆力量正是来源于女性立场的觉醒。

在经历了诸多疑惧和指责之后，女性诗歌写作在八九十年代之交似又曾在反拨中一度振起，不但翟永明、伊蕾、唐亚平、王小妮、陆忆敏等陆续有许多新作，并且有更多的诗人加入其中，如小君、林雪、海男、张烨、赵琼、萨玛等，只是，作为明显的诗歌运动与策略性写作的特征已不像之前那样外在和强烈，或者说，女性诗歌至此已经确立了自己的女性主义视角并进入了正常的操作期。陆忆

① 崔卫平：《苹果上的豹·女性诗卷·编选者序》，4页。

敏在1989年冷静地写道，某种关于女性写作的理想图景，也许只像“尘土般在阳光的光束中显现”那样并未有持久的保证，而像弗吉尼亚·伍尔芙所主张的那样，“用妇女的判断和妇女的标准来写作”，“凭我们对生命熟稔的深度，以炫目的独创意识写出最令人心碎的诗歌，而流失我们无可安慰的悲哀，这倒十分理想”[①]。这表明了以人本主义和妇女解放的启蒙理想为意识主导的女性写作，已转向了以女性经验世界与女性存在自身为精神主旨和思想立场的女性写作，一个时代的风卷浪涌已经转换成另一个时代的一道自然的风景。

女性写作的要义在于寻找到女性自己失落的话语，因此，反抗男性中心主义的文化专制，并以她们自己的经验方式诉说、表达或命名，这构成了其主要的文本特征。正像女性主义运动本身包含着“女权斗争”和“女性话语”两种功能一样，当代中国的女性主义诗歌运动也同时具有这样两种功能，这是我们为它寻求价值定位的一个基点所在。然而在80年代中后期，陈旧的观念（“左”的思想和男权主义意识的混杂物）和窄狭的视野，曾导致了人们对女性诗歌的长久而严重的误读。误读者抓住只言片语和某些女性隐喻作评论，指斥其张扬“颓废”甚至“淫荡”的情感与意识，使女性诗歌蒙受了曲意的侮辱。在尔后的批评者那里，虽然它们作为文化反抗、“女权斗争”抗争的意义渐次得到了指认和肯定，但对其追求和重构失落的“女性话语”的文本意义及其构成特征，却一直很少进行深入系统的分析，这在我们获得了女性主义批评理论视野的今天，是必须予以补正的。事实上，也只有从女性话语的角度找到女性主义诗歌的意义，才能最终肯定其作为文化反抗的意义。因为女权抗争的实践必须借助于女性世界的充分自立和性别表达，没有独立的女性话语与充分女性化的写作策略，如何实现这一文化主旨？这样的角度也正是我们正确理解女性诗歌中所强烈表达的“性的主题”以及女性躯体、女性意识与心理内容的一个逻辑起点。女性诗人们正是以富有叛逆、冒险、挑战和反击男性“菲勒斯中心主义”话语的女性意识内容的描写，以让世俗社会心理惊颤不已的形象和表达方式，宣泄出几千年来女性压抑于心中、死灭在潜意识里的痛苦、悲愤和欲望，表达出对男权主义社会与文化的抗议和分立的决心，没有足

① 陆忆敏：《谁能理解弗吉尼亚·伍尔芙》，见吴思敬编：《磁场与魔方：新潮诗论卷》，271页。

以让人惊心动魄的讲述、呻吟和哀号，何以让陈旧而习惯的世界听到她们的声音？在这一点上说，当代女性主义诗歌的产生，不但标志着当代中国女性的自觉，而且标志着80年代中国文化变构的深层发展，一个一元化的男权主义文化统治和被男性中心主义话语所遮蔽的世界遭到了强有力的诘问和挑战。

如何找回女性失落的话语，以真正进入女性的写作？在大多数西方女性主义理论家看来，妇女“必须写自己，必须写妇女，就如同被驱离她们自己的身体那样……妇女必须把自己写进本文——就像通过自己的奋斗嵌入世界和历史一样”。“本文：我的身体——我指的不是那个傲慢专横、把你紧抓在手心不放的‘母亲’，而是那触动你的、感动你的平等的声音。”“我们一直被摈弃于自己的身体之外，一直被羞辱地告诫要抹杀它，用愚蠢的性谦恭去打击它……妇女必须通过她们的身体来写作，据此创造无法攻破的语言。”“它以对身体功能的体验系统为基础”，甚至“以对她自己的色情质热烈而精确的质问为基础……”① 在另外两位女性主义理论家桑德拉·M·吉尔伯特和苏珊·古芭所著的《阁楼上的疯女人》中甚至指出，在男性写作中，他们的笔就是其阳物的象征，那么女性“用什么器官生殖文本？”这就是她们的身体和子宫。② 另一位女性主义批评家凯洛琳·G·伯克亦明确指出，“女人的写作由肉体开始，性差异也就是我们的源泉”③。很显然，女性躯体及其所凭藉的女性叙述与自我体验，正是对抗于男性世界与菲勒斯中心话语的核心所在。从这个意义上，我们便不难理解翟永明、伊蕾和唐亚平为什么在她们的作品中或以浓墨重彩，或用隐喻形式来描写女性躯体，及其所象征的女性宇宙和所附着的女性意识，因为只有当此时，她们所面对的对象才能首先突破男性经验及其话语的遮蔽并找见自己的身体和声音。“这不是拯救的过程，而是彻悟的过程。”④ 首先找回自己被放逐和被“她者”化了的躯体，才有可能作为言说者存在。这种彻悟不仅需要勇气，更需要哲学意义上的理性思考，在她们所表现的烈火和洪水般的激

① ［法］埃莱娜·西苏：《美杜莎的笑声》，见张京媛编：《当代女性主义文学批评》188～201页。

② 参见［美］伊莱恩·肖尔沃特：《荒原中的女权主义批评》，见王逢振等编：《最新西方文论选》，264页。

③ 转引自［美］伊莱思·肖尔沃特：《荒原中的女权主义批评》，见王逢振等编：《最新西方文论选》，264页。

④ 翟永明：《黑夜的意识》，见《女人（组诗）·序》。

情与令人惊骇的语词与意象背后，看不到她们清澈而冷静的理智和思想，显然是浅薄的。

女性意识的觉醒，会更加反照出女性话语缺失的困顿，因此某种失语的焦虑便在事实上更加困扰着女性写作。当她们醒来时，才发现这是一片黑夜。“面对带有性别的语言，妇女只有两个选择：1. 拒绝规范用语，坚持一种无语言的女性本质写作；2. 接受有缺陷的语言，同时对语言进行改造。”前者是要通过“女性本质”来确立自我的语言，后者是通过“女性本质”来辐射被男性世界“污染”过的语言，这两者都必须通过对“女性本质”的承认与对象化来实现。而什么是“女性本质”？这便是通过她们的形体、器质所负载的性别特质，而这一点在长期封闭的当代中国谈何容易！在翟永明的《人生在世》中，我们可以清楚地看到女性写作中话语缺失的焦虑：

女人用植物的语言
写她缺少的东西
通过星辰、思索并未言明的
我们出世的地方
毫无害处的词语和毫无用处的
子孙排成一行
无可救药的真实，目瞪口呆

在被男性世界包围和统治着的语言中，女性被命定地置于一种“无性且无言”的悲剧境地。而且翟永明还更加意味深长地揭示了女性话语同社会历史话语之间被天然割裂的状态：

夜深人静时
她的目光无法同时贡献
个人和历史的幻想
月亮啊月亮：把空虚投在她的脸上

对于社会与历史的无言和无奈，也反过来增强了女性话语的焦虑，并促使其返回到女性躯体自身。在王小妮的诗中，女性话语的被曲解和误读则是另一种隐忧：“我刚刚挂出我的床单/有人敲打楼板/说什么黄水流下去/我又专门看了一次/是最纯正的蓝色。”床单的麻烦隐喻着女性躯体的被渎指①；“糊里糊涂醒来之后/手上的书全部落页/它在纷乱了页码之后/竟然污浊透顶”。书页的被拆乱隐喻着女性话语的被恶意曲解和践踏。而且这种被误读和扭曲的角色，在诗人看来还是一种不可逃脱的命定：“我对这只鸟说/我是灾难深重的人/他说：这是/最后人选。”定数难逃，“我”所能做的，只能是“同篡改者对话”②。

尽管面临着被“篡改”的危险命运，“对话”仍是唯一可能的出路。而且这种对话必然是建立在“男性/女性”的二元对抗的前提基础上，或者说，对话的本质就是对抗，是对充满逻辑理性、权力意志以及“菲勒斯”意象的男性中心话语的“爆破”与拆解。因此，我们在伊蕾的诗中，首先看到了一种“横扫句法学”的“妇女的力量”③。在她的《独身女人的卧室》中，通篇充满了反逻辑的句法和颠倒无常的潜意识描写，仿佛只有通过某种“暴力”的形式，才能使她们的女性话语得以浮出和实现“自由的狂欢”，除了在所有14节诗的结尾处都令人瞠目地连缀上一个不加标点、让人摸不清语气的“你不来与我同居”的句子，在每个局部都形成了语言的自动流泻状态，这种放任的反秩序的奔涌充分表现了女性思维及其话语的“感性化策略”：“……独身女人的时间像一块猪排/你却不来分食/我在偷偷念一个咒语——/让我的高跟鞋跳掉后跟/噢，这个世界已不是我的/我好像出生了一个世纪/面容腐朽，脚上也长了皱纹。”（《小小聚会》）伊蕾还用女性特有的反理性倾向来消解一向被男性所占据和谈论的哲学：“……这个世界谁需要我/我甚至不生孩子/不承担人类最基本的责任/在一堆破烂的稿纸旁/讨论艺术讨论哲学/第一，存在主义/第二，达达主义……/终于发现了人类的秘密/为活着而活着/活着没有意义。”（《哲学讨论》）

躯体的反抗就是语言的反抗，因此，在一些女性诗人的作品中，语言表现出某种“爱的暴力”倾向：“用爱杀死你”（翟永明：《女人·独自》）、“摧毁界限的叛逆”（伊蕾：《潮》）。几千年来，妇女在

---

① 西尔维娅·普拉斯写有一首《发烧103℃》，其中有诗句“床单重得像纵欲者的吻”，以床单隐喻女性躯体。

② 王小妮：《定有人攀上阳台，蓄意暗中篡改我》。

③ ［法］埃莱娜·西苏：《美杜莎的笑声》，见张京媛主编：《当代女性主义文学批评》，201页。

两性关系中一直处于被动地位，温良贤淑是她们不能违逆的妇德，她们被迫按照男性的自私和畸形的嗜好来塑造她们自己，而不能按照自己的意愿和健康正常的人性要求去爱。因此，在女性诗歌中，我们看到了伊蕾、翟永明她们用烈火般的热情烧毁原有两性秩序的大胆尝试。在这方面，伊蕾表现得最为明显，她的“挑战”男性的情感书写表现为两种形式，一是“叛逆”和“粉碎”，“这充满情欲的奋不顾身的冲锋/这企图摆脱囚笼的全力的挣扎/这瞩目新天地的梦一般的飞腾/这妄想摧毁界限的叛逆的行动”（《潮》）。在伊蕾笔下，女性由原有的被动德行和恭顺温良一变而成为热烈奔放无拘无束的强者，她发自健康人性和生命爱欲的情感如烈火、激流和暴风雨一般不可阻挡：

迎春花！沿着地平线燃烧
我在大火中柔软曲折
欲望强盛的手臂把你攀折
在无名者的墓前我放声大笑
死者，请记住我活泼的生命

这是伊蕾《迎春花》中的充满性爱隐喻的诗句。她对女性爱的强力意志的表现可谓淋漓尽致，“冲锋”、“挣扎”、“摧毁”、“燃烧”、“攀折”，还更有其他诗篇中出现频率极高的“粉碎”、“死亡”等词语强烈地构成并显示了她语言中的“暴力”色彩，这是爱的风暴，女性对自己性别禁忌的“胀破”，变“被占有”为主动拥有的抗争。

第二种形式在伊蕾的诗中更为独特和明显，即一种具有“受虐”色彩的倾向，与西方女性主义者“妖女”式的写作不同，伊蕾所表现的女性爱欲充满哀怨和毁灭的意识，它将暴力最终指向自己，并表现出对这暴力的一种渴望，如《绿树对暴风雨的迎接》：“迎接你，即使遍体绿叶碎为尘泥！/与其枯萎时默默地飘零，/莫如青春时轰轰烈烈地给你。”在《三月的永生》中，她写道：“三月的永生是死/死在我轻松的绝望里吧/让我死在葡萄里/葡萄的死是永生//……你是火就狂风一样地烧吧/在残山剩水间，让我化为灰烬/我的灰烬是永生。”这恐怕是一个矛盾，伊蕾一方面营造了一个隔绝和抗争于男性包围的“独身女人卧室的乌托邦”，并在其中经历了种种纯粹的

“精神历险”[1]，但她又渴望这个空间被强有力地占有，“你不来与我同居”是一种心安理得的叙述呢，还是一种哀怨的期盼？她将自己比作渴望暴风雨的绿树，是作为对男性的最后的抗争呢，还是对于女性悲剧命运的再一次认同？

伊蕾的女性意识空间扩张得可谓最大，思考也相当多面，她一方面深受西方女性诗人的影响，充满着西尔维娅·普拉斯式的尖锐性与挑衅性，其表现女性意识的“大胆”程度也不亚于普拉斯这类诗句：“上帝先生，魔鬼先生/当心/当心。//灰烬之中/我披着我的红发升起/我吞吃男人就像呼吸空气”（《拉扎茹斯女士》），这是魔女的形象。但另一方面，伊蕾似乎对男女两性关系的思考又更加辩证，因为说到底女性永远与男性互为依存，因此这种反抗和挑战就命定地包含着不可逃避的悖论，伊蕾对这一点的认识堪为深刻独到，她的《女人眼中的水柳》表现了对生为女性的角色体认，水柳因柔而不折、经得起狂风暴雨的禀赋正是它的所长，它因自己的特质而生存，而不屈。在《三月的永生》中，她对两性关系的思考更富有象征与总结意义：

> 我是你的家园
> 你是我的梦乡
> 我把你交给大自然
> 你把我驯成大自然的尤物
> 伊人呀，伊人呀
> 我征服你时你已占有我
> 你占有我时我已解脱

在以往被遮蔽过的经验中寻找新的女性话语空间，也是女性诗歌一个很显在的文本特征。诸如“黑夜”、“房间”、“飞翔”等，它们不但是女性躯体及其爱欲特征的隐喻，也是她们为自己独辟的话语空间。在这一点上，当代中国的女性诗人都受到西方女性诗人或理论家的直接启示。除此，还有一些更为具体的经验区域，让我们举出安·塞克斯顿和张真的两首同题诗《流产》为例，流产是女人特有的痛苦经验，终止妊娠并“杀死”腹中的胎儿，会给一个女人

---

① 刘群伟：《论伊蕾》，载《诗探索》，1995年第1期。

带来巨大的精神创痛，而女性话语就在这样的经验区域生长。这是安·塞克斯顿的诗句："……事实上，土地在这里正爆发出邪恶的撕裂声/煤从一个黑洞里流出来//该诞生的却消失了//丛生的小草像细香葱一样坚韧/我不知道地球何时会爆裂/我想知道任何脆弱的生命怎样才能生存？"土地的深处、地球上的生命，都很自然地成为女性生殖的象喻，女性的痛苦就隐在这平静的叙述里。相比而言，张真写得更好，更具有女性经验的感性与直观的表现力："……在已臆想好的关系里/母与子/我与你/我已磨好了刀/血在天花板上喷出斑斓花纹/一双细足倒提着。"接下来这位"杀死"了儿子的母亲，又展开了和儿子绵绵不尽的对话。这样的经验、感受和思维方式无疑是女性世界所独有的。

"自白"被认为是女性诗歌写作最基本的抒情与言说方式，这不仅是因为她们都普遍受到了60年代西方"自白派"女性诗人的影响，更重要的是由于男权话语对世界的遮蔽和对语言的"污染"，女性要想通过纯粹自身性别的经验命名或者"说出"时，必须借助于对她自己的言说——"自传"或者"自白"来实现，在西方女性主义理论家的笔下，这一命题曾被描述为"神秘的女性自传现象"①，"她的肉体在讲真话，她在表白自己的内心"②，这就是她讲话的逻辑。正像翟永明在她的《女人·独白》中所说，"我，一个狂想，充满深渊的魅力/……我的痛苦/要把我的心从口中呕出。"倾诉和独白构成了女性诗人与世界的基本关系，因为男权话语无处不在，而她们必须视之而不见，并把自己的世界用"一张白纸悄声细语"（唐亚平：《自白》）地刻画出来。"可以说，八十年代以来，用汉语写得最出色的诗歌都是自白诗。"③ 近年来的研究者对这一点也做了肯定。但并不是每个女性诗人都做得很好，在西方女性诗人那里，"其自白话语不是对日常经验的体认和捕捉，而是对日常经验的分析和评论。在我们这里，除了翟永明能保持住这种艺术品位，其他女诗人的表现都不稳定，很少臻及这一写作深度"④。的确，如果自白最终不能被转化成对经验的深度认识和分析，这种表达就流于表面和个人性

① ［美］芭芭拉·约翰逊：《我的怪物/我的自我》，见张京媛主编：《当代女性主义文学批评》，91页。

② ［法］埃莱娜·西苏：《美杜莎的笑声》，见张京媛主编：《当代女性主义文学批评》，195页。

③ 臧棣：《自白的误区》，载《诗探索》，1995年第3期。

④ 臧棣：《自白的误区》，载《诗探索》，1995年第3期。

的混乱。

隐喻也是女性诗歌最基本的修辞/抒情方式，女性鲜活而巨大的经验世界既对应着她们自身的女性躯体和器官（如子宫），同时也对应着世界的表象（山川大地），正如女娲对应着造物的大地一样。这样一种隐喻关系，就形成了一种既包含了女性经验、又包含着“创世”意识的言说方式，这是女性独有的“话语优势”，充满着超越道德与世俗美感的磅礴诗意。所以，“女性诗歌”与“女性话语”之间具有更紧密的同构关系，犹如鸡蛋和鸡，它们互相创生，互为表里，具有巨大的隐喻性的传达力，以及美感上的生命力。这一点，连女性主义理论家在阐释其理论架构时都作为基本的意义范畴，从埃莱娜·西苏等人充满黑夜诗意与隐喻的理论阐述，亦可以看得出来。另外，隐喻更使女性书写充满了特有的幽深、曲折、丰富和优美的艺术特质。

女性诗歌当然也存在着种种不足，这些不足中除了共属于“女性主义”立场自身的理论困境外，还有过于明显的模仿、过于观念化的直露的表达，以及由写作技巧上的忽视所导致的粗糙与芜杂等。另外，与同期的其他诗歌流向相比，女性诗歌在形式上也似不够讲究。

## 三、“女性主义小说”的第一阶段：性别自觉

在长期被男权话语所遮蔽之后，女性世界的故事在“五四”一代女作家冰心、庐隐以及三四十年代的丁玲、张爱玲等女作家笔下，曾闪烁出美丽的光芒。然而在此后很长一段时间里，这个女性的世界又被有关战争和革命的“巨型话语”覆盖，女性叙事被迫隐去自己的性别身份，而成为宏伟历史叙事的一小块装饰物，或调味品。尽管在极少数的女性作家如杨沫、茹志鹃等人笔下，它们仍以顽强的意志试图破土而出，但这一点点可怜的女性气息也使她们遭到了批评和扭曲。

70 年代后期国家政治的转机，使新的一轮女性精神解放获得了契机。女性死灭的自我意识开始苏醒。但这一过程显然是相当缓慢的，“新时期”伊始叙事的单一主流模式尚未给女性话语以独立的合法空间，小说仍为人道主义和启蒙思想的“宏伟叙事”所独据，不

过，对人性的呼唤同时也包含了对女性尊严及其情感的呼唤，前者既遮蔽了它，同时也兼容了它。最早的一批包含着女性声音的“伤痕”和“反思”作品如张洁的《爱，是不能忘记的》、《方舟》，戴厚英的《人啊，人》，张抗抗的《夏》、《北极光》等就是在这样的背景下出现的，它们试图告诉社会，人们不但要恢复和承认健康的人性，要学会懂得爱和尊重，还要知道这个世界上还有另外一个空间，那就是女性那丰富、美好、坚定和充满爱和渴望的世界。她们不是男性的附属物，也不是“革命”等崇高名义的牺牲品，她们看重爱情，但更珍视独立。像《北极光》中的陆岑岑，她曾先后倾倒于几个男性，但最终都由于看透了他们的庸俗和自私而离开了他们，选择了并没有优越地位、却有着高远的理想抱负并为之脚踏实地奋斗的曾储。有人用“寻找男子汉”的主题来概括这一时期女性作家创作的一个典型的流向，应该是准确的。

但是，上述作家的写作，还远未在一种自觉的性别意识上建立自己作为女性的独特方式与角度。直到80年代中期，这种情形才有所改变。其中起到关键性作用的作家有两个，一个是残雪，一个是王安忆。

或许残雪在她最初的创作中并没有多少自觉的女性意识，但来自萨特式存在主义和弗洛伊德精神分析学的深刻影响，却使她切近了女性深层的精神世界，这一点，正像西方的许多女性主义作家一样。如萨特的妻子，著名的女性学者和作家西蒙·波伏娃，她不但著有女性主义理论的奠基之作《第二性——女人》，而且在其《女宾》等小说中可以说也同时表现了存在主义与女性意识的双重主题，她的小说中弥漫着孤独感、厌倦、焦虑以及对死亡的恐怖，等等。残雪正是这样，她的小说常常以具有变态心理的女性的阴沉眼光来展开叙事，如《苍老的浮云》中的慕兰、虚汝华（她们是邻居，但总是互相窥视、算计，关系紧张）；《阿梅在一个太阳天里的愁思》中的“我”（“我”从未与丈夫“老李”有过什么情感的记忆，而他却总是与“我”的母亲关系暧昧，母亲总是把他关在厨房里两人嘻嘻哈哈，母亲对“我”非常妒恨）；《旷野里》的“她”（“她”总是没完没了地做噩梦，“她”的同样爱做噩梦的丈夫则对“她”心怀恐惧，他们各自在房间中来回踱步、乱窜，令对方胆颤心惊）；《山上的小屋》中的“我”（“我”总是希望有一个自己的空间——一间山上的小木屋，因为在家里没有安全感，个人的隐私总是被父母窥探和干涉，同时“我”弄抽屉的响声也总是让他们寝食难安）……噩梦、妒恨、幻觉、白日梦、恐惧、窥探、愁思、死亡预感、妄想症、迫害症、唠叨症等，这些心理活动都与整个作品叙事的女性角度有着密切的关系，因为女性的精神和心理总是带有极强的感性特征。这一点，波伏娃曾经做过反复的强调和阐述，她说，“妇女的心理状态……相信魔力”，“她相信心电感应，占星术、催眠术、通神学、扶乩……充满原始迷信”，“她似乎置身于无边无际的朦胧模糊的星云中，她不熟悉逻辑的使用”，“在男性世界中，她的思想……和白日梦难以区分”。“她信口开河地解释越出她经验范围的神秘事物；心安理得地使用一些极端含混的概念，把参与者、意见、地点、人物、事件全部弄乱；她的头脑里塞了一大团稀奇古怪的东西。”① 残雪小说中的女性人物的心理状态正是这样，她尖锐地把笔触伸向了女性被逼挤、被扭曲了的充满自我挣扎和痛苦焦虑的意识世界，并刻意放大了这些“潜意识场景”。自然，我们还不能说残雪已经进入了自觉的女性写作状态，因为她的作品并不是专在刻画女性意识空间，而仍是一个关于“普遍的人”的生存困境的主题，但是存在主义的启示却使她得以进入人的无意识世界，特别是女性的心理世界，去书写那些被以往女性作家的宏伟主题叙事所忽略了的女性个体的存在状况、心灵困境，去写她们“即使紧闭门窗，在家里也依然找不到安全感”的恐惧，写她们总是“像儿童或野人那样，被危险和可怕的神秘东西所包围”② 的焦虑与困惑。而这些，虽然不是女性世界的全部，但却只有通过这些才能见出在“被男性的宇宙所包围”③ 中的女性世界的真实处境，它与男权世界的紧张关系。这些在 80 年代初期女性作家的笔下是不可能出现的。因此，残雪最重要的意义，就在于她找到了这个处在世界的边缘部分、被压抑和扭曲至变形了的女性空间，并直接像闪电一样楔入了她们最幽深的世界，这对后来的女性写作是有着至关重要的启示作用的。

另一方面，残雪的意义还在于她用充分的个人化、心灵化和反逻辑化（当然这也包含了女性化的因素）的叙事及其话语方式，实现了对以往女性作家一贯的严肃的、仿男性世界逻辑的叙事及话语

---

① ［法］西蒙·波伏娃：《女人是什么》，395～397 页，北京，中国文联出版公司，1988。

② ［法］西蒙·波伏娃：《女人是什么》，404 页。

③ ［法］西蒙·波伏娃：《女人是什么》，404 页。

的解构。这一点，有评论者也指出："残雪的女性意识不是来自社会化的妇女运动，更主要是基于文学话语的革命。她用非常个人化的女性语言，损毁了依附于父权制巨型话语之下的温情脉脉的女性叙事（如张洁早期的那种具有感伤和唯美气质的叙事——引者），那些怪诞的女性感觉，打破了传统的以'菲勒斯'（男性阳具）崇拜为中心的女性经验。与其说它昭示着中国女权运动的先声，不如说它仅仅意味着女性写作的朦胧觉醒。"① 尽管残雪还未必有"女性话语"的自觉，但她叙事的反正统风格的确打开了通向女性话语世界的通道。

再来看看王安忆。自 80 年代初最早的《雨，沙沙沙》和"雯雯系列"，王安忆表现出女性特有的细腻和感性的叙事风格，到 1986 年前后的《荒山之恋》、《小城之恋》、《锦绣谷之恋》和 1989 年的《岗上的世纪》等，王安忆不但在女性作家中率先突入"性禁区"，描写了一个个有爱的和无爱的两性悲剧故事，而且始终把笔触对准那些处在爱的冲突中不断成长、受难和思索的女性，显示出女性视角的自觉的写作姿态。

"三恋"堪称是王安忆的"惊世之作"，"恋爱中的女性"可以说是她的这三部系列作品的核心视角。爱使她们热情、盲目并体验到自己"身为女人"的肉体欢乐，爱也使她们悲壮地付出，身背恶名甚至殉身。男性对她们来说虽然重要，但却并不是唯一，金苍谷的女孩儿（《荒山之恋》）虽然为了一个根本不值得去挚爱的男性而殉情自杀，但王安忆却认为这"只是为了自己爱情的理想"；《小城之恋》中的舞蹈女孩，最终为了自己"爱情的苦果"——腹中的两个孩子而甘心做了剧团的收发员，而原与她相爱的他，那个孩子的"父亲"最终却垮掉了。这里，女主人公的结局虽然不无传统的悲剧色彩，但她无论怎样都不愿说出孩子的父亲是谁——当领导审问她时，她只说："不，不，不，不，是我的，是我一个人的"——却使她在道义和精神上成为了胜利者。

从人欲中的"性"到性别中的"性"，可以说是王安忆这几部以性为表现主题的作品的不同寻常之处。她首先肯定了作为人欲的性，并从女性特有的细腻而感性的体验视角描写了它，但她更重要的是写了女性在这种两性关系中的处境、角色、心态和超越。比如《小

① 陈晓明：《勉强的解决：后新时期女性小说概论》，见《中国女性小说精选·序》，7 页，兰州，甘肃人民出版社，1994。

城之恋》，在小说中她既写了男女两个人物之间抑制不住的自然人性：一双同在歌舞剧团做替补角色的少年男女在练功中朝夕相处，在合法的身体接触中熟悉了对方，然而当他们随着年龄的增长而性意识萌醒的时候，他们身体的正常接触便使他们烦躁不安起来，以至互相吵骂、互不理睬。再后来他们是通过“恨”、“打”和互相折磨、互相虐待作为合法性的方式来维持和满足他们的爱欲，来筑起他们的“道德防线”，这本身就极见深度地写出了特殊年代和特定情形下被扭曲的人性。但王安忆同时又没有忘记把男女两性置于对比中来审视他们，从年龄来说，男主人公比女主人公大四岁，但从发育的程度来说，两人又成反比，她极为丰满性感，他则矮小得不像成年人；从情感的发展历程看，他是最先萌生“恶念”者，但从对感情的承受看，她是勇敢坚强者，而他则弱小甚至卑琐，通过这种对比，我们可以明显地看到王安忆对男性权威的贬抑和对女性世界的奋力的推升。

《小城之恋》中充满了对女性身体和女性爱欲的描写，这虽然不是整个作品的叙述视角，但却同样洋溢着女性世界的气息，并显现出通过躯体辐射过来的女性话语的活力，如这一段描写：

> 她接触到温热的地板，忽然地软弱了。她翻过身来，伸开胳膊，躺在地上，眼睛看着练功房三角形的屋顶，那一根粗大的木梁正对着她的身体，像要压下来似的……她静静地躺在地板上，时间从她身边流过，又在她身边停滞，院里那棵极高极老的槐树，将树叶淡淡的影子投在窗户边上。这时候，在她的头顶，立了两根钢筋似峭拔的腿骨。腿骨是那样的突出挺拔，肌肉迅速地收缩到背面，隐藏了起来。她将头朝后仰着，抬着眼睛望着那腿，腿上有一些粗壮而疏落的汗毛，漆黑地从雪白的皮肤里生出。

这是只有女性才独有的经验和观察视角，“她”从下向上“仰视”的角度所暗示的正是波伏娃所说的那种“身体构造的命运”[①] 所赋予她的处境，“正像大多数雌性动物，她通常的姿位是在男人的下面……天堂在世界的上面，地狱则在下面，跌倒、下降就是失败，

① ［法］西蒙·波伏娃：《女人是什么》，170页。

上升就是成功，在摔跤扭斗中，将对方的肩膀压下触地便是胜利，而现在，女人以失败的姿势躺卧……”[①] 王安忆当然不可能在那时读到波伏娃的这本书，但对于女性身份与角色的共同体认，让她也同样敏锐且富有“女性人类学意味”地写出了人物的处境与命运。

《岗上的世纪》是一篇侧重于从女性的生理、欲望与本能的角度探讨女性心灵与命运的作品，女知青李小琴那种并无理想色彩的性爱模式（与农民小队长之间）虽然给她带来了种种不幸与痛苦，但她却在他们“性的满足中得到了生命的再造”。在纯粹爱欲中拯救，这是一个大胆而富有张力的女性命题。

随后在八九十年代之交，王安忆又写下了《逐鹿中街》、《神圣祭坛》和《弟兄们》等作品，相比“三恋”，它们在对女性世界的探求方面更加自觉，分别写出了不同精神类型的妇女，《逐鹿中街》中的陈传青所持守的是一种“奴隶的妻性”，她以跟踪窥探的低下方式和奴隶般的恐惧与顺从维系着与丈夫的关系，用自己的全部努力造就了自己屈辱的位置。《神圣祭坛》中的战卡佳则是一个有着丰富精神世界的女性，她在心智上足以与男性匹敌，但却只满足于做一个男性声音的倾听者，一个“精神的妻子”，且是一个有妇之夫的精神与才华的欣赏者，她将肉体与精神隔绝开来，虽则避开了男女间一种古老的悲剧，但在精神上仍然没有逃脱只作为男性（诗人项五一，她的精神恋人）“朝圣途中的风景”的命运。另一篇《弟兄们》意在探讨女性内部的情感关系，但由于女性话语与文化的天然缺失，她们却只能模仿男性的友情模式，本来她们试图通过建立这种性别同盟以抵抗男性主义的压迫和改造，但当她们一进入各为人妻的角色中时，这种同盟便迅速瓦解掉了，这也充分揭示了在男权传统中女性自我缺少真正的文化内涵与防护界线的事实。

除了残雪与王安忆，张辛欣、铁凝、陆星儿、霍达等女作家的作用也不应忽视。张辛欣的《我在哪儿错过了你》和《在同一条地平线上》都以鲜明的女性自觉探讨了不平等的两性传统中女性的命运及其抗争的意义。铁凝的《麦秸垛》被认为是“她正式涉足女性文学的一部著名作品”[②]，它深刻地探讨了传统农业社会中妇女的自我意识结构，及其这一沉重的传统在当代妇女身上不可抗拒的宿命式的延伸。大芝娘在被负义的男人抛弃之后，非但无有怨恨，反而

① ［法］西蒙·波伏娃：《女人是什么》，170页。

② 刘慧英：《走出男权传统的樊篱——文学中男权意识的批判》，96页。

执意要与他生个孩子，以作为她独自生活的某种理由与合法保护，逢到灾年还要设法接济另外娶妻生子的男人一家。当她的女儿大芝不幸夭折以后，她又把母爱倾注到孤立无援的女知青沈小凤身上，然而不幸的是她的命运却也象征式地在这个知青身上再一次延伸。沈小凤苦苦地爱着并不喜欢她的陆野明，自愿委身于他，并像大芝娘一样求他让自己生孩子。这种重复的命运与悲剧的延伸强烈地警示着人们，女性深受男权压迫的事实，女性尚未在心理和人格的意义上完成自我解放的状况，并未因社会政治的改变而得到消除。铁凝的女性意识显然是自觉而强烈的，具有谱系感和文化心理深度的。不唯《麦秸垛》，她的《哦，香雪》、《没有纽扣的红衬衫》等也都透着鲜明的女性气息。除她们之外，陆星儿的《今天没有太阳》、《一个和一个》，霍达的《红尘》等都对当代妇女的命运作了深入而多面的思考与揭示，男权传统，依然是设定她们悲剧宿命的沉重樊篱。

总体上看，80 年代的女性写作基本上完成了女性意识从一般社会意识、主流话语和启蒙宏伟主题叙事中的分离。它写作的主题基点，基本上是女性与男权世界的关系，她们被压迫的事实，她们各种方式的抗争与牺牲。女性意识的自觉使这些作品具备了鲜明的哀怨式的抒情和苍凉幽深的风格。但囿于各种局限，女性写作还未真正实现叙事和话语的自觉，对女性内部世界、尤其是“无意识世界”的探索尚未深入。因此，更具本体和自足意味的女性写作的景观，还要数 90 年代。

## 四、“女性主义小说”的第二阶段：话语自觉

当代西方女性主义理论因受到结构主义和后结构主义理论的影响启示，差不多也已发展成了一种语言本体论的理论，女性主义者把全部问题差不多都归结到了语言问题：已有的文化/语言无不打上了男权的印记，男权通过语言——一种“菲勒斯中心主义”的产物来压抑和统治女性，而要反抗这一切，女性就必须摆脱它，并建立自己的言说方式，它的必由之路和前提是女性对自我躯体的自觉和借助，但性别和躯体基本上还仅限于意识，它们最终还要靠语言来实现和完成。对这一点，艾德里安娜·里奇指出：

对妇女来说，这种试图了解自己的做法，不单单是为了寻找个性；它是我们拒绝在男性统治的社会里自我毁灭的一部分。以女性主义为内核对文学进行的激烈批评首先将这个工作作为线索，去发掘我们如何生活……我们的语言是如何束缚同时又解放了我们……

对于作家，尤其是对于这一时刻的女作家来说，一个有待开发的新的心理领域向我们提出了挑战。而当我们试图为我们刚刚具备的意识寻找语言和形象时，由于往昔留给我们的佐证是如此可怜，我们也会有如履薄冰的困难和危险。①

很显然，语言的问题成了最关键的问题，它是女性主义实践的关键所在和难度所在。这一逻辑又决定了女性写作的话语自觉和它在这一向度上的悖论与困难。

进入90年代，"回到女性自身"、"已成长为女性"、"女性叙事"成为女性写作的基本主题与特征。"恋爱中的女性"，与男性处于对抗状态的女性主题基本上已消解，并变成了纯粹女性经验的叙事。这最明显地表现在陈染、林白、海男等新崛起的女性作家的创作中。除她们之外，在80年代成长起来的王安忆、铁凝也发表了许多典范的女性主义小说，与她们的情形相近似的还有残雪、徐小斌、赵玫、蒋子丹、陆星儿等。另外还有两个特例，一是徐坤，她仍力主"破坏"，对80年代的男性精英叙事实施解构；另一个是张欣，她是在以敏感而富有时尚色彩的笔触，书写着超越了传统"妇德"与规范的南方都市环境中的女性生活。她们共同汇成了90年代女性写作的阵容和景观。

女性话语自觉的第一个表现是反传统叙事、反男性经验写作，拆除或避开既成文化经验模式，避开逻辑理性的或社会历史的"巨型话语"，而将笔触完全伸向女性个体独特的经验世界，它用女性和个人的经验方式来命名事物，建构自己的"女性文化谱系"，并藉此实现对自我的完成和对世界的改造。这一点，我们可以陈染为例。

在所有女性主义作家中，陈染的话语方式是最富独立性和原创色彩的，悬浮、空渺、游移、飞翔可谓是她语言的状态。仅从题目就可以看出她小说的反经验逻辑甚至"反句法"叙述的风格。《另一

① ［美］艾德里安娜·里奇：《当我们彻底觉醒的时候：回顾之作》，见张京媛主编：《当代女性主义文学批评》，124～125页。

只耳朵的敲击声》、《与假想心爱者在禁中守望》、《秃头女走不出来的九月》、《潜性逸事》、《凡墙都是门》、《麦穗女与守寡人》、《时光与牢笼》、《巫女与她的梦中之门》，等等，陈染以她不无分裂和古怪的方式不断从某个位置展现出女性世界的一种断面。用“巫女的寓言”来概括她的叙事方式与风格，我以为是合适的。

陈染首先是在与“母亲”（女性自己的传统）和“父亲”（既是亲缘意义又是性别意义上的男性、男权的传统）的关系上划定自己的经验世界与语言边界的。在《另一只耳朵的敲击声》中，她这样描述与“母亲”的关系：“我亲爱的母亲，一个出色的寡妇，她也曾爱过人，因为不能忍受孤独之苦。但是，她的智性、灵性和优雅的体貌，命中注定无人能与她同床共枕。”这是上代知识女性的资质与命运的一种寓言式的描述，而“我”已与母亲不同，“我秉承并发展了我母亲。现在，我是最新一代的年轻寡妇。我承袭了她的一部分美貌，忠诚的古典情感方式和顽强不息的奋斗精神；也发展了她的怪癖、矛盾、病态和绝望，比如：我穿黑衣，怪衣；有秃头欲；死亡经常缠绕在我的颈间，成为我的精神脱离肉体独立成活的氧气；我害怕人群，森林般茂盛的人群犹如拔地而起的秃山和疯长的阳具，令我怀有无以名状的恐惧；耽于幻想……不拒绝精神的挑战，正如同不拒绝肉体的堕落；自我实现也自我毁灭。”两代女性都“寡居”于男性世界之外，但“我”——作为当代女性的形象与“母亲”已是多么截然不同。为了强调这种不同，小说又作了一种语词的比照：

> 在黛二喜欢的词汇中，有很多令她的母亲恼火，其中一些是她的母亲终生也说不出口的。她喜欢某些词句从她唇齿间流溢出声音的感觉……诱惑着她，比如：
>
> 操。革命。婊子。背叛。干。独自。秃树。麦浪。低回。妓院。荒原。大烟。鬼。心理疼。两肋插刀。依然如初。遍体疲惫。自制力。再见。

这是巨型话语与个人话语、“红色话语”与“黄色话语”、男性与女性、主流与边缘话语的一种“杂烩”状态，这便是这一代女性从这个世界中所得到的“精神遗产”，她必须“坦然而无羞涩地”面对这样的一个世界，并且以此来确立她自己。

与“父亲”的关系不仅是一种边界的划定，而且还构成了陈染所勾画的女性经验世界的一个重要内容。在《巫女与她的梦中之门》中，陈染描述了这种关系的二重性，女儿的两种境遇。一是在“家”中，这大约是一种未成年时的处境，与“父亲”的关系主要是一种“惧”，父亲像一个“尼采似的”、“夏季里暴君一样的台风”般的专制者，他对别的女性有着强烈的占有欲，也包括自己的女儿；另一种境遇是在“尼姑庵”中，大约是指接近成年的一种状态，应用守身如玉来标志自己“已成长为女性”的性别身份与意识，这时对“父亲”的关系是一种“欲”和“弑”的复合状态，“那个有着父亲一样的年龄的男人”在“我”的主动要求之下与我发生了性爱之后死去。这一关系是十分复杂多解的，“父亲”在这里既是文化之父又是亲情之父，他是面对女儿的父亲，也是面对女人的男人。这种父亲与女儿、男人与女人的纠缠不清的关系在陈染的笔下既含有人伦情感、又含有文化的象征内涵，构成了她作品中一个相当幽深难解的女性经验区域。

“女性眼里的父亲场景”，作为女性话语对男权传统的投射，作为女性经验最基本的敏感部分（因为每个女性其性别身份都将始自父亲，父亲不但是她的生养者，而且是与她对立的男性），显然有着十分重要的意义，陈染自己曾宣称：“我热爱父亲般的拥有足够的思想和能力覆盖我的男人，这几乎是到目前为止我生命中一个最致命的残缺。我就是想要一个我爱恋的父亲，他拥有与我共通的关于人类普遍事物的思考，我只是他主体上不同性别的延伸，在他性别停止的地方，我继续思考。”① 这一场景和主题在陈染笔下有时表现为“恋父”情结，如《与往事干杯》，其中肖蒙的女性蒙昧即是从一个父亲般的男性那里结束的。但从文化意义上，这种关系有时又会演变成一种激烈而矛盾的“弑父”场景。在她的长篇《私人生活》中，倪拗拗对她只生活在“政治局势”中且有着“强烈、专注的事业心和性情急躁”的父亲突然产生了一种莫名其妙的“仇恨”，她对母亲那种永远只充当仆人的角色也感到不满，在她刚刚为父亲熨好的白色毛料裤子上，倪拗拗用剪刀狠狠地剪了一刀。“如同一道冰凉的闪电，有一种危险的快乐。我的手臂被那白色的闪电击得冰棍一般，某种高潮般的冰凉的麻。”

“父亲”是男权文化及其语言的象喻，陈染以超常的敏感与睿智

---

① 陈染：《私人生活·附录》，北京，作家出版社，1996。

躲避和超越着他的笼罩，在他的边缘处构建自己幽曲和唯美的个人世界，“我的道路是一条绳索”[1]，她在绳索上行走和飞翔着，营建着一种充满着超常的分裂与怪异的“女性美学”，它充满着一种神秘的“浪漫气息”，女性特有的想象力、空灵、飘逸、富有诗性，“像头发一样纷乱”，“是通过触摸‘碰到’的，而不是通过思想来‘触碰’到的，它更多地呈现出‘可感’的‘具体’……”[2] 这种女性美学最终使她以“专业”而成熟的女性文本，俏然站立在人们司空见惯的男性叙事旁边。这的确不易，因为在我们的汉语叙事传统中，她的确没有多少东西可资借鉴。在《巫女与她的梦中之门》里，陈染禁不住用诗的文字写下了她的处境与努力：

……父亲们
你挡住了我
你的背景挡住了你，即使
在你蛛网般的思维里早已布满
坍塌了一切声音的遗忘，即使
我已一百次长大成人
我的眼眸仍然无法迈过
你那阴影
你要我仰起多少次毁掉了的头颅
才能真正看见男人
你要我抬起多少次失去窗棂的目光
才能望见有绿树的苍空
你要我走出多少无路可走的路程
才能迈出健康女人的不再鲜血淋漓的脚步

这是一种不无悲壮的艰辛的体验与历险。

幽闭中的个人空间里的独白、幻觉、臆想、白日梦式的纯粹的精神历险，情感的自恋、躯体的自赏和躯体语言的弥漫，也是陈染典型的叙事方式。房间这类事物对女性叙事而言不仅是故事发生的场所，更重要的是女性世界的空间形态，及其受到保护的边界，“我不喜欢被阳光照耀的感觉”（《私人生活》），房间维护了个人的空间

① 陈染：《潜性逸事·跋》，石家庄，河北教育出版社，1995。
② 陈染：《私人生活·附录》。

并最终闭合成了女性的思维方式。另外，躯体语言在陈染这里已转化成高密度的隐喻或象喻，使她的叙事空间中弥漫着一种巫女般怪诞与迷乱的气息。

与陈染同样富有诗意，但又比她的幽曲和忧郁更加辽远和明丽，富有异域情调，这就是林白。她与陈染可以说构成了90年代女性写作的双璧，她们同样具有女性写作的理论与意识自觉，也有着相似与相通的主题，但与陈染侧重于表现“思考着的女性”不同，林白则更重于表现“感受着的女性”，表现女性“成长的历史”，这使她对女性经验世界的表现具有了更加多样、宽阔、细腻和感性的魅力，也更富有纵向的历史感。

首先，对传统话语与男性权力叙事的规避与抗拒，在林白这里同样是鲜明和有力的。她以“反经验”的感受方式与话语方法营建了她相当庞大的“女性神话谱系”。她笔下的女性大都有着古怪的名字：邸红、朱凉、李莴、艾影、多米、北诺、七叶、二帕、都噜、蓼……她们像一些醒目的标记，构成了与男性传统审美经验的界线。她以对她们的自我意识与精神潜质的精致刻画，展示出女性世界丰富奇异的感受和经验方式。或许是出于对男性审美的某种对抗心理，林白在她的叙事中常表现出一种“自恋性”视角和“以女性角度看女性”的热忱，两种角度都完全不同于男性中心主义所设定的女性审美的那种“夫君”式的、嫖妓式的、“怜香惜玉式”的、赏玩式的或窥视式的心理和视角。“自恋”是林白笔下许多女性的典型处境，她们天性就充满了自爱与自慰的倾向，这是她们自我意识的起点，像《子弹穿越苹果》中的少女“我”，《回廊之椅》中的朱凉，她们完全生活在自我的世界里。她们通过“镜子”认识自我，自爱使她们获得勇气、自信、美和魅力（如《回廊之椅》中的“我”——小林就是在她同学的赞美与鼓励中获得了自信，而原先她连澡堂都不敢进），在《同心爱者不能分手》中，这种自爱甚至表现为一种生理的“自慰”，其中的一节《一个人的战争》描写了这样一幅情景：

> 这个女人经常把门窗关上，然后站在镜子前，把衣服一件件脱去。她的身体一起一伏，柔软的内衣在椅子上充满动感，就像有看不见的生命藏在其中。她在镜子里看自己，既充满自恋的爱意，又怀有隐隐的自虐之心。任何一个自己嫁给自己的女人都十足地拥有不可调和的两面性，就像一匹双头的怪兽。

这种“一个人的战争”不仅是女性自恋与自慰的隐喻，而且喻指着女人一生的精神处境与存在方式：它既是对男性世界的拒绝，是对自己的保护，同时也具有“本然的意义”，即自主和自然的经验形式。所以林白把她的第一部长篇小说又取名“一个人的战争”，与其说是迷恋这个让她得意的名字，不如说是因为这一词语所包容的巨大内涵迫使她不得不用一部长篇来装下它。

“镜子”在林白这里有着一种本质性的含义，它意味着，女性不再仅仅通过男性审美这面“哈哈镜”来认识和了解自己，并使自己的美丽得以实现或确认，它是女性自我意识的起点和女性语言的最初的载体。

“从女性角度看女性”，是林白的另一基本视角，它隐秘、幽深、默契，充满了某种“第六感官”的神秘色彩，它没有男性视野中的诸般邪恶、淫乱、娇嗔或者嫉妒，虽然她们都有点像“巫女”。“我将以一个女人的目光（我的摄影机也将是一部女性的机器）对着另一个优秀而完美的女性，从我手上出现的人体照片一定去尽了男性的欲望，从而散发出来自女性的真正的美”①。以女性言说女性，这是林白繁衍她的女性话语与叙事的重要方式。“我们都是女同性恋者”②，埃莱娜·西苏曾这样声言，“妇女必须写妇女”，写她的所有欲望与情感（甚至包括手淫），但这一切由于是“出自女性之手”因而无可指责。林白以她少有的大胆与精神探险的勇气多曾涉笔过这些“禁区”，尤其是写过许多同性相恋的场景，有时甚至还颇给人以惊心动魄的震撼，如《回廊之椅》中的朱凉与七叶，《瓶中之水》中的二帕与意萍之间等。但尽管如此，林白并不希望人们对她的这类描写作狭义的理解。在《一个人的战争》中，她说：“在与女性的关系中，我全部的感觉只是欣赏她们的美，肉体的欲望几乎等于零。也许偶然有，也许被我的羞耻之心挡住了，使我看不到它。我希望得出这样的结论：在一个同性恋者与一个女性崇拜者之间，我是后者而不是前者。”③

女性主义理论家埃莱娜·西苏曾满怀激情地描述过女性话语从男性世界中奋起的壮观景象：

---

① 林白：《致命的飞翔》，见《林白文集》，第1卷，南京，江苏文艺出版社，1997。

② ［法］埃莱娜·西苏：《美杜莎的笑声》，见张京媛主编：《当代女性主义文学批评》，196页。

③ 林白：《一个人的战争》，33页，呼和浩特，内蒙古人民出版社，1996。

> 如果妇女一直在男人的话语"之内"活动，那她就该打乱这种"内在"秩序，该炸毁它，扭转它，抓住它，变它为己有，包容它，吃掉它，用她自己的牙齿去咬那条舌头，从而为她自己创出一种嵌进去的语言。然后你就将会看到，她将怎样从容自如地从那话语"之内"向前弹跃，口若悬河，她将盖过大海。而过去她是怎样昏昏沉沉地蜷缩在那话语"之内"的啊。
>
> 对我们来说，问题不在于为了把别人的观念化作自己的或者为了操纵而去占有，而在于要冲破，要"飞翔"。
>
> 飞翔是妇女的姿势——用语言飞翔也让语言飞翔。……妇女好像鸟和抢劫者，她们喜欢搅乱空间秩序而迷失方向，喜欢反复变更家具摆设，打乱事物和价值标准并砸碎它们，喜欢架空结构、颠倒性质。她们以此为乐。[1]

埃莱娜·西苏以排山倒海火山爆发式的语词和句式反复描述了女性话语那饱满、漂浮、诗意、富有逃逸性和不可把握的种种特性，这些无一不在林白这里变成了语言的现实。她对自己的写作状态也作了这样的分析："写作是一种飞翔……我们身体轻盈，不经意间就长出了翅膀。我们的眼睛看得最远，我们闻到的全是最纯净的芬芳之气。我们微微感到空气的阻力，它同时也是一种使我们浮生的力量……我们在空中划动，全身充满了快感"[2]。

"回忆"是使林白飞翔的一个重要的原因，这点她与陈染一样，但以回忆的笔法讲述在林白这里却是一个基本的视角。她把想象、超验的欲望同记忆的经验"嵌"在一起，产生出一种庞大而无限的"浮动"之感。在这种飞翔中，女性世界的全部欲望与意识的黑暗都化作翱翔的姿态和力量，得以诗化和富有形而上色彩的表现。

个人化也是林白小说叙事及其话语的根本特征之一。这最典型地表现在她的长篇《一个人的战争》中。多米的成长历史具有很强的个人自叙传色彩，林白将大量的涉及少女和成年女性的爱欲心理和行为，通过多米的成长历史，将之与社会历史联系起来，但它又是高度个人化的叙事。多米的自慰、焦渴、好奇心、性幻想、富有冒险和挑战色彩的性爱经历，都强烈地昭示着一种个人化的真实，

① ［法］埃莱娜·西苏：《美杜莎的笑声》，见张京媛主编：《当代女性主义文学批评》，202～203页。

② 林白：《子弹穿越苹果·跋》。

具有一种令人惊心动魄的坦率和由此产生的震撼力。由于个人化视点，她得以突破群体性叙事的社会场景对人物的限制，使之成为“潜游”或飞翔在“个人的混沌宇宙”（埃莱娜·西苏语）中的自由的独行者。不过关于这一点，林白又提醒说，她所强调的“个人记忆不是一种还原性的真实，而是一种姿势，是一种以个人记忆为材料所获得的想象力”[①]。因此，也没有必要完全从经验的角度去印证它们。

从一定意义上可以说，陈染与林白，已经以她们锲而不舍的一贯努力建立了较为成熟的当代中国的女性叙事文本，尽管还不无观念化和模仿的痕迹，但当代小说的女性话语毕竟正通过她们而迅速成长，并为人们提供了一道奇异和绚丽的风景。

值得提到的女性作家还有铁凝。相比陈染和林白，她更看重“潜意识场景”之外的“历史场景”（埃莱娜·西苏语），她的代表作是长篇处女作《玫瑰门》（1990），它以一个历经了20世纪上半叶一直到“文化大革命”的几十年风雨历程的女性司绮纹为主人公，揭示了中国传统女性从婚姻的悲剧、被扭曲和凌辱到以畸形的人格生存、再到变态并伤害和统治他人的不幸的命运逻辑。即使在“新社会”中，她们也仍然难以走出男权传统和自我精神蒙昧的樊篱，这样的主题，似乎是对张爱玲《金锁记》的延伸。

王安忆在90年代的写作也更加具有了女性话语的自觉，《叔叔的故事》（1990）、《日本歌星来》（1991）、《乌托邦诗篇》（1993）等作品标志着她从女性角度对历史的新思考。如《叔叔的故事》，堪称是“一次系统性的追问”[②]，是对五六十年代巨型红色话语/叙事乌托邦的一次系统的解构，“叔叔”是一个另有深意的称呼，它包含着男权/长辈的优势之意，也象征着与女性文化的一种亲缘和统治关系。他们那辉煌和悲壮一时的理想主义信念终于渐次崩毁在“我”的视野里。

徐坤也是一个富有“解构”才能的作家，但她选择了更新的“对象”，即在80年代发育起来的启蒙主义巨型话语——它们事实上也是男性的产物并象征着男性新的统治。因此在《先锋》（1994）、《鸟粪》（1995）等小说中，她都对此实施了激烈的解构策略。在她的另一部《女娲》中，徐坤以某种“女性人类学”的眼光叙述了一

① 林白：《记忆与个人化写作》，见《一个人的战争·附录》。
② 陈晓明：《勉强的解决：后新时期女性小说概论》，见《中国女性小说精选·序》。

个旧中国女性李玉儿的悲剧命运，她就像一个奴隶、一架生殖的机器，先后成为一家三代男人——她的公爹、丈夫、傻瓜儿子使用的女人，吞下一颗颗连串的命运苦果，可谓是一个震撼人心的寓言。

90年代的女性写作呈现出空前多样的形式，在这其中既有陈染、林白这样高度西方化、直接在女性主义理论的“照耀”下的先锋性写作，也有大量接通着传统女性写作的具有某种中和与边缘色彩的流向。近年来“超越性别”又成为继“回到女性自身”之后的新的写作思想。总体上看，女性世界与男性世界是“既对立又统一”的，从抗争到互融、在依存中并立，或许是具有自我意识之后的女性写作的一种理想状态。

# 第八章　先锋文学思潮的分裂与逆变

圣徒启示录里，智慧女神密涅瓦的猫头鹰在暮色里飞翔，因为生活的色调变得越来越灰暗。现代主义胜利的启示录里，黎明所展示的光彩不过是频闪电子管不停的旋转。如今的现代文艺不再是严肃艺术家的创作，而是所谓“文化大众”（mass culturati）的公有财产。针对传统观念的震惊（shock）已变成新式的时尚。

——丹尼尔·贝尔：《资本主义的文化矛盾》

## 一、背景：相对主义时代的文化分裂与喧嚣

没有比90年代以来的文化处境更让知识分子焦虑的了，当代文化格局的深刻变化，使他们再一次经历了从精神伊甸园被逐出的沉重打击。仅仅在昨天他们还自以为高居在真与美的殿堂，转眼之间他们就变成了无家可归、也没有精神价值可以据守的流浪儿。他们曾所竭力推进和引荐的各种激进的观念与事物，很快就变成了他们自己无情的反击者和敌人。在短短的几年中，当代文化语境的巨变，已迫使先锋作家与知识分子所殚精竭虑不遗余力掀起的激进主义文化与艺术思潮，面临着分裂与逆转的局面。

这到底是怎样的一场巨变呢？哪些原因和何种逻辑构成了这场巨变？

有四种原因，也是四种事实，大约是这场历史变构的构成要素。从发生的次序看，它们依次是：

第一，启蒙主义的受挫和被商业文化的悬置。其中前者是不言而喻的，后者则是使问题变得更加复杂化的一个根本原因。当80年代初，尚作为主体的计划经济体制曾使启蒙主义的背景、环境和人文内涵十分稳定和单纯，它用不着担心物质与经济的发展会带来什

么负面影响，用不着批判物欲的膨胀和精神的沦落；相反，初步的发展所显示出的欣欣向荣的景象反而使它富有蓬勃的朝气，并与主流文化理想互相兼容、协调一致，它所要做的，只是对妨碍改革与进步的旧的思想、观念和框框进行冲击和挣脱。然而在80年代后期，随着迅速发育并在90年代壮大起来的大众——商业物质主义文化的畸形膨胀和参与，当代文化的格局一下子变得复杂起来，主流文化、知识分子文化和大众商业文化三者之间，出现了互相交叉、互为牵制的三足鼎立的局面。在这个复杂的"三角关系"中，以知识分子文化的地位最为不利。在80年代，知识分子由于其作为启蒙者的地位，其观念和话语曾作为全社会的精神理想而广为大众所接受和认同，因此他们曾倍感处于社会与文化中心位置的有力和自豪，而在90年代，他们不但因为自己从原有的与主流文化的附属关系中独立出来而深感不安，更惶恐的是，大众因市场经济的作用已完全放弃了纯粹精神生活的空间，而成为商业物质主义文化的拥戴者和主体，没有人再对知识分子的价值体系和没有商业实利作用的话语方式感兴趣。换句形象的话说，精神广场上的群众已经走散，演说的舞台下已再没有掌声，因为群众已经去了贸易市场、证券交易厅，或者已经"回了家"，知识分子的精神场所也从灯火黯淡的舞台搬回了个人的书斋与象牙之塔。在这种情形下，主流文化与大众文化却保持了和谐、兼容和互纳的关系，虽然无孔不入只讲实利的商业大众文化对主流话语也构成了"淘空"或"悬置"的作用，但在更根本的意义上它却构成了主流文化更安全和稳定的基础，它品位不高，但却实惠有效；藏污纳垢，却又有自我的制衡性，所以相对知识分子的精英文化，它们更受主流文化的重视与欢迎，这样一种格局，就将知识分子的文化更加置于一种虚浮与悬空的地位，使之丧失了原有的明朗、自信和进取精神，使其自身在价值取向上陷入了矛盾与分裂。

第二，进化论神话的崩毁和相对主义的价值困境。由20世纪中国文化的"现代性"逻辑所决定，一维的关于现代化的进化论神话曾成为"五四"、80年代等特定历史阶段的绝对性文化逻辑与价值标尺，在这样的时代，知识分子和作家的精神与写作立场曾被赋予一种"绝对的价值"，然而这种现代性的语境在20世纪中国却注定要不断地受到来自各方面因素的干扰，并迅速转化为一种相对的和逆变性的价值情境。这种相对化的逆变性不仅来源于由达尔文的进化论到爱因斯坦的相对论这样的近代科学文化观念的逻辑演变，而且还来源于20世纪中国文化一系列基本的二元范畴及其矛盾纠葛。诸如现代化与民族化的矛盾，传统道德价值同商业文化价值之间的矛盾，工业文明与农业文明的矛盾，启蒙激进主义逻辑同其内涵自然向下滑变的矛盾，精英知识分子文化同众多其他文化方式在不同境遇中构成的各种矛盾，等等。这些矛盾自身不但构成了对立的范畴，而且往往还互为交叉，这就使得这一总体结构与背景上的任何一种事物与现象都出现了“价值分裂”的倾向，在这种逻辑下，激进与保守、传统与现代，任何两种对立的立场其内涵与形式之间都可能发生某种自动的“易位”。比如现今最为激进的理论形态，却常常表现为“反理想”和“反文化”的非前趋性、非将来时的“即时性”立场；而那些宣称“捍卫传统精神价值”的保守主义者，却反而表现了鲜明的激进主义特性（张承志是不是一个代表?）。1994年到1995年的人文精神的讨论已经充分说明了这种悖论性质，在90年代的文化境遇中，究竟谁是正确的，谁占有了真理？每一种立场和努力都可能在事实上走向它的反面，人们对它们的判断也因之变得十分困难，比如从王朔等人到“新生代”写作中的某些文本，它们是有严肃而深在的潜文本呢，还是纯然的游戏之作？它们是痞子的呢还是先锋的？在王蒙的“躲避崇高”和张承志、张炜的“抵抗投降”之间，谁更接近真理和目的？尽管人们知道，市场经济在总体上是一种进步，它同时也带来了很多弊病，当人们面对它寻找自己的一种文化立场时，是顺应和认同呢，还是批判和抗拒？哪一种立场更具有实践意义？这种价值的分裂化和相对化，必然使90年代知识分子和作家的写作原则、审美价值取向发生尖锐的分裂、逆转和对抗。

第三，一个总体的“后现代”假象在上述背景上的出现给当代文化带来了深刻的误导。本来，当代在经历第一场文化解构——即旧式主流文化与权力意识形态的瓦解之后，应当致力于现代形态的人文精神价值的建立，应当在尽可能长久的时间里保持这种向上的和建设性的精神状态与文化格局，然而，为一维进化论和激进主义逻辑所驱使，在“新的就是好的”的盲目信条下，人们还没有认真考虑一下旧式权力文化瓦解之后应建设什么，就急匆匆地把当代文化的进程推进了“后现代”的门槛，并反过来以横扫一切、解构所有的急切而败坏的姿态拆除80年代人们的理想了，这是一次非常不幸的文化和精神的颓败的悲剧。

前趋和进转当然是当代中国文化的必然逻辑，而且世界文化日益沟通共振的共时态也似乎为中国的“后现代进程”提供了合理依据，“文化工业”——现代传媒的迅速发展、大众消费性艺术的蔓延、游戏机、广告、稀奇古怪的各种与市场商业联系在一起的文化方式——也都在当代文化中占有日益重要的地位，然而，从当代中国实有的发展水平来看，却是无可置疑的“前现代”、“前工业化”时期，从这个角度看上述具有后现代色彩的“文化工业”景观，无异于海市蜃楼式的幻影。在这些幻影上所创造的后现代主义神话，怎么能不使当代中国文化陷于虚浮和自我瓦解的困境呢？

还有一点需要指出的是，“后现代主义”几乎曾经成了当代文化精神溃退的一个合法性标志，它借着以“新”与“后”为标签的先锋外衣，将当代精英文化受挫后一度表现出的游戏倾向，连同大众文化的平庸趣味，甚至沉渣泛起的市井痞性等烩于一炉，统统将它们包装成一个“先锋性”的文化思潮，而事实上它们的甘于平庸、乐于破坏、耽于游戏的倾向不但没有什么本质的先锋性，反而更接近一种腐朽和没落的保守主义。可是一经包装，“你就非但不再有后退的羞耻感，反倒有一种‘前卫’的自豪感了”[①]。这不能不对先锋文学的分化和衰变产生直接的误导作用。

第四，文学本体的弱化、虚化、迷失同认识论方法的畸形发育与膨胀，也使得文学批评与文学运变出现了“众声喧嚣”的局面，各种文化理论的植入和发育使批评者再也不甘心留守在狭小的纯文学空间，而走向了对象更加广泛、更能体现批评者学力与胆识的“文化批评”。在历经了80年代末、90年代初短暂的“文化失语”之后，大量西方新的文化理论又相继得以引入，后结构主义、后现代主义、新历史主义、女性主义、后殖民主义、东方主义……福柯、德里达、拉康、赛义德，以及文化领域的马克斯·韦伯、丹尼尔·贝尔、葛兰西等，他们的理论启示使国内文化界在继80年代中期之后再一次经历了一个话语的“疯长”与“狂欢”时期。这些新的理论话语不但屡屡给文化界带来新鲜的刺激和兴奋，而且与80年代植入的各种理论进一步融合，为理论研究者和批评家提供了更加丰富、综合和富有当代意识的理论武器和视角，并唤起了他们更加高涨的文化热忱与更加繁复多样的文化经验，使他们迫不及待地以此对当

① 王晓明：《旷野上的废墟——文学和人文精神的危机》，载《上海文学》，1993年第6期。

代中国的种种文化现象作出命名和阐释。这样就又使得关于文化问题的研究与争论在90年代出现了持续升温和“众声喧嚣”的局面。

文化热力的吸引，使文学变成了它更加“敏感的记录器”，所有的分化与争论都反映在文学领域中，解构主义成为一些作家写作的法宝；同时，文学现象也辐射或反馈回理论界，成为他们讨论文化问题的谈资和佐证，比如“二张现象”（张炜、张承志）、“二王现象”（王朔、王蒙）、“二王之争”（王蒙、王彬彬）等，这都使得文学思潮变得更加靠近理论和文化，使其被当代文化的裂变和运动所操纵。



## 二、后现代主义的理论幻象

“后现代主义”（postmodernism）一词最初在中国出现是在80年代初，当时的译介者虽然翻译了这个词，但关于它的含义到底是“现代主义之后”呢还是“后期现代主义”则颇多争议。出于当时的语境，学术界和创作界所关注的“热点”还是现代主义——仅仅是现代主义在当时就足以“先锋”得令人狐疑和恐惧了，至于后现代主义为何物，人们还不大可能去认真考究。1985年9月至12月，美国杜克大学教授弗雷德里克·杰姆逊应北京大学比较文学研究所和其他学术机构的邀请来华讲学，他演讲的一个很重要的内容即为“晚期资本主义的文化”，其“商品化了的广告、电视、录像、电影所构成的汪洋大海”、“模仿与复制”的“多民族、无中心、反权威、叙述化、零散化、无深度概念等”特征构成了他所描述的“后现代主义”文化景观。① 自此，“后现代主义”一词才开始较多地为中国学界所谈论。

较早用“后现代主义”一词来指涉当代中国文化现象始于诗歌领域，因为用这种理论去比附1986年前后崛起的“第三代诗”的“反文化”、“平民性”、“反崇高”等特征似很有道理，但马上就有人对此表示了否定，宋琳说，“什么后现代主义？中国现代主义的诗歌也还没有真正出现。”朱大可则说，“是有后现代主义诗，但它是伪

① 参见乐黛云：《后现代主义与文化理论·中译本序》，西安，陕西师范大学出版社，1986。

后现代主义诗。”[①] 到80年代末，开始有人用后现代主义一词来涵盖和描述新崛起的先锋小说，但言之闪烁，亦未引起广泛注意。直到1990年，才有王宁等人重提这一命题，归纳出当代中国文学中的六大后现代主义特征：二元对立的消失；意义与价值中心的扩散；纯文学与俗文学界线的消失；戏仿、模拟；情感零度；反讽，等。[②] 这样的概括固然可以与西方后现代理论家对西方文化现象与特征的论述进行对证，但仔细看来，其中的每一个特征又都不具有当代特指性。换言之，这些特征在任何时代的文学作品中都可能找到对证，因此，这种定性又失之简单。之后，又有王一川、王岳川、张颐武、陈晓明等学者，在介绍西方后现代主义理论与批评的同时，对“先锋小说”、“新写实”乃至“王朔现象”等近年的当代文学实绩进行了更为广泛和细微的探讨，并多方面论述了当代中国先锋文学的“后现代性”。以此为标志，人们似乎已开始相信，当代中国已出现了后现代主义的流向，或者甚至干脆就如同世界其他国家一样，进入了一种“后现代语境”。

然而，提出事实和逻辑上的疑问仍然是轻而易举的，这种疑问包含了对“后现代主义”事实可能性与合理性的双重怀疑。我们毕竟只是在很短的历史时空区间内来审视近年的文学现象的，许多误读和假想的对应是不可避免的。而且，西方学者似乎也从未承认在欧洲以外的其他地方已拥有后现代主义，包括亚洲在内。“迄今为止，这一概念仍然毫无例外地几乎仅限于欧美文学界。”这是杜威·佛克马所下的结论。他甚至明确地说，“……西方文化名流的奢侈生活条件似乎为自由实验提供了基础，但是后现代对想象的要求在饥饿贫困的非洲地区简直是风马牛不相及的，在那些仍全力为获得生活必需品斗争的地方，这也是不得其所的。”“也许从一个宽泛的意义上说来，‘后现代’这一术语现在也用在一些生活水准较高的地区，例如日本或香港，但是后现代主义文学现象仍局限于某个特殊的文学传统。……我现在尽可能说得清楚些，后现代主义文学是不能模仿的。”[③] 显然，在佛克马看来，后现代主义是对应于西方后工

① 朱大可、宋琳、何乐群：《三个说话者和一个听众——关于诗坛现状的对话》，载《当代作家评论》，1988年第5期。

② 王宁：《中国当代文学中的后现代性》，载《中国社会科学》，1990年第1期。

③ ［荷兰］杜威·佛克马：《走向后现代主义·中译本序》，北京，北京大学出版社，1991。

业社会的特定的文化（包括文学）景观，同时，它又是针对着一个固有的现代主义文化传统的，是一种历史的否定逻辑，它不仅是接着现代主义文学而来的，而且是与之逆向相对、背道而驰的。而这些条件，无论是共时的，还是历时的，其他地方都未真正具备。

因此，说到底后现代主义在中国的存在，首先并不是一种价值意识和文化精神的历史性变更，而是一种“话语的模拟”，某种意义上以“后现代性”来审慎界定，或许还有些道理，但断言中国出现了后现代主义的文化与文学，显然还为时尚早。而且这种认知除了中国当代作家和理论家的某些“主动性”的努力，更重要的是取决于一种历史性的“巧合”，即中国当代权力文化的解构运动与西方后现代文化氛围在表征上的某种重合状态。换言之，他们在很大程度上把权力文化的解构过程中的话语解放、转型、逃逸、失范、无确定性、接受的消解、个性的扩张、破坏的意向等现象，把价值中心、意义中心的解体所带来的文化的“无主题”流向、变异、轻飘、流失、边缘渗透、反中心主义逻辑、反讽语境、痞子文化的放大等效应，当成了后现代主义带来的文化后果，这不能不说是一次“历史性的巧合和误读”。但事实上同样作为一场解构主义运动的后现代文化现象——西方的后现代主义，又不容置疑地与中国当代的文化解构有着惊人的相似性，尽管对于两者来说，解构的对象，其文化属性几乎是完全不同的。西方后现代主义是针对现代主义文化无限的个性、意义、深度、精神神话和语言的乌托邦等终极追求的反拨，这种现象是现代主义自身扩张至困境而自我崩溃的后果；中国的文化解构是语言的极端政治中心化、价值形态脱离客观物质基础所导致的自我瓦解。它的本体与西方现代主义除了价值取向与话语风格的乌托邦追求（又是何等不同、相去万里的乌托邦啊）这一点上的相同之外，几乎风马牛不相及。西方的现代主义是对个性主题和寓意深度的极端张扬，而中国当代政治中心主义文化恰恰是以对个性的否定，主题深度的定向规范为特征的。因此，否定的结果是不一样的，在西方后现代主义那里，对现代主义的否定导致了一场平民主义文化运动，而在我们这里，否定的结果首先是一场以先锋作家与理论家的诞生为标志的现代主义运动，在这种“先锋意识”与“大众文化”之间仍然存在着一条真正的鸿沟。因此，任何将中国当代文化的解构现象与西方后现代主义运动的等同判断都是虚妄的，缺少现实根据的。但是，在话语的解构与运作过程中，就其失重、逃逸和边缘化特征而言，它们却又是近似和重合的。

另一个表层相似同时又有内在不同的基础，是人的理想的崩溃。杜威·佛克马曾描述西方后现代主义的人文观，“后现代主义世界是长期的世俗化和非人化过程的产物，文艺复兴时期确立了以人为宇宙中心的条件，而到了 19 世纪和 20 世纪，在科学的影响下，从生物学到宇宙论，人是宇宙的中心这一观念越来越难以自圆其说，以致终于站不住脚，甚至变得荒唐可笑了。”“人们势必得出这样的结论，人类充其量只是自然一时冲动的结果，而绝不是宇宙的中心。”① 现代主义者的哲学先驱尼采虽然曾发出“上帝死了”的宣言，但人本主义仍然作为某种神话为他们所坚守，而一百年以后，以福柯为代表的当代理论家们则毫无避讳地宣布：“人死了。”这样也就意味着当代西方人的存在哲学抵达了人类精神探索的最后地带。这一结论意味着人们对任何人为的神话的拆除，对任何终极意义的彻底怀疑。与之相似的是，“文化大革命”后的中国，也感验到了一次人的终极理想的崩溃。在随之而来的越卷越大的经济、物质与商业的狂潮中，这个政治的神话以其徒具外在空壳的特征，构成了当代中国人文价值与话语方式的奇妙而强烈的反讽状态。在透示着强劲的异己力量与物化色彩的商业氛围中，以个人为核心的人本精神与价值也已成为洪水中飘摇不定的浮物与覆舟。尽管所肢解的母本与原物是不同的，但肢解的方式以及所造成的效应却是十分相近的。

显然，“后现代主义在中国”这个命题归根到底是一个理论的幻象，一种误读。但是它毕竟昭示了当代中国文化和先锋文学思潮内部的一种分裂和蜕变，这种分裂与蜕变主要表现在“走出启蒙中心，走向消费民间”这一重大转折上。很显然，这一转折具有二重性，一方面，它表明当代文学正在彻底告别昔日的意识形态模式，并真正走向它应有的本然状态——民间，同时它也正朝着世界范围内的最为趋新的方向不断迈进。它以敏锐和激进的形态瓦解着当代文学的一切成规和过时观念，使之呈现出一种当代活力，这在当今的“新生代”小说以及“先锋诗歌”和“先锋小说”的余脉中都可以看出。朱文、徐坤的小说、伊沙的诗歌都强有力地表明了这种新鲜而

① ［荷兰］杜威·佛克马：《后现代主义文本的语义结构和句法结构》，见《走向后现代主义》，96 页。

敏感的解构性因素。与此同时，小说正在日益成为个人性的艺术形式，它变得更加接近人的情感、人性和存在本身；而诗歌则几乎已将其运作空间完全转向了民间，而今民间诗歌报刊的数量早已是官方诗歌报刊的许多倍，“好诗在民间”已成为人们的共识。然而另一方面，走出中心同时也意味着当代文学其“先锋”之内涵的变迁，它在解构一切的同时也解构了它在80年代的启蒙主题中心，解构了人文知识分子彪炳道义、批判社会的责任心，并使文学越来越受控于商业法则和大众消费口味，使之自动消除了向上的品位、精神的高度，使之一味沉溺于生存的琐屑和平庸而不再具有向善的理想情愫，使之一味凸现游戏和娱乐的生活场景而不再有超越表象的本质的追问和思考……这一切，都注定了当代文学在不断求变趋新的“惯性滑动”中的失落和下降。

从上述意义上看，批评界所制造的关于后现代主义的理论幻象，在实质上不过是为当代文学思潮的发展所苦心寻求的一个“合法”性称号罢了。因为在当代文化与文学思潮变迁的“唯新论”逻辑的支配下，人们总以为“新”就是先锋，就是优越权，“后现代主义”在当代世界文化与艺术思潮中当然是最新，因此用它命名便意味着赋予当代中国最新的文学现象以合法性和权力，并且在这一名称下，降低写作的精神高度以投合市场法则所操纵下的大众趣味也被描述为“与精英文化界限的消失”，“游戏”、“痞性”和轻薄为文也被界定为“反讽”和解构主义立场，何乐而不为呢？事实上，在这些现象表面的激进态度与策略下，掩盖不住它们平庸和保守的实质。新历史主义小说后期的游戏叙事，表面上是最大限度地体现了新历史主义观念，而实际上则与历史上无数商品化通俗化了的“大众历史消费”文本更为接近，“个人化写作”在最为敏锐地触及私人生活场景与经验的同时，也远离了富有社会责任与理想精神的“宏伟叙事”，这是前趋呢还是倒退，上升呢还是下降？

为后现代主义理论幻象所指涉和描述的这场解构运动所带来的显在的悖论和负面的效应，使我们有理由采取抵抗的策略。它在给我们的文学带来了生机、更新和发展的机遇的同时，也引发了一场全面的瓦解和溃败。回顾80年代以来它的运动过程，我们不难看出，在它的第一个逻辑阶段，即文化语意对政治语意的解构与替代阶段，的确是富有成果的，它给我们的文学与文化带来了一个前所未有的激动和生长时代，我们亦曾因之对文学的未来抱有无限的希望与憧憬。但很快，在它还没有来得及充分展开、进入操作和收获的时刻，我们就很快发现这是一场过于天真的梦幻。一方面旧的文学和文化观念仍不断以异己的价值判断对它作出拒斥，另一方面更由于经济相对于政治的超前发展所带来的商业化氛围和价值准则的解构与动摇，使它很快便处于被打倒和否定的位置，一场“解构的解构”运动一夜之间犹如陡涨的洪水弥漫而来。的确，正如许多后现代理论家们所阐述的，它以其无所不在的渗透与瓦解力量破除了多年以来使我们的文化畸形发育、不断向着偏执的政治语意中心的狭小胡同作自我捆束的困境，为文化和语意的寻找自由与归返家园开辟了广阔的道路与空间。但是一个不可拒绝的文化悖论也随之摆在我们面前，这场文化解构运动在某种意义上与十几年前结束的那场文化浩劫之间，不也有着某些惊人的相似之处吗？就连后现代主义的评论者们也对此不无忧虑：“后现代主义的艺术运动与分解主义盛行不约而同在进行着本世纪最轻松而又最可怕一项工程——‘拆除深度模式’，他们把我们指向一个没有着落的轻飘飘的空中，我们除了在那里游戏，除了怀疑和空虚还能干什么呢？”①

回顾先锋文学的历史，不难看出，它的真正使命在于对政治意识中心所辐射出来的主题与叙述中心及其话语权力的不断深入逼近的反叛和解构。一旦这个过程完结了，它就应重新为自己定位，并调整它在历时逻辑上过于“激进”的策略，否则它就将陷于自我迷失和瓦解的境地。近年来它的“外观的消失”就已表明了这一内在的文化逻辑。事实上，我们完全应该、也完全可以回到80年代的文化起点上，同时也应更认真、更真实、更纯正地重历一场现代主义文化运动，它将在既不排除与新的所谓后现代话语的某些接通的同时，又从根本上继承了启蒙文化与文学以来的正义与理想精神、终极价值追求和深度语意建构等传统，从而创造出真正适合并推动我们这个时代前进的当代文化与文学，以在这个价值与信仰受到湮没与挑战的年代里，担负起守护和捍卫的历史责任，这并不是在构想一种旧式的神话，而完全是出于时代的需要。况且，即使它仅仅属于一种过时的理想，即使它完全是一种悲剧式的不可实现的文化抗争，它也应是一次历史的实践，是民族精神的真正张扬，而这种悲剧本身就将构成重大的艺术探求。

---

① 陈晓明：《无边的挑战——中国先锋文学与后现代性》，9页。

# 三、“人文精神”论辩与“新保守主义”升温

1993年第1期的《读书》杂志刊登了王蒙的《躲避崇高》一文，王蒙从一种典范的当代文化立场的角度肯定了王朔，认为他一反当代知识分子原有的那种“精英”与“贵族”意识，“有意识地与那种‘高于生活’的文学、教师和志士的文学或者绅士淑女的文学拉开距离”，刻意颠覆多年来流行的“伪道德伪崇高伪姿态”，都是合理的，王朔之所以“亵渎神圣”，“首先是因为生活亵渎了神圣”。由于这一观点关涉到一个时期以来文坛普遍关注的当代文学的精神价值取向的问题，所以引起了广泛的反响。同年第6期的《上海文学》发表了王晓明等人的《旷野上的废墟——文学和人文精神的危机》一文，首先提出了人文精神在当代正面临危机的命题，继之在1994年，《读书》、《东方》、《中华读书报》等多家报刊也参与了讨论，将这一话题引向了广泛深入的论辩，并造成了90年代中期最重要的文学景观。

讨论的焦点主要有以下几个方面：第一个是问题的起点，即有无人文精神危机，何为人文精神。关于这一点，大约有四种声音，一是持“拯救精神危机”的观点的人的意见，他们认为当代人的精神衰败一方面表现在“信念、信仰和信条无一不受到怀疑”，“世界意义、人生价值这些精神追求”[①] 也被放弃；另一方面还表现在当代文化状况与创作现象上，“文学杂志纷纷转向，新作品的质量普遍下降，有鉴赏能力的读者日益减少，作家和批评家当中有不少人发现自己选错了行当……一股极富中国特色的‘商品化’潮水几乎要将文学界连根拔起”[②]。第二种声音是较为冷静的学理性探讨，如朱维铮就从“中国的传统内涵”、“西方的人文主义”以及两者在现代中国的发展演变上梳理了人文精神的历史与当代内涵[③]，再如《读书》杂志连续在1994年的第3期至第7期上发表的《人文精神：是否可能和如何可能》（张汝伦、朱学勤、王晓明、陈思和）、《人文精神寻踪》（高瑞泉、袁进、张汝伦、李天纲）、《道统、学统与政统》（许

---

① 崔宜明语，见王晓明等：《旷野上的废墟——文学和人文精神的危机》，载《上海文学》，1993年第6期。

② 王晓明语，见王晓明等：《旷野上的废墟——文学和人文精神的危机》。

③ 参见朱维铮：《何谓“人文精神”?》，载《探索与争鸣》，1994年第10期。

纪霖、陈思和、蔡翔、郜元宝）、《我们需要怎样的人文精神》（吴炫、王干、费振钟、王彬彬）等“人文精神寻思录”的系列文章，从各个文化层面探讨了人文精神的历史源流、当代语境、实践意义与建构途径等。第三种声音是疑问和否定者的意见，王蒙认为，人文精神一物固有之，但他不同意“把人文精神绝对化和神圣化”，这只能是“作茧自缚”。人文精神具有相对性和多面性，“如果说道德制约、法律制约、宗教制约体现着某种人文精神，却也可能体现某种非人精神”，因此，“我们的人文精神处于什么状态呢？”“一个未曾拥有过的东西，怎么可能失落呢？”[①] 在另一篇文章中，他又进一步质疑：“现在说的人文精神究竟是指什么呢？指人道主义？文艺复兴式的从‘神权’中把人特别是个人解放出来？指东方道德的八纲四维？指‘四个第一’、‘三八作风’还是干脆指精神文明指有理想有道德有文化守纪律的‘四有’新人的培养？”[②] 他认为，如果是指西方意义的“终极关怀”，那我们从未有过，即使有过，失落也不是现在，而恰恰是市场经济使之有了一点点回归。另一个对“重建说”持怀疑态度的是张颐武，他认为所谓人文精神不过是一个虚构了“知识绝对化”的“神话”，“一个最新的文化时髦”，它渴望寻找“语言之外的神秘的权威”，但却难以得到明确的表述。[③] 在另外的文章中，他又把人文精神称为“一种文化冒险主义”，“只能导向狂躁的文化冒险”[④]，他还将“张承志现象”讽喻为“后新时期的人间喜剧”，认为张承志的英雄主义的“神话”和“启示录”式的写作及其信仰在“后新时期”商业语境中被解构成了滑稽的“人间喜剧”，它无法逃脱时代语境的双重投影和他自身的悖论。[⑤] 除此之外，第四种声音主要是来自主流文化的借用和误读，有的论者把人文精神讨论同“建设精神文明”混为一谈，已改变了它的原意。

第二个话题焦点是关于如何重建和重建什么样的人文精神。关于这一点，虽未有交锋，但亦可谓众说纷纭，有的鉴于中国现代知识分子“独立思想能力的日趋萎缩”，主张“在提倡为学术而学术的或为知识而知识，提倡学术纪律和学术规范的同时，也提倡理性的

---

① 王蒙：《人文精神问题偶感》，载《东方》，1994 年第 5 期。

② 王蒙：《沪上思絮录》，载《上海文学》，1995 年第 1 期。

③ 参见张颐武：《人文精神：最后的神话》，载《作家报》，1995 年 5 月 6 日。

④ 张颐武：《人文精神：一种文化冒险主义》，载《光明日报》，1995 年 7 月 5 日。

⑤ 参见张颐武：《张承志神话：后新时期的人间喜剧》，载《文学自由谈》，1995 年第 2 期。

精神。没有理性精神，不可能为真理而真理，也不可能遵守学术规范”①。有的主张在“与政治神学相结合”的“传统理想主义没落”之时，应提倡“新理想主义”，“以理想的精神给人类的心灵以慰藉和照耀”，“为解脱人类的精神困境投注真诚和热情”，“它不隐含任何神学语义，不具有类似宗教的功能，不期望对人实行新的精神统治，而只是以自己特有的话语形式显示对人性的向往和关怀”②。甚至有的台湾学者也就此发表了看法，主张重建“个人人格自觉与民族的文化主体意识”，“以思想‘再启蒙运动’推动文化主体意识的重建”，与此同时，还要“培养具有独立自主人格的国民”，倡扬与社会主义并存的“社会自由主义和调和自由主义”③ 等。除此之外，还有的倾向于在知识分子内部而非实用主义意义上谈人文精神，认为人文精神就是“知识分子独立叙事的程度”，它必然“应作为社会的否定力量存在”④。

在关于这一话题焦点的讨论中，还出现了一种耐人寻味的动向，即在“重建”当代文化与道德过程中当代知识分子文化立场的转向，学界开始清理和反思 80 年代文化激进主义的后果。如李泽厚与王德胜的对话就明确提出了“放弃激进的社会/政治批判话语，转而采取文化上的保守主义话语”的观点，这既是对当时动向的一种描述，也是对文化发展走向的倡导，这篇对话在倡导以“多元化”作为当代人文道德与知识分子价值及其话语的前提的同时，大约阐述了这样几个观点，一是关于社会民主与个人自由中的非激进主义。二是清理谭嗣同以来“近代激进主义”的负面教训。三是在当代文化建设的“人文导向”上，认为像西方那样“解构一切”是不适宜的，同时也不能完全认同中国传统的“政教合一”。要区分中国传统的“宗教性道德”与“社会性道德”，特别要继承后者并予以现代化的改造，说得形象一点，即把“天地君亲师”改为“天地国亲师”；四是关于知识分子的生存与精神立场，认为知识分子一方面要建立独立的人格与“自身的文化话语权”，同时又“不要把自己看作救世主”，在处理与主流文化、大众文化之者间的关系时，“要与大众文

① 张汝伦：《文化世界：解构还是建构》，载《读书》，1994 年第 7 期。

② 孟繁华：《新理想主义与知识分子意识形态》，载《光明日报》，1995 年 7 月 5 日。

③ 朱高正：《重建文化主体意识——精神文明建设的文化基础》，载《社会科学战线》，1995 年第 4 期。

④ 王干：《我们需要怎样的人文精神》，载《读书》，1994 年第 6 期。

化相联系”；最后一点是特别强调不要把自己摆在大众文化的对立面，大众文化既有负面，同时更是知识分子广阔的生存空间，知识分子的出路就在于既同它们保持战略同盟的“合谋”关系，同时也更保持自己“非常独立的一部分”①。

这篇对话透出了知识分子内部一个很重要的观念分化与调整的信息，即对文化激进主义策略的教训已开始从根本上予以反思，虽然依旧怀抱 80 年代的人文理想，但它放弃原有策略的“新保守主义”姿态，也从一个方面印证了近年来知识界返身书斋、“国学热”又悄然升起的传统文化“复活”的态势。

第三个焦点是一些个人性观点的直接交锋，这也是这场讨论中最热闹、最激烈和最富象征意义的景观。归结起来，大致有三个热点话题，即“崇高”与“躲避崇高”、“宽容”与“不宽容”，以及关于“清洁的精神”的论辩。

“崇高”与“躲避崇高”被形象地称为“二王之争”，源于王蒙的那篇《躲避崇高》。王蒙对王朔的认同和赞许，以及他们一个主幽默、一个重调侃的共同的喜剧风格，使批评界将他们戏称为“二王现象”。这篇文章虽然只谈王朔，但由于涉及当代知识分子的精神立场与写作态度问题，故引起了关注与争议。影响较大的先是王彬彬的一篇《过于聪明的中国作家》，此文从中国人传统的“做人之道”的意义上，批评“躲避崇高”是一种“形而下的生存智慧”，一种“过于发达的现实感和务实精神”，他认为，王蒙对王朔“智商满高，十分机智，敢砍敢抡，而又适当搂着——不往枪口上碰……”的肯定，实则是“对自身的肯定”，“移到王蒙身上，也几乎是合适的”。基于此，王彬彬认为中国文学之所以与西方文学有差距，源于中国作家“技术性的生存策略”，世俗的聪明和圆滑使他们不敢说出真理，也不能达到形而上的情思、非现实的幻想，同时，“当中国文人都显得那样乖巧、那样聪明时，人文精神的重建和高扬，终让人觉得是件极虚无缥缈的事”②。

此文之后，王蒙著文反击，在《沪上思絮录》③ 和《黑马与黑驹》④

---

① 李泽厚、王德胜：《关于文化现状道德重建的对话》，载《东方》，1994 年第 5、6 期。

② 王彬彬：《过于聪明的中国作家》，载《文艺争鸣》，1994 年第 6 期。

③ 载《上海文学》，1995 年第 1 期。

④ 载《新民晚报》，1995 年 1 月 17 日。

两文中讥王彬彬文章的写作动机是靠“吐名人的口水”出名的策略，之后又连写了《想起了日丹诺夫》[①] 和《全知全能的神话》[②] 等文，进一步论述他鉴于以往极“左”年代大唱崇高之调而导致文化专制的教训，而提出的平和的、平民化的、个人的和多样化的立场。不过这些文章一则止笔于历史教训的“启示录”，二则已不专门针对王彬彬个人，而显然是针对一种具有激进倾向的“唯崇高”的文化思潮。

王蒙的文章也连续受到来自各方的批评，除了观点的驳议以外，有的还从他“深受文化专制主义之苦的知识分子”“心灵深处的可怕回忆”[③] 的心态角度，分析他之所以倡扬“躲避”的原因，认为这纯然是出于一种“内心恐惧”，基于此，其对“崇高”的认识和对当下文化的判断与姿态是有偏差的。[④]

关于“清洁”和“宽容”所引起的争论两者联系十分紧密。其引发者首先是被人们称为“二张现象”的张承志和张炜。在《十月》1993 年第 3 期和 1994 年第 1 期上，张承志连续发表了《以笔为旗》和《清洁的精神》两篇文化随感，在这两篇诗性的悲愤文字里，张承志历数了中国传统的“洁与耻”的道德理想与人格精神的崩毁与失落，他推崇古代知识者与士子（包括刺客）那种感天动地的正直人格与道义理想，并悲叹它们在当代的湮灭。继而在 1994 年 10 月他又发表了一篇访谈，进一步解释了“洁的意义”即“忠诚、信义、节操、勇敢和与肮脏的截然对立”，他对文坛作了这样的基本判断：“作品的人文精神出现了惊人的萎缩。以王朔为代表的调侃风格不但充斥电视屏幕，而且深入影响了国民心灵，中国传统文化中一些神圣准则在无形中瓦解。轰动一时的《废都》其中展示的声色犬马、空虚无聊的心态，正是知识分子内心世界的真实写照。”[⑤] 由于出言犀利，不留余地，“清洁”原则也受到了一些激烈的批评，被认为是一种“红卫兵情结”在作祟。

与此同时，张炜也在一封公开发表的书信中提出了“拒绝宽容”

① 载《读书》，1995 年第 4 期。

② 载《读书》，1995 年第 5 期。

③ 陶东风：《从“王蒙现象”谈到文化价值的建构》，载《文艺争鸣》，1995 年第 3 期。

④ 参见谢泳：《内心恐惧：王蒙的思维特征》，载《中华读书报》，1995 年 5 月 10 日。

⑤ 邵燕君：《张承志谈文坛堕落》，载《作品与争鸣》，1994 年第 10 期。

的口号，他批评那种无原则的表面宽容，实际是“忍耐和妥协”、“与污流汇合”，“是一个陷阱”，他认为真正的宽容与“苟且的机巧”无缘，相反还必须“学会仇恨”，“仇恨罪恶、仇恨阴谋”，“一个人只有深深地恨着那些罪恶的渊薮，才会牢牢地、不知疲倦地牵挂那些大地上的劳动者”，“才算是真正的宽容”[①]。对此表示声援的有费振钟的《被涂改了的宽容》[②]、王彬彬的《宽容与批判》[③] 等，持批评意见的则有王蒙和张颐武等。“宽容”本是王蒙在此前论争初起时的观点，他又写了《宽容与嫉恶如仇》对他的“宽容说”另作界定，“宽容的对立面是文化专制主义、宗派主义、‘意识形态里的无产阶级专政’等，而不是疾恶如仇的原则性与坚定性”。同时他认为宽容也有“常例和变体”，并非绝对化，宽容的目的不是“叫大家变成老好人、市侩”、“不是为虎作伥之意”，因此他呼吁：“为了社会稳定、学术昌明、人尽其才，为了一个更好的人文环境，人啊，在明明可以宽容的层面上，还是不要那么不肯宽容吧。”[④]

张炜在 1995 年初出版的长篇小说《柏慧》也因其主题涉及了对知识分子的“血缘”的划分而成为论争的热点，稍后，“抵抗投降书系”[⑤] 张承志卷《无援的思想》和张炜卷《忧愤的归途》出版，也在论争中掀起滚滚热浪。

当我们重新回顾这场没有硝烟却短兵相接的唇枪舌剑，回眸它尚未完全平息的波澜时，时间已经过去两年了。究竟应当怎样来评价这场论争？或许从结果的角度看是令人失望和灰心的，问题远未澄清，更未解决，但这场论争的意义却无论如何也不能忽视。现在看来，或许在个别话题的交锋上，论战者不免有“意气之争”的情绪和成分，但在总体上，所有论争者的态度都是严肃的，无不基于他们对当代文化、国家前途、知识分子的生存与精神立场的严肃思索，应该说，他们的目的都是一致或近似的。但为什么他们的观点又如此泾渭分明、裂隙巨大和难以调和呢？

从根本上说，这次论争显示了知识分子内部的一次重要的观念分化。在 80 年代的启蒙语境中，由“变革”、“超越”的“唯新论”

---

① 载《中华读书报》，1995 年 2 月 15 日。

② 载《中华读书报》，1995 年 3 月 29 日。

③ 载《中华读书报》，1995 年 5 月 10 日。

④ 载《中华读书报》，1995 年 3 月 1 日。

⑤ 萧夏林主编，北京，华艺出版社，1995。

逻辑所决定，激进主义曾是知识分子和作家从未置疑的精神立场与文化策略，而且由于这一时期主流权力文化也处于自身的更新蜕变期，而大众—商业文化还未及发育，知识分子身上来自西方近代以来的人文主义思想和来自中国传统知识分子忧国忧民的人格理想，以及期盼改革、期盼新型意识形态的大众所寄寓的厚望，都使得他们毫不犹豫地选择了不断改革求变的激进立场。然而到 90 年代，文化格局已发生了根本性的变化，启蒙主义业已受挫，主流文化折向“稳定”和传统，而大众文化则随着市场经济的发育完全转向实利和娱乐，不再给予知识分子文化以关注。这样，知识分子文化在 80 年代那种有利的处境便已荡然无存了，既失去了同主流政治的默契，也失去了大众的瞩望，并且在两者的夹缝中求生存，还要反过来观望揣摸两者的趋向与口味。在这种自身的危机中，知识分子必须面临一种内部的调整，并必然会发生分歧。坚持原有启蒙主义立场和“精英意识”的一派必然要慨叹世风日下、人心不古，必然要怀念昨日知识分子的辉煌、其接近中心的话语权力。实际上，“人文精神”、“崇高”与“清洁”以及“原则”、“拒绝宽容”等话题就是在这样的心理背景与期待下被提出来的；而另一主张顺应市场、适应多元并主动亲和大众文化趣味与审美立场的一派，则充分看到社会发展在实际上的进步，他们认为不能为市场经济的某些负面现象所障目，知识分子所期盼的社会进步与文化理想必然要通过市场自由经济的建立，因此没有必要大惊小怪，而应泰然处之。何况在极左政治的年代中“压根就没有”什么人文精神，“上哪儿失落去?”“现在终于可以大谈特谈了，是不是说明市场经济的发展终于使人文精神有了一点点回归了呢?”①

两派的观点显然都自有其道理，事实上结果也未出现孰胜孰负或谁被说服的局面，那么判断他们的分歧的标准何在？这一切都源于一个相对主义的文化背景，一个相对主义的价值困境。这一点在本章的第一节中已经交代，当一维进化论的启蒙主义神话解体、当民族与西方、传统与现代、工业文化与农业文化、主流文化与知识精英文化以及大众商业文化等等之间的多向冲突暴露出来之后，一切事物、现象、原则和立场都变得相对化了，其正面与负面变得同样外在和突出，比如在王蒙对大众商业文化价值所抱的乐观和认同

---

① 王蒙：《沪上思絮录》，载《上海文学》，1995 年第 1 期。

的态度，与张承志张炜对商业时代知识分子放弃原有立场的猛烈批判之间，谁更接近真理？谁更睿智和聪明？两者所期待的结果或许是近似的，但观点与途径又为什么截然相反？因为他们的立场都被相对主义价值背景分裂了。因此他们互相之间便产生了“误读”，王蒙把坚持“清洁”与“崇高”看成了与日丹诺夫无二的文化专制主义；而王蒙的批判者则把“认同王朔”比作痞子主义和实用主义，他们都完全从负面去理解对方，这其实也源于相对主义文化背景的折射。

另外一个十分值得重视的问题，是在“保守”和“激进”两种立场间出现的互逆与易位。比如张扬重建人文精神的一族，他们本是80年代启蒙主义激进思想的接力者，而这时却被赋予一种“坚守传统道德”的“保守主义”色彩，当然他们也仍然显示着“偏激”和“冒险主义”的一面，而认同大众这种立场本来是比较“平庸”和守旧的，但后者与前者相比却显得更“超前”和“激进”些。这也是相对主义的文化背景在作祟。

那么，站在今天的角度，究竟如何来评价这两种不同的价值立场与文化态度呢？抵抗与顺从，各有各的道理，这是否就可以说，这个相对主义时代已为当代学人作家模棱两可的文化立场、包括其彻底放弃积极的救世理想提供了合理性的依据和合法的条件？是否意味着为平庸为不负责任的嬉闹和为个人欲望欢呼与张目已同坚持理想主义者同样光荣？这是一个令人踌躇的难题，也是一个充满陷阱的误区。辨别这一问题的关键在于，我们应当把包含着人主体价值的文化实践行为，同最终消融了历史合力的文化结果区别开来。虽然私欲和“恶”可以在客观上成为历史进步的“杠杆”，但人在介入历史的时候却不能主动地将恶奉为自己的实践原则，而应当以善的努力、对恶的批判的姿态来介入。世界不可能在彻底的精神放弃和道德堕落中实现自救。因此，从实践主体的价值意义上，人还应坚持积极向善的原则，作家艺术家在其艺术创作中还要体现出对理想的寻求和正义的坚守。这样的原则应成为当代知识分子和作家在相对主义的黑暗中照亮自我的一盏灯。

总体上看，关于人文精神的论争既标志了当代知识分子的分化，同时更重要的是它象征了知识分子声音的存在，他们在新的历史境遇中的思考，这些实际上都是他们80年代启蒙理想的绵延和转借的表达形式，他们没有放弃探求的责任，这是最重要的。

还有关于“文化保守主义”的问题，这一点前面实际上已多有涉及，但还须补充说明一下。首先，保守主义的出现有一个国际性的背景，即在海外学界包括台港地区、旅美、东南亚的中国文化研究领域在七八十年代已先期形成了一个“新儒学热”，这种国际背景在 80 年代不可能得到国内的回应，但在 90 年代的语境中，却由于西化思潮的受挫与沉寂而自发出现的主动接受海外学界的影响与渗透，同时在接受西方文化思潮方面也出现了原则与内涵的变异，“后现代主义”这种时髦的西方文化怪物出人意外地登堂入室，以最“新”和最“后”的面目迎合和表达了最保守和最无谓的思想。另外，商业物质主义的泛滥又使一批作家站出来高呼坚守传统精神价值，对当代文化的种种放弃和下滑的趋向予以“抵抗”。

如此说来，“保守主义”实际上形成了三种形态，一是学界的保守主义。一大批新老学人纷纷转向“纯学术”研究，而研究的领域又多为“中国传统文化”，一批新创刊的杂志如《国学研究》、《学人》等则对此推波助澜。在学界，人们开始轻视 80 年代那种取向西方人文精神、注重现实效用、张扬个人见地、抒发精神性灵的学风，而崇尚谨严、深厚的书斋式治学，因此钱钟书式的博学精研与深厚的传统学术功力成为理想的学人形象。另外，国学古籍的出版热可谓最显在地标志和推动了文化保守主义思潮的持续升温，不独各种个人的文集大量出版，多种卷帙浩繁的总集（如《传世藏书》）也陆续问世，甚至在近些年中一批“国学大师”如陈寅恪、辜鸿铭的著作也成为最走俏畅销的书籍。像辜氏这样的当年颂赞慈禧太后、力倡保存缠足、辫子和纳妾的“大师”的著作《中国人的精神》几乎上了畅销书的榜首。本来，研究国学研究学术绝非坏事，但在这种学术热的背后所弥漫的一种保守落后的思潮则值得人们深思。

“后现代主义”业已成为另一种保守主义。它在当代中国的出现，首先不是基于真正的“后工业社会的文明情境”，而是基于 80 年代启蒙文化的溃退，并迎合了商业物质主义中的消费、嬉戏、无规则无深度的大众文化趣味，因此它在本质上是一种抽离了原有内涵的对当代中国“反精英”、“反文化”思潮的时髦包装。正如有的论者所抨击的，“中国的后现代论者鼓吹的某些观念，诸如拆除深度，追求瞬间快感，往往包藏着希求与现实中的恶势力达成妥协的潜台词，主张放弃精神维度和历史意识，暗合着他们推诿责任和自我宽恕的需要，标榜多元化，也背离了强调反叛和创新的初衷，完全沦为对虚伪和丑恶的认同，对平庸和堕落的放纵。令人可悲的是，这些观念不仅是他们文化阐释估评的尺码，更上升为一种与全民的刁滑习气相濡染的人生态度”①。

最后一种保守主义是审美艺术范畴中的思想。早在1988年张炜就写道，“在不断重复的没完没了的争执和角逐中，我渐渐发现了我们缺少真正的保守主义者”，“真正的保守主义者因为极其单纯而变得可爱。他是具有质朴精神的，有可靠感和稳定感的艺术家。他由于自己独有的深邃性而赢得了至少是学术意义上的尊重。任何投机心理，与他的这种精神都是格格不入的……世界上有各种各样的东西，而有些东西上帝必须让他们来看管才好。”② 在90年代的语境中，张炜、张承志表现出对传统文化价值的坚守和捍卫，《心灵史》、《九月寓言》、《柏慧》等作品，亦被人们当作了文化保守主义现象来认识。

显而易见，“保守主义”本身是复杂的，在相对主义文化背景中它的内涵被赋予了分裂的两重性，这一点前文已论及。这里尚有一个问题需要澄清，即，在哪一种立场上坚持保守主义才是有意义的？它的边界在哪里？

首先，保守主义应出于文化的必然逻辑而非受制于意识形态时才有真正的文化意义，正像张炜所说，是“有些东西上帝必须让他们来看管才好”，不应具有“投机心理”和被迫行为。而眼下保守主义在中国却并不纯然是一种“自动”出现的文化现象，因此，对于“国学热”和“后现代主义”这两种性质不同的“保守主义”我们都应保持分析和警惕的态度。

对于作家和艺术家所谈论的保守主义，则应另当别论，这是因为他们是在诗性话语中言说和谈论思想的，诗性折射思想，不同于直接表述思想，因而它可能要强烈和偏执得多。不能用文化理性去要求和框定。事实上从莎士比亚到狄更斯，从拉伯雷到巴尔扎克，从马克·吐温到福克纳，从歌德到卡夫卡，从屠格涅夫到托尔斯泰，几乎所有伟大作家都是基于传统精神价值而对当代文化予以尖锐批判的，甚至他们当中有的在社会立场上同样也是保守和“反动”的，

① 贺奕：《群体性精神逃亡：中国知识分子的世纪病》，载《文艺争鸣》1995年第3期。

② 张炜：《缺少保守主义》，见《散文与随笔》，217页，济南，山东文艺出版社，1993。

如政治上作为“保皇党人”的巴尔扎克，坚持中世纪宗法传统理想的托尔斯泰，但这种政治上的保守顽固的立场并没有妨碍他们成为伟大的作家，反而成就了他们。这是因为，他们的保守立场在用诗性话语的艺术作品表现出来的时候，不但使我们无法按社会规范和文化理性去衡量他们，反而会为他们的作品所散发出的保守传统的诗意力量所深深打动。这并不矛盾，事实上，文化的分工也许命定地使作家要充当那种站在历史洪流面前的哀嗥者和抗争者，使他们成为批判当下社会罪恶的历史良心。他们需要的不是纯粹客观的历史理性，而是热情、激愤、偏执和梦幻。从这点上说，作家表现出的保守主义态度不但不应受到社会立场上的挑剔指责，而且应视为普遍和正常的文化态度、诗性言说，不足为惊乍，亦不足为怪异。

## 四、文学精神的分化和个人写作的下降

在 90 年代日渐多元的文化格局中，知识分子和写作者自身境遇的变化导致了他们之间深刻的精神分裂。上文所谈及的关于人文精神的论争，就是这种分裂的第一个显在标志。这场论争虽然早已终结，但裂变却仍在继续和深入。持“拯救”和“解构”两种对立立场的论争者在放弃对峙和对话之后，或许正在各自默默地从事自己的事业，但偃旗息鼓本身即表明了持人文理想者对哗变的存在主义者和以“反抗精神专利”为合法性口号的“解构”一族的无能为力。在今天，已很少有人再提“坚守”、“担当”、“理想”和“批判”一类字眼了，也许正应了有人所预言的那样，“人文精神”这个“最后的神话”终将化为泡影成为历史旧梦了。

分化的结果之一是导致了散乱的无序状态。多元化的局面虽然正是人们所渴望已久的，但这种多元却并没有形成真正良好的“生态”，因为它不是“有机的多元”，这种多元甚至还不如“二元对立”式的格局。最明显的表现在小说中，在 1995 年以来所发生的两个热点现象这里，“现实主义的复兴”同“个人写作”的“新状态—晚生代”（包括女性写作）就呈现了这种互为游离互为隔膜、相去霄壤的分化局面，它们已全然不同于此前在 80 年代后期曾互为联通互为呼应的“先锋小说”与“新写实”的那种互补关系，而出现了精神上深刻分裂的两极趋势。虽然从叙述风格上看，它们都采取了适应读

者的较为朴素的写实话语，但从所关注的对象、所表现出的价值选择看，却是完全不搭界的，一边在知识分子的社会责任感和主流文化空间的边缘处找自己的立足点，暧昧而骑墙式地试图在公众和主流权力两边都得到认可，一边则完全面对个人生存空间，彻底砍去写作主体的社会与文化属性，使之成为个人欲望与私人经验的言说者（如何顿、朱文、张旻、邱华栋等）；一边泪水涟涟（有人作了统计，在《大厂》中出现的哭泣或流泪的场景不下二十余处），一边嘻嘻哈哈（《我爱美元》把父亲戏弄得哭笑不得，“我”用了一整天的工夫试图诱使父亲这个“老哥们”一同去玩三陪女）；一边语境沉重，一边却充满嘲弄；一边试图表达今日社会心态中普遍的忧患与无奈，一边则一味追逐着个人经验和欲望的喜剧性呈现……而且，这种精神差异的悬殊并没有导致艺术的同步消长，甚至还相反，沉醉于私人空间和个人欲望者小说却越写越具有精巧多变的结构和迷人的阅读魔力，而关怀时道者却又普遍存在精神暧昧粗糙浅表和雷同的毛病，这种精神与艺术的反差，同时限定和削弱了两者的精神品位和艺术质量。

在诗歌中，分化的现象虽由来已久，但在80年代形成的“主流—中年—权力”诗坛同“边缘—青年—地下”诗坛的二元对立格局中，后者曾以其对当代文化自觉的责任感，以其在艺术上的新鲜与锐利，以及不断积聚的“不平”之气，屡屡对前者发起冲击，它们以强烈的启蒙与解构的双重主题与文化英雄的气质，最终获得了在诗歌内部的某种“权力”——当人们在指涉80年代的诗歌时，无疑已将它们当作了经典文本；然而在90年代的普遍的“个人化”写作中，尽管有许多诗人曾言称这正是写作的本然状态，尽管从文本建设的意义上他们也取得了诸多进展，但从内在的思想与精神气质上，我们却看到了严重的“落空”与“失重”的局面，分化导致了诗歌灵魂与力量的弥散和飘失，到处是布满着唯美和感伤气息的关于爱情、梦幻、死亡和书斋中孤芳自赏的自言自语。

在批评界，分化的躁乱和无序是最明显的。在80年代，批评尽管也不无浮躁和趋时，但共同的信念却使他们披荆斩棘筚路蓝缕，在推动文坛和自身的替变进程中高扬了历史、人文与艺术的精神原则，而在90年代以来，批评不但呈现了个人圈子的分化，其内部机制也出现了分裂，如批评与研究的疏离，当下批评对文学史经验的疏离，观念对材料的疏离，个人情绪对普遍学理的疏离，人文立场与批评方法之间的疏离，阐释与判断、褒扬与批评有机联系的疏离，等等，这种种内在的分裂导致了批评本身的弱化、浮华和蜕变，批评由此已变成了“商品命名”、“年度审计”、“友情出演”、“争吵谩骂”和“语词杂耍”。很显然，当前文坛整体精神的分化乃至种种衰变已是不争的事实，问题是，为什么会出现这些分化?

越出此在遮蔽的唯一方法是寻索历史的流脉。事实上，分裂的种子早已埋藏于80年代，尽管我们常常是以某种“怀旧情结”去回眸这个年代的辉煌，但90年代的这种分化局面正是80年代文化格局的衰变形式，是80年代的“文化后遗症”，是在新的语境中我们由于文化理性的匮乏而未对上个年代的文化策略予以清理和合理调整的结果。简单地说，这一文化格局的惯性衰变过程大致可以这样理解：在80年代以启蒙为核心的政治化语境中，文化分立的基本格局是“新”与“旧”的二元对抗，针对旧的意识形态习惯及其话语权力，变革和“解构”的一方是通过前后两种互相连体交叉的策略去进行文化实践的，一是甚为激进的思想启蒙与文化批判，贯穿在文艺创作中就出现了80年代前期一系列庄严和悲剧风格的主题与现象；二是通过喜剧式的反讽嘲弄对原有意识形态话语权力予以“软性清除”的文化策略，表现在艺术创作中就出现了80年代中后期一系列“反文化”、世俗化、喜剧化和反讽化的主题与现象。也就是说，80年代文化变革的基本方式是“硬性的批判”和“软性的解构”两种策略。到了90年代，文化语境由原来的具有政治意味的启蒙主义渐变为更具商业文化特征的个体主义与存在主义，价值准则与哲学背景已发生了本质的变化，在这一情境中，旧的意识形态习惯基本上已经失去了它的社会土壤，不再具有真实的权力，处于“空心”和“退席”的位置，由此，原有二元对抗情境已经瓦解，而原有的文化进步实践的两种方式内部的不和谐性质也逐渐暴露了出来，衍化成了另一种对立，并且出现了自身的分解。原有的思想启蒙与文化批判渐渐分化为一味“追新趋后”作惯性滑动的一派和具有怀旧的启蒙情绪、试图重建传统“人文精神”的一支，其中后者又因其在当代语境中表现出的怀恋传统道德理想或反思文化激进主义后果的精神趋向而逐渐被指认为“文化保守主义”(这是出于他们的自愿呢，还是迫于某种文化情境的不得已?)；而原有的持喜剧反讽策略的“解构派”则不断进行惯性的滑行，对包括“重建人文精神”的努力在内的一切传统价值进行继续的“软性消除”(或不予理睬)，完全应合以欲望和享乐为特征的商业文化情境。

商业文化语境对原有启蒙主义语境的消除与替代，使得上述文化立场互相之间的关系更为复杂微妙，内部也存在着裂变与矛盾，很难予以单面的价值判定。这就给我们判断当下的分化状态带来了困难，比如，当“边缘化”、“私语化”和“个人写作”所对抗的是原有旧式意识形态中心的时候，这种边缘化就是合理的、先锋的；但当个人写作所张扬的极端化私欲已把矛头指向了基本的社会道义和精神理想的时候，它是否还是合理的和先锋的呢？在我们的时代，哪一种文化立场是更具有实践意义的立场，更能有助于历史和精神的进步？（而且这种“进步”是以什么标准来判定呢?）是王蒙等人所推重的市场经济背景下的平民主义（他曾以王朔式的“躲避崇高”在当代商业性“文化民主”情境中的合理性来象征式地指认这种立场），还是张承志、张炜等人所主张的道德理想主义和精神抵抗？（1995年众多参与人文精神讨论的学人作家大都持此批判平庸下滑、呼唤理想崇高、重建终极关怀的“精英”式文化立场）是不断以下滑的姿态，张扬个体的欲望，消除一切道德与精神禁忌（这差不多正是“新生代”个人写作的文化倾向），还是以无奈的哀伤关注芸芸众生的生存艰辛，书写“转型期”社会的种种疑惑与问题？（这大约也是当前“现实主义”小说的基本写作立场）我们时代语境的过渡性、双重性、相对性和暧昧性，决定了我们判断的模糊与困难。

# 后记　祭奠20世纪的风声

1996年暮秋到1997年阳春，空气沉滞，时间从我浊重而不断出故障的身体中流过，我听见来自体内的生命机器咔咔作响的磨损声，手中的笔仿佛犁铧，沉重但无所顾忌地划过这片土地，零乱的、被打开的书本与文字窃语着、逃遁着、拥挤着，一片狼藉。

我坐在文化东路旁边一座“筒子楼”中最狭小的一间宿舍里，虚构着我心中的一部《中国当代先锋文学思潮论》的历史，看见一个个逝去的岁月和舞蹈在已渺然远逝的烟尘中的一串串人物与景象，在不断的困惑和犹疑中，强行地，用“暴力”把他们打入我所设置的框架和囹圄之中，我既感到有一种“指点江山”、“创造历史”的快意，又有一种因自己的虚弱而不能驾驭历史的惶恐，更有一种伪造和虚构历史的犯罪感。

我浮游在我自己虚构的时间之水中。我听见历史之门在风中咣然作响。我在不断的怀疑中进行着我的工作。历史是什么？谁能复原历史？都在写历史，但谁又真正接近过历史？所有的文字都只是文字，是它的驱遣者的“修辞想象”，而真正的历史仍然隐在暗处。

历史是一团烟，历史是一个黑洞，历史是一缕逝去的风，是一个个死去的肉体和大脑，一个个无法解开的谜，但历史又活在人们的心中，流在我们的血液里。因此，我们不应是历史的“不可知论”者，我相信一定会有通向它的桥梁，会有映现它的踪迹的微弱的记忆与思想之光，尽管当它们显现为文字时，与存在的历史已相去甚远。

我们要由衷地赞美和感谢，我们能够站在今天的位置和处境中。那些可尊敬的前驱们。在一个世纪里的苦苦寻觅和探求，在注定了的悲剧中组成了感人的歌队。从最荒凉和黑暗的山谷中，他们攀缘而上，书写了旧貌换新颜的中国人的当代蓝图。在峭壁上，在裂谷里，他们面对现代化的痛切期待和不容置疑的民族自尊的执拗情感，寻找、犹疑、自我分裂，把一团团热望与激情倾注在一个乌托邦的深渊之中。他们正确，他们错误，他们功绩卓著，他们徒劳无益，他们一次次误入险途又被逐至绝境，正是因为有了他们的探险，才使我们站在今天，这个世纪末的门槛上，看见了这条血色斑斑的足迹，和曾经波澜壮阔的洪流。

当我要让这一切在我的笔下成为一片风景时，我选择了“思潮”，我知道这将招致谨严者的诘疑，因为我没有像过去的一些学者那样只限于对文学批评、文艺运动和思想斗争的描述和评议，而是更加宽泛地把它作为当代文学主导的“流向”来审视，我参照了勃兰兑斯的《十九世纪文学主流》那样的写作模式，尽量让动态的历史流向得到一个粗略的映现，尽管我知道我所做的一切还远不能令人满意，更比不上勃氏那样的波澜壮阔和情采飞动。

但我要说，我所涉笔的这个方位和空间，将成为我们这个时代最重要和最宝贵的文学记忆，“先锋文学思潮”，它像拓荒者和探险者，在我们的时代经历了一番悲壮而光荣的行走，最终领我们的文学走出了重重的遮障。回首逝去的岁月，我们已在迷惘和迟疑中日渐向上，尽管道路越来越窄狭、分散和崎岖，尽管我们也有不时感到某种“向下的行走”中的懊悔，但毕竟我们已摆脱了旧日的自我捆绑，而拥有了多元和开放。历史将记住这个过程，并应在今天发出它的回响，就像我在开篇所引的诗人骆一禾的诗句那样。

我知道，我的“削足适履”的工作也许是不受欢迎的，我以那样几个名词来命名先锋文学思潮的不同阶段或流向，或许给人以浮华或“篡改”历史的印象，有时它们严重地缺乏实证的根据，但我总想，对于从事文学行当的人们来说，重要的是“神会”，只要它内里给人以通透的灵犀，只要它接近一种形而上的经验。况且，每一个文本都离不开它自己的“修辞想象”，我就把我的笨拙的想象当作我自己记忆的某种完成和实现吧，我期待着人们的批评和匡正。

这本书将是我的第二个独立产出的“孩子”，我虔诚地将它和我的第一本书《境遇与策略：二十世纪中国文学的文化逻辑》一起作为牺牲献祭，献给为了这个世纪中国文学进步而奋斗的人们，献给挟带着匆匆岁月的就要远逝的风声。

衷心感谢江苏文艺出版社的朋友们，他们在今日推助我这样一本注定要赔钱的书出版，令人感动。面对他们长期以来高质量的出版要求与信誉，我只有竭尽全力，力图让我的工作不至于太糟。同时也衷心感谢我的师友们，特别是业师朱德发教授和一直给予我关怀的蒋心焕教授，没有他们的激励和帮助，这本书同样也难以面世。

**张清华**

1997 年暮春，于济南舜耕山下

# 修订版后记

本书自1997年下半年由江苏文艺出版社推出，屈指算来已经整整十六年的时间了。十六年中，它的踪迹由微弱到更渐微弱，以至于几近湮灭。甫一出版之时，它还被数家重点高校列为博士与硕士生的参考书目，也曾得到业内前辈或同仁的鼓励与褒奖；十年前，它间或还能从一些年轻人的学位论文的“参考文献”中出现；而现在则几乎难觅其踪了。偶尔有朋友或读者来电或来函索要，也偶尔会有读者从旧书堆中将其找出，但总是因为所存稀少，而难以见诸需要者的案头。而近年来断续出现的关于先锋文学的研究新著，就要将其彻底遮覆和掩埋了。

这便是它需要再版的缘由了。毕竟历史是需要尊重的，任何研究都有一个自然生长的谱系，当年我从陈晓明所著的《无边的挑战》中获得启示，又因为阅读勃兰兑斯的《十九世纪文学主流》所产生的“想象剩余”，而萌生了为“先锋文学”写一本书的冲动，想来确乎有初生之犊的冒失。但年轻真好，一种懵懂的激情促使我用了蛇吞象式的贪婪和不自量力，硬是写出了这些缺陷很多、却也有闪光处的文字。十几年后我再次打开它，不免有五味交杂之感，既羞赧于年轻时的轻狂，耳热于以己昏昏使人昭昭的野心，同时也感动于自己那时的苦心孤诣和孜孜以求，居然能够以漏洞百出的见识和孱弱不堪的学养，勉力将其完成。如今再看，虽觉得那时也有材料上的欠缺与匮乏，更有理解与能力上的浅尝辄止，但其大体格局竟可以经得起时间的考验，不止许多细部的讨论并未颠覆，甚至历史的沉淀还越来越夯实了其中的某些论述。便是结尾出我所“预言”的“先锋文学思潮的分裂与逆变”，也早已被后续文学的历史所证明。

我当然没有资格对自己这点文字洋洋自得。之所以说这些，是要提醒读者，在十六年的过去之后再看它们，须要考虑到写作者那时的心境和处境，要注意到作者对于来自历史本身的压抑的反抗。所谓“90年代”，所谓“历史化”，不止是说文学研究的对象，自然也应该包含了那时的现实环境与精神氛围，包含了那时的文学研究与批评实践本身。如果没有这些因素与情愫暗含其中，相信这本书中不会有一种“气息”，一种奇怪的“诗情”。而这种来自历史本身的诗情，确乎对于笔者有莫大的帮助。某种意义上是它帮助了我在理论上的不足，帮助了我那时还相当幼稚的理性与判断力。对于读者来说，我所希望的是，他们能够体验到这种与历史同在、与现实交织的置身其间和参与其中的态度——我没有同我的论述对象保持“学术的距离”，而是坚决地与他们站在了一起。

十六年过去，中国当代文学的历史和现实又发生了新的变化，不止世纪之交以来它出现了更深刻的分化与衰变，便是那些昔年的“先锋派”，如今已比这本书的作者更早地迈进了人生的中年，甚至老年。曾经的先锋已经不再，有人已变成了有产者的代言人，有人也早已占上了“作家富豪榜”的头榜，曾经的文体试验与思想冒险，在今天也已经变成了形形色色的成熟与老到……当然，或许还有人怀抱着人文主义的精神理想与写作姿态，但对于更多的人来说，他们早已不再是昔日的他们。

这是最令人感慨叹息的一点。不过，想想似乎也没有关系，谁也不能永远充当“时代的先锋”，每代人都是“历史的中间物”——无论是鲁迅，还是当代曾经的先锋派，总有那么一天他们会从异端变为正统，从边缘变为主流，从无名青年变成文界权威——无论是出于自愿，还是历史的自动逻辑。因此，我对于书中所写到的人，这些曾经的先驱或者曾经年轻而充满活力的创造者们，如今已然抱有纯洁的敬意，即便他们早已悖逆了昔年的自己，我也不会苛责他们，因为说到底，任何人都不可能超越历史——除了早已作古死于纯洁的青年时代的海子。

我们唯一应该注意的，便是谈论先锋、先锋文学及其思潮的语境的变迁。沧海桑田，如不能感受这种荒诞，我们从中概括和得到的“知识”，或许就是将死和虚假的东西。

最后要向读者说明的是，在初版中有许多材料的错讹，包括引据出处的不周详与不严谨之处，在修订版中我都尽量做了修改和调整，在此一并向朋友们致歉，希望此次瑕疵能够少些。关于参考文献，因为在书中都做了注明，就不再在末尾处罗列了。书中的绝大部分观点基本保持了原貌，只有少部分说法做了调整。整体上，本书保持了原有的风格与面貌，一方面是尊重历史，另一方面也是希望获得读者的信任：相信它是笔者十六年前的文字，可以在先锋文学研究的历史上有一个较早的“时间定位”。

感谢中国人民大学出版社的朋友们，他们不计得失致力于学术事业的态度令人感佩；感谢许多读者朋友们，这么多年还会惦记着这本微不足道的小书，着实令人感动不已。

2013 年 3 月 12 日，于北京清河居

# 当代中国人文大系

**文学**

论二十世纪中国文学　谢　冕
新世纪的太阳
——二十世纪中国诗潮　谢　冕
中国反封建思想革命的一面镜子
——《呐喊》《彷徨》综论　王富仁
嬗变
——辛亥革命时期至五四时期的中国文学（修订版）　刘　纳
性格组合论　刘再复
中华古代文论的现代阐释　童庆炳
维纳斯的腰带
——创作美学　童庆炳
中西比较诗学（修订版）　曹顺庆
文学的维度　南　帆
修辞论美学
——文化语境中的20世纪中国文艺　王一川
众神狂欢
——世纪之交的中国文化现象（最新版）　孟繁华

**历史学**

古文献丛论　李学勤
楚史　张正明
夏商西周的社会变迁　晁福林
《周礼》主体思想与成书年代研究（增订版）　彭　林
简帛数术文献探论（修订版）　刘乐贤
秦史稿　林剑鸣
秦汉交通史稿（增订版）　王子今
汉代婚姻形态　彭　卫
察举制度变迁史稿　阎步克
唐、吐蕃、大食政治关系史　王小甫

唐代藩镇研究（增订版） 张国刚
唐五代敦煌寺户制度（增订版） 姜伯勤
宋朝阶级结构（增订版） 王曾瑜
宋代地方财政史研究 包伟民
宋夏关系史 李华瑞
元代大都上都研究 陈高华 史卫民
明清土地契约文书研究（修订版） 杨国桢
在国家与社会之间
——明清广东地区里甲赋役制度与乡村社会 刘志伟
市场机制与社会变迁
——18世纪广东米价分析 陈春声
明清福建家族组织与社会变迁 郑振满
近五百年来福建的家族社会与文化 陈支平
清代社会的贱民等级 经君健
江南的早期工业化（1550—1850）（增订本） 李伯重
中国的社与会（增订本） 陈宝良
近代中国社会的新陈代谢 陈旭麓
十九世纪后半期的中国财政与经济 彭泽益
太平天国的历史和思想 王庆成
离异与回归
——传统文化与近代化关系试析（增订版） 章开沅
二十世纪初中国政治改革风潮
——清末立宪运动史 侯宜杰
中国近代会党史研究（增订版） 蔡少卿
章太炎思想研究 姜义华
寻求历史的谜底
——近代中国的政治与人物 杨天石
胡适新论 耿云志
国学与汉学
——近代中外学界交往录 桑兵
西学东渐与晚清社会（修订版） 熊月之
晚清政治革命新论（增订版） 郭世佑
美国的奠基时代（1585—1775）（修订版） 李剑鸣

**哲学**

哲学与主体自我意识　高清海

走向历史的深处

——马克思历史观研究　陈先达

理论思维的前提批判

——论辩证法的批判本性　孙正聿

为马克思辩护

——对马克思哲学的一种新解读　杨　耕

论黑格尔的逻辑学（第3版）　张世英

海德格尔思想与中国天道　张祥龙

走进分析哲学　王　路

现象学的始基

——对胡塞尔《逻辑研究》的理解与思考　倪梁康

论可能生活（第2版）　赵汀阳

寻求普世伦理　万俊人

激动人心的年代　李醒民

现代科学与伦理世界

——道德哲学的探索与反思　张华夏

希腊空间概念的发展　吴国盛

中国佛教与传统文化　方立天

中国伊斯兰探秘

——刘智研究　金宜久

多元化的上帝观

——20世纪西方宗教哲学概览　何光沪

宗教哲学研究

——当代观念、关键环节及其方法论批判（增订本）　张志刚

心学之思

——王阳明哲学的阐释　杨国荣

孟子性善论研究（修订版）　杨泽波

情感与理性　蒙培元

从物质实体到关系实在　罗嘉昌

因果观念与休谟问题　张志林